Agressieve mannetjes

Boeken van Uitgeverij Nieuwezijds

WRANGHAM & PETERSON Agressieve mannetjes
VAN DE GRIND Natuurlijke intelligentie
O'CONNELL Psychologisch inzicht
STORR Reuzen op lemen voeten
DODDEMA-WINSEMIUS & DE RAAD Idioticon van de persoonlijkheid
SCHRIEKEN & VAN DE VEN Ruzie met je partner
BERRYMAN Psychologie van alledag
BOLLES Welke kleur heeft jouw parachute?
DE BONO Over wijsheid
DE BONO Ben ik wel interessant?
GAILLARD Stress, produktiviteit en gezondheid
VAN OPHEM En ... lekker gewerkt?
KAMPHUISEN Een hoofd vol slaap

Perspectief: een serie kleine boekjes over grote onderwerpen

1. VAN DER HAM Geschiedenis van Nederland
2. GERAEDTS Erfelijkheid en voortplanting
3. MEERUM TERWOGT-KOUWENHOVEN Psychische problemen en stress
4. CRAMER & HEMELRIJK Statistiek eenvoudig
5. HULSPAS Bedenkelijke wetenschap

De boeken van Uitgeverij Nieuwezijds zijn verkrijgbaar in de boekhandel in Nederland en België.

Richard Wrangham en Dale Peterson

Agressieve mannetjes
over mensapen en de oorsprong van
geweld bij de mens

UITGEVERIJ NIEUWEZIJDS

Oorspronkelijke titel: *Demonic Males, Apes and the Origins of Human Violence*, Houghton Mifflin Company, 1996

Copyright © 1996, Richard Wrangham en Dale Peterson
Nederlandse vertaling © 1998, Uitgeverij Nieuwezijds

Uitgegeven door: Uitgeverij Nieuwezijds, Amsterdam
Vertaling: Fieke Lakmaker, Gronsveld
Redactie: Marlou Wijsman, Amsterdam
Omslagontwerp: Marjo Starink, Amsterdam
Zetwerk: Marie-Jan Ousen Grafische Vormgeving, Varik
Druk: Krips BV, Meppel
Druk omslag: Casparie, IJsselstein
Bindwerk: Meeuwis, Amsterdam

Omslagfoto: Dominant mannetje in Burgers' Zoo, Arnhem
Copyright omslagfoto © Christel Müller

ISBN 90 5712 022 4
NUGI 823

Niets uit deze uitgave mag worden verveelvoudigd en/of openbaar gemaakt door middel van druk, fotokopie, microfilm, geluidsband, elektronisch of op welke andere wijze ook en evenmin in een retrieval system worden opgeslagen zonder voorafgaande schriftelijke toestemming van de uitgever.

Hoewel dit boek met veel zorg is samengesteld, aanvaarden schrijver(s) noch uitgever enige aansprakelijkheid voor schade ontstaan door eventuele fouten en/of onvolkomenheden in dit boek.

Ter herinnering aan de twee die
een ander pad zijn ingeslagen:

Geoffrey W. Wrangham en Paul G. Peterson

Inhoud

1 Het verloren paradijs 9
2 Een tijdmachine 33
3 Wortels 51
4 Overvallen 63
5 Het gedroomde paradijs 81
6 Een kwestie van temperament 103
7 Geweld binnen relaties 121
8 De prijs van de vrijheid 145
9 Nalatenschap 165
10 De zachtaardige mensaap 187
11 Een boodschap uit de zuidelijke regenwouden 205
12 Het bedwingen van de demon 215
13 Kakama's pop 235

Stambomen 241
Kaarten 242
Noten 244
Bibliografie 271
Nederlandse literatuur 290
Dankwoord 291
Index 293

1
Het verloren paradijs

'U ZULT WORDEN GEDOOD!', zei de man van de Burundese ambassade in Kampala met een vreemd opgewekte stem, terwijl hij onze visa afstempelde.

Maar doodslag was nu juist de reden waarom we in Afrika waren. Dale Peterson en ik waren op zoek naar de duistere oorsprong van menselijk geweld, terug naar de tijd voordat onze soort zich had afgescheiden van de mensapen uit de regenwouden, zo'n vijf tot zes miljoen jaar geleden. Deze vroege mensapen waren niet alleen de voorouders van de mens, maar maakten ook deel uit van een afstammingslijn waarvan tegenwoordig nog vier soorten grote mensapen in leven zijn: de orang-oetans, de gorilla's, de chimpansees en de bonobo's. We hadden allebei in Borneo orang-oetans geobserveerd, en in Afrika gorilla's en chimpansees. Geen van ons beiden had echter ooit de vierde en zeldzaamste mensaap, de bonobo, in het wild gezien.

Om bij de bonobo's te komen, moesten we eerst in Bukavu zien te komen, een stad aan de oostgrens van Zaïre, vlakbij de grens met Rwanda. Vanuit Bukavu zouden we met een eenmotorig vliegtuigje drie uur lang over immense bossen naar het westen vliegen, totdat we, na ruim de helft van het continent te zijn gepasseerd, een landingsbaan en een stadje zouden zien dat helemaal geïsoleerd in die groene wereld ligt. Het kleine regenwoudgebied waar de bonobo's leven, bevindt zich in de buurt van dat stadje.

Het was onmogelijk om direct van Uganda naar Zaïre te vliegen omdat de wankele Zaïrese regering, bij haar strijd om het behoud van het gezag, alle internationale luchthavens had gesloten, terwijl een tocht over land werd afgeraden vanwege de verontrustende berichten over rovers en guerilla's. Dus besloten we ten zuiden van Uganda Burundi binnen te vliegen, dan met een gehuurd busje door Burundi en Rwanda te rijden en vervolgens naar Oost-Zaïre.

Maar ook in Burundi was het niet rustig. In de afgelopen jaren werd deze kleine staat geteisterd door een stuk of vijf etnische slachtpartijen. In 1972 hadden de Tutsi's binnen een maand vrijwel elke Hutu-leider en elke Hutu die er uitzag of hij kon lezen en schrijven afgemaakt. En zo waren de Tutsi's, al maakten ze maar zo'n 15 procent uit van de bevolking, de volgende twintig jaar heer en meester over de ambtenarij, het leger en, dankzij een een-partijenstelsel, over de topfuncties in de regering. Tot 1993, het jaar waarin het land voor de eerste keer in zijn geschiedenis probeerde om met meer partijen democratische verkiezingen te houden, was elke president afkomstig geweest uit de Tutsi-minderheid.

De verkiezingen van juni 1993 leverden de eerste Hutu-president van Burundi op, Melchior Ndadaye, een gematigd politicus die geloofde in geweldloosheid en etnische verzoening. Maar in de vroege morgen van 21 oktober 1993, vier maanden voordat we onze visa kregen, ramde een legertank een gat in de witte muur van het presidentiële paleis en staken radicale Tutsi-soldaten president Ndadaye met een mes dood. Verder vermoordden ze een aantal hoge functionarissen uit Ndadaye's regering; de ministers die het hadden overleefd, hielden zich onder bescherming van Franse soldaten schuil in een hotel in Bujumbura, de hoofdstad van Burundi.

Toen de overgebleven ministers via Radio Rwanda de bevolking opriepen om 'als één man in opstand te komen ter verdediging van Burundi's democratische instituties'[1], grepen de Hutu's overal in het land naar de wapens, meestal kapmessen en speren, en richtten gedurende de volgende drie maanden een slachting aan onder de Tutsi's. In antwoord daarop vermoordden Tutsi-soldaten en burgers zoveel mogelijk Hutu's.

Het vliegveld van Bujumbura was rustig, min of meer leeg, en werd in de gaten gehouden door mannen met geweren, toen wij op 12 februari vanuit Kampala kwamen aanvliegen. Iemand zei (in het Frans): 'Vandaag is de weg goed. Gisteren niet. Morgen misschien ook niet.' Dus sprongen we in het gehuurde busje en reden door de westelijke laaglanden in de richting van Rwanda en Zaïre.

Burundi was groen en koel en vochtig. We trokken door een vruchtbaar land met rimpelige grasvlakten en gegolfde velden met mais en cassave. Er waren kuddes vee met lange horens, sterke geuren, vrouwen met lange bundels gevlochten twijgen op hun hoofd. Een vrouw, gewikkeld in een doek, hief in een kaal veld een schoffel op en liet hem weer vallen. Onvriendelijke mannen in uniform, geweer in de hand, hielden ons bij een wegversperring aan, bekeken onze papieren, en lieten ons vervolgens door.

Een paar uur en drie wegversperringen later, reden we via 'douane en immigratie' Rwanda binnen. De weg slingerde zich de heuvels en daarna de bergen in, en begon slechter te worden. Nog steeds kronkelend leidde hij naar een plaats waar wolken en bergen achteloos in elkaar overgingen. We stopten even, keken over een stuk ondergelopen land naar de getande bergen die in de verte oprezen, luisterden naar het geraas van een rivier beneden, en vervolgden daarna onze weg door dit hooggelegen paradijs van dorpen en kleine ontgonnen lapjes grond, omzoomd door bananenbomen en heggen van bamboe.

De troebelen hadden Rwanda nog niet bereikt. Die zouden pas zeven weken later komen, op 6 april, nadat de Rwandese president en de waarnemend president van Burundi waren vermoord. Ze kwamen gezamenlijk terug van een conferentie in Tanzania toen hun dalende vliegtuig boven de hoofdstad van Rwanda door onbekende mannen vanaf de grond werd neergeschoten.

Anders dan in Burundi, werd in Rwanda het leger en de regering door de Hutu's gecontroleerd, en werden de Tutsi's buitengesloten. In de eerste drie dagen na de moord voerden het Hutu-leger en de militie een goed georganiseerde uitroeiingscampagne uit. Het leger executeerde alle oppositieleiders: achtenzestig Tutsi's en gematigde Hutu's. Ook de plaatsvervangende premier Agathe Uwilingiyimana werd vermoord, bewakers van de Verenigde Naties die haar beschermden werden mishandeld, seksueel verminkt en gedood. De minister van Arbeid werd in drie stukken gehakt en als wegversperring gebruikt.

En toen begon het moorden pas echt. In de Rode-Kruiskampen, waar Tutsi's bescherming hadden gezocht, werden mannen, vrouwen en kinderen afgemaakt. In een ziekenhuis werden Tutsi-patiënten en de Tutsi-staf met hakmessen gedood, terwijl buitenlandse artsen toekeken. De missiepost waar Tutsi-families naartoe waren gevlucht, werd opgeblazen met handgranaten, daarna met benzine overgoten en in brand gestoken; de paar overlevenden die probeerden weg te rennen, werden met hakbijlen neergeslagen.[2] Het geschatte aantal doden bedroeg een half miljoen mensen, waarvan bloed en lichaam letterlijk werden weggespoeld uit dat kleine, prachtige land. Op de snel stromende modderige rivier de Rusumo 'dansten stapels lijken als lappenpoppen' Tanzania binnen, schreef een verslaggever van Newsweek.[3] De autoriteiten in Uganda schatten dat tienduizend lichamen door de rivier de Kagera uit Rwanda waren meegesleurd naar het Victoriameer, waar ze op de Ugandese stranden aanspoelden.

Ngoga Murumba, een Ugandese boer die was ingehuurd om de lichamen uit het meer te halen en op te ruimen, beschreef hoe de verschrikking hem verdoofde en zijn geheugen benevelde. Hij had honderden lichamen in plastic verpakt en op elkaar gestapeld; slechts één aanblik had hem in de war gebracht. 'Op een keer vond ik een vrouw. Er zaten vijf kinderen aan haar vastgebonden. Een op elke arm. Een op elk been. Een op haar rug. Ze had geen enkele verwonding...'

Aan het einde van Rwanda daalden we af, maakten een bocht en kwamen bij een grote watervlakte, een menigte mensen, een paar auto's, mannen met geweren, een aantal controles, waarna we – na wat kleine pesterijen, onderhandelingen en gezeur over (geweigerde) steekpenningen – al slippend Zaïre binnenreden. De verschrikkingen in Rwanda waren nog niet begonnen. Die vrouw en haar vijf kinderen leefden nog, ergens in het land. We gingen verder Zaïre in en vlogen over honderden kilometers regenwoud naar Equateur Province, waar we terechtkwamen op een landingsbaan bij het dorpje Djolu. Door de menselijke afstamming te volgen tot onze gemeenschappelijke voorouders met de grote mensapen, hoopten we gedragspatronen te vinden die iets zouden kunnen verklaren over het duistere en verontrustende mysterie van de menselijke soort.

In de vroege namiddag van 7 januari 1974, zo'n twintig jaar voor onze tocht naar Centraal-Zaïre, trok een groep van acht chimpansees in het Gombe National Park in Tanzania vastberaden zuidwaarts, in de richting van de grenzen van hun verspreidingsgebied. Het was een strijdlustig gezelschap: zeven mannetjes, zes volwassenen en een adolescent. De alfaman, Figan, was erbij, en ook zijn rivaal Humphrey. Het enige vrouwtje dat meeging was Gigi. Omdat ze kinderloos en stoer was, zou ze hen niet ophouden.

Terwijl ze doorliepen, hoorden ze verderop kreten uit de naburige gemeenschap, maar ze schreeuwden en bruiden niet terug. Ze bleven juist ongewoon stil en versnelden hun tempo. Toen ze bij de grens van hun gebied kwamen, stopten ze niet. Al snel waren ze veel verder dan normaal en trokken in stilte het territorium van de buren binnen. Hillali Matama, de oudste veldwerker van Jane Goodalls onderzoekscentrum in Gombe, had moeite om ze bij te houden.

Net binnen het buurterritorium zat Godi, in zijn eentje in een boom, vredig een banaan te eten. Godi was een gewoon mannetje: een jongvolwassene van ongeveer eenentwintig jaar oud en lid van de Kahama-chimpanseegemeenschap. Er waren zes oudere mannetjes in Kahama, en hun waarschuwingskreten hadden hem verteld waar zijn makkers zaten. Meestal trokken ze met z'n allen, maar vandaag had Godi besloten alleen te eten. Een vergissing.

Tegen de tijd dat hij de acht indringers in de gaten had, waren ze al bij zijn boom. Hij sprong op en vluchtte weg, maar zijn achtervolgers renden achter hem aan, de voorste drie naast elkaar. Humphrey haalde hem het eerst in en greep zijn been. Godi verloor zijn evenwicht en viel. Humphrey sprong bovenop hem. Door met zijn volle gewicht van vijftig kilo op hem te leunen, hield hij als een worstelaar zijn tegenstander tegen de grond. Godi, die zich niet kon bewegen omdat zijn benen werden vastgehouden, lag er hulpeloos bij, zijn gezicht in de modder gedrukt. Terwijl Humphrey hem vasthield, vielen de andere mannetjes aan. Ze waren enorm opgewonden en schreeuwden. Hugo, de oudste, beet Godi, hoewel zijn tanden bijna tot op het tandvlees waren afgesleten. De andere volwassen mannetjes stompten hem op zijn schouderbladen en rug. Het halfwassen mannetje keek van een afstand toe. Gigi, het vrouwtje, sprong gillend om de aanvallers heen. (Om een idee te krijgen hoe Godi zich zal hebben gevoeld, moet men zich een jongeman voorstellen die door vijf zwaargewichtboksers wordt toegetakeld. Metingen hebben laten zien dat zelfs slecht verzorgde chimpansees in gevangenschap vier tot vijf maal zo sterk zijn als een menselijke atleet in topconditie.)[4]

Na tien minuten liet Humphrey Godi's benen los, en hielden de andere op met slaan. Godi lag nog met zijn gezicht in de modder toen er een grote steen naar hem werd gesmeten. Daarna, nog steeds wild van opwinding, haastten de aanvallers zich dieper in het Kahama-territorium, loeiend en aanvallend. Een paar minuten later trokken ze noordwaarts en gingen weer over de grens hun eigen gebied in. En Godi, schreeuwend van angst en ellende, kwam langzaam overeind en keek de beulen na. De wonden op zijn gezicht, lichaam en ledematen waren verschrikkelijk. Hij was bont en blauw, en bloedde uit diepe scheuren en bijtwonden.

Hij is nooit meer gezien. Hij kan nog een paar dagen, misschien een week of twee, hebben geleefd, maar is zeker doodgegaan.

De aanval op Godi was de eerste. Uiteraard niet de eerste keer dat chimpansees een inval deden om een vijand in een naburig gebied aan te vallen – maar de eerste keer dat een menselijke waarnemer zo'n inval heeft zien gebeuren. Het is het eerste vastgelegde voorbeeld van een dodelijke overval door chimpansees, een gebeurtenis die bij chimpanseewaarnemers en bij dierwetenschappers in het algemeen een geweldige reactie teweegbracht.

Algemeen werd aangenomen dat dit soort dingen niet plaatsvond onder dieren. Tot de aanval op Godi werd door wetenschappers de opmerkelijke gewelddadigheid van het menselijk ras gezien als iets dat alleen bij ons voorkwam. Natuurlijk wist men dat allerlei diersoorten andere dieren doden, maar gewoonlijk is dat gericht op andere soorten, op prooidieren. Individuele dieren – vaak seksueel rivaliserende mannetjes – vechten met andere soortgenoten; maar een dergelijke strijd is altijd onmiddellijk afgelopen als een rivaal opgeeft. Wetenschappers meenden dat alleen mensen, weloverwogen, leden van hun eigen soort uitzochten om te doden. Wij dachten dat het geweld van onze soort was verpakt in cultuur en rede, twee afzonderlijke menselijke kenmerken, en vroegen ons af welke erfzonde ons tot deze vreemde gewoonte had veroordeeld. Maar plotseling ontdekten we dit verschijnsel in de wereld van de mensapen. De aanval op Godi deed vermoeden dat chimpansees wel eens het tweede voorbeeld zouden kunnen zijn van een soort die haar eigen leden doelbewust doodt. Maar wat opvallend dat die tweede soort juist chimpansees zijn! Geen enkele soort is immers nauwer aan ons verwant dan de chimpansee.

Wat betekende dit? Wees Godi's pijn naar een gemeenschappelijk overblijfsel uit ons evolutionaire verleden? Impliceerde het dat het doden door de mens geworteld is in de voormenselijke geschiedenis? Of was Godi's dood een uitzondering, iets dat maar heel af en toe voorkomt, een nietszeggend teken van tijdelijke dwaasheid van een mensaap? De tijd zou het leren.

Het uitvoeren van een dodelijke aanval was niet het enige duistere gedrag van chimpansees dat in die beginjaren van het veldonderzoek werd ontdekt. Er verschenen ook publicaties met voorbeelden van seksueel geweld.

Wat seksueel contact betreft is een chimpanseevrouwtje meestal niet erg kieskeurig. Ze vindt bijna alle mannetjes aantrekkelijk, of ten minste acceptabel. Er is echter één soort relatie die ze niet toestaat. Ze wil niet paren met haar broers van moederszijde. Zelfs als deze mannetjes haar zorgvuldig het hof maken, met zwaaiende takken, woeste blikken en een trotse houding, dan nog wijzen vrouwelijke chimpansees deze broers af.

Gewoonlijk betekent de onwil van een vrouwtje om met haar broer te paren het einde van de hofmakerij. Maar soms kan een broer het niet uitstaan dat hij wordt afgewezen. Zij blijft zich verzetten en ontloopt hem. Hij wordt razend, gaat achter haar aan en slaat haar, gebruik makend van zijn grootte en kracht. Zij schreeuwt, rent weg en verstopt zich. Hij vindt haar en valt opnieuw aan. Ze wordt gestompt, geslagen en op de grond geduwd, en ze kan er niets tegen beginnen. En ergens in de bossen vindt een verkrachting plaats.

Voor de meesten van ons waren de eerste indrukken van chimpansees in het wild de vriendelijke portretten die Jane Goodall maakte. In het begin van de jaren zestig, vijf miljoen jaar nadat beide soorten uit elkaar waren gegaan, hielden Jane Goodall en de chimpansee David Grijsbaard elkaars hand vast in wederzijdse bewondering; zo werd er een nieuw soort contact gelegd. Goodall, die in de wildernis van Gombe leefde, schetste het verrukte publiek de emotionele levens van de mensapen die zij gewone namen had gegeven, zoals David Grijsbaard, Mike, Flo, Fifi, Gigi en vele andere. Ze hadden karakters die wij konden begrijpen: de vriendelijke en kalme David, de brutale durfal Mike, de flinke en schrandere Flo. Hun menselijke gebaren en levendige gezichten maakten hen tot echte persoonlijkheden. Door hun sterke familiebanden leken ze ons vertrouwd. We voelden ons verwant met hen en met wat ze deden – buitengewone, mensachtige wezens die ons griezelig sterk deden denken aan onze gemeenschappelijke afstamming.

Laten we ons het beeld voorstellen van een chimpanseegebied, bijvoorbeeld in West-Afrika. We wandelen door een warm donker bos en horen een hamerend geluid. Met het idee dat er een Afrikaans dorp in de buurt is, lopen we in die richting. Nadat we ons een weg door het struikgewas hebben gebaand, komen we ten slotte in een relatief open stuk, waar onder een grote notenboom wilde chimpansees geduldig aan het werk zijn. Ze gebruiken stenen hamers op een stenen aambeeld, en tikken op een harde noot tot die openbreekt. Soms ligt het aambeeld niet stevig genoeg. De hamerende aap ziet het probleem, zoekt een kleine steen en duwt die onder het aambeeld, als een soort wig. *Tik-tik-tik.* Een jonge chimpansee doet ook een poging maar heeft de techniek nog niet door. De hamer doet zijn werk niet. Dan neemt de moeder hem over, draait hem om en laat zien hoe het moet. Een paar minuten later pakt de dochter de steen terug en probeert het op haar moeders manier. *Tik-tik-tik.* In een van de gekraakte doppen ziet ze een aangestampt stukje noot zitten. Ze kijkt er goed naar, pakt een twijg, haalt er een doorn vanaf en gebruikt die om de laatste brokjes eruit te peuteren.

Gewoontes van chimpansees variëren van gemeenschap tot gemeenschap, over het hele vaste land van Afrika. Elke dag van het jaar zijn er ergens chimpansees aan het vissen naar termieten, waarbij ze voorzichtig met een tak in een holte wriemelen, of zijn ze bezig een prop gekauwde bladeren uit te knijpen om daarmee wat water uit een nauw gat boven in een boom te halen. Sommige proberen met een twijgje honing uit een bijennest te halen, terwijl andere mieren verzamelen door ze op een stokje te laten lopen en ze dan op te likken. Op de ene plek beschermen chimpansees zich tegen doornige takken door op kussens van bladeren te zitten, en door bebladerde takken te gebruiken als sandalen of handschoenen. Op een andere plek leven chimpansees die de gewoonte hebben water te drinken uit een kopje van bladeren, en die een blad gebruiken als etensbord. Ook zijn er chimpansees die met een puntig stuk bot de laatste resten merg uit het bot van een aap halen, terwijl andere zichzelf of hun baby's schoonmaken waarbij ze bladeren als een soort handdoekje gebruiken. Dit zijn allemaal lokale gewoontes,

manieren om problemen op te lossen die op een of andere manier aangeleerd, overgenomen en verspreid zijn, en die van generatie op generatie zijn doorgegeven aan de apen binnen een gemeenschap of een aantal lokale gemeenschappen, maar niet daarbuiten.[5]

Na het eten ontspannen de apen zich. In een zonnige open plek in het diep beschaduwde bos doen zes chimpansees een dutje na de ochtendmaaltijd. De enige moeder in het gezelschap ligt op haar zij met haar hoofd op een gebogen arm. Voor haar zit haar volwassen zoon, goed gebouwd en rechtop, de kin omhoog zodat zijn neef en vaste vriend zijn baard kan vlooien. Maar de blik van de moeder is gericht op een andere man aan de overkant van de plek, slank en achttien jaar, op de rand van volwassenheid. Hij ligt met gesloten ogen, in diepe slaap zou je zeggen, behalve dat hij met zijn rechtervoet met haar tweejarige dochter speelt. Steeds wanneer haar dochter wankel naar hem toeloopt om zijn voet te pakken, schopt hij tegen haar buik en gooit haar omver. Alles gaat rustig en vreedzaam. Het kirrend lachje van het jonge dier is het enige geluid dat de aanwezigheid van de apen verraadt. Een minuut of tien stoeit ze giechelend met die vreemde, speelse voet die zo zijn eigen ideeën heeft.

De moeder voelt zich gerust nu haar dochter gelukkig is, maar ze is niet in orde. Ze heeft diarree. Dan ontdekt ze een bekende struik, de buikmedicijnboom. Ze komt overeind om erbij te kunnen, trekt de jonge uitlopers naar beneden en kauwt vervolgens een paar minuten op het onaangename groene merg. Het sap is afschuwelijk bitter, iets waar ze anders vanaf zou blijven, maar nu dwingt ze zichzelf om het in te slikken. En ze zal snel weer beter zijn.

'Rrroeff!' Ineens wordt het vreedzame moment verstoord door een blaffend geluid een paar honderd meter verder. Iedereen schiet wakker, vliegt op en haast zich om te kijken wat er aan de hand is. Drie chimpanseemannetjes hebben een onoplettend groepje rode franjeapen omsingeld in een hoge boom met maar één goede ontsnappingsroute. Een van de jagers klimt een eind in de richting van de verschrikte apen en doet aanvallend, alsof hij direct naar ze toe gaat, maar hij stopt en schudt aan een tak in de hoop dat ze van angst de vluchtroute zullen nemen. Een van de franjeapen maakt een roekeloze sprong, belandt ver weg in een andere boom en ziet kans weg te rennen. Een andere neemt echter de voor de hand liggende route en wordt door een wachtende chimpansee gegrepen zodra hij beneden is. De overgebleven apen wachten doodsbang af in hun hoge boom. Dan komt een jager dichterbij, grijpt de vijftien centimeter dikke tak waarop ze zitten en schudt er woedend aan, tot eerst een, dan twee en ten slotte drie franjapen eraf springen of vallen. Ze springen en hollen als gekken. En zo gaat het altijd. Een paar chimpansees voeren de aanval uit, andere houden de vluchtroute in de gaten, weer andere stellen zich verdekt op, en al gauw hebben de jagers vier apen gedood.

Een groot mannetje zit op de grond met een stuk vlees in zijn hand, terwijl om hem heen drie andere chimpansees begerig hun handen uitstrekken, ongerust wachtend op een teken van genegenheid. Een van de bedelaars is zijn bondgenoot, zijn vriend tijdens de voortdurende strijd om de rangorde binnen de gemeenschap. De eigenaar van het vlees scheurt dan ook een stuk van zijn buit af en laat het in de hand van z'n vriend vallen. Aangemoedigd door dit gulle gebaar, draait een bedelend vrouwtje zich om en nodigt de vleeseigenaar uit met haar te paren. Hij gaat erop in, maar houdt gelijkertijd zijn waardevolle bezit omhoog om het tegen gretige handen te beschermen. Na afloop beloont hij het gewillige vrouwtje met een hapje.

Een ander mannetje, dat geen vlees heeft om het aantrekkelijke vrouwtje te verleiden, maakt haar een paar meter verder het hof op zijn eigen manier. Hij zoekt een blad uit en trekt eraan, zodat het scheurt. Ze hoort en ziet hem, en begrijpt het signaal. Dus gaat ze naar hem toe en paart ook met hem.

In het afwisselend zonnige en schaduwrijke bos krijgen en geven wilde chimpansees lessen; ze spelen, communiceren met bedachte signalen, genezen zichzelf en gebruiken gereedschappen om de kwaliteit van hun voedsel te verbeteren. Deze taferelen roepen een klassiek visioen op van een harmonieuze natuur, van een prehistorisch paradijs. Dit is de stralend belichte kant van het beeld, de visie waar iedereen van geniet, en ruim een decennium nadat Jane Goodall met haar onderzoek begon, was het de enige kant die we kenden. Evenals de fantasieën van Jean Jacques Rousseau of een briljant geschilderd doek van Paul Gauguin, werd ook het eerste echte beeld dat wij van chimpansees hadden niet vertroebeld door aanwijzingen van ernstige sociale conflicten. Deze mensapen schenen ongehinderd rond te trekken, zonder angst voor vreemdelingen. Seks gebeurde openlijk, promiscue en zonder provocatie. Er werd weinig geruzied over voedsel. De wetenschapsjournalist Robert Ardrey beschreef in 1966 ons gevoel over chimpansees als volgt. Ze hebben ons een 'arcadische bestaanswijze van de oervorm van onschuld' laten zien. Zij vertegenwoordigen een idyllisch verleden 'waarvan we ooit dachten dat dit het paradijs was dat de mens om een of andere reden had verloren.'[6]

Maar toen kwam Godi's dood. Het is waar dat chimpansees het grootste deel van de tijd een zeer vreedzaam leven leiden, maar de aanval op Godi deed plotseling vermoeden dat deze mensaap een duistere kant bezat die we nog niet begrepen. Was deze gewelddadigheid uitzondering of regel? Nu, twintig jaar later, kennen we het antwoord.

Jane Goodall heeft als eerste chimpansees in het wild van zeer dichtbij geobserveerd. Ze sloeg haar tenten op in Tanzania, in een deel van het Gombe National Park dat lokaal bekend was als Kasekela, waar ze begon met het uitdelen van bananen om de chimpansees in de buurt van het park te houden. In 1966 herkende ze vijftien verschillende vrouwtjes en zeventien mannetjes in het gebied, evenals de jongen die samen met hun moeder trokken. Al deze chimpansees in Kasekela gingen vreedzaam met elkaar om, en daarom meende Goodall dat ze bij één leefgemeenschap hoorden. Maar na verloop van tijd werd duidelijk dat er binnen deze grote gemeenschap twee subgroepen bestonden of aan het ontstaan waren. De meeste apen die zich bij de bananenvoederplaats lieten zien kwamen van allerlei kanten, maar een aantal kwam altijd uit een bepaalde richting, namelijk uit het zuiden, en deze zuidelijke chimpansees bleven gewoonlijk dicht bij elkaar.

Ik kwam in 1970 in Gombe aan, precies toen men de scheidslijn tussen noord en zuid begon te herkennen. Als doctorandus in de zoölogie werd ik geacht de relatie tussen gedrag en voedselvoorziening te onderzoeken, maar uiteraard werd mijn aandacht getrokken naar het drama dat zich tussen de twee rivaliserende subgroepen ontvouwde. In 1971 ging de tweedracht zich duidelijker aftekenen. Tijdens dat jaar kwamen de acht volwassen mannetjes van de noordelijke groep (Evered, Faben, Figan, Hugo, Humphrey, Jomeo, Mike en Satan) steeds minder samen met de zeven uit het zuiden (Charlie, Dé, Godi, Goliath, Hugh, Sniff en Willy Wally).[7] Als leden van de twee groepen elkaar toevallig tegenkwamen, was de spanning voelbaar, vooral wanneer zowel Humphrey als Charlie erbij was. Deze twee waren de dominante mannetjes van hun subgroep en geen van beide was bereid vriendelijk tegen de ander te zijn, zodat alle ontmoetingen waarbij zij aanwezig waren begonnen met luidruchtige, woedende uitvallen, waarna afzonderlijke groepjes mannetjes aan weerskanten van de voederplaats elkaar gingen vlooien.

Hugo en Goliath waren in 1972 nog de enige mannetjes die voldoende brutaal of vergeetachtig waren om van de ene naar de andere groep te gaan. Ze waren de oudste van hun groep, hun leven lang bevriend en nu moe vanwege de ouderdom. In 1973 was zelfs dit minimale contact verbroken.

Toen waren er dus twee gemeenschappen: de oorspronkelijke, Kasekela, en de zuidelijke afsplitsing, Kahama. Het was jammer oude vriendschappen schipbreuk te zien lijden, maar vanuit het standpunt van de onderzoeker was deze splitsing interessant omdat er nu twee gemeenschappen waren die geen angst voor mensen hadden. Voor het eerst konden we van beide kanten van een scheidslijn onderlinge reacties gadeslaan.

Samen met andere studenten en een toenemend aantal Tanzaniaanse veldwerkers, volgde ik van de ochtend tot de avond, voorzover de gelegenheid en de energie het toelieten, de gangen van de chimpansees. Deze lange dagen voerden mij naar de verre valleien van de gebieden van beide gemeenschappen. Het viel me op dat, in vierdaagse cycli, clubjes bestaande uit zo'n zes mannetjes, soms met een of twee vrouwtjes, zich in hechte formaties in alle richtingen langs de grenzen van hun verspreidingsgebied verplaatsten.* Ik ontdekte waar ze meestal omkeerden in de richting van het centrum van hun verspreidingsgebied en hoe hun gedrag veranderde als ze de grens bereikten. Ik kwam erachter waar ze

---

* Met een 'clubje' bedoel ik een tijdelijk groepje dat door chimpansees uit één gemeenschap voor een paar minuten of uren wordt gevormd. Zo'n groepje verschilt dus van een troep, dat wil zeggen een permanente groep. Chimpansees vormen geen troepen, veel gewone apen doen dat wel.

waarschijnlijk zouden stoppen om te luisteren, en vele malen heb ik gehoord hoe ze schorre kreten uitwisselden met mannetjes van de naburige gemeenschap. Ik zag hoe ze elkaar ter geruststelling geestdriftig omhelsden en vastgrepen bij het horen van het opwindende, alarmerende gekrijt van de buren. Wanneer na goed luisteren was gebleken dat de andere club kleiner was, deden ze een uitval en joegen hen op, waarbij ze zo'n halve mijl afstand bewaarden. Soms kregen ze een buurman te pakken en vielen ze hem aan. Soms maakten ze een fout en vielen ze uit tegen een groepje dat groter bleek dan ze op gehoor hadden ingeschat. Een dergelijke situatie leidde dan tot een directe, wanordelijke aftocht van de invallers, terug naar het hart van hun eigen gebied. Ik heb deze laatste gebeurtenis tweemaal gezien: de plotselinge omslag van een team van zelfverzekerde strijders tot een stel stille, uiteengedreven, nerveuze thuiszoekers.

Toen ik met mijn collega's uit die hete, opwindende dagen in dat ontdekkingsjaar gegevens uitwisselde, bleek dat wij een nieuwe mening deelden over mannelijke chimpansees als verdedigers van een groepsterritorium, een groep dieren die zich inzette voor hun etnische zuiverheid.[**]

Op 14 augustus 1973, de dag waarop een clubje Kahama-mannetjes mij de weg wees naar het lichaam van een pas gedood onbekend volwassen vrouwtje, waren we er volledig van overtuigd dat deze mensapen meedogenloze verdedigers van het gemeenschapsterritorium waren. Aan de gaten op de rug van het slachtoffer was te zien dat ze was gebeten, haar uitgestrekte lichaam en grijpende handen maakten duidelijk dat ze tegen haar wil was meegesleurd, en de verwrongen houding gaf een indruk van van de gewelddadigheid van haar dood.

Verdediging van een territorium komt op grote schaal voor bij allerlei diersoorten, maar de Kasekela-chimpansees deden meer dan alleen verdedigen. Ze bleven niet wachten op signalen die wezen op de aanwezigheid van indringers, maar trokken soms dwars door een grenszone en drongen meer dan een kilometer het gebied van de buren binnen. Ze aten niet tijdens deze ondernemingen. Drie keer zag ik hoe ze buren die alleen waren aanvielen, zodat het leek of ze op zoek waren naar confrontaties in het naburige verspreidingsgebied. Deze expedities leken niet op zuivere verdediging, zelfs niet op grenspatrouilles. Het waren overvallen.

Een overval kan diep in het thuisgebied al beginnen, waarbij verscheidene kleine groepjes en individuen uit de gemeenschap naar

---

[**] Een 'territorium' is een verspreidingsgebied dat met geweld bezet wordt gehouden, dat wil zeggen dat het wordt beschermd tegen indringers van dezelfde (of soms een andere) soort. Een verspreidingsgebied daarentegen is een stuk land dat bezet wordt gehouden zonder gebruik van geweld.

elkaar roepen. Soms vertoont het dominantste mannetje – de alfaman – imponeergedrag, sleept takken aan en is duidelijk opgewonden. De andere kijken toe, nemen al gauw zijn stemming over en gaan na een paar minuten met hem mee. Het alfamannetje hoeft alleen maar een paar keer over zijn schouder te kijken. De groep volgt energiek.

Het beeld is als volgt. Een grote club bestaande uit vrijwel volwassen mannetjes begint aan de tocht, stopt af en toe om te luisteren en te kijken of uit te rusten. Na een klim van twintig minuten bereiken ze een kam, een grenszone vanwaar ze zowel in hun eigen vallei kunnen kijken als in het verspreidingsgebied van de buren. Ze rusten uit, sommige klimmen in een boom, maar ze zijn allemaal stil. Iedereen kijkt in de richting van het buurgebied. Naar het westen glinstert het Tanganyikameer door de kale bomen.

Na tien minuten gaan ze verder, nu langzamer, oplettend, zelfs op hun hoede bij gewone geluiden zoals knappende takjes. Ze laten het vertrouwde gebied achter zich, pauzeren, luisteren, maar ze horen geen kreten van de buren. *Zijn de buren ergens vlakbij, domweg even stil als wij? Of zitten ze vanwege de droogte boven in de vallei vruchten van de parinariboom te eten?* De groep gaat voort.

Ze zijn nu diep in het gebied van de buren en rusten net onder een heuveltop. Plotseling horen ze een paar meter verder voetstappen op knisperende droge bladeren, maar de wandelaar gaat schuil achter de bergkam zodat hij niet herkend kan worden. De overvallers staan aan de grond genageld. De voetstappen zijn niet meer te horen. Ons alfamannetje staart verstijfd naar de plek waar hij de voetstappen hoorde. De wandelaar kan maar een paar meter verder zijn, buiten zicht. *Aan het uitrusten? Heeft hij ons in de gaten? Is het een chimpansee? Zo ja, dan moet hij een vijand zijn. Dan is het hier gevaarlijk, want als er één aap is, dan kunnen er meer zijn. Maar hoe moet het als het er eentje is? Of als het een moeder met een kind is?*

Na zes minuten wachten is de wandelaar nog niet verschenen en wordt de spanning voor het alfamannetje te groot. Maar hij kan niet op pad gaan zonder de bladeren te laten knerpen en daarmee zal hij, net als de wandelaar, zijn positie verraden. Daarom reikt hij naar voren en grijpt voorzichtig een jong boompje dat vijftien centimeter hoog is. Dan nog een met zijn andere hand, en ook een met zijn voet. Met zijn andere voet kan hij bij een boomstronk, en zo komt hij stiekem vooruit, geluidloos boven de afgevallen bladeren. Tot hij ziet wat het is. *Het is een baviaan!* De spanning neemt af, en hij gaat zitten zonder moeite te doen om stil te zijn. *Het is geen vijand. Het is alleen maar een baviaan...*

Uit dit soort uitstapjes is gebleken dat het territoriuminstinct van chimpansees meer dan alleen verdedigend is. Zo'n inval in een naburig gebied is geen gewone tegenaanval; evenmin zijn ze op zoek naar voedsel. In tegendeel, de aanvallers laten onderweg juist kansen schieten om te eten en stillen hun honger pas bij thuiskomst. We begonnen door deze overvallen enig inzicht in andere problemen te krijgen. Ze verklaarden bijvoorbeeld waarom chimpansees het liefst bij elkaar blijven wanneer er voldoende voedsel is. Grote aantallen zorgen immers voor macht en veiligheid. Maar wat was de reden voor zo'n overval? Dat werd niet duidelijk.

Toen kwam het doden van Godi. En zeven weken later vond er weer een aanval plaats. Ook in dit geval was het slachtoffer een afgezonderd Kahama-mannetje – Dé geheten – en kwamen de vier aanvallers uit de Kasekela-gemeenschap: drie volwassen mannetjes en een volwassen vrouwtje. Vanaf een kleine afstand keken een volwassen mannetje, een halfwassen mannetje en een jonger vrouwtje uit Kahama toe; deze werden, volkomen overstuur, regelmatig dreigend weggejaagd door een of meer agressors.

Toen ze Dé in de gaten kregen, renden de Kasekela-aanvallers naar voren, zichtbaar opgewonden, schreeuwend, blaffend en loeiend, en omsingelden hun slachtoffer. Terwijl Gigi, het vrouwtje van de aanvallende partij, dreigend krijste, kwamen de drie Kasekela-mannetjes dichterbij. Dé was machteloos. Volgens de menselijke waarnemers 'gaf hij het tegenspartelen al snel op en zat hij piepend voorovergebogen.' Maar uiteindelijk probeerde hij te ontsnappen door in een boom te klimmen en vandaar in een andere boom te springen. Toen hij ook daar werd bedreigd, vluchtte hij naar een tak die onder zijn gewicht brak, zodat hij veel lager bleef bungelen. Vanaf de grond lukte het een van de Kasekela-mannetjes een been te pakken en hem naar beneden te trekken, waarna de drie schreeuwend hun aanval voortzetten. Ook Gigi ging meedoen, zodat ze nu met z'n vieren het alleenstaande mannetje sloegen en stompten. Ze sleepten hem over de grond, beten en scheurden de huid van zijn benen, en beëindigden hun aanval pas na twintig minuten – waarbij ze intussen de andere twee Kahama-mannetjes hadden verjaagd en, onder bedreiging, het jonge Kahama-vrouwtje hadden gedwongen zich bij hun groep te voegen. Dé werd twee maanden later nog één keer gezien, kreupel en nog steeds zwaar gewond; daarna nooit meer. Vermist, vermoedelijk dood.

Een jaar later vond een groepje uit Kasekela hun derde slachtoffer. Deze keer was het doelwit Goliath, die al op leeftijd was met een kaal hoofd, afgesleten tanden, uitstekende ribben en ruggengraat. Hij zal een eind in de vijftig zijn geweest, en het was jaren geleden dat hij om de dominante positie had gestreden. Tot vijf jaar geleden maakte hij actief deel uit van de Kasekela-gemeenschap, maar nu was hij (hoewel hij sinds die tijd bij de Kahama-groep hoorde) voor niemand meer een gevaar. Maar dat deerde de agressors niet.

Het begon als een grenspatrouille. Op een zeker moment zaten ze stil op een bergkam en keken meer dan drie kwartier over de Kahamavallei, totdat ze Goliath ontdekten die zich kennelijk had verstopt, een meter of vijfentwintig verderop. De aanvallers renden als bezetenen van de helling op hun doel af. Terwijl Goliath schreeuwde en de patrouille loeide en imponeerde, werd hij vastgepakt, geslagen en geschopt, opgetild en neergegooid, gebeten en besprongen. In het begin probeerde hij zijn hoofd te beschermen, maar al gauw gaf hij zich gewonnen en bleef hij uitgestrekt en stil liggen. De agressors toonden hun opwinding door voortdurend te loeien en te roffelen, aan te vallen, met takken te zwaaien en te schreeuwen. Ze hielden het achttien minuten vol en gingen toen, nog steeds geactiveerd, rennend en schreeuwend en op boomwortels bonkend, terug naar huis. Terwijl het bloed overal uit zijn hoofd stroomde en uit een jaap in zijn rug, probeerde Goliath rechtop te gaan zitten maar viel trillend weer om. Ook hij werd nooit meer gezien.

Zo ging het door. Een voor een verdwenen de zes volwassen mannetjes van de Kahama-gemeenschap, tot er midden 1977 nog maar één enkele verdediger over was, een halfwassen zeventienjarig mannetje, Sniff geheten. Sniff, die in de jaren zestig als jong dier nog met de Kasekela-mannetjes had gespeeld, werd laat in de middag van 11 november gepakt. Zes Kasekela-mannetjes schreeuwden en blaften van opwinding terwijl ze hun slachtoffer sloegen, vastgrepen en gemeen beten – hij had verwondingen in zijn mond en neus, op zijn voorhoofd en rug, en een gebroken been. Goblin stak hem herhaalde malen in zijn neus. Sherry, een adolescent die maar een jaar of twee jonger was dan Sniff, stompte hem met zijn vuisten. En Satan greep Sniff bij de nek en dronk het bloed op dat van zijn gezicht stroomde. Toen kreeg Satan hulp van Sherry, en de twee schreeuwende mannetjes duwden de jonge Sniff van de helling af. Een dag later hebben we hem nog gezien, kreupel, bijna niet meer in staat zich te bewegen. Daarna heeft niemand hem meer gezien en namen we aan dat hij dood was.

Drie volwassen vrouwtjes, Madam Bee, Mandy en Wanda, zaten tegelijk in de Kahama-groep, samen met hun nakomelingen. Maar Mandy en Wanda waren op een gegeven moment met hun jongen verdwenen, nadat Madam Bee en haar twee dochters, Little Bee en Honey Bee, verscheidene keren door Kasekela-mannetjes waren geslagen. Ergens in september 1975 vielen vier volwassen mannetjes het oude vrouwtje aan, sleurden haar mee, sloegen en stompten haar, pakten haar op en smeten haar op de grond, waarna ze op haar inbeukten tot ze bewusteloos was en bewegingloos bleef liggen. Het lukte haar nog die dag om weg te kruipen, maar alleen om vijf dagen later te sterven. De aanval op Madam Bee werd toevallig gezien door de halfwassen Goblin en vier Kasekela-vrouwtjes, waaronder Little Bee die zich rond die tijd had aangesloten bij de Kasekelagemeenschap. Vier maanden na de dood van Madam Bee ging ook haar jongste dochter Honey Bee over naar Kasekela.

Tegen het einde van 1977 bestond Kahama niet meer.

Hoe schokkend deze voorvallen ook waren, het moeilijkst te begrijpen was niet het fysieke geweld maar het feit dat de aanvallers hun slachtoffers zo goed kenden. Ze waren hechte kameraden geweest voordat de gemeenschap in tweeën was gesplitst.

De onderzoekers hadden moeite deze episodes in overeenstemming te brengen met de tegenovergestelde maar even betrouwbare waarnemingen van volwassen mannetjes die bevriend waren, alles samen deelden en plezier maakten: op lome middagen tegen elkaar aanleunen, samen lachen bij kinderlijke spelletjes, stoeien rondom een boomstam waarbij ze elkaars voeten probeerden te raken, een handvol lekker vlees weggeven, het weer goed maken na een ruzie, elkaar urenlang vlooien, oppassen op een zieke vriend. Deze nieuwe tegenstrijdige gewelddadige episodes gaven blijk van enorme emoties die gewoonlijk verborgen bleven, van sociaal gedrag dat met een uitzonderlijk en weerzinwekkend gemak kon omslaan. We merkten allemaal dat we verrast, gefascineerd en kwaad waren toen het aantal gevallen toenam. Hoe was het mogelijk dat ze hun vroegere vrienden op deze manier afmaakten?

Het besluit van Jane Goodall, jaren geleden, om de chimpansees in Gombe bananen te gaan voeren, maakte waarnemingen mogelijk die anders zeer moeilijk verkregen hadden kunnen worden. Na duidelijke aanwijzingen van geweld door chimpansees, meenden niettemin sommigen dat de agressie in Gombe het resultaat was van het voeren van bananen aan deze wilde mensapen: door te zorgen voor een dergelijk compacte voedselbron werd de competitie aangewakkerd en de frustratie gestimuleerd, wat uiteindelijk onnatuurlijk gedrag tot gevolg had.[8]

Maar de onderzoekers ontdekten al gauw dat, ook in Gombe, agressie aanwezig was bij chimpansees die nog nooit waren bijgevoerd met bananen. Nadat ze de Kahama-gemeenschap hadden weggewerkt, breidden de Kasekela-chimpansees hun territorium uit tot in het cen-

HET VERLOREN PARADIJS / 25

trum van het Kahama-gebied. Aan de randen van hun nieuwe, vergrote territorium ontmoetten ze onbekende soortgenoten die uit een zuidelijker gemeenschap kwamen, uit Kalande. Er vonden aanvallen plaats, maar deze keer waren de Kasekela-chimpansees de slachtoffers. Toch hadden de agressors nog nooit Goodalls voederplaats bezocht – tot die ene vreselijke dag in 1982, toen een groepje overvallers uit Kalande bij haar kamp arriveerde. Sommige van de Kalande-invallen zijn waarschijnlijk dodelijk geweest. Humphrey stierf in 1981 vlak bij de begrenzing; zijn lichaam werd gevonden maar zijn dood werd door niemand gezien. Ook twee andere jonge dieren stierven.

En elders in Afrika?

Op honderddertig kilometer ten zuiden van Gombe heeft Toshisada Nishida vanaf 1965 chimpansees bestudeerd in het Mahale Mountains National Park in Tanzania. Dit is het enige onderzoeksproject dat, buiten dat van Goodall, meer dan twintig jaar heeft geduurd. En precies als in Gombe, was Nishida's team getuige van grenspatrouilles, gewelddadige uitvallen naar onbekenden en heftige botsingen tussen groepjes mannetjes uit aangrenzende gemeenschappen. Op een dag in 1974 werd een mannetje uit de ene gemeenschap gegrepen door drie mannetjes uit een andere gemeenschap. Hij werd tegen de grond geduwd, gebeten en gestompt, maar hij ontsnapte. Zou het geweld in Mahale minder ernstig zijn dan in Gombe? Nishida meent van niet. Van 1969 tot 1982 verdwenen een voor een zeven mannetjes van een bepaalde gemeenschap, die daarmee was vernietigd. Nishida en zijn team denken dat sommige, mogelijk het merendeel, van de verdwenen apen door buren zijn afgemaakt.[9]

Aan de andere kant van het continent lijkt het op ongeveer dezelfde manier te gaan. In West-Afrika, in het Niokola-Koba National Park in Senegal, kreeg men in 1977 de eerste aanwijzing van geweld tussen gemeenschappen. De natuurbeschermster Stella Brewer was op weg een groep chimpansees die gevangen had gezeten terug te brengen naar het bos, in de hoop dat ze zich weer zouden kunnen aanpassen in het wild. Maar door herhaalde aanvallen van inheemse chimpansees, waaronder een afschuwelijke nachtelijke overval op het kamp door een groepje van vier volwassen dieren, werd Brewer uiteindelijk gedwongen haar experiment te beëindigen.[10]

Niet meer dan een paar honderd kilometer van Niokola-Koba vandaan, in het uitzonderlijk rijke, West-Afrikaanse Taï Forest in Ivoorkust, hebben de Zwitserse wetenschappers Christophe en Hedwige Boesch sinds 1979 wilde chimpansees bestudeerd. Gemiddeld een keer per maand werden er territoriale gevechten tussen naburige gemeenschappen van Taï-chimpansees waargenomen; en het echtpaar Boesch gelooft dat de gewelddadige agressie tussen chimpansees hier even aanzienlijk is als in Gombe.[11] Toen een epidemie van het Ebola-virus het aantal volwassen mannetjes in de bestudeerde gemeenschap tot twee reduceerde, maakte Christophe Boesch zich zorgen dat de rest van de groep zou worden overgenomen door een sterkere naburige gemeenschap.[12]

Ik werkte vanaf 1987 mee aan Gilbert Isabirye-Basuta's onderzoek van chimpansees in het Kibale Forest in West-Uganda. In 1991 was een van de chimpansees die ik goed had leren kennen, Ruwenzori geheten, ongeveer vijftien jaar oud, en nog steeds de kleinste en vermoedelijk jongste van een clubje van vijf mannelijke tieners. In de tweede week van augustus werd Ruwenzori gedood. Geen van de mensen heeft het grote gevecht gezien, maar achteraf begrijpen we er wel iets van. Dagen voor zijn vermissing, namelijk, waren onze mannetjes gezamenlijk naar de grenszone gegaan, waar ze kreten uitwisselden met de mannetjes van de Wantabugemeenschap in het zuiden, kennelijk te bang om ze te ontmoeten. Vier dagen nadat hij voor het laatst was gezien, vond ons team zijn in ontbinding verkerende lichaam, ineengedoken onderaan een kleine helling. De vertrapte begroeiing droeg de sporen van een strijd die bovenaan de helling was begonnen en hellingaf was voortgegaan, soms zijwaarts, zeker een meter of vijftien. Ruwenzori's lichaam zat vol beten, en was bont en blauw en opengereten. Hij stierf gezond, met een volle maag, op de grens van volwassenheid, op de grens van zijn verspreidingsgebied.

Kibale levert het laatste bewijs dat dodelijk geweld, zoals duidelijk is aangetoond in Gombe en waarvoor in Mahale en Taï sterke vermoedens bestaan, kenmerkend is voor chimpansees over heel Afrika. Het lijkt een onderdeel van een patroon dat bij de hele soort wordt gezien. In 1988 stierf een duidelijk gezonde chimpansee in dezelfde grenszone als Ruwenzori. Op dat moment vonden we het vreemd, maar we wisten toen nog niet waar de grens liep. Nu lijkt het minder vreemd. En drie jaar na de dood van Ruwenzori zagen we, op een afstand van slechts een paar honderd meter, vier Wantabu-mannetjes een klein Kanyawaragroepje achtervolgen en aanvallen; maar deze keer kregen ze niemand te pakken. In 1994 vonden toeristen, een dag nadat Kibale-medewerkers een woeste aanval op een mannetje hadden meegemaakt, het dode lichaam van een jong mannetje, vermoedelijk hetzelfde slachtoffer. Deze aanvallen en moordpartijen in Kibale vonden plaats in een bos waarin nog nooit voedsel was uitgedeeld.

De wetenschappers die, in de vier onderzoeksplaatsen in het wild waar verschillende groepen chimpansees naast elkaar leven, in totaal zo'n honderd jaar georganiseerd veldwerk hebben verricht, zijn tot nu toe getuige geweest van het uitroeien van twee volledige gemeenschappen, waarvan zeker één en hoogstwaarschijnlijk beide door buren. In alle vier plaatsen lijkt het patroon hetzelfde. Het mannelijk geweld dat chimpanseegemeenschappen omringt en bedreigt is zo radicaal, dat het aanwezig zijn op de verkeerde plek op het verkeerde moment als lid van de verkeerde groep de dood betekent.

De dodende mensaap is sinds lang onderdeel van onze volkscultuur: Tarzan moest vluchten voor de slechte mensapen, en King Kong was een moordzuchtig, gorilla-achtig monster.[13] Maar voor de waarnemingen in Kamaha namen weinig biologen dit idee serieus. De reden was eenvoudig. Er waren zo weinig bewijzen van dieren die leden van hun eigen soort doodmaakten dat biologen in de mening verkeerden, dat dieren elkaar alleen doodden als er iets mis ging – een ongeluk misschien of een onnatuurlijke overbevolking in een dierentuin. Dit idee paste bij de toen populaire theorieën, die dierlijk gedrag zagen als gedrag dat door de evolutie bedoeld was voor het gemeenschappelijk welzijn. De darwinistische natuurlijke selectie was een filter dat moordzuchtig geweld moest uitschakelen. Dodende mensapen waren, evenals moordenaars in welke diersoort ook, voor de meeste wetenschappers vóór de jaren zeventig domweg een fantasie van schrijvers.

Als gevolg hiervan leek het gedrag van mensen helemaal niet op dat van andere dieren. Natuurlijk was het doden een kenmerkend gevolg van menselijke oorlogsvoering, en daarom moest men wel aannemen dat de mens op een of andere manier de natuurlijke regels had overtreden. Toch moet oorlog ergens vandaan zijn gekomen, bijvoorbeeld door de evolutie van hersenen die toevallig slim genoeg waren om te bedenken dat gereedschappen als wapens gebruikt konden worden, zoals Konrad Lorenz beweerde in zijn beroemde boek *On Aggression (Over agressie) uit 1963.*

Wat de oorsprong ook moge zijn geweest, in algemenere zin werd oorlog gezien als een kenmerk van de mensheid: het voeren van oorlogen was voorbehouden aan de mens en stond los van de natuur.[14] Deze brede veronderstelling gold ook voor niet-wetenschappelijke theorieën, zoals de bijbelse stelling dat de mens door erfzonde uit het paradijs zou zijn verdreven, of de visie dat het idee van oorlogvoering geïmplanteerd zou zijn door buitenaardse wezens, zoals Arthur C. Clarke ons voorhield in *2001: A Space Odyssey.* In de wetenschap, in religie en in romans werden geweld en mensheid gekoppeld.

De Kahama-afslachtingen waren daarom niet alleen een schok, maar ook een prikkel tot verder nadenken. Ze ondermijnden de verklaringen voor extreem geweld in termen van uniek menselijke eigenschappen als cultuur, intellectueel vermogen of de straf van een boze god. Ook maakten ze het idee dat onze neiging tot oorlogvoering is ontstaan in ons voormenselijke verleden, geloofwaardiger.[15] En ze maakten ons een beetje minder bijzonder.

En toch heeft de wetenschap nog geen enkel antwoord op de ultieme vragen die door de Kahama-slachtpartijen zijn opgeworpen. Waar komt het menselijk geweld vandaan, en waarom? Natuurlijk, er is grote vooruitgang geboekt in de manier waarop we over deze dingen denken. In de jaren zeventig, in het decennium van de Kahama-moorden, werd een nieuwe, belangrijke evolutietheorie over het zelfzuchtige gen van de natuurlijke selectie geformuleerd, ook wel de 'inclusieve geschiktheidstheorie', sociobiologie of, nog breder, gedragsecologie genoemd. Deze theorie haalde een bezem door de academische wereld en bracht een radicale verandering teweeg in het darwinistische denken. Dit alles door de bewering dat de stellige verklaring voor het gedrag van individuen alleen afhangt van de manier waarop hun genen naar een zo groot mogelijk genetisch succes streven, dat wil zeggen: hoe brengen we onze genen over op volgende generaties. Deze nieuwe theorie, elegant gepopulariseerd in Richard Dawkins boek *The Selfish Gene* (*Het zelfzuchtige gen*), is tegenwoordig de 'volkswijsheid' van de biologische wetenschap, omdat het dierlijk gedrag er zo goed door wordt verklaard. Met hetzelfde gemak geeft ze een verklaring voor egoïsme, en zelfs voor doodslag. Steeds vaker wordt de theorie toegepast op menselijk gedrag, hoewel de discussie daarover nog steeds heftig en verward is. Hoe dan ook, het algemene beginsel dat gedrag zich ontwikkelt ten gunste van zelfzuchtige doeleinden, is gemeengoed geworden; en het idee dat de mens door natuurlijke selectie bevoorrecht zou zijn om zijn vijand te haten en te doden, is helaas volkomen redelijk gebleken.

Dit zijn de algemene principes, de details ontbreken echter nog. De meeste dieren zijn lang niet zo gewelddadig als mensen; waarom is sterk gewelddadig gedrag dan toch vooral in de menselijke afstammingslijn geëvolueerd? Waarom wordt de vijand gedood en niet eenvoudigweg verdreven? Waarom verkrachting en verminking? Waarom zien we die patronen zowel bij onszelf als bij chimpansees? Dit soort vragen zijn nog nauwelijks gesteld, laat staan aangepakt.

Omdat chimpansees en mensen nauw verwant zijn, zijn dergelijke vragen bijzonder suggestief, vooral omdat het onderzoek naar de vroegmenselijke afstamming, dat zich naarmate de eeuwwisseling nadert steeds sneller ontwikkelt, de mens en de chimpansee nog dichter bij elkaar brengt dan we ooit hadden kunnen vermoeden. Drie opvallende, recente ontdekkingen bevestigen de verwantschap tussen chimpansees en mensen, en alle drie wijzen in dezelfde richting: naar een tijd, zo'n vijf miljoen jaar geleden, waarin de voorouders van de chimpansee en die van de mens niet van elkaar waren te onderscheiden.

Ten eerste laten fossielen, die onlangs in Ethiopië zijn opgegraven, zien dat er ruim 4,5 miljoen jaar geleden op het Afrikaanse continent een tweebenige voorouder van de mens heeft rondgelopen, met een hoofd dat opvallend veel leek op dat van een chimpansee.

Ten tweede is in de afgelopen tien jaar in laboratoria over de hele wereld aangetoond dat chimpansees genetisch gezien dichter bij ons dan bij de gorilla's staan, ondanks het feit dat chimpansees en gorilla's lichamelijk sterk op elkaar lijken.

En ten derde vertonen studies naar het gedrag van chimpansees, zowel in het veld als in de laboratoria, talrijke en in toenemende mate overtuigende parallellen met het gedrag van mensen. Het gaat er niet alleen om dat deze mensapen elkaar over een hand aaien om hun genegenheid te tonen en elkaar kussen of omhelzen. En ook niet om het feit dat ze een menopauze hebben, vriendschappen voor het leven ontwikkelen, en treuren om de dood van hun baby's door ze dagen of weken mee te dragen. Evenmin is het omdat ze vijf plus vier kunnen uitrekenen[16], of kunnen communiceren met handgebaren. Ook niet omdat ze gereedschappen gebruiken, samenwerken of marchanderen om seksuele gunsten. Zelfs niet omdat ze lang rancuneus blijven, opzettelijk hun gevoelens verbergen, of rivalen samenbrengen om ze te dwingen vrede te sluiten.

Nee, wat ons het meeste boeit in het gedrag van chimpansees is wat al eerder is aangestipt: het karakter van hun leefgemeenschap. De sociale wereld van chimpansees bestaat uit een stel individuen die in een gemeenschappelijk gebied leven; de mannetjes blijven altijd in de groep waarin ze zijn geboren, terwijl de vrouwtjes als jongvolwassenen naar een naburige groep verhuizen. Bovendien wordt het gebied verdedigd, en soms uitgebreid door middel van agressief en eventueel dodelijk geweld, door groepen van mannetjes die via de mannelijke lijn (patrilineair) genetisch verwant zijn.

Wat deze sociale wereld zo bijzonder maakt blijkt uit een vergelijking met andere dieren. Er zijn maar weinig dieren die in patrilineaire en op mannenrelaties gebaseerde gemeenschappen leven, waarin volgens de regels de vrouwtjes naar een naburige groep gaan om zich voort te planten en zo het risico van inteelt verminderen. En er zijn slechts twee diersoorten bekend die dat doen via een systeem van intensieve, door mannen geïnitieerde territoriale agressie, onder meer door het binnendringen in naburige gemeenschappen en het aanvallen en doden van kwetsbare vijanden. Bij de vierduizend zoogdieren en bij zo'n tien miljoen andere diersoorten zijn dergelijke gedragingen alleen bekend van chimpansees en mensen.[17] Zijn er mensen met op mannenrelaties gebaseerde, patrilineaire verwantschapsgroepen? Zeer zeker. Met de term 'mannenrelaties' bedoel ik mannelijke personen die samen agressieve coalities vormen om elkaar te steunen tegen anderen – de Hatfields tegen de McCoy's, de Montagu's tegen de Capulets, de Palestijnen tegen de Israëli's, de Amerikanen tegen de Vietcong, de Tutsi's tegen de Hutu's. Over de hele wereld, van de Balkan tot de Yanomamö uit Venezuela, van de pygmeeën uit Centraal-Afrika tot de T'ang-dynastie uit China, van de Australische inboorlingen tot de Hawaïaanse koninkrijken, vechten mannen volgens vaste regels ter verdediging van hun groep. Dit geldt zelfs voor de dorpen die door antropologen als 'matrilinair' of 'matrilokaal' worden bestempeld, dat wil zeggen dat de overerving (van man op man) wordt berekend volgens de lijn van de moeder, en dat de vrouwen in hun geboortedorpen blijven om hun kinderen op te voeden. Sociaal gezien functioneren dergelijke dorpen als subeenheden van een groter patrilineair geheel. Kort samengevat is het systeem van gemeenschappen die door verwante mannen worden verdedigd zo'n algemeen menselijk principe, zo van alle tijden en met zo'n vast patroon dat zelfs auteurs van sciencefiction er zelden vraagtekens bij zetten.[18]

In de sociale verhoudingen waarbij vrouwen zijn betrokken, vertonen chimpansees en mensen veel verschillen. Dat is niet verrassend. Sinds de jaren zestig heeft diergedragonderzoek duidelijk laten zien dat dierlijke samenlevingen op een subtiele gedetailleerde manier zijn aangepast aan hun omgeving, en het zal duidelijk zijn dat de omgeving van chimpansees en van mensen in elk opzicht anders is. Maar dat maakt het raadsel juist groter. Waarom zijn de patronen van mannelijke chimpansees en mensen dan wél vergelijkbaar?

Is het toeval? Kan het zijn dat onze menselijke voorouders hebben geleefd in gemeenschappen die volkomen anders waren dan die van chimpansees. In vreedzame matriarchaten, bijvoorbeeld, ongeveer zoals sommigen van onze verre aapachtige verwanten. En dat ergens in de prehistorie, dankzij een merkwaardige gril van de evolutie het sociale gedrag van mens en van chimpansee naar elkaar zijn toegegroeid door oorzaken die geen verband met elkaar hielden?

Of heeft het te maken met iets anders, met intelligentie bijvoorbeeld? Wordt een diersoort, waarvan de hersenen een bepaald niveau van ontwikkeling hebben bereikt, om een of andere mysterieuze logica in de richting van gemeenschappelijk mannelijk geweld gedreven? Misschien hebben alleen chimpansees en mensen voldoende hersenvermogen om zich bewust te zijn van de voordelen van het opruimen van de oppositie.

Of is er sprake van een langdurige evolutionaire inertie? Misschien hebben mensen een oud chimpanseepatroon behouden dat, ook al was het ooit veranderbaar, nu stabiel is geworden en een eigen leven is gaan leiden, en dat zelfs bestand is tegen nieuwe omstandigheden waarin andere samenlevingsvormen eigenlijk beter zouden passen.

Of bestaan die overeenkomsten omdat, zoals wij denken, er ondanks de eerste verschijnselen in de afstammingslijnen van chimpansees en mensen nog steeds gelijke evolutionaire krachten aan het werk zijn, die een systeem van groepsvijandschap en individueel geweld instandhouden en verfijnen, en dat al bestond voordat de voorouders van chimpansees en mensen zich voor de laatste keer in een verdrogend woud in Oost-Afrika hebben voortgeplant, zo'n vijf miljoen jaar geleden? Zo ja, dan moeten we ons afvragen welke krachten dat zijn. Waardoor zijn kameraadschap en dodelijke aanvallen bij onze voorvaders ontstaan en waardoor worden ze nu nog bij chimpansees en mensen instandgehouden? Welke merktekens hebben die oude evolutionaire krachten op onze twintigste-eeuwse ziel gedrukt? En wat zeggen ze over onze hoop en angst voor de toekomst?

Deze problemen vormen de kern van dit boek, en ze zijn zeer boeiend. Ze zijn echter nog curieuzer geworden door een van die vreemde, interessante ontdekkingen van de afgelopen twintig jaar. We zagen al dat chimpansees en mensen met elkaar, maar niet met andere soorten, een uniek gewelddadig patroon gemeen hebben, waarbij dodelijke agressie door mannelijke groepsleden wordt gewroken op naburige gemeenschappen. We zagen ook dat inertie een mogelijke verklaring hiervoor is. Zoals we in latere hoofdstukken zullen zien, geldt hetzelfde voor gewelddadige patronen als verkrachting en mishandeling. Maar er is één afdoende feit dat de theorie, die stelt dat chimpansees en mensen deze schrikwekkende erfenis alleen delen vanwege een gemeenschappelijke voorouder die zich destijds op dezelfde onplezierige manier heeft gedragen, onderuit haalt. We weten dat de overeenkomsten niet kunnen worden verklaard met inertie omdat chimpansees een zustersoort hebben: de bonobo of dwergchimpansee. Zowel chimpansees als bonobo's zijn geëvolueerd uit dezelfde voorouder als de mens, en toch is de bonobo een van de vreedzaamste, niet-agressieve zoogdiersoorten die vandaag op deze wereld leven.

De bonobo's zijn van cruciaal belang voor het standpunt dat we in dit boek zullen uitwerken. Ze zijn vooral zo fascinerend omdat de vrouwtjes in allerlei opzichten veel mensachtiger zijn dan vrouwelijke chimpansees. Bonobo's verschillen sterk van chimpansees en ze geven ons een heel ander beeld van dieren dan we vroeger hadden. Zij hebben namelijk manieren ter vermindering van geweld ontwikkeld die zich door de hele gemeenschap hebben verspreid. Beter dan welke theorie ook laten zij ons zien dat het idee om chimpansees en mensen te koppelen in een gewelddadige dans van de evolutie niet onverbiddelijk is.

De bonobo's zijn echter laat in de evolutionaire tijdschaal verschenen – zoals ze laat in de westerse wetenschap zijn verschenen, en zoals ze ook laat in dit boek zullen verschijnen. Om te kunnen begrijpen hoe bonobo's het systeem hebben veranderd, moeten we eerst het systeem zelf begrijpen. Toch is het van belang om bij de bespreking van de gemeenschappelijke patronen van chimpansees en mensen in gedachten te houden, dat de schaduwzijde uiteindelijk zal worden belicht door een ongewone soort die zeventig jaar geleden nog niet eens bekend was, en waar tot tweeëntwintig jaar geleden nauwelijks naar werd gekeken.

Voorlopig gaat onze rechtstreekse reis van verleden naar heden over vertrouwd terrein. Natuurlijk weten we allemaal wat chimpansees zijn. Ze zijn dieren die zo sterk op ons lijken dat we ze vragen vaccins voor ons te testen, de veiligheid van ruimtevluchten te controleren, of samen met ons gefotografeerd te worden wanneer we de draak met onszelf willen steken. Ze zijn onze nauwste verwanten.

Maar wat wil dat zeggen? Hoe verwant zijn ze precies?

2
Een tijdmachine

ARISTOTELES WAS DE EERSTE grote filosoof die ook bioloog was, zodat hij de aangewezen persoon was om het allemaal in gang te zetten. In de vierde eeuw voor Christus ontleedde hij een paar Turkse apen (staartloze makaken, ook wel magotten genoemd), waarbij hij een duidelijke overeenkomst zag tussen de anatomie van deze aap en de mens. Zo begon een onderzoekslijn die op een grillige manier tot op de huidige dag is voortgezet, en die een langzaam strakker wordend net heeft gespannen om de relatie tussen mensen en andere primaten. Dit heeft uiteindelijk geleid tot een wetenschappelijke gerichtheid op een roodharige mensaap, de orang-oetan uit Zuidoost-Azië, en drie zwartharige mensapen, de gorilla, de chimpansee en de bonobo, alledrie uit Afrika. Aristoteles noemde zijn Turkse apen 'mensapen'. Maar de echte mensapen, de hierboven genoemde vier soorten grote mensapen, werden pas tweeduizend jaar na Aristoteles door de westerse wereld ontdekt. Ze lijken veel meer op de mens dan de Turkse aap en vanwege deze onmiskenbare gelijkenis vroeg men zich dan ook af of de grote mensapen onze directe verwanten waren, of onze voorouders op hen leken en zich net zo gedroegen, en of zij ons iets zouden kunnen vertellen over onze herkomst.

Sinds Darwin hebben vragen en zorgen, opgeroepen door het bestaan van deze mensapen, onrust gezaaid binnen de wetenschappelijke instellingen. Sommige vragen werden al langgeleden aan de orde gesteld, waardoor het tegenwoordig bijvoorbeeld heel gewoon is om te denken dat de mens is geëvolueerd uit voorouderlijke mensapen, ook al zijn die al lang dood. Maar dit idee is nooit bevredigend geweest, omdat het ons zo weinig vertelt over waar we vandaan zijn gekomen. De mensapen vormden een groep soorten; de menselijke afstammingslijn was een andere groep. De twee groepen leefden al vele miljoenen jaren, misschien wel tien of vijftien miljoen jaar, van elkaar gescheiden, zodat onze gemeenschappelijke oorsprong zijn betekenis had verloren. En de overeenkomsten in het gedrag van mens en elke andere mensapensoort, zoals chimpansee of gorilla, waren niets bijzonders. Ze waren wel interessant en enigszins suggestief, omdat ze wezen op iets dat er geweest zou kunnen zijn. Ik herinner me nog goed hoe, tot kortgeleden, de discussies van mensapenonderzoekers omgeven waren door een merkwaardig gevoel van frustratie. We reageerden enthousiast op de overeenkomsten tussen chimpansees en mensen, dachten even na en zeiden dan 'Wat eigenaardig!' Maar we wisten niet goed wat we daarná moesten zeggen. Natuurlijk waren de grote mensapen onze naaste verwanten. Maar ze leken te ver verwant om iets specifieks te kunnen vertellen over onze oorsprong of onze reis door de evolutie. Dat was de stand van zaken tot 1984.

In dat jaar werden we verrast door een radicale bewering van twee biologen van de Yale University, Charles Sibley en Jon Ahlquist. Door hun DNA-analyse werd de mens helemaal binnen de groep van grote mensapen geplaatst. Als dit uitzonderlijke idee klopte, zou de theorie dat de mensapen een eigen, aparte groep vormden die van de mens was gescheiden door een aanzienlijke biologische of evolutionaire afstand, worden opgeblazen. Als de mensapen een natuurlijke groep waren, wat we zonder enige twijfel toegaven, dan zou de bewering van Sibley en Ahlquist ons tot de vijfde grote mensaap maken! Of, om precies te zijn, tot de derde, met twee aan elke kant. Het familieportret ziet er nu als volgt uit: vijf paren mensapen, van elke soort een man en een vrouw, waarbij wij mensen in het midden staan, geflankeerd door onze neven en nichten.

Natuurlijk is deze nieuwe opstelling niet meer dan theoretisch gegoochel, een academisch woordenspelletje. En welk etiket men ook gebruikt, het verandert niets aan het feit dat andere mensapen in vergelijking met *Homo sapiens* een grote mond hebben, behaard zijn en onbeschrijfelijk lomp. Maar toch brengt de nieuwe theorie van de mens die thuishoort binnen de grote groep mensapen, ons gevoel afgescheiden te zijn van de dierlijke wereld, aan het wankelen, em wel om een zeer speciale reden. De nieuwe verwantschapstheorie stuurt ons terug naar de fossielen en de levende mensapen om opnieuw de hele puzzel van overeenkomsten en verschillen te gaan onderzoeken. Maar deze keer kan er, dankzij een nieuwe visie uit de moderne genetica, een duidelijk en opwindend beeld naar voren komen. Misschien vinden we een nieuw tijdstip voor onze afscheiding van de andere mensapen, veel recenter dan we hadden gedacht. Met behulp van die nieuwe chronologie, en door nog eens goed naar de grote mensapen te kijken, zullen we mensen vinden die niet afstammen van een voorouder die al zo lang dood is dat hij ons alleen maar op een vage en onrealistische manier aan onze huidige mensaapneven en -nichten koppelt. Integendeel, de speurtocht naar onze eigen afstamming zal eindelijk een beeld naar boven halen dat vreselijk bekend is en angstwekkend veel lijkt op iets dat we uit de huidige wereld kennen: een moderne, levende, ademende chimpansee.

Dat is de stelling. Wanneer de gegevens van fossielen, genen en levende mensapen worden gecombineerd, hebben we een mogelijkheid om achterom te kijken en een duidelijker beeld van het verleden te krijgen. En in strijd met onze recente inzichten zal een patroon ontstaan dat ons zal vertellen hoe we er vijf miljoen jaar geleden uitzagen, toen we onze woonplaats in het Afrikaanse regenwoud verlieten om aan de reis naar de mensheid te beginnen. We hebben hiermee een tijdmachine in handen gekregen.

Uitgedroogd door de hitte en gehuisvest in vuile tijdelijke kampen in een vijandige omgeving, hebben fossielenjagers zo veel verzameld tijdens hun speurtochten naar waarheid en glorie dat het bestand van menselijke overblijfselen uit de laatste 4,5 miljoen jaar een van de beste is vergeleken met dat van andere diersoorten. Het is zó goed dat zelfs creationisten de basale feiten moeten accepteren. Iedereen is het erover eens dat sommige fossielen ouder zijn dan andere, en dat in de oudste fossielen (die door creationisten op 1,5 tot 4,4 miljoen jaar worden gedateerd) de kenmerken van mensaap en mens vermengd zijn.[1] De gegevens zijn simpelweg zo duidelijk dat geen enkel redelijk mens deze ter discussie zal willen stellen.

Neem bijvoorbeeld een soort als *Australopithecus afarensis*, waartoe de beroemde 'Lucy' wordt gerekend. Er zijn in Noordoost-Afrika 3 tot 3,8 miljoen jaar oude fossiele overblijfselen van het type Lucy gevonden. Ze waren afkomstig van één soort uit een succesvolle groep mensapen, de australopithecinen of savanne-mensapen die zo'n vijf miljoen jaar geleden zijn ontstaan en die ongeveer vier miljoen jaar hebben geleefd.* Hun lichaam was ongeveer even groot als dat van een tegenwoordige chimpansee. Hun hersenen en mond, en ook misschien hun

---

* Er bestaat geen gewone naam voor de australopithecinen. *Australopithecus* betekent 'zuidelijke mensaap', zo genoemd omdat het eerste lid van dit genus (geslacht) in Zuid-Afrika werd gevonden (het Taung-kind, in 1925 door Raymond Dart *Australopithecus africanus* gedoopt). Ze worden ook wel 'savannenmensapen' genoemd, omdat de ons bekende fossiele habitats van de australopithecinen minder afgesloten waren dan de dichte regenwouden die door de gorilla's en bonobo's, en de meeste chimpansees, werden gebruikt. Het is mogelijk dat sommige australopithecinen in regenwouden hebben geleefd, of dat een deel van hun habitats hebben geleken op de savannen en bossen die nu door bepaalde populaties chimpansees worden bewoond, zoals in Mount Assirik in Senegal, Ugalla in Tanzania, en mogelijk ook Gombe in Tanzania. We nemen daarom aan dat de savannenmensapen hebben geleefd in een grote verscheidenheid aan habitats, die vaak een mozaïekachtige structuur gehad zullen hebben van loofverliezende bossen vlakbij stroken woud aan het water, of redelijk toegankelijke gebieden met struikgewas of grasland.

ingewanden, hadden de omvang van die van een mensaap. En de handen, de schouders en het bovenlichaam laten zien dat ze goed konden klimmen en dat ze, evenals de huidige mensapen, aan één hand konden slingeren.[2] Maar op sommige punten leken ze niet op de mensapen van nu. Uit de structuur van hun voeten, benen en heupen blijkt ondubbelzinnig dat ze rechtop liepen, bijna even goed als wij, en ook hun gebit was niet mensaapachtig. Met name de kiezen waren veel groter dan die van de mens of de mensaap, hoewel ze mensachtig waren in de zin dat ze waren bedekt met een dikke beschermende laag glazuur, in tegenstelling tot de dunne glazuurlaag op de tanden en kiezen van chimpansees en gorilla's. Mensaapachtige bovenlichamen, hersenen, monden en buiken, plus menselijke benen, bekkens en tandglazuur. Een opmerkelijk mengsel.

Deze mensapen, mogelijk zes of meer soorten, leefden gedurende zo'n vier miljoen jaar in de Afrikaanse bosgebieden. Hun natuurlijke geschiedenis is, in grote mate, onze eigen voorgeschiedenis, en duurde zelfs nog voort toen – ongeveer twee miljoen jaar geleden – de hersenen van één soort savannemensapen groter werden, waardoor deze apen veranderden in wezens met de eerste sprankjes menselijkheid.

We willen graag zoveel mogelijk informatie verzamelen over het leven van deze australopithecinen en over hun plaats van herkomst. Hiervoor is, vreemd genoeg, het bestuderen van de nu levende mensapen een goed uitgangspunt.

Voor diegenen die in de buurt van de huidige mensapen leven, zoals de inheemse bevolking van Midden-Afrika, is het idee dat we nauw aan ze verwant zijn makkelijk te aanvaarden. Mensapen zijn dan ook prominent aanwezig in sommige Afrikaanse mythes. De Europeanen hadden er echter meer moeite mee. Biologie werd in de negentiende eeuw een populair onderwerp in Engeland. Theorieën over de evolutie kregen vat op de algemene verbeelding, en ontdekkingsreizigers en handelaars brachten grote aantallen gevangen apen en mensapen naar de dierentuinen en menagerieën overal in Europa. Het publiek en de biologen waren verrukt. Toch schreef Darwin in 1871 in zijn boek over de evolutie van de mens, *The Descent of Man and Selection in Relation to Sex* (*De afstamming van de mens en de seksuele teeltkeus*), dat de meerderheid van de biologen nog steeds het idee verwierp dat mensen primaten zijn. In plaats daarvan, zo beweerde hij, plaatsen de meeste schrijvers de mens in een aparte orde, de Bimana of tweehandigen, gerieflijk gescheiden van de Orde der Primaten.[4] Volgens Darwin was deze speciale persoonlijke behandeling absurd: 'Als de mens niet zijn eigen indeler zou zijn geweest, zou hij nooit op het idee zijn gekomen om voor zijn eigen groep een aparte orde te scheppen.'[5]

Misschien overdreef Darwin de visie van zijn collega's wel. In de eerste plaats is het moeilijk voor te stellen hoe ze de mensen buiten de primaten (een orde van onder meer apen, mensapen en maki's) konden houden, omdat door een zeer overtuigend aantal gegevens de uitzonderlijke overeenkomsten tussen mensen en mensapen al waren aangetoond. Deze eerste precieze vergelijking tussen mens met mensaap, in 1863 gepubliceerd door Darwins vriend en verdediger van de evolutie Thomas Huxley, leverde zulke duidelijke resultaten op dat deze nog steeds als een wezenlijke bewijsvoering geldt.

Huxley vergeleek mensen met gorilla's. Hij zou een andere mensaap gekozen kunnen hebben, maar de gorilla was pas ontdekt en stond erg in de belangstelling. Deze grootste van de mensapensoorten werd pas in 1847 in de westerse wetenschap geïdentificeerd, toen een zendingsarts naar Amerika terugkeerde met een verzameling schedels en een aantal Afrikaanse jagersverhalen. Het duurde niet lang of de Philadelphia Academy of Sciences had een verslaggever van een krant uit New Orleans, Paul du Chaillu, op pad gestuurd om zo'n ontzagwekkend beest te gaan schieten, zodat in de jaren daarna in de wetenschappelijke magazijnen in Engeland en Amerika kratten vol huiden en skeletten van pasgeschoten gorilla's werden opengebroken, gevolgd door een storm van opwinding en debatten. Du Chaillu's bestseller uit 1861 over de jacht op gorilla's, *Explorations and Adventures in Equatorial Africa*, veroorzaakte zijn eigen kleine onstuimige windhoos. De gorilla was, zoals Huxley in 1863 schreef, 'zo gehuldigd in proza en poëzie, dat iedereen over hem moet hebben gehoord en een bepaald idee over zijn uiterlijk moet hebben gevormd.'[6]

Huxley liet zien dat in elke anatomische vergelijking mensen en gorilla's meer op elkaar lijken dan op alle andere gewone apen, hoewel die een redelijk alternatief zouden zijn. Hij liet bijvoorbeeld zien dat menselijke embryo's er in het prille begin precies zo uitzien als die van andere zoogdieren, en dat ze zich pas daarna gaan onderscheiden. Als het embryo nog een lange, gekromde staart heeft en lijkt op een vreemd buitenaards wezentje met een kubusachtig hoofd, is de dooierzak waardoor het wordt gevoed bij honden lang en dun, maar bij mensen en primaten rond. Zelfs als er meer verschillen gaan ontstaan met andere primaten, lijken de gorilla-embryo's nog steeds opvallend veel op die van de mens. 'Pas in een veel later ontwikkelingsstadium gaat het jonge menselijke wezentje opmerkelijke verschillen vertonen met de jonge mensaap,' aldus Huxley.

Hij vergeleek ook de volwassen anatomie van mensen, gorilla's en andere primaten, waarbij hij ledematen en wervels, bekken en schedel, hersenen en tanden, handen en voeten onder de loep nam. En in alle gevallen bleek dat de verschillen tussen de gorilla en de mens kleiner waren dan die tussen een gorilla en gewone apen. Darwins verdediger had het goed gezien. Mensapen zijn een kleine groep van grote primaten zonder staart, waartoe de gibbons uit Zuidoost-Azië horen (kleine mensapen) en de vier grote mensapen. Ze zijn geen gewone apen en ze zijn daar ook niet nauw aan verwant. Gewone apen vormen een veel grotere en een meer uiteenlopende verzameling van soorten, waartoe bavianen, makaken, franjeapen, hoelmannen, en vele andere behoren. Mensen en mensapen zijn nauwe verwanten, terwijl gewone apen een eigen groep vormen die, zoals we nu weten, ongeveer 25 miljoen jaar geleden is afgescheiden van de afstammingslijn van mens en mensaap.[7]

De indruk ontstaat misschien dat Huxley's systematische onderzoek iedereen had overtuigd. Het werd echter heftig aangevallen.[8] Een groot gedeelte van de strijd ging over zaken die hier niet van belang zijn. Eén bepaald zwak punt in zijn denkwijze kon echter onmogelijk over het hoofd worden gezien, namelijk iets dat altijd optreedt wanneer evolutionaire verwantschappen alleen uit vergelijkende anatomie worden afgeleid. Hoewel Huxley's uitgebreide vergelijking tussen de anatomie van de gorilla en de mens zeer sterk wees in de richting van een gemeenschappelijke herkomst, was er toch nog een andere mogelijkheid, zij het een kleine. Via natuurlijke selectie kunnen niet-verwante of in de verte verwante soorten altijd zodanig evolueren dat ze, als reactie op een gelijke omgevingsdruk, steeds meer op elkaar gaan lijken. Dit proces, *convergentie* genoemd, mag nooit worden uitgesloten als een mogelijke verklaring voor de anatomische gelijkenis van soorten.

Neem bijvoorbeeld het gegeven dat zowel mensen als de vier soorten grote mensapen een rudimentair staartbeen hebben. De meest waarschijnlijke verklaring hiervoor is afstamming van eenzelfde voorouder. Toch is het nog steeds mogelijk dat de mens en de vier mensapen van afzonderlijke lijnen afstammen, en dat hun rudimentaire staartbeen het gevolg is van het feit dat elke groep, onafhankelijk van elkaar, een vergelijkbare niche (ecologische nis) heeft bezet, en ze dus los van elkaar zijn geëvolueerd in reactie op een of andere vergelijkbare omgevingsdruk die het ontwikkelen van een staart heeft tegengewerkt. Dat wil dus zeggen, afzonderlijke aanpassing met convergerende gevolgen. Zouden alle overeenkomsten tussen mensen en grote mensapen een weerspiegeling kunnen zijn van een dergelijke convergerende aanpassing in plaats van een gemeenschappelijke voorouder? Het lijkt enorm onwaarschijnlijk gezien het grote aantal overeenkomsten, maar een strikte anatomische vergelijking zal nooit het ultieme bewijs kunnen leveren. Darwin zelf speculeerde met grote deskundigheid en suggereerde bijvoorbeeld dat de menselijke voorouders nauw verwant waren aan de fruit etende mensapen uit Afrika. Maar ook hij wist waar de wetenschap ophield en de speculatie begon. De mogelijkheid van convergentie bleef een essentiële beperking voor alle negentiende-eeuwse conclusies over onze afstamming. Vroege aanhangers van de evolutie wilden eigenschappen onderzoeken die minder voorspelbaar op een omgevingsdruk zouden reageren dan de meeste anatomische kenmerken, maar in de negentiende eeuw wist niemand hoe of waar ze die konden vinden.

Zoals zo vaak in de wetenschap kwam de doorbraak uit een onverwachte hoek. George Nuttall was een veelzijdig man die, naast allerlei andere zaken, tijdschriften over hygiëne en parasitologie oprichtte[9] en in zijn vrije tijd baanbrekende ontdekkingen deed op het gebied van de immunologie. Deze Californische expert op het gebied van schapenteken gaf bacteriologiecolleges op de Cambridge University en loste tussen 1901 en 1904 het convergentieprobleem op. Hij deed dit door bloedonderzoek te doen bij zeshonderd diersoorten en daaruit bleek dat soorten die oppervlakkig op elkaar lijken (botten, hersenen, spieren), ook onder het oppervlak op elkaar lijken: hun bloed heeft namelijk eenzelfde chemische samenstelling.

Voor hedendaagse normen was zijn techniek nogal ruw, maar zijn aanpak was buitengewoon origineel en de resultaten waren indrukwekkend. Een paar weken lang gaf Nuttall konijnen vijf of zes injecties met menselijk bloed. Het was al bekend wat er gebeurt wanneer een konijn wordt ingespoten met menselijk bloed: het konijnenbloed reageert alsof menselijk bloed een vreemde indringer is, een virus of een bacterie, en gaat antistoffen maken. Een paar dagen na de laatste injectie tapte Nuttall een monster bloed van het konijn af, liet het in een buis stollen en zoog daarna het heldere serum boven het bloedstolsel af. Hij wist dat het heldere konijnenserum de antistoffen tegen het menselijk bloed moest bevatten, en daarom noemde hij het anti-mensenserum. Op dezelfde manier produceerde Nuttall met konijnen anti-chimpanseeserum, anti-orang-oetanserum, anti-muizenserum, enzovoort.

Toen nam hij een monster van elk serum en voegde daar vers bloed van een andere diersoort aan toe. Het serum reageerde op het het bloed en vormde een precipitaat. Maar de sterkte van de reactie, dat wil zeggen de dikte van het precipitaat, hing af van de soort waarvan het bloed afkomstig was. Hoe nauwer de verwantschap tussen bloed en antiserum, des te sterker was de reactie; en hoe minder de verwantschap, des te zwakker was de reactie. Dus toen Nuttall menselijk bloed bij anti-mensenserum voegde, volgde een sterke reactie. Maar het vermengen van menselijk bloed met anti-muizenserum gaf geen enkele reactie. Onze tekenexpert had een indeling van evolutionaire verwantschappen gecreëerd.

Wat gebeurde er eigenlijk toen Nuttall menselijk bloed bij anti-mensapenserum voegde? Het vormde een dikker precipitaat dan menselijk bloed met anti-apenbloed. Al zijn resultaten wezen in dezelfde richting. Dit eerste moleculaire evolutieonderzoek was vooral zo overtuigend door het ondubbelzinnige resultaat. Het plaatste de mens dichter bij de mensapen dan bij de gewone apen.[10] Huxley's hypothese was bevestigd.

Nuttalls indeling van evolutionaire verwantschap, afgeleid van eiwitten in bloed, toonde aan dat de anatomische overeenkomsten tussen mensen en mensapen waren toe te schrijven aan gemeenschappelijke voorouders, niet aan convergentie.

Convergentie is niet langer een theoretisch probleem als het gaat om moleculen als bloedeiwitten, omdat wanneer een soort verandert onder invloed van krachten uit de omgeving, deze verandering zich afspeelt op het niveau van de anatomie en de fysiologie, en zich niet zal uitstrekken tot het moleculaire niveau. Zo zien we opmerkelijke voorbeelden van convergentie bij ver verwante soorten als de Europese placentale mol en de Australische buidelmol, de Tasmaanse wolf en de gewone wolf, of dolfijnen en ichthyosaurussen (vishagedissen), die allemaal opvallend veel op elkaar lijken maar op het moleculaire niveau zeer verschillend zijn. Wanneer duidelijke overeenkomsten in het moleculaire patroon worden gevonden, is de kans op convergentie uitermate klein. Het is alsof je een Nederlandse versie van de Odyssee vergelijkt met het Griekse origineel. Niemand vraagt zich dan af of de Nederlandse versie een vertaling van Homerus is, of een oorspronkelijk gedicht van een Nederlander waarin toevallig hetzelfde verhaal wordt verteld, met dezelfde toespelingen en dezelfde poëtische schoonheid en dezelfde personen. Wanneer de gelijkenis zo sterk en breed en complex is, dan kan een gemeenschappelijke oorsprong de enige verklaring zijn. Dan moet het een vertaling uit het Grieks zijn, en geen Nederlands origineel.[11] Dus als mensen en mensapen een vergelijkbare bloedsamenstelling hebben, zegt eenvoudige kansberekening ons dat dit maar één ding kan betekenen: een gemeenschappelijke genetische oorsprong.

Nuttall voltooide zijn pionierswerk in 1904 en in de decennia daarna werd zijn conclusie, dat van alle dieren de grote mensapen het nauwst verwant zijn aan de mens, op grote schaal bevestigd door andere biochemische onderzoeken.[12] Toen ging men zich natuurlijk afvragen of er misschien één mensapensoort was die dichter bij de mens stond dan de andere. Alle mogelijkheden werden geopperd: dat mensen het dichtst bij orang-oetans stonden, of bij chimpansees, of bij bobono's, of bij gorilla's, of dat ze op gelijke afstand van twee mensapen stonden, bijvoorbeeld de gorilla en de chimpansee.[13] Maar de vraag kon niet worden beantwoord, omdat niemand voldoende verschillen kon aantonen in de moleculen die werden onderzocht. De mensapengroep en de mensen waren domweg te nauw verwant om zulke details te kunnen oplossen met de gegevens die toen beschikbaar waren. Daar was een nieuwe informatiebron voor nodig. Velen dachten dat die gegevens alleen maar verkregen konden worden uit een ononderbroken reeks fossielen die, zoals voetstappen in de sneeuw, een verbinding zou leggen van de moderne mens met zijn vroege voorouders en met de nu levende grote mensapen.[14]

Maar door de vooruitgang in de biochemie werden de mogelijkheden steeds groter om verschillen en overeenkomsten tussen soorten vast te stellen. Het was algemeen bekend dat genen verantwoordelijk zijn voor de biologische verschillen tussen soorten, maar niemand wist hoe de genetische verschillen direct gemeten konden worden. Tot in het begin van de jaren zestig – in de tijd dat in Oost-Afrika Jane Goodall voor het eerst haar veldkijker richtte op de gedragingen van chimpansees in het wild – wetenschappers in de Europese en Amerikaanse laboratoria ontdekten dat genen de structuur van eiwitten bepalen. Zou het mogelijk zijn dat eiwitstructuren gebruikt konden worden voor het in kaart brengen van genetische relaties tussen soorten? De ideale analyse zou zijn om te kijken naar de volgorde van de aminozuren, de bouwstenen van eiwitten, maar daar bestond nog geen techniek voor. Er bestond wel een alternatieve methode. Doordat eiwitten elektrisch geladen zijn, gaan ze zich, nadat ze op een speciaal samengesteld medium worden gebracht, onder invloed van elektrische stroom verplaatsen. De snelheid is afhankelijk van hun eigen lading, grootte en vorm. Toen wetenschappers dit gegeven gebruikten om eiwitten van verwante soorten van elkaar te onderscheiden, vonden ze dat qua structuur de eiwitten van de mens en van de drie Afrikaanse mensapen meer op elkaar leken dan op die van orang-oetans. Deze grote rode mensapen uit Borneo en Sumatra werden vaak eenvoudigweg beschouwd als een van de soorten grote mensapen, zij het de enige soort die buiten Afrika leefde. De magie van de laboratoria deelde deze groep mensapen in stukken, waardoor de mens precies naast de Afrikaanse mensapen terechtkwam en waardoor de orang-oetans een beetje verderop in hun eentje aan een tak van de evolutieboom bleven bungelen.[15]

Er was nog een manier om onderscheid te maken: een directe DNA-analyse. Onderzoek van eiwitten was natuurlijk erg nuttig gebleken; als producten van DNA leverden ze een aantal bruikbare tips op voor de bijna oneindige hoeveelheid ingewikkelde informatie die in het genetische materiaal zelf is verpakt. DNA is echter variabeler dan eiwitten en levert daardoor meer gegevens op.

Tot zover, trouwens, waren de biochemische studies zinvol geweest om convergentie te kunnen verwerpen, maar de soortverwantschappen die zij onthulden waren niet erg verrassend. Orang-oetans verschillen duidelijk van de Afrikaanse mensapen. Bovendien had Darwin al een eeuw daarvoor gesteld dat de mens evolutionair verwant was aan de Afrikaanse mensapen. Van deze drie soorten – gorilla's, chimpansees en bonobo's – zou toch met een beetje gezond verstand, in combinatie met wat kennis van de elementaire anatomie, duidelijk moeten zijn dat ze hecht zijn verbonden binnen hun eigen kleine groep. Per slot van rekening hebben de Afrikaanse mensapen een aantal speciale kenmerken gemeen. In tegenstelling tot orang-oetans en mensen, lopen ze op hun knokkels. Ze hebben dun tandglazuur en zijn zwartharig. Natuurlijk, zo dacht men tot 1984, waren zij elkaars nauwste verwanten en waren de mensen bijzondere buitenstaanders wiens voorouders zich het eerst hadden afgesplitst.

DNA is een uitzonderlijk molecuul met een eenvoudige structuur. Het is zeer groot, zeer lang maar zeer dun en opgebouwd uit twee helften die stevig in elkaar passen als een enorm lange ritssluiting. De tanden van de rits zijn chemische eenheden die zich verbinden met een tegenoverliggende partner, de complementaire tand. Van deze eenheden, nucleotiden geheten, komen maar vier types voor: adenine en thymine, cytosine en guanine. Adenine bindt alleen met thymine (en omgekeerd), terwijl cytosine alleen met guanine bindt (en omgekeerd). Dit betekent dat de ene helft van de rits volledig is af te lezen van de andere helft. Dus om de DNA-overeenkomst tussen twee soorten te analyseren, hoef je alleen maar de helft van de ritssluiting te nemen en de nucleotiden af te lezen. Nauw verwante soorten hebben meer nucleotiden gemeen dan minder verwante soorten.

In 1984 was zo'n analyse nog niet mogelijk. Zelfs nu is het een langdurig en moeizaam proces, zodat een laboratorium dat nucleotidenvolgordes bepaalt, alleen werkt met relatief korte DNA-fragmenten (van 10.000 tot 15.000 nucleotiden) – anders gezegd, met enkelvoudige genen, de eenheden die coderen voor enkelvoudige eiwitten. Maar het primitieve stadium waarin de nucleotidenherkenning zich in 1984 bevond, ontmoedigde Charles Sibley en Jon Ahlquist niet. In plaats van te wachten op het uitdenken van verfijndere methoden voor het bepalen van genetische structuren, gebruikten ze een techniek die ze DNA-hybridisatie noemden, waarmee ze onderzochten hoe goed DNA-strengen van verschillende diersoorten bij elkaar pasten.

Met behulp van gestandaardiseerde chemische methodes extraheerden Sibley en Ahlquist enkelstrengs-DNA uit het bloed van twee verschillende (dier)soorten en lieten daarna de twee strengen aan elkaar binden of 'ritsen'. Ze maakten in het laboratorium hybride (bastaard) DNA-ritssluitingen die – afhankelijk van de verwantschap van de twee betreffende soorten – niet helemaal sloten. Daarna gingen ze verhitten. Door de temperatuur geleidelijk te verhogen, kwam de DNA-rits onder spanning te staan en gingen de strengen langzaam uit elkaar. Hybrides van nauw verwante soorten vormen sterkere bindingen en hebben een hogere temperatuur nodig om gescheiden te worden. Deze zogenoemde 'smelttemperatuur' gebruikten zij als een maatstaf voor de verwantschap van soorten.

Sibley was van beroep ornitholoog, en Ahlquist was zijn assistent. Daarom vergeleken ze in hun eerste onderzoeken verschillende vogels. De verwantschap tussen vogelsoorten was, tot volle tevredenheid van de meeste ornithologen, al nauwkeurig uitgezocht en de DNA-hybridisatie van Sibley en Ahlquist werkte met vogels dan ook perfect. Hun genetische gegevens klopten goed met de evolutionaire relaties die al door de vergelijkende anatomie waren vastgesteld.[16]

Nadat ze hun techniek eerst met vogels hadden gedemonstreerd, richtten de twee onderzoekers zich op de verwantschap tussen mens en mensaap. Met name twee van hun vragen zijn hier relevant. De eerste veroorzaakte niet veel verrassing: *Welke soort staat dichter bij de mens: de chimpansee of de gorilla?* Ze namen strengen van DNA, ritsten die aan elkaar om hybrides te krijgen van mens-chimpansee en mens-gorilla, verhoogden de temperatuur en keken wat er gebeurde. Het antwoord was *chimpansee*. Dat lijkt niet onredelijk. De grootte van een chimpansee ligt in de buurt van die van de mens, ze gebruiken meer gereedschappen dan gorilla's en ze zien er over het algemeen wat menselijker uit. Al klonk het antwoord redelijk, het had ook andersom kunnen zijn.

Het antwoord op de volgende vraag: *Welke soort staat dichter bij de chimpansee: de mens of de gorilla?* veroorzaakte een schokeffect. Chimpansees en gorilla's lijken duidelijk sterk op elkaar. En mensen verschillen sterk van beide soorten. Vandaar dat iedereen verwachtte dat chimpansees en gorilla's het dichtst bij elkaar zouden staan. Maar Sibley en Ahlquist ritsten de twee DNA-strengen dicht, verwarmden ... en von-

den dat de chimpansee nauwer verwant was aan de *mens* dan aan de gorilla.[17]
Vrijwel niemand geloofde dit. Critici gaven de schuld aan de analyse. Dus herhaalden Sibley en Ahlquist, flink ontnuchterd, de experimenten, maar hun resultaten hielden stand.[18] Men vroeg om nieuwe analysemethodes.[19] De hittebestendigheid van DNA-hybrides werd toen met een verbeterde techniek gemeten. Toch waren de uitkomsten vrijwel gelijk aan die van de eerste proeven van Sibley en Ahlquist.

Terwijl de DNA-hybridisatietechniek verder werd verfijnd, werden de oorspronkelijke resultaten overtuigend herbevestigd en verder uitgewerkt, dankzij nieuwe methodes die een directe analyse van afzonderlijke genen mogelijk maakten door het bepalen van de basenvolgorde in de nucleotiden. Zelfs terwijl we dit boek schrijven, worden regelmatig nieuwe en nog preciezere gegevens gepubliceerd over de genetische relatie tussen mens en mensaap. Intussen is de basenvolgorde van het volledige mitochondriale genoom en van verscheidene celkern-genen bepaald. De meeste studies wijzen in dezelfde richting, en de paar uitzonderingen laten zich makkelijk verklaren.[20] Voor vrijwel alle verstokte verdedigers van de oude visie is de strijd gestreden. Het feit dat de genetische code kan worden gelezen, heeft het vroegere beeld van de mens/mensaap-verwantschappen op zijn kop gezet. Het nieuwe beeld is als volgt: de twee meest verwante soorten zijn de chimpansee en de bonobo. Op dit duo volgt de mens. En dan komt de gorilla, op zekere afstand gevolgd door de orang-oetan.

Hoe komt een scepticus er nog uit, met al die overweldigende DNA-bewijzen in handen? Wat kunnen we doen voor diegenen die het niet leuk vinden, dat wij mensen nauwer dan gorilla's verwant zijn aan de chimpansees? In de vorige eeuw luidde het uiteindelijke sceptische antwoord op de ontdekking van fossielen, dat God ze bij wijze van esthetisch of filosofisch experiment in rotsen moest hebben gestopt om te doen alsof de wereld een geschiedenis had, zoals Hij Adam een navel had gegeven om te doen alsof hij uit een vrouw was ontstaan. Anderzijds menen sommige eigentijdse creationistische sceptici dat een boze Satan al die fossielen heeft neergelegd om ons te verleiden de evolutietheorie te aanvaarden.[21] Op dezelfde manier zou men kunnen beweren dat de moleculaire sporen van een vergaande verwantschap tussen mensen en mensapen passen in een heilig of in een duivels plan. Maar de meesten van ons vinden dat het idee van een misleidende macht die zo te werk gaat, een te groot beroep doet op de geloofwaardigheid. Hoe almachtig de Schepper ook moge zijn, gek is hij niet.

Het resultaat van Sibley en Ahlquist maakt een tijdmachine mogelijk. Ten eerste geven genetische verwantschappen de geschiedenis van de evolutie duidelijk weer. Als bijvoorbeeld gorilla's verre bloedverwanten zijn van de rest van de Afrikaanse mensapenlijn, dan weten we dat voorouderlijke gorilla's zich het eerst van deze lijn hebben afgesplitst. Aangezien mensen dichter bij chimpansees staan dan gorilla's, weten we dat, na de gorilla, de mens een andere weg is opgegaan. En ten slotte kunnen we uit het feit dat chimpansees en bonobo's elkaars nauwste verwanten zijn afleiden dat hun voorouders het meest recent uiteen zijn gegaan.

Vóór het onderzoek van Sibley en Ahlquist nam men aan de gemeenschappelijke voorvader van de mens en de huidige mensapen 10 tot 15 miljoen jaar geleden had geleefd, mogelijk nog langer geleden. Dat zou betekenen dat deze voorvader niet meer is op te sporen omdat uit die periode weinig en moeilijk interpreteerbare fossielen zijn overgebleven. Maar volgens de nieuwe gegevens zou hij niet zo lang voor het tijdperk van de savannemensapen hebben geleefd; en wat de savanneapen betreft is het fossielenbestand rijk en relatief coherent.

We kunnen de leeftijd van onze gemeenschappelijke voorvader nog preciezer schatten door de genetische overeenkomst te vergelijken met diersoorten waarvan de datering goed kon worden vastgesteld op basis van betrouwbare onderdelen van het fossielenbestand. De gebruikelijke basislijn is de afscheiding van de orang-oetan van de Afrikaanse mensapen, die dankzij intacte fossielen nu gedateerd wordt op 13 miljoen jaar geleden, in elk geval ergens tussen de tien en zestien miljoen. Door dat tijdperk te gebuiken als referentiewaarde, volgt uit de genetische informatie van ruim 11.000 afzonderlijk bepaalde nucleotiden in het mitochondriale genoom dat de gemeenschappelijke voorvader van chimpansees en mensen zo'n 4,9 miljoen jaar geleden leefde. De waarden die op een andere manier zijn berekend, vallen iets hoger of iets lager uit: het bepalen van de basenvolgorden van kern-DNA levert een datering op van 4,6 miljoen jaar geleden; met DNA-hybridisatie in de buurt van 5 miljoen.[22] Er blijft een zekere onnauwkeurigheid, maar het echte tijdstip van het uiteengaan – dat verbazingwekkende moment van ontwaken uit de droom van de tijd toen twee individuele mensapen, de ene uit een groep die was voorbestemd om naar de mens te evolueren, de andere uit een groep die de huidige chimpansee zou worden, allebei een laatste moment van wederzijdse herkenning hadden en toen wegkuierden in afzonderlijke richtingen – dat tijdstip ligt tussen 4,5 en 7 miljoen jaar geleden. Laten we zeggen 5 miljoen.

Slechts 5 miljoen jaar! De oudste fossielen van savannemensapen gaan terug tot 4,4 miljoen jaar. Deze mensapen leefden dus kort na die gemeenschappelijke voorvader van mensen en regenwoudmensapen – misschien maar een paar honderdduizend jaar. Als we ons nu kunnen voorstellen hoe onze voorouderlijke regenwoudmensaap eruitzag, dan kunnen we onze stamboom bijna helemaal schetsen vanaf de regenwoudmensaap via de savannemensaap naar de vroege mens.

Het idee dat de gemeenschappelijke voorvader van de mens en de regenwoudmensapen 5 miljoen jaar geleden leefde, veronderstelt misschien dat we chimpansees en mensen simpelweg kunnen combineren tot een enkel beeld, tot een mengsel van de twee soorten. Maar toch is dat niet mogelijk.

Het probleem bij deze benadering is dat wordt uitgegaan van gelijke veranderingssnelheden. Maar mensen zijn, in evolutionaire zin, een radicale diersoort; onze evolutie is uitzonderlijk snel gegaan, enorm veel sneller dan de meeste andere soorten – hoewel niet zo snel als ijsberen die zich ongeveer 20.000 jaar geleden uit grizzlyberen hebben ontwikkeld; en ook niet zo snel als dwergherten die, als ze worden geïsoleerd op een eiland, met zo'n hoge snelheid kleiner worden dat paleontologen het aantal jaren niet meer kunnen tellen. *Homo sapiens* is niet ouder dan zo'n 150.000 tot 230.000 jaar oud, en we hebben voldoende vormveranderingen doorgemaakt om ten minste vier andere, voormenselijke soorten in ons verleden te herkennen, voordat we terug zijn bij de regenwoudmensapen.[23] Wij zijn zo veel en zo sterk veranderd dat ons heden ons zelfs vrijwel niets over ons recente verleden kan vertellen.

De enige manier om een idee te krijgen waar onze voorvader op heeft geleken, is door goed naar de regenwoudmensaap te kijken. We weten dat die voorouder een mensaap was. Maar welk type mensaap? Tien miljoen jaar geleden heeft zijn voorvader de afstammingslijn van de gorilla geproduceerd. En vijf miljoen jaar geleden splitste die zich in tweeën tot de lijn van de chimpansee en die van de mens. Kunnen we ons een voorstelling maken over hoe onze voorvader er vijf miljoen jaar geleden uitzag?

Ja dat kan, omdat gorilla's en chimpansees zoveel op elkaar lijken. Zelfs experts hebben soms nog moeite de verschillen te zien. Toen de Amerikaanse ontdekkingsreiziger en gorillajager Paul du Chaillu in 1861 een bezoek bracht aan Engeland, bood hij het British Museum de opmerkelijke schedel aan van, zo beweerde hij, een tot onlangs niet-geïdentificeerde mensapensoort die de jagers uit Gabon de kooloo-kamba noemden. Du Chaillu beschreef de schedel als afkomstig van een mannetje dat 'kleiner was dan de volwassen mannelijke gorilla, en forser dan het gorillavrouwtje.' De kooloo-kamba, die door zijn opmerkelijk hoge voorhoofd en ongewoon grote schedel meer leek op een mens dan op welke andere mensaap ook, werd vooral herkend aan zijn schreeuw: *koola-kooloo, koola-kooloo*. Du Chaillu concludeerde dat de koola-kamba noch een chimpansee noch een gorilla was, maar meer een 'chimpansee-achtig dier', kennelijk een onbekende ondersoort van de chimpansee. Later vonden andere commentatoren echter dat de schedel groot genoeg was en voldoende kenmerken had om op een gorilla te lijken, zodat ze meenden dat het ging om een soort tussen de gorilla en chimpansee in of, nog eenvoudiger, om een bastaardnakomeling van een chimpansee en een gorilla. Deze hooglopende discussie werd aan het eind van de negentiende eeuw gevoerd, ten dele omdat verscheidene mensapen die toen in gevangenschap leefden dezelfde vragen uitlokten. Zo bracht Mafuca, een vrouwelijke mensaap die in 1874 door de dierentuin van Dresden was opgenomen, een paar experts in verwarring. Ze konden niet beslissen of Mafuca nu een grote chimpansee of een kleine gorilla was. Anderen beschouwden haar als een bastaard, terwijl een vooraanstaande Britse anatoom, Sir Arthur Keith, Mafuca een levend exemplaar van de kooloo-kamba noemde. Een volwassen mensapenvrouwtje met de naam Johanna, rond diezelfde tijd in bezit van het Barnum en Baileycircus, verbaasde de kenners eveneens doordat ze, volgens een van hen, 'een variatie van een chimpansee [vertegenwoordigt] die de gorilla op zoveel punten benadert dat het overduidelijk is dat de kenmerken die de twee Afrikaanse mensapen van elkaar scheiden, minder uitgesproken zijn dan veel mensen veronderstellen.'[24]

Du Chaillu's schedel bleek van een grote chimpansee te zijn, terwijl andere zogenaamde kooloo-kamba's soms grote chimpansees en soms kleine gorilla's waren. De uitvoerigheid van het debat wekt nu misschien enige verbazing, maar hier heeft het verhaal een speciale betekenis omdat het aangeeft hoe sterk gorilla's en chimpansees lichamelijk gezien op elkaar lijken – behalve in grootte.[25] (Feitelijk is het verschil tussen de twee soorten veel duidelijker te zien met een DNA-vergelijking dan met welk anatomisch of sociaal onderzoek ook. DNA vormt de bouwstenen van allerlei inwendige structuren, waaronder de hersenen, die we gewoonlijk niet kunnen zien; bovendien bevat het genoom enorme hoeveelheden 'DNA-rommel', dat door toevallige mutaties wordt geproduceerd, behouden blijft maar functioneel inactief is.)[26] Wat het uiterlijk betreft is, tenzij we aannemen dat een ongewone periode van divergentie is gevolgd door een periode van convergentie, de lijn van de regenwoudmensaap dus heel weinig veranderd sinds het uiteengaan van deze twee soorten, acht tot tien miljoen jaar geleden. Dat betekent dat onze eigen voorvaderlijke regenwoudmensaap, die deze lijn vijf miljoen jaar geleden heeft verlaten, uit het chimpansee-gorillatype is voortgekomen. Als die voorvader groot was, zal hij op een gorilla hebben geleken; als hij klein was, op een chimpansee.

Welnu, hoe groot was dan die voorouderlijke regenwoudmensaap vijf miljoen jaar geleden? Het is een ruwe schatting, maar de oudste fossielen van de savannemensapen, die op 4,3 tot 4,5 miljoen jaar worden gedateerd, passen bij een wezen dat ongeveer even zwaar was als een huidige chimpansee.[27] Een redelijke schatting zou dus zijn, dat de voorouderlijke regenwoudmensapen die ongeveer vijf miljoen jaar geleden uiteengingen om de lijn van de mensen en de lijn van de chimpansees te vormen, de omvang hadden van een chimpansee.

De grootte van een chimpansee en een chimpansee/gorilla-type. Waar leek hij dan op? Op een chimpansee. Dat is de opzienbarende voorspelling voor het ontbrekende fossiel, de mensaap die vijf miljoen jaar geleden de overgang van regenwoud naar savannebossen in gang zette.

Er zijn al aanwijzingen gepubliceerd die deze voorspelling ondersteunen. In september 1994 werden de fossiele resten geïdentificeerd van een nieuwe savannemensapen-soort, *Ardipithecus ramidus* (eerst *Australopithecus ramidus* genoemd, totdat eind 1994 meer fossielen werden gevonden).[28] *A. ramidus*, misschien wel een miljoen jaar ouder dan Lucy, leefde ongeveer 4,4 miljoen jaar geleden en lijkt in bijna elk opzicht meer op een chimpansee dan Lucy.[29] Er is zelfs gediscussieerd over de vraag of *A. ramidus* niet *Pan ramidus* – een chimpanseesoort -genoemd zou moeten worden! Als de fossielenjagers nog verder in het verleden zullen kunnen doordringen, tot vijf miljoen jaar of een beetje meer, dan durven we te voorspellen dat hun vondsten nog meer op een chimpansee zullen lijken.

Hoe enthousiast Darwin ook over ons verleden nadacht, hij heeft altijd benadrukt dat nu levende soorten niet beschouwd mochten worden als gelijken van onze voorouders. 'We moeten niet vervallen in de foutieve aanname dat de vroege voorloper van de hele familie van mensapen, waaronder de mens, identiek was aan, of sterk heeft geleken op, welke bestaande mensaap of aap ook.'[30] Darwin had gelijk dat hij voorzichtig was. Ook handboeken waarschuwen gewoonlijk tegen deze naïeve denkfout. En meestal is die waarschuwing terecht.

Maar af en toe kan deze gebruikelijke regel van ongelijkheid tussen voorouders en levende nakomelingen worden overtreden. Bij verschillende soorten treedt evolutionaire verandering met verschillende snelheden op. Sommige soorten zijn behoudend, evolueren weinig gedurende een lange periode, en overleven tevreden in een stabiele niche.

Andere zijn radicale evolueerders en reageren ingrijpend op ingrijpende veranderingen van de omgevingsdruk. Het lijkt alsof de chimpansee een behoudende soort is, een soort die opmerkelijk weinig is veranderd gedurende de afgelopen acht tot tien miljoen jaar, misschien omdat deze mensaap vooral is aangepast aan grote stukken tropisch regenwoud.[31] De boomsoorten op zich zijn niet belangrijk; alle equatoriale wouden brengen grote hoeveelheden vruchten voort en zijn daarom allemaal bewoonbaar voor mensapen. Zulke wouden zijn het hele tijdperk van de zoogdieren bewoond geweest door fruitetende primaten, al vanaf het moment waarop het leven op aarde werd gedecimeerd door een meteoriet met een diameter van tien kilometer, die aan het eind van het Jura-tijdperk, 65 miljoen jaar geleden, op het schiereiland Yucatán insloeg.[32]

Een dergelijk warm, vochtig, met vruchten bezaaid woud is de hele mensapenera in het hart van Afrika aanwezig geweest. In reactie op klimatologische grillen heeft het bos zich soms uitgebreid en soms teruggetrokken, misschien is het bladerdak dunner geworden waardoor er meer bladplanten in de onderlaag konden groeien, maar altijd is het in een vorm gebleven die bruikbaar was voor mensapen. De huidige grote mensapen – orang-oetans, gorilla's, chimpansees en bonobo's – zijn tijdens de afgelopen vijftien miljoen jaar uit elkaar gegaan. Ze zijn, zo stellen we ons voor, allemaal evolutionaire conservatieven omdat ze in conservatieve habitats leven. En als we kijken naar de chimpansee, dan hebben we misschien wel te maken met de meest behoudende mensaap, want deze soort heeft zonder veel verandering vijf tot tien miljoen jaar lang het Afrikaanse tropische regenwoud afgestruind en geëxploiteerd.

Dit is de reden waarom je denkt dat als je bij chimpansees in een Afrikaans regenwoud bent, het net is alsof je in een tijdmachine klimt. Door de bonte wereld van deze uitzonderlijke mensapen binnen te stappen, gaan we terug in de tijd en vangen een glimp van onze oorsprong. Het is geen perfect beeld, maar het is verrassend goed. De basale structuur van het woud is nog dezelfde als toen. En de mensapen die het erin hebben uitgehouden, zijn ook vrijwel dezelfde gebleven: lopend op knokkels, hangende armen, voorzien van grote hersenen, zwaar gebouwd, zwarte vacht, grote mond en fruitetend.

Hoe zouden onze chimpansee-achtige voorouders zich vijf miljoen jaar geleden hebben gedragen? De resultaten van Sibley en Ahlquist hebben het waarschijnlijker gemaakt dat overeenkomstige kenmerken te danken zijn aan een gemeenschappelijke afstamming dan aan convergentie, omdat ze een verklaring geven voor het feit dat ons gedrag meer lijkt op dat van chimpansees dan van gorilla's. Er is al ter sprake gekomen dat mensen en chimpansees eenzelfde unieke combinatie van sociale kenmerken hebben: gemeenschappen gebaseerd op mannelijke samenwerking en dodelijke invallen bij een andere groep, uitgevoerd door mannen. Als twee nauw verwante kikkers een aantal gelijke gedragingen vertonen, zullen we door de combinatie van verwantschap en gedrag denken dat ze een gemeenschappelijke oorsprong hebben. Als we deze logica op onszelf toepassen, dan zouden we moeten zeggen dat onze op mannenrelaties gebaseerde en door oorlogen gemodelleerde samenlevingen om dezelfde redenen als bij chimpansees geëvolueerd zouden zijn in de tijd van onze gemeenschappelijke voorvader, of eerder. Dit suggereert dat er vijf miljoen jaar geleden al dodende mensapen waren.

Maar het bewijst het niet; bovendien wordt er ook niet mee verklaard waarom de gemeenschappelijke kenmerken nog op dit moment aanwezig zijn en evenmin waarom onze voorouders ze gehad zouden moeten hebben. Die vragen zullen we op een directe manier moeten beantwoorden door ons af te vragen welk voordeel daders hebben van hun gedrag.

We komen nog terug op deze problemen. Maar laten we eerst eens op een andere manier naar de kloof tussen chimpansees en mensen kijken. Het is leuk en aardig om te beweren dat chimpansees en mensen nauw verwant zijn, maar waardoor zijn onze voorouders in Afrika vijf miljoen jaar geleden twee richtingen opgegaan? Welke stappen binden en scheiden onze twee soorten? Wat dreef die ene kleine groep regenwoudmensapen naar de savannen om vandaaruit de menselijke afstammingslijn te beginnen? En wat kan die visie ons zeggen over de manier waarop de gewelddadigheid onderdrukt werd of behouden bleef gedurende ons lange oponthoud als savannemensapen?

3
Wortels

LATEN WE ONS eens een voorstelling maken van onze vijf miljoen jaar oude voorouders, die als regenwoudmensapen nauwelijk te onderscheiden waren van chimpansees. Ze woonden, ongeveer zoals de chimpansees nu, in de equatoriale regenwouden op het continent, vanaf de Atlantische Oceaan tot in Oost-Afrika. Ook toen schreeuwden ze van opwinding en blijde verwachting als ze fruitbomen ontdekten, knorden zacht naar elkaar als ze in hun nest lagen om te gaan slapen, zwaaiden met bladeren om andere uit te dagen tot een achtervolging, kietelden hun baby's, joegen op apen, en vochten om graszoden. Sommige groepen hengelden met een stok naar mieren, andere wasten vruchten in een plas, weer andere speelden met bladeren om hun paringsbereidheid te tonen. We mogen rustig aannemen dat ze tweehonderdduizend generaties lang zijn doorgegaan met het bedenken en vergeten en opnieuw bedenken van manieren die het leven een beetje makkelijker moesten maken. Soms werden na enkele generaties de droge seizoenen langer, soms korter; soms trok het regenwoud zich terug of breidde het zich uit; gewoontes en tradities kwamen en gingen; er zwierven andere diersoorten door hun leefgebied; en de aarde draaide door, totdat chimpansees toevallig opdoken als onze buren van vandaag.

Maar ongeveer in de tijd waarover we het hier hebben, toen het Mioceen overging in het Plioceen, verbrak een kleine chimpansee-achtige gemeenschap de statische toestand. Vermoedelijk zijn onze eigen Adam en Eva hun leven begonnen aan de grens van het verspreidingsgebied van de regenwoudmensapen, misschien in het gebied dat nu Ethiopië wordt genoemd.[1] Hun voorvaders zouden zijn geëmigreerd tijdens een vanuit het zuiden opkomende opmars van het woud, een periode van grote vochtigheid en algehele opwarming. Maar nu is het klimaat veranderd. Een langdurige droogte heerst over het continent. Op enige afstand van de evenaar zaaien de grote fruitbomen zich niet meer uit en worden weggeconcurreerd door soorten die op droog land groeien, die geen dieren maar winden nodig hebben voor het verspreiden van hun zaden en dus weinig voedsel opleveren voor fruiteters. In de nog vochtige gebieden, waar riviergeulen halfverscholen in beschermende kloven liggen, vormen een paar regenwoudeilandjes de laatste toevluchtsoorden voor deze mensapen die worden omringd door een steeds toenemend areaal van vijandige savannes. Uiteindelijk drogen ook deze voedende stroompjes op. Verdwijning van het regenwoud betekent verdwijning van voedsel. De voortplanting zal snel afnemen en de mensapenpopulaties die daar leven zullen bezwijken en uitsterven. Het is een bekend noodlot voor pioniers, die zich vanaf hun basis aan de evenaar gaan verspreiden in de hoger gelegen zones. Maar soms hebben pioniers wel succes, en dat is het geval met die ene groep mensapen die wij in gedachten hebben. Zij boffen. Er is iets waardoor het groepje kan overleven en veranderen.

Hoe heeft ten minste één populatie regenwoudmensapen hun slinkende toevluchtsoord weten om te zetten in een startplaats voor de aanpassing aan savannebossen?

Tweebenige voortbeweging wordt door de meeste mensen beschouwd als kenmerkend voor de hominiden – althans in die zin dat wanneer fossiele mensapen op twee benen liepen, ze hominiden worden genoemd. Chimpansees staan rechtop en lopen zelfs af en toe rechtop, zoals alle mensapen in meerdere of mindere mate doen. Gewoonlijk doen chimpansees dit alleen wanneer ze daartoe door omstandigheden worden gedwongen, bijvoorbeeld wanneer een van hun handen gewond is, of wanneer ze hun armen vol vruchten hebben, of wanneer ze bij hun imponeervertoon een tak meeslepen. Maar de structuur van hun skelet en spieren is niet geschikt voor deze houding. Faben, een chimpansee uit Gombe, die een van zijn armen niet meer kon gebruiken na een polio-achtige ziekte, liep vaak rechtop, waarbij hij soms zijn goede hand als derde been gebruikte; deze manier was functioneel maar niettemin zo onpraktisch dat hij zijn leeftijdgenoten vaak niet kon bijhouden. Bij onze voorouderlijke regenwoudmensaap moet zich, om van vierbenig naar tweebenig te evolueren, een of andere essentiële nieuwe omstandigheid hebben voorgedaan die het rechtop lopen zo zinvol maakte dat sommige individuen, ondanks het feit dat het gedurende een lange overgangsperiode onpraktisch en onplezierig was, het vaak genoeg deden om er blijvend voordeel mee te behalen. Helaas hebben we nog steeds geen goed antwoord op de vraag wat die essentiële omstandigheid geweest kan zijn en waarom de nieuwe savannemensaap de voorkeur gaf aan het lopen op twee benen. Juister gezegd, er zijn veel verklaringen maar geen enkele is duidelijk beter dan de rest. Om de handen vrij te hebben voor het dragen? Om bessen die hoger hangen te kunnen plukken? Om de zon minder op hun rug te laten schijnen? Om beter in de verte te zien? Om door moerassen te kunnen waden? Er is voor elk idee wel iets te zeggen.[2] Onze voorkeur zal hieronder blijken.

Welke voordelen tweebenigheid oorspronkelijk ook had, het was niet alleen een kenmerkende eigenschap van de nieuwe mensapen, maar het had ook een cruciale invloed op hun veranderende levensstijl. Zodra onze mensapen, na een lange overgangsperiode van honderden generaties of meer, anatomisch ver genoeg waren geëvolueerd om voorbij het onpraktische stadium van tweebenigheid te komen, konden zij veel sneller en verder lopen dan chimpansees – per dag ruwweg tweemaal zo ver.[3] Die grotere afstanden zullen nuttig zijn geweest om de rijkste voedselgebieden te vinden in de droge, minder dichtbegroeide savannen waar deze mensapen nu leefden. Om maar te zwijgen van snelle roofdieren, zoals de monsterlijke vleesetende beer die in het vroege Plioceen gedurende een half miljoen jaar diezelfde savannen bewoonde.[4]

Er is evenwel iets dat nog crucialer is dan de manier waarop ze zich hebben voortbewogen. Vermoedelijk was tweebenigheid voor onze mensapen niet essentieel in het bos. Per slot van rekening houden de boslanden een groot aantal andere soorten in stand die helemaal niet rechtop lopen. Veel belangrijker moet zijn geweest wat ze in hun nieuwe habitat aten. Het proces van het veranderen van de voortbeweging mocht lange tijd duren, maar een verandering in voedingsgewoontes moest direct gebeuren. Voedsel is een absolute voorwaarde voor elk dierlijk leven. Naast het onmiskenbare belang van voedsel voor de dagelijkse overleving, is ook de voedselvoorraad van een soort van grote invloed op haar andere aanpassingen. Voedsel bepaalt niet alleen de gebitsstructuur maar ook de totale populatieomvang, de grootte van sociale groepen, de manier van concurreren, verspreidingspatronen, enzovoort. Reuzenpanda's hebben grote platte tanden omdat ze bamboe eten. Vogels migreren om het beste voedsel te zoeken. Gnoes leven in grote kuddes omdat hun voedsel alleen op bepaalde plaatsen in grote hoeveelheden groeit. Grote, kwaadaardige beesten zijn zeldzaam omdat hun voedsel schaars is... Het zal duidelijk zijn. Om te begrijpen wat er op dat keerpunt in de geschiedenis van onze soort is gebeurd, moeten we weten wat ze toen aten.

Tegenwoordig leven chimpansees alleen in gebieden met zoveel vochtig regenwoud dat elk individu verscheidene vierkante kilometers tot zijn beschikking heeft.[5] Zulke wouden zijn vaak omgeven door savannes en bosland, en de chimpansees gebruiken deze minder dichte streken geestdriftig. Af en toe is daar voedsel in overvloed. Als het een week lang onrijpe zaden regent in een stuk bos met johannesbroodbomen, zal dat veel dieren aantrekken die soms ter plekke overnachten. Savannebosland is dus niet per definitie vijandig of onbruikbaar voor een regenwoudaap. Maar het is toch niet meer dan een alternatief, terwijl het regenwoud een noodzaak is. Regenwoudapen hebben regenwoudvoedsel nodig, en dat betekent zachte vruchten en natte bladeren. Geen enkel savannebos levert een heel jaar lang voedsel voor een chimpansee.

Om de savannen te kunnen koloniseren, moesten de mensapen een nieuwe voedingsgewoonte ontwikkelen, een voorkeur voor en een vermogen tot het eten van een bepaald product dat daar op vaste tijden aanwezig zou zijn. Dit voedingsmiddel moest een aantal opvallende eigenschappen bezitten. Het moest zo zeldzaam voorkomen in de regenwouden dat de meeste regenwoudmensapen er niet al aan gewend waren geraakt. Maar in de savannebossen moest het in voldoende mate voorkomen om door het jaar heen een betrouwbare voedselbron te vormen. Het mocht niet op grote schaal door andere soorten gegeten worden en moest voldoende voedingsbestanddelen bevatten om de evolutie mogelijk te maken van verscheidene soorten savannemensapen, uiteindelijk voor die drie of vier genera (geslachten) die het blijvend zouden gebruiken. Het zou ook moeten verklaren waarom alle hominide afstammelingen van deze oude savannepioniers een paar min of meer gelijke gebitskenmerken hadden: ten eerste over het algemeen een dikke glazuurlaag, en ten tweede bijzonder zware, afgeronde kiezen of maaltanden. Zonder dit nieuwe voedsel zouden de uit het regenwoud tevoorschijn komende mensapen, evenals de huidige chimpansees, afhankelijk zijn geweest van de rijpe vruchten en zachte gewassen die alleen in voldoende mate door natte regenwouden worden geleverd.

Voedsel dat weinig voorkwam in het regenwoud, overvloedig was in het savannebos, weinig gegeten werd door andere bosdieren, zelfs aanwezig was als andere voedselbronnen uitgeput raakten, en dat het beste bewerkt kon worden door grote tanden met een dikke laag glazuur. Wat kan dat geweest zijn?

Er zijn verschillende kandidaten naar voren geschoven – zaden en noten, bijvoorbeeld. Dik glazuur zou de tanden beschermd hebben bij het kraken van de noten, zoals bij zaadetende apen met hun dik geglazuurde tanden te zien is. Mensapen zouden beter noten of peulen kunnen openmaken dan de meeste andere diersoorten, dankzij hun kracht en eigengemaakte gereedschappen. Veel bomen in de savannebossen produceren inderdaad vetrijke zaden of eiwitrijke bonen. Een aanpassing aan zaden en noten was dus mogelijk, maar we denken niet dat dit de oplossing is. Zaden en noten zijn seizoensgebonden, zodat deze bron de mensapen niet het hele jaar door van voedsel kan hebben voorzien.[6] Deze aanpassing zou te weinig nieuws opleveren om te kunnen verklaren waarom regenwoudmensapen niet regelmatig naar de savannebossen gingen, en ook nu niet gaan. De vroege mensapen aten vermoedelijk al zaden en noten, zoals chimpansees in regenwouden en savannebossen nu ook doen. En waarom zou het eten van zaden en noten evolutionaire selectie voor grote tanden stimuleren? Andere zaadeters hebben geen bijzonder grote tanden, maar zijn wel dik geglazuurd. Zouden er trouwens genoeg zaden en noten kunnen zijn geweest voor het voeden van de savannemensapen in al die verschillende soorten habitats waar hun fossielen zijn gevonden, inclusief de plaatsen met weinig bomen? Waarschijnlijk niet. Nee, zaden en noten kunnen niet verklaren dat savannemensapen genoeg voedsel hebben kunnen vinden om te overleven.

Vlees misschien? De gemeenschappelijke voorouder van chimpansees en mensen at vermoedelijk al vlees. De huidige chimpansees zijn er dol op. Maar hoewel hun savannehabitats soms overvol waren met eetbare franjeapen, zullen de uit het regenwoud komende mensapen er zeker nooit voldoende van hebben gevangen om hun voedselbehoefte te bevredigen, vooral omdat ze door hun tweebenige gang minder efficiënte klimmers waren geworden. Misschien hebben ze, ook al waren hun hersenen niet groter dan die van chimpansees, betere methoden bedacht voor het vangen van antilopen of hazen. Maar de tanden van vleeseters zijn scherp, en niet breed en stomp zoals die van de savannemensapen. Als het eten van vlees een belangrijke rol krijgt toebedeeld, dan is dat pas drie miljoen jaar later toen *Homo* evolueerde.[7]

Maar wat dan? Graszaden? Die zijn er maar een paar maanden per jaar. Boombladeren? Weinig daarvan zijn eetbaar. Botten? Die waren er vast niet genoeg. Een beetje van alles? Maar waarom hadden de tanden die speciale vorm? Enzovoort. Alle soorten voedsel leveren onopgeloste vragen op, behalve wortels.

Stel dat een populatie mensapen tijdens de droge periode, toen ze nog in het regenwoud leefden, de gewoonte hadden ontwikkeld om koolhydraatrijke wortels te eten. Wortels zullen er altijd zijn geweest buiten het regenwoud, zoals ze tegenwoordig in savannebossen ook in enorme aantallen aangetroffen kunnen worden. Ze konden dus voor zeer veel voedselenergie zorgen en zullen door weinig andere dieren zijn gegeten, omdat ze toen even verscholen en moeilijk te vinden waren als nu. Net als nu, konden ook toen veel wortels rauw gegeten worden. Ze waren er het hele jaar door, en vormden reservevoorraden voor moeilijke tijden. En om ze te kunnen eten, zijn brede, dik geglazuurde tanden een zinnige evolutionaire aanpassing. Wortels kunnen heel goed het reservevoedsel zijn geweest dat onze voorouders, en dus onze genen, deed overleven toen die van het terugtrekkende woud naar het open bosland en de savannes trokken.

Het Ituri-woud, in het noordoosten van Zaïre, is een van de grootste regenwoudgebieden in Afrika en een intrigerende plek om over de evolutie van de mens te denken. Hier en daar wordt het uitgestrekte groen onderbroken door oprijzende granieten uitstulpingen, door de lokale bewoners *kakba's* genoemd die, soms een paar meter of soms meer, door het bladerdak steken. Deze *kakba's* maken een ontsnapping mogelijk voor iemand die in een bos last heeft van claustrofobie. Als je zwetend de top hebt bereikt, bevind je je in een kleine wereld binnen een wereld. Je blik reikt naar een door bomen golvende horizon die indrukwekkend vlak en ver is, en waarvan de vlakheid af en toe wordt verstoord door een volgende *kakba*. Je hebt de stille, schemerige, vochtige wereld van de regenwoudbodem achter je gelaten.

Op de *kakba* is het droog en soms winderig. Uit de barsten tussen het gesteente komen grassprieten en op de stenen liggen uitwerpselen van buffels en klipdassen. De aan de droogte aangepaste planten met gezwollen stampers en bladeren wijzen op de noodzaak water op te nemen voordat het weer wegvloeit en opgenomen wordt in de doorweekte regenwoudbodem. De *kakba* is licht en koel, een klein eiland van droog savannebos in een zee van vochtige regenwoudbomen. Het beloont de klimmer met een koele bries en een uitzicht over de rest van het regenwoud. En het biedt zicht op onze vraag: hoe zou een regenwoudmensaap savannebossen kunnen koloniseren?

Vanaf de top van *kakba* is soms in de verte een rookpluim te zien. Daar in het regenwoud leven boeren en de rook is afkomstig van stukken grond die worden afgebrand om de aanplant van gewassen mogelijk te maken. Er leven ook pygmeeën in het Ituri-woud, maar zij gebruiken het regenwoud op een andere manier. Pygmeeën zijn beroemd om hun jacht, en terecht. Het opmerkelijke is echter dat zij vlees niet als voedsel beschouwen. Vlees is luxe, en voedsel wil zeggen koolhydraten. Vandaag de dag krijgen ze hun koolhydraten voornamelijk via ruilhandel met de boeren. In ruil voor vlees, honing of werk ontvangen ze wortels en graangewassen, zoals cassave, zoete aardappels en rijst. Maar deze drie zijn recente immigranten, veredelde landbouwproducten die in dit deel van de wereld gedurende de laatste paar honderd jaar worden verbouwd. De pygmeevolken die lang geleden in Afrika leefden, moeten andere zetmeelbronnen gehad hebben.

Als je aan pygmeeën vraagt wat ze doen als er geen zetmeel te krijgen is, dan krijg je een duidelijk antwoord. Dan gaan ze naar de *kakba* – dat hoge, droge, miniatuurbosland – om wilde yams te zoeken. Een wortelgewas. Ze moeten hun wortelzetmeel buiten het regenwoud halen omdat er weinig wortels in het woud zijn te vinden. In de relatief niet-seizoensgebonden wereld van het regenwoud, groeien de meeste planten het hele jaar door – en slaan dus weinig energie in hun wortels op. Dat is ook niet nodig.[8] Maar de planten die op de *kakba's* groeien kennen het probleem van waterverlies en tijdelijk watertekort, en hebben zich hieraan aangepast door extra water en koolhydraten in hun dikke wortels op te slaan. Daarom gaan de foeragerende volken van het Ituri-woud naar de *kakba's* als er geen zetmeel te krijgen is, bijvoorbeeld als de oogst van de lokale boeren is mislukt. Ze weten dat ze de diepe, grote wortels kunnen vinden door naar uitlopers te zoeken die uit de scheuren in de stenen naar boven kruipen. Ze weten precies waar de vruchtbaarste *kakba's* zijn, en in welke tijd ze die moeten bezoeken om de grootste kans te hebben op een goede oogst. De Ituri-pygmeeën zijn, kort gezegd, een regenwoudvolk dat de savanne-eilandjes gebruikt om aan voedselreserve te komen.

Het zal duidelijk zijn waarom het interessant is om na te denken over het voedsel dat door mensen in het Afrikaanse regenwoud wordt gegeten. Het heeft niets te maken met speciale evolutionaire relaties tussen menselijke foerageerders en niet-menselijke mensapen. De pygmeeën van het Ituri-woud zijn niet meer en niet minder verwant aan chimpansees dan de auteurs of de lezers van dit boek. Maar hun leefwijze is interessant omdat die laat zien dat er zelfs in een regenwoud toch savannevoedsel is te vinden. Bovendien is dat ene voedingsmiddel waarop ze gespitst zijn bijzonder interessant.

In tegenstelling tot vruchten zijn wortels geen typerend voedsel voor primaten in het algemeen, aangezien de meeste primaten in wortelarme wouden leven. Maar voor een primaat in een savannebos is het eten van wortels een logische aanpassing. Als hun favoriete vruchten en zaden schaars zijn, houden inderdaad allerlei soorten savanneprimaten in Afrika zich in leven met wortels. Bavianen, de succesvolste niet-menselijke savanneprimaten, eten op grote schaal wortels, hoewel hun belangstelling meer uitgaat naar grasknolletjes en kleine bolgewassen dan naar de grote knollen waaraan mensen meestal de voorkeur geven. Het uitgraven van grote diepgelegen wortels lukt kennelijk zelfs bavianen niet. Maar savannemensapen konden vermoedelijk minstens even goed graven als chimpansees en het is best mogelijk dat ze in harde grond hulpmiddelen hebben gebruikt. Er zijn namelijk bij fossielen van savannemensapen (de latere '*robustus*'-typen uit Zuid-Afrika) fragmenten gevonden van horens en lange botten met slijtpatronen die lijken op die van graafgereedschappen. Bob Brain heeft zestig van die veronderstelde stukken gereedschap gevonden en kwam door dit grote aantal tot de conclusie dat 'het uitgraven van eetbaar voedsel uit de bodem een lang bestaande, bijzonder belangrijke traditie is geweest in de ecomonie van deze vroege hominiden.'[9] De gebitten van fossiele savannemensapen, slecht aangepast aan het eten van bladeren, lijken geschikt voor het kraken van noten. In de geschiedenis van de antropologie beging men een klassieke blunder, toen een brede fossiele tand met een dikke glazuurlaag werd geïdentificeerd als een tand van een savannemensaap, die later afkomstig bleek van een varken. Varkenstanden schijnen ontworpen te zijn voor het kauwen van wortels.[10] Bovendien moeten de oude habitats van savanne-apen vol wortels hebben gestaan, omdat men bij fossielen van deze mensapen regelmatig fossiele blindmuizen heeft gevonden, dieren die voornamelijk waren aangewezen op wortels. Er komen tegenwoordig nog steeds blindmuizen voor in de Afrikaanse savannebossen, maar nooit in relatief wortelarme regenwoudhabitats.[11]

Wij denken dat het gebit van savannemensapen zich heeft aangepast aan het eten van wortels, dat er in de vroegere savannehabitats ruimschoots voldoende wortels waren, en dat wortels het belangrijkste reservevoedsel waren als de favoriete vruchten en zaden niet voorhanden waren. Maar hoe is die verandering in het dieet opgetreden? Waarom heeft natuurlijke selectie, toen bleek dat het gebit van mensapen niet geschikt was voor het kauwen van wortels en er bovendien geen traditie bestond om verborgen schatten op te sporen, in het voordeel gewerkt van deze vindingrijke individuen die de eerste stap hadden gezet op weg naar het eten van wortels? Hoe is te verklaren dat één enkele populatie regenwoudapen de gewoonte ontwikkelde om wortels te eten waar ze in de savannen voordeel van zouden hebben?

Daar is een brug voor nodig, een stapsgewijze overgang tussen fruitetende regenwoudmensapen en worteletende savannemensapen. Huidige chimpansees hebben zulke uiteenlopende tradities en zoveel manieren voor het oplossen van hun problemen dat het ons niet zou verbazen als een bepaalde chimpanseegemeenschap, ergens in Afrika, zo'n brug zou kunnen zijn. In het oosten van Zaïre treffen we bij een chimpanseegroep, die in eerste instantie bestudeerd werd als onderdeel van een toeristisch project en financieel gesteund door de Zoölogische Vereniging van Frankfurt, precies het soort gedrag aan dat een bescheiden populatie van bedreigde regenwoudmensapen de weg omhoog kan hebben gewezen.

Tongo is een rustig woud. Het wordt gewoonlijk door weinig toeristen bezocht, ondanks het feit dat het vlakbij een grote weg ligt en er verwonderlijk benaderbare wilde chimpansees leven, die de aanwezigheid van mensen accepteren zonder dat zij ooit door hen gevoed of aangeraakt zijn. Als dat deel van Afrika politiek gezien stabieler zou zijn, zou het elk jaar door duizenden toeristen worden bezocht die het land de zo noodzakelijke vreemde valuta zouden brengen. Maar in plaats van toeristen kreeg het gebied in 1994 een miljoen Hutu-vluchtelingen uit Rwanda te verwerken; en dus staat het Tongo-regenwoud zwaar onder druk door de nieuwe kolonisatie.

Weinig Afrikanen of Europeanen hebben de chimpansees gezien die Annette Lanjouw in 1989 in Tongo heeft geobserveerd. Evenmin is er daar tot nu toe wetenschappelijk onderzoek gedaan.[12] Daarom is het aan Annette Lanjouw te danken dat we in elk geval één beschrijving hebben van de chimpanseecultuur in Tongo, die in een bepaald opzicht bijzonder is: het is een cultuur van gebrek aan water. Tongo is ongewoon stil omdat het geen rivieren, geen stroompjes, geen murmelende beken en geen ruisende watervallen heeft. Het is een regenwoud op een oude lavastroom, omringd door droge struiken die groeien op jongere lavagrond. De grote lavastroom is misschien vijfhonderd jaar oud en er groeien nu heel wat regenwoudbomen op, waaronder veel vijgenbomen. Maar zodra je een stap buiten dit centrale gebied zet, dat niet meer dan een paar vierkante kilometer groot is, dan kom je in een voor chimpansees vijandige wereld: een reeks lichte, bleke, onregelmatige en aan droogte aangepaste struiken en lage bomen. Deze nabije vijandige zee op de jonge lava moet nog heel wat decennia wachten voordat de grond rijk genoeg is om een woud te kunnen onderhouden dat bruikbaar is voor chimpansees.

En zelfs in het hart van het Tongowoud siepelt de regen snel door het poreuze lavaoppervlak. Niet alleen zijn er geen rivieren, er zijn ook geen poelen. Daarom hebben de chimpansees zich in hoge mate toegelegd op de sponstraditie, die ook bij enkele andere wilde chimpanseepopulaties is waargenomen. Volgens Lanjouw gebruiken de Tongo-chimpansees mos als een spons waarmee ze water uit boomholtes opzuigen, en die ene dag die ik daar heb doorgebracht, heb ik het hen inderdaad zien doen. Je zou misschien denken dat ze beter hun vingers kunnen gebruiken, maar een spons lijkt efficiënter. Ik heb ongeveer tien milliliter water gemeten in bladersponzen van chimpansees, terwijl ik door mijn hand in water te dopen minder dan vier milliliter kon opzuigen. Bovendien kost het oplikken veel tijd. Vervet-meerkatten in droge delen van Kenya besteden dagelijks 10 procent van hun tijd aan het 'drinken' door het onderdompelen van hun handen, veel langer dan goed voor ze is. Ik heb gezien hoe individuen van lage rang doodgingen omdat ze de concurrentiestrijd om water verloren.[13] Efficiënte manieren om te drinken zijn uiterst belangrijk als er weinig water is.

Watertekort is ook de reden voor een andere traditie in Tongo. Steeds als een chimpansee een speciale stengel of rank vindt die uit het vulkanische gesteente komt, ontstaat er grote opwinding. Al gauw is iedereen aan het graven, de armen tot aan de schouders in de grond. En na een paar minuten verschijnt het resultaat van al die activiteit: een wortel. De sociale rust wordt verbroken doordat de strijd om die wortel gepaard gaat met gepiep en geruzie, smeekbeden en troost. Ook wanneer chimpansees een aap vangen, neemt een volwassen mannetje deze prijs als eerste in bezit. Vervolgens verdringen de andere, van beide seksen en alle leeftijden, zich om de bezitter heen en bedelen wanhopig om een stukje. De wortel wordt in porties rondgedeeld. De groepsleden zitten te kauwen of sjouwen soms uren rond met hun stuk van de buit voor ze naar een nieuwe voedselplaats vertrekken.

Botanici waren verbaasd toen Lanjouw op de proppen kwam met het bijzondere wortelgewas waar de Tongo-chimpansees zo dol op zijn, omdat er geen plantensoort bekend was met een dergelijke wortel. De identificatie is nog steeds twijfelachtig, maar het schijnt een *Clematis* te zijn die is aangepast aan de speciale omstandigheden in Tongo met het lage watergehalte van de bodem.[14] Ook de voedingswaarde van de wortel is nog onduidelijk, maar volgens Lanjouw is hij zeer nat en ze denkt dat hij de chimpansees van water voorziet. De wortel is een drank. Bij wilde chimpansees in een bos op poreuze lava blijkt de traditie van het opgraven en eten van wortels dus een lokale aanpassing te zijn aan watertekort.

Laten we ons het leven vijf miljoen jaar geleden in de Noordoost-Afrikaanse wouden eens voorstellen. We zien een populatie mensapen in een regenwoud als in Tongo, op een lavastroom; of misschien groeit dít woud rondom een *kakba*, zoals in het Ituri-woud in Zaïre. De apen ontwikkelen een traditie van het zoeken naar wortels in het lavawoud of op de *kakba*, eerst als een manier om meer water te krijgen – in de stijl van de Tongo-chimpansees. Maar dan, misschien als gevolg van een lokale droogte, wordt de kleine wereld van deze groep volledig afgesneden van de grote populaties mensapen. In deze periode droogt hun omgeving zo snel uit dat de gebruikelijke voedselreserves, de bladeren en pitten waarmee hun voorouders zich tijdens droogteperiodes in leven hielden, onbereikbaar zijn geworden. Als deze geïsoleerde apen zich op de oude manier blijven gedragen, zullen ze doodgaan. Maar ze weten gelukkig wat wortels zijn, en dankzij hun traditie wortels te gebruiken als een extra watervoorziening, weten ze hoe ze die moeten zoeken en benutten. En wortels zijn er overal om hen heen, omdat de planten in dit kleine regenwoud op een lavabodem al zijn aangepast aan de druk van de seizoenen. Gezien het feit dat de juiste wortels voorhanden zijn, kunnen de apen deze nu vaker gaan gebruiken, niet alleen als een toevallig waardevolle waterbron, maar ook als een onmisbare zetmeelvoorziening in slechte tijden.

Als de droogte relatief spoedig voorbij is, zullen de geïsoleerde mensapen naar het rijkere woud kunnen teruggaan, terug naar de oude situatie met voldoende vruchten en zaden en vlees, om zich weer bij de andere leden van de grote populatie in het aangrenzende woud aan te sluiten. Dit zal zeker verschillende keren zijn gebeurd. Maar hoe zou de situatie zijn als de droogte aanhield, waardoor het kleine regenwoudeiland in plaats van groter te worden steeds kleiner, steeds minder bebost en minder vruchtbaar werd? De bedreigde populatie zal zich uiteindelijk hebben verspreid om in het savannebos tussen de spaarzame plekken regenwoud naar voedsel te zoeken – in dit geval wortels. Daar zullen ze in overvloed, of ten minste voldoende, wortels hebben gevonden en zullen ze dus, als eersten in de geschiedenis van de mensapen, ontdekt hebben dat ze ook buiten de natte wouden kunnen overleven.

Vijf miljoen jaar geleden staken onze voorouders de grote ecologische scheidslijn tussen tropisch regenwoud en savanne over. Terwijl de mensapen van de oude afstammingslijn op hun traditionele manier het woud bleven exploiteren, conservatief wat gedrag en morfologie betreft, werkte natuurlijke selectie in het voordeel van de snel veranderende nieuwe mensapenlijn in het savannebos. Ze waren al uitgerust met een manier om te overleven en benutten de mogelijkheden die hen ter beschikking stonden. De savannemensapen behielden hun klimvermogen totdat sommige van hen vroege mensen werden, terwijl ze vruchten en boomzaden bleven verzamelen als de natuurlijke boomgaarden productief waren. Ten slotte gooide, ongeveer twee miljoen jaar geleden, één afstammingslijn het klimvermogen van de oude mensapen overboord, hoewel ze 4,5 miljoen jaar geleden al rechtop liepen, te oordelen naar de botten en de voetafdrukken.[15] Misschien was het dragen van wortels naar een boom waar je ze rustig en veilig kon opeten, het aanvankelijke ongemak van de tweebenigheid wel waard. Tongo-chimpansees vervoeren hun wortels over meer dan een kilometer; het is mogelijk dat savanne-apen door het dragen van wortels op twee benen zijn gezet. Hoe dan ook, naar ons idee zullen wortels ervoor hebben gezorgd dat onze voorouders niet doodgingen tijdens de periodes waarin de beste voedingsmiddelen – dat wil zeggen vlees, fruit, zaden, paddestoelen en honing – niet te vinden waren.[16]

Met vergelijkbare snelheid vertakte de savannemensapenlijn zich verscheidene keren, wat heeft geleid tot soorten die vermoedelijk de savannen en bosgebieden van Afrika van west naar zuid bevolkten en waarbij twee of meer soorten dezelfde habitat zullen hebben gedeeld.[17] Onze eigen voorouders, afkomstig van deze lijn, begonnen met het maken van stenen gereedschappen en gingen zo'n twee miljoen jaar geleden steeds meer vlees eten.[18] En waarschijnlijk 1,5 miljoen jaar geleden wisten ze hoe ze vuur moesten maken. Hoewel de tijd niet precies bekend is, ontwikkelden ze ongeveer 150.000 jaar geleden een menselijke taal. Ze vonden 10.000 jaar geleden de landbouw uit, 1000 jaar geleden het buskruit, en een eeuw geleden gemotoriseerde voertuigen. Dit zijn verbazingwekkende gebeurtenissen, veranderingen en prestaties. Ondanks de uitzonderlijke veranderingen die hebben plaatsgevonden tijdens onze gang van regenwoudmensaap naar moderne mens, is er toch ook continuïteit geweest. We hebben al één voorbeeld daarvan besproken op het vlak van gedrag: van de dodelijke groepsinvallen van de tegenwoordige chimpansees in hun op mannenrelaties gebaseerde territoriale gemeenschappen, tot de oorlogen tussen moderne mensen. Ook hebben we al de mogelijkheid geopperd dat er zowel bij chimpansees als bij mensen een biologische basis zou zijn voor dit gedrag dat is ontstaan vóór de voorouderlijke afsplitsing vijf miljoen jaar geleden.

Overvallen door chimpansees en oorlogvoering door mensen zijn echter niet hetzelfde, dus waarom zou je er dan van uitgaan dat ze van dezelfde bron afkomstig zijn? Hoe vergelijkbaar, of hoe verschillend, zijn deze soortspecifieke gedragingen? Hebben wij toen wij menselijk werden (door in die rechtop wandelende soort te veranderen die oorlogen voert en vrede sluit, die zich openhoopt in gemeenschappen en naties, die seksuele verbintenissen aangaat en weer verbreekt, die de taal gebruikt om het verstand te ontwikkelen en genoeg kennis op te doen voor het ontwerpen van kathedralen, muizenvallen, atoombommen en mythes), onze oude mensapenhersenen achtergelaten? Hebben we in een of andere fase dat spul domweg afgedankt als een waardeloos reliek uit de kwellende schaduw van de tijd? Of is het ingewikkelde, zenuwachtige en angstige en trotse, bijgelovige en zichzelf misleidende bouwsel van hersenmateriaal dat onze mensheid vormt, nog steeds doordrongen van de essentie van die oeroude regenwoudhersenen?

4
Overvallen

Het feit dat chimpansees en mensen leden van naburige groepen van hun eigen soort doden is, zoals we hebben gezien, een opzienbarende uitzondering op de algemene dierlijke gewoonte. Voeg daarbij onze nauwe genetische verwantschap met deze mensapen, en de mogelijkheid dringt zich aan ons op dat bij deze twee soorten de agressie tussen groepen een gemeenschappelijke oorsprong heeft. Dit idee wordt aannemelijker door aanwijzingen die suggereren dat tegenwoordige chimpansees niet alleen medereizigers in de tijd en evolutionaire verwanten maar ook verrassend nauwkeurige modellen van onze directe voorouders zijn. Het zou kunnen betekenen dat chimpansee-achtig geweld voorafging aan en de weg vrijmaakte voor menselijke oorlogvoering, waarmee de moderne mens de verblinde overlevende is geworden van een continue, vijf miljoen jaar durende gewoonte van dodelijke agressie.

Zolang we niet worden geconfronteerd met het bewijsmateriaal van chimpansees, gaan we er natuurlijk vanuit dat oorlogvoering een uniek menselijke activiteit is. We kunnen het zien als een praktische manier om de bevolkingsdichtheid onder controle te houden, of als een gevolg van bepaalde culturele praktijken zoals het uitdenken van wapens of een superioriteitsideologie.[1] We kunnen benadrukken dat oorlogvoering meer op calculatie dan op instinct is gebaseerd, en dat het een politiek instrument is.[2] Of we kunnen het in algemenere zin beschouwen als een gevolg van sociale omstandigheden. En zelfs met het chimpanseebewijsmateriaal in handen, lijken de 'blinde instincten' van dierlijke 'vijandigheid' ver verwijderd van de nauwkeurige berekeningen en rituele complicaties die zonder meer ten grondslag moeten liggen aan menselijke oorlogvoering. Van vier harige mensapen die zich in een vallei wagen om een of andere ongelukkige buurman af te ranselen, tot vierhonderdduizend met vlaggen zwaaiende mensen die tegenover elkaar staan met geweren, gas, raketten, tanks, artillerie, elektronische bewaking en vleermuisachtige bommenwerpers die twee- tot driemaal sneller dan het geluid overzoeven: kan die brug worden geslagen? Of is het vergelijkbare geweldspatroon van chimpansees en mensen niet meer dan een onbetekenende toevalligheid?

Geen enkele menselijke samenleving biedt wat dit aangaat een betere vergelijkingsmogelijkheid dan de Yanomamö, een cultuur bestaande uit zo'n 20.000 mensen in het zuiden van Venezuela en in de laaglandwouden van het Amazonebekken in het noorden van Brazilië. De Yanomamö leveren ons de denkbeeldige brug. Niet omdat ze levende fossielen zijn, want dat zijn ze niet, maar omdat ze zo opmerkelijk beschermd zijn gebleven tegen moderne politieke invloeden. Ze zijn geen inheemse jagers en verzamelaars; ze bedrijven landbouw sinds een onbekend aantal eeuwen en hebben zich na de tijd van Columbus enige tijd beziggehouden met de handel in metalen bijlen. Niettemin zijn ze op deze aarde de grootste niet-gepacificeerde stam, niet aangepast aan een andere cultuur, niet vernietigd en niet geïntegreerd in de rest van de wereld. Hoewel ze tegenwoordig in de belangstelling staan van idealistische westerse missionarissen en cynische Braziliaanse goudmijnbezitters, zijn hun traditionele gebieden beschermd dankzij het feit dat Venezuela in 1991 95.000 vierkante kilometer land heeft aangewezen als biosfeer-reservaat. De Yanomamö worden niet door naburige stammen gedomineerd en hun dorpen zijn zo verspreid en mobiel dat er zich tussen de dorpen onderling geen belangrijke strijd om de hiërarchie heeft ontwikkeld. Elk dorp is zelfstandig, afgesneden door het woud, aan niemand onderworpen, nergens vast bij aangesloten, van geen enkele koning of staat of andere externe verplichting afhankelijk. Een Yanomamö-dorp is een wereld op zich, op afstand omringd door veel van dergelijke werelden.[3]

De Yanomamö staan bekend om hun intensieve oorlogvoering, die tot in de kleinste details is beschreven door de Amerikaanse antropoloog Napoleon Chagnon. Chagnon zelf is een uitbundige en onverbloemde polemist wiens rapportages nogal wat stof hebben doen opwaaien onder de andere antropologen. Sommigen menen dat hij de oorlogvoering van de Yanomamö overdrijft;[4] anderen maken zich zorgen dat zijn verslagen, of ze juist of onjuist zijn, zo schokkend zijn dat ze gebruikt zouden kunnen worden ter rechtvaardiging van de goudzoekersinvasies in inheemse gebieden. Maar Chagnons gegevens zijn even sprekend als de bevolking zelf. Yanomamö-mannen noemen zich *waiteri*, dat wil zeggen woest. Hun dorpen liggen in de buurt van dorpen die ze niet volledig vertrouwen, hoe graag ze dat ook zouden willen. De meeste Yanomamö vinden die eeuwige oorlogen tussen de dorpen gevaarlijk en uiterst laakbaar; als er een wondermiddel zou bestaan om ze tot een goed en zeker einde te brengen, zouden ze ongetwijfeld voor dat middel kiezen. Maar ze weten dat zoiets niet bestaat en dat hun buren kwaaie rakkers zijn, of binnen de korste keren onbetrouwbare en overtuigde vijanden kunnen worden. Al ontbreekt een volledig vertrouwen, toch hebben de Yanomamö-dorpen contact met elkaar via handel, onderlinge huwelijken, het sluiten van gebrekkige politieke verdragen –

en via het opwekken van angst door een onverbiddelijke bereidheid tot wraakneming.

Het dagelijkse leven van de Yanomamö is vreedzaam. Ze bedrijven landbouw voor eigen gebruik en wat tuinbouw, en halen de meeste calorieën uit pisangs en andere vruchten of gewassen, die afwisselend op kleine stukken grond worden gekweekt. Ze zijn goed gevoed. Ze hoeven hun bebouwde grond maar zo'n drie uur per dag te verzorgen, terwijl de jacht voldoende vlees oplevert. Meer valt er niet te wensen. Ze weten zich te redden zonder wetten en geschreven taal, en met een telsysteem dat niet verder dan het getal 2 gaat. Hun kleding is, zoals Chagnon het uitdrukt, 'decoratief'.[5] De mannen dragen een touw om hun middel dat is vastgebonden aan de voorhuid van de penis, een uiterst pijnlijke situatie als het touw losraakt. De vrouwen dragen vrijwel even weinig – een koord om hun middel en een schort van een paar vierkante centimeter – en zijn net zo betamelijk en bescheiden.

In een dorp wonen gemiddeld negentig stamleden, allemaal familie van elkaar via de mannelijke lijn. Dat wil zeggen dat de Yanomamö-mannen in hun geboortedorp blijven en de vrouwen voor of bij hun huwelijk vertrekken. Natuurlijk worden na verloop van tijd en als de bevolking van een dorp groeit de bloedbanden zwakker. Volgens Changon speelt verwantschap geen centrale rol meer zodra een dorp zo'n driehonderd mensen telt. Een onbelangrijke gebeurtenis of irritatie kan aanleiding geven tot een ruzie, vervolgens tot een gevecht en ten slotte tot een volledige breuk. Dan deelt het hele dorp zich in tweeën, ruwweg volgens de mannelijke familielijnen. De twee nieuwe dorpen, soms alleen maar gescheiden door een riviertje of een stuk moeras of bos, zijn in het begin vriendelijk tegen elkaar. Maar die vriendschap neemt na zekere tijd af, er bouwen zich spanningen op en uiteindelijk groeit de kans op een oorlog. Dan wordt de afstand tussen de twee dorpen groter gemaakt, verder uit elkaar en dieper het woud in. Dit proces doet denken aan het uiteengaan van de Kasekela- en de Kahama-chimpanseegemeenschappen.

Volgens de Yanomamö gaat een oorlog tussen dorpen niet over middelen van bestaan, maar wordt hij ontketend door zoiets theoretisch als een verdenking van tovenarij of iets gewoons als een onbeduidend meningsverschil. Of een paar mannen uit verschillende dorpen gaan ruziemaken om reden van een mislukte overeenkomst, seksuele jaloezie of verdenking van overspel. Vaak gaat het om vrouwen. Hoe dan ook, de traditie staat toe dat zulke kleine conflicten worden opgelost door een paar formele vechtpartijen, bijvoorbeeld een duel waarbij men elkaar hard op de borstkas slaat. Een van de mannen biedt zich aan om door een ander op de borst te worden geslagen, hij ontvangt net zoveel slagen als de ander wil uitdelen, en geeft dan hetzelfde aantal terug. Als beide partijen tevreden zijn, kan het conflict op dat moment over zijn. Zo niet, dan volgt een duel waarbij met geopende hand of met de platte kant van een bijl klappen tegen de ribben worden uitgedeeld, met het risico van ernstige verwonding. Zo'n duel kan een eind aan het conflict maken, maar kan ook ontaarden in clubgevechten waarin de mannen, zwaaiend met twee tot drie meter lange bouwpalen, elkaar afranselen. Een clubgevecht is het laatste formele stadium. Als er daarna geen vrede wordt gesloten, verzamelen de mannelijke dorpelingen zich om een oorlog uit te vechten.

De Yanomamö kennen twee gevechtsstijlen, waarvan er een uniek is voor de mens. *Nomohori* – de lafhartige streek – spreekt voor zich. Deze kan als volgt worden uitgevoerd. De mannen van een dorp nodigen hun zogenaamde bondgenoten uit voor een feest. Ze behandelen hen zo goed dat de gasten uiterst ontspannen in de hangmatten van hun gastheren gaan liggen. En dan vallen de gastheren allemaal tegelijk aan: schedels worden met bijlen gekliefd, de gasten worden geslagen met stokken en bestookt met pijlen. Mannen worden afgeslacht, vrouwen en meisjes gevangen genomen. Je vraagt je af waarom iemand nog naar een feestje in een ander dorp gaat.

De tweede techniek is het *wayu huu*, de overval. Zo'n overval begint met een gesprek, waarbij tien tot twintig mannen het eens worden over het doden van een bepaalde vijand. Ze maken van die persoon een beeltenis van stro of van geschilderd hout en schieten er met pijlen op – hoewel ze in feite tevreden zijn met het doden van welke man ook uit het vijandige dorp. Na een avond van ceremoniële en emotionele voorbereiding vertrekken de overvallers de volgende morgen. Dorpen die actief met elkaar in oorlog zijn, liggen meestal ver van elkaar af, zodat de mannen voor een overval soms wel vier of vijf dagen moeten lopen voordat ze bij het vijandige dorp komen. Tijdens deze tocht laten sommige mannen hun groep in de steek onder het voorwendsel van ziekte of verwonding; maar diegenen die dikwijls afhaken tijdens overvallen lopen het risico dat ze de naam krijgen een lafaard te zijn, waarna hun vrouwen als geoorloofde prooi voor verkrachting worden beschouwd. Als ze de buitenkant van het vijandige dorp hebben bereikt, wachten de overvallers 's nachts stil af. Bij de eerste lichtstralen verdelen ze zich in twee kleinere clubjes van vier tot acht man, en wachten rustig in een hinderlaag op een eenzaam slachtoffer, in de hoop een slaperige figuur te verrassen die niet op zijn hoede is als hij naar buiten komt om te urineren of water te halen. Als ze, in plaats van één man, twee of meer mannen aantreffen die in staat zijn zichzelf te verdedigen, dan schieten ze een regen van pijlen naar het dorp en rennen ze weg. Maar als ze een eenzame vijand zien, zullen ze hem beschieten met pijlen die in het dodelijke curare zijn gedoopt. De overvallers vluchten dan onmiddellijk om een achtervolging en een vergeldingsoverval op hun eigen dorp vóór te zijn.

Het doel van een overval is altijd het doden van één man, mogelijk twee mannen, en dan te ontsnappen. Als dat de overvallers lukt zonder verliezen, mogen ze een vrouw uit het vijandige dorp ontvoeren. Deze vrouw wordt eerst door alle overvallers verkracht, dan meegenomen naar hun dorp om te worden verkracht door de achtergebleven mannen, waarna ze de vrouw wordt van een van de mannen. De kans is groot dat ze de rest van haar leven zal doorbrengen met haar nieuwe metgezellen.

Hoe gewoon zijn deze ontstellende praktijken? Yanomamö-mannen die hebben gedood of hebben meegedaan aan een moord moeten een zuiveringsritueel ondergaan, de *unokaimou*. Daarna zijn zij *unokais*. Chagnon vermeldt dat ongeveer 40 procent van de volwassen mannen deze eretitel dragen en dat mannen die veel doden op hun geweten hebben tot de prominentste mannen van de Yanomamö-samenleving behoren, zoals een van de zeer gerespecteerde mannen die werd gezuiverd voor tweeëntwintig moorden. Hoewel sommige critici beweren dat de betekenis van de *unokai*-statistieken wordt overdreven, aangezien twee of drie mannen bij zo'n overval pijlen naar een slachtoffer schieten zodat er meer moordenaars dan slachtoffers zullen zijn,[6] heeft Chagnon ook gegevens verzameld over slachtoffers. Een kleine 30 procent van alle Yanomamö-mannen sterft door geweld.

Het plegen van een overval lijkt misschien een nutteloze bezigheid, maar evenals alle militaire helden overal ter wereld worden ook *unokais* door hun samenlevingen geëerd en na afloop beloond. Omdat de Yanomamö-cultuur een huwelijk met meerdere vrouwen toestaat, kunnen de beloningen direct worden vertaald in termen van voortplanting. Chagnon ontdekte na analyse van gegevens uit verscheidene dorpen, dat *unokais* gemiddeld ruim tweeënhalfmaal zoveel vrouwen hebben als andere mannen en ruim driemaal zoveel kinderen als gemiddeld.[7] Het uitvoeren van dodelijke overvallen levert, zo lijkt het, de Yanomamö-overvallers genetisch succes op.

Hoewel de Yanomamö gewassen telen voor eigen gebruik, zijn ze natuurlijk niet typerend voor mensen uit de nadagen van het Pleistoceen, de tijd voordat de landbouw werd uitgevonden. Maar menselijke samenlevingen variëren te veel om een enkele groep representatief te noemen voor de mensheid in welk stadium of welke staat ook. Zelfs de mensen die door Chagnon zijn bestudeerd, zijn niet representatief voor alle Yanomamö — zoals zijn critici haastig wisten te melden. Toch is Chagnon door een groot deel van hun land getrokken en heeft hij de culturele gewoontes beschreven van allerlei dorpen in duidelijk verschillende ecologische situaties. De gegevens, afkomstig van de leefgemeenschappen die Chagnon alles bij elkaar gedurende vijf jaar heeft bestudeerd, bieden genoeg aanknopingspunten om een uitgebreide vergelijking te kunnen maken tussen de dodelijke invallen van chimpansees en de oorlogvoering door mensen in een samenleving waarin de politieke autonomie van de afzonderlijke dorpen lijkt op het isolement van de afzonderlijke chimpanseegemeenschappen.

Yanomamö-bevolking en chimpansees uit Gombe. Waarin verschillen primitieve oorlogen en dodelijke overvallen door mensen en chimpansees, en waarin lijken ze op elkaar? De verschillen zijn makkelijk aan te geven. Zelfs hier, in deze eenvoudige vorm, verloopt oorlogvoering door mensen heel anders en in elk opzicht gecompliceerder dan overvallen van chimpansees. Oorlogvoering bij de Yanomamö vindt openlijk plaats als onderdeel van een escalerende spanning tussen dorpen, en met een geschiedenis die mannen en vrouwen met elkaar bediscussiëren. Het kan worden uitgelokt door tovenarij en gemotiveerd door wraak. De strijders bereiden zich op ceremoniële wijze voor en gebruiken handwapens in plaats van tanden. Hun giftige pijlen kunnen het lichaam van een enkeling doorboren of worden in grote aantallen afgevuurd op een heel dorp. Hun oorlog kan gepaard gaan met achterbakse streken, verloopt soms volgens een plan en is gericht tegen bepaalde vijanden. Zo'n overval duurt dagen in plaats van uren; ontvoering en verkrachting komen veel voor; vergelding is normaal. Enzovoort. Bij een vergelijking van Gombe en Yanomamö is de kloof die onze twee soorten (mensaap en mens) scheidt, onmiskenbaar. Omdat taal discussie en bedoeling mogelijk maakt, zal een oorlog tussen mensen vanwege die culturele aspecten altijd uitgebreider, ingewikkelder, opwindender maar ook misleidender en wanordelijker zijn dan geweld tussen gemeenschappen van chimpansees.

Maar de menselijke vindingrijkheid, die de misleidingen en betekenissen en mogelijkheden van oorlogvoering teweegbrengt, mag ons niet blind maken voor de overeenkomsten. Net als een Yanomamö-dorp, is een chimpanseegemeenschap een groep die bestaat uit familieleden en waarvan de basis wordt gevormd door nauw verwante mannen en nietverwante vrouwen afkomstig uit andere groepen. Het aantal bewoners van Yanomamö-dorpen variëert van veertig of vijftig tot ongeveer driehonderd, dat van chimpanseegemeenschappen van twintig tot zo'n honderdtien. En net als Yanomamö-oorlogen, vinden dodelijke invallen van chimpansees plaats wanneer een subgroep van mannetjes – in beide gevallen bendes van ruwweg vijf tot tien individuen – doelbewust het vaste territorium van een naburige gemeenschap binnentrekt.[8] Ook de stijl van de overval is vergelijkbaar. Denk maar eens aan wat er bij chimpansees gebeurt. Mensapen die een overval plegen zijn stil, beducht op vijanden. Als ze een clubje buren aantreffen dat uit genoeg individuen bestaat om een bedreiging te vormen – bijvoorbeeld twee of meer volwassen mannetjes – zullen ze zich terugtrekken, soms na luidruchtig imponeervertoon. Maar als ze een eenzame buurman, een onvolwassen vrouwtje, of een mannetje met een vrouwtje zien, zal de groep de achtervolging inzetten en vervolgens meedogenloos gaan aanvallen, soms met dodelijk gevolg. Binnenvallende chimpansees schijnen de risico's te taxeren door vóór de aanval hun vijand te lokaliseren en te observeren. Ook proberen ze erachter te komen of ze in aantal duidelijk in het voordeel zijn, en of ze een verrassingsaanval kunnen uitvoeren. Bovendien kan het slachtoffer zich bij een dergelijke aanval niet meer bewegen, zodat de aanvallers zelf nauwelijks gewond raken. Hoewel het slachtoffer zowel een vrouwtje als een mannetje kan zijn, is de agressie meestal sterker gericht op volwassen mannetjes dan op vrouwtjes die in de vruchtbare leeftijd zijn. Jonge vrouwtjes die aan het begin van de voorplantingsfase staan (nog kinderloos zijn), lopen een grote kans er zonder verwonding vanaf te komen, om vervolgens gedwongen te worden mee te gaan naar het territorium van de aanvallende partij.

Gezien het alerte en enthousiaste gedrag van de chimpansees, moet zo'n overval een opwindende gebeurtenis zijn. En de herrie waarmee ze hun slachtoffers belagen, lijkt absoluut niet op de incidentele geweldsuitbarsting tijdens een ruzie tussen leden van dezelfde gemeenschap. Bij aanvallen op andere gemeenschappen gedragen de aanvallers zich alsof ze op apen jagen, behalve dat de 'prooi' in dit geval een lid van hun eigen soort is. En zoals we al hebben gezien, worden hun aanvallen gekenmerkt door een nodeloze wreedheid – het afscheuren van stukken huid, bijvoorbeeld, of het verdraaien van ledematen tot ze breken, of het drinken van het bloed van het slachtoffer – die doet denken aan handelingen die, door mensen in vredestijd gepleegd, als onbeschrijflijke misdrijven worden beschouwd en tijdens oorlogen als wreedheden. In Gombe stierf zo'n 30 procent van de chimpansees door agressie[8] – ongeveer hetzelfde percentage dat Chagnon becijferde voor de Yanomamö-dorpen die hij bestudeerde.

Niet alleen de verschillen maar ook de overeenkomsten zijn belangrijk, omdat deze verwijzen naar een gelijke beweegreden en een gemeenschappelijke oorsprong. Het voorbeeld van de Yanomamö doet vermoeden dat als de economische en ecologische omstandigheden van de mens die van de chimpansee gaan benaderen, ook de geweldspatronen van beiden soorten naar elkaar toe zullen groeien. Door het feit dat de Yanomamö politiek onafhankelijk zijn en zij weinig materiële bezittingen, geen goud en geen waardevolle voorwerpen of voedingsmiddelen hebben om strijd over te voeren, lijkt hun samenleving op die van chimpansees. In zo'n relatief kale mensenwereld verdwijnen sommige vertrouwde patronen van oorlogvoering. Je vindt er geen hevige gevechten, geen militaire allianties, geen strategieën die zijn gericht op oorlogsbuit, geen grootscheepse roof van voorraden. Wat overblijft zijn de lafhartige streken en dodelijke overvallen, expedities op zoek naar een kans om aan te vallen, een buurman te doden en vervolgens te ontsnappen.

We zien bij de Yanomamö de simpelste, meest basale vorm van menselijke oorlogvoering, een vorm die uit en te na is beschreven. Voor antropologen is het spijtig dat er zo weinig bekend is over oorlogvoering door foeragerende volken die op een vergelijkbare manier zijn geïsoleerd, mensen die ons iets zouden kunnen vertellen over een vorm van leven zonder landbouw. Het probleem is dat de hedendaagse jager-verzamelaars niet talrijk genoeg zijn of niet zo vrij als ze zouden moeten zijn. Zij bestaan allemaal binnen grotere culturele en wettelijke systemen. De beste reisbeschrijvingen zijn lang geleden gemaakt, maar deze bronnen zijn vaak verzonnen en onbetrouwbaar. In hoeverre mogen we bijvoorbeeld William Buckley vertrouwen? Buckley was een Engelsman die in Australië gevangen zat en na zijn ontsnapping van 1803 tot 1835 leefde onder de Aboriginals. Hij beschreef een groot aantal gewelddadige moorden, onder andere van een man die bij een overval met speren werd doorboord in de hut waarin hij zelf lag te slapen.[10] Buckleys uitgebreide verslagen van gevechten en overvallen en ruzies van mannen over vrouwen klinken oprecht, en we zijn geneigd hem op zijn woord te geloven, alleen al omdat Australië voordat de Europeanen arriveerden een continent was zonder enige landbouw. Maar toch moeten deze langgeleden opgetekende anekdotes van een ontsnapte gevangene en avonturier met enige achterdocht worden bekeken.

Laten we teruggaan naar de Yanomamö. Roepen zij bij ons de suggestie op dat er een verband bestaat tussen het geweld van chimpansees en oorlogvoering door mensen? Dat doen ze zeker. Het verlangen naar schermutselingen, het opgewonden verzamelen van een groepje overvallers, de heimelijke inval, de ontdekking van een vijand en het snelle inschatten van de kansen, de moord door de bende en de vlucht zijn bij beide soorten de gebruikelijke elementen die geweld tussen groepen mogelijk maken. Dankzij de taal zijn er bij de Yanomamö meer mogelijkheden, zoals het maken van plannen, formalisering, rituelen en verdragen. Maar deze zijn voor het geweld, voor de dodelijke overval zelf, niet nodig.

Het uitvoeren van een dodelijke overval is niet alleen een van de belangrijkste vormen van Yanomamö-oorlogvoering, het is ook over de hele wereld een van de meest gebruikelijke vormen van primitieve oorlogvoering geweest.[11] De Amerikaanse socioloog en antropoloog Harry Turney-High, die diende als cavalerist tijdens de Tweede Wereldoorlog, maakte in *Primitive War* (1949) de opmerking dat de sociale wetenschappers van zijn tijd op grote schaal verzuimd hadden om onderzoek te doen naar, of inzicht te krijgen in de allerbelangrijkste reeks gedragingen binnen vrijwel elke menselijke gemeenschap: oorlogvoering. Primitieve volken hebben, volgens Turney-High, elkaar even enthousiast en routinematig gedood als ieder ander, maar zij vochten geen 'echte' of 'geciviliseerde' oorlogen uit, zoals hij het noemde. 'Ondanks hun geverfde gezichten en sporadisch voorkomende slachtpartijen', leefden deze mensen 'achter de militaire horizon' en voerden iets uit dat werd gekenmerkt door een gebrek aan organisatie, planning, discipline en tactiek. Het leek meer op moord door een bende dan op oorlog. Cultureel gezien waren zij niet in staat om deel te nemen 'aan een gevecht dat een veldslag zou kunnen worden genoemd.'[12]

Turney-High ontleende aan zijn cavaleristenhandboek een lijst van veertien tactische uitgangspunten die voor hem de kunst van het echte oorlogvoeren definieerden. Nummer 8 van die lijst is het principe van de verrassing, dat hij toevallig ook het meest karakteristieke principe van de primitieve oorlogvoering vond. Zo was verrassing bijvoorbeeld bij inheemse Amerikaanse stammen over het algemeen de centrale tactiek. De negentiende-eeuwse Nederlandse commentator David DeVries schreef over de Leni Lanape een indianenstam uit Delaware: 'Als soldaten zijn ze verre van eerzaam; ze zijn perfide, en bereiken al hun doelen via verraad; ook gebruiken ze allerlei listen om de vijand te bedriegen en voeren hun plannen, die in elk opzicht gewaagd zijn, bijna altijd 's nachts uit.' Hoewel moralisten als DeVries de Amerikaanse inheemse methode van oorlogvoering als 'verraad' bestempelden, merkte Turney-High op dat de Europeanen zelf vaak even onbetrouwbaar waren. 'De meeste Nederlandse overwinningen op de Indiërs kwamen tot stand via gebroken beloftes en het massaal vermoorden van onbeschermde dorpelingen.'[13]

Sinds de verschijning van *Primitive War* hebben studies en waarnemingen keer op keer het belang bevestigd van verrassing als de centrale tactiek bij primitieve volken. Veel van die volken zijn strikt foeragerende samenlevingen met exotische namen als Aleoeten en Andamanen, Shivwits en Squamish.[14] Verrassing – de hinderlaag, de valstrik, de stiekeme aanval, de nachtelijke overval – was van Noord-Amerika tot Afrika, Europa en Melanesië een elementaire vechttactiek van stammen.

Door deze eenvoudige elementen uit te breiden met bij uitstek menselijke verwikkelingen verschijnen er gecompliceerdere methoden van oorlogvoering. In het hoogland van Nieuw-Guinea hebben afgelegen stammen als de Mae Enga weinig materiële bezittingen, en hun wapens zijn even simpel als die van de Yanomamö. Maar ze leven dicht op elkaar, zo'n honderd mensen per vierkante kilometer[15], terwijl de Yanomamö even verspreid zijn als chimpansees die een dichtheid hebben van minder dan een individu per vierkante kilometer. Als gevolg van de betrekkelijke overbevolking van de Mae Enga-stam, kunnen hun districten (een soort verspreid liggende dorpen) stabiele allianties met elkaar vormen. Als geallieerde Mae Enga-groepen bijeenkomen voor een oorlog tegen andere geallieerde groepen, dan nemen ze vaak gezamenlijk deel aan een rituele veldslag die lijkt op een overdreven versie van een sportdag. Gewoonlijk zijn de slagen vreedzaam, weinig meer dan twee rijen mannen die op elkaar af rennen vanaf een afstand van een paar meter, terwijl de actie wordt afgeblazen als er iemand gewond zou kunnen raken. Deze hoffelijke opstelling van beide kanten, in rijen en elkaar mentaal taxerend, doet de oorlogvoering van de Mae Enga er heel anders uitzien dan de overvallen van chimpansees. Maar ongeveer één keer per tien jaar blijkt de ene alliantie enorm veel sterker te zijn dan een andere, mogelijk als gevolg van ziekten of overlopers in de zwakste partij. Als de krachten niet meer in evenwicht zijn, is er geen reden meer om te lachen. De grotere alliantie vernietigt de tegenstanders en maakt veel dodelijke slachtoffers. De overlevenden moeten hun land voor altijd verlaten en gaan als vluchtelingen bij andere familie wonen.

Een samenleving als de Mae Enga bouwt dus voort op het Yanomamö-thema met een methode van oorlogvoering die verderaf ligt van het eenvoudige patroon van chimpanseegeweld. De Mae Enga gebruiken rituele oorlogen als een eigen, bijzondere manier voor het schatten van de numerieke kansen – wat een chimpanseebende of een groep Yanomamö-oorlogsstrijders doet wanneer die een of meer vijanden ontdekt en dan snel taxeert of ze zullen aanvallen of terugtrekken. De Mae Enga-oorlogen verlopen anders: onduidelijker en ingewikkelder. Maar de continuïteit is nog te zien. Denk er de vlaggen en uniformen, paarden en wapenrusting, geweren, schepen en tanks bij – al worden de complicaties door allianties en wapentuig snel vermenigvuldigd, er blijven toch nog een paar oorspronkelijke bruggen naar ons verleden over.

Als alle primitieve volken zich zo hadden gedragen als de Yanomamö, zouden we sterker in onze schoenen staan. Maar methodes, frequenties en bedoelingen van oorlogvoering vertonen grote verschillen, zelfs bij primitieve volken die een vreedzamer leven leiden dan de Yanomamö. Het beeld blijft zo vaag dat sommige antropologen van mening zijn dat het patroon van chimpansees, hoe interessant het ook is, geen direct prototype is van dat van de mens.[16]

Wat de antropologen met name intrigeert is dat hedendaagse groepen die het representatiefst zijn voor ons verleden vóór de komst van de landbouw – foeragerende samenlevingen of jagers-verzamelaars – niet het verwachte niveau van geweld of oorlogvoering laten zien. Over het algemeen tonen jagers-verzamelaars een aantal van die plezierige en bewonderenswaardige gedragsnormen die overal worden aangetroffen. Al bezitten ze maar een paar eenvoudige, versleten voorwerpen en weinig extra voedsel, ze delen gewoonlijk alles. Ze werken samen en ze stimuleren samenwerking. Als iemand probeert zichzelf te bevoordelen, wordt hij geminacht, zodat niemand de 'grote jongen' of een kleine tiran kan worden. Antropologen zijn het erover eens dat samenlevingen van jagers-verzamelaars in staat zijn tot een 'uitzonderlijke algemene gelijkheid op politiek en seksueel gebied.'[17] We moeten ons echter realiseren dat algemene gelijkheid niet hetzelfde is als vreedzaam. En al was het dat wel, dan nog zijn de gewoonten om te delen en het gemeenschapsgevoel van de jagers-verzamelaars alleen op de eigen groep gericht. En als we proberen om de evolutie van oorlogvoering op te sporen, is de belangrijke vraag niet hoe jagers-verzamelaars anderen binnen hun groep behandelen, maar hoe ze mensen uit andere groepen behandelen.

Het antwoord is onduidelijk. Tegenwoordig zijn de foeragerende culturen op essentiële punten beïnvloed door recente culturele veranderingen, of doordat ze voedsel verhandelen met boeren, of worden gedwongen in marginale gebieden te wonen, of worden gedomineerd, verdeeld en gepacificeerd door een machtige staat. Bovendien zijn de historische gegevens over foeragerende volken schaars. Maar we weten wel dat er nog nooit een werkelijk vreedzaam foeragerend volk ontdekt of gedetailleerd beschreven is.

De statistieken zetten vraagtekens bij het idee van de vriendelijke foerageerder. Uit etnografieën van eenendertig samenlevingen van jagers-verzamelaars bleek dat 64 procent eens per twee jaar een oorlog voerde, 26 procent veel minder vaak bij een oorlog was betrokken, en slechts 10 procent zelden of nooit een oorlog voert.[18] De historische verslagen suggereren dus regelmatige, bijna constante oorlogvoering voor de meeste foeragerende culturen. Wat de 10 procent betreft die de uitzondering lijkt te vormen, kan men zich afvragen hoe lang 'nooit' eigenlijk duurt, gezien de onvolledigheid van de etnografische documenten en het krappe tijdsbestek. Een antropoloog die zich tussen 1920 en 1940 in West-Europa vestigde, zou gemeld kunnen hebben dat in Duitsland, Frankrijk, Polen en Tsjecho-Slowakije vrede heerste. Twee decennia of een paar generaties van vrede zeggen ons niets over de geschiedenis en nog minder over evolutie.

Ja, we hebben onze hoop herhaaldelijk gevestigd op vreedzame foeragerende volken. Dus waren veel antropologen opgetogen door de ontdekking in 1971 van een enclave van jagers-verzamelaars in een afgelegen deel van de Filippijnen. Een man genaamd Manuel Elizalde beschreef een groep van zesentwintig mensen die zeiden dat zij de Tasaday waren en de indruk wekten het prototype te zijn van vreedzame primitieven. Elizalde bleef beweren dat de Tasaday kleren droegen die gemaakt waren van bladeren en dat ze een eigen unieke taal hadden – die, hoogst opmerkelijk, geen woorden had voor conflict, geweld, wapens of oorlog. De Tasaday werden beroemd in de westerse wereld, prominent aanwezig in bijvoorbeeld *National Geographic*-artikelen en in een bestseller uit 1975, *The Gentle Tasaday*, geschreven door de journalist John Nance.[19] Tien jaar lang waren de Tasaday voor Europese en Amerikaanse studenten het symbool van het wonder, de verrukking en de vrede van het primitieve leven. Totdat, in 1985, de Zwitserse journalist Oswald Iten beweerde dat het allemaal bedrog was. De Tasaday waren, zo beweerde Iten, geen inheemse foeragerende groep maar arme lokale boeren die werden betaald om mee te doen aan een gigantische fraude, ten uitvoer gebracht door Elizalde in samenwerking met president Ferdinand Marcos. De twee mannen gebruikten het bestaan van de zogenaamde jagers-verzamelaars als een voorwendsel voor het oprichten van een reservaat, waarmee ze de exclusieve rechten (voor mijnbouw, timmerhout, enzovoort) over het grote 'thuisland' van de Tasaday in handen kregen. Toch was het oorspronkelijke beeld van de Tasaday aanlokkelijk en, voor velen, overtuigend geweest. Wie had gelijk, Elizalde of Iten? Er volgde een ordinaire academische ruzie. Uiteindelijk waren alle onafhankelijke onderzoekers het erover eens dat de Tasaday helemaal geen geïsoleerde bevolkingsgroep waren, maar lokale handelaars, afhankelijk van landbouwproducten en gereedschappen die ze van bamboe maakten. Hun stenen gereedschap was bedriegerij, hun kleding van bladeren was onzin, en hun taal had hoogstens een ander accent dan de taal van de eilanden in de buurt. Hun Pleistocene onnozelheid was een bedenksel van gewetenloze ontginners, intriganten afkomstig uit de stedelijke elite van een moderne staat, die precies wisten wat het goed zou doen in de buitenwereld.[20]

Ook in authentiekere culturen zijn vreedzame primitieven te voorschijn getoverd. Elizabeth Marshall Thomas geeft in *The Harmless People*, haar klassiek geworden beschrijving van het leven bij de !Kung San, hoe fantastisch deze jagers-verzamelaars van de Kalahari vaak waren, precies zoals de Tasaday geweest zouden zijn. Er zijn echter ook overvallen door de !Kung San beschreven.[21] Uit wraak voor een moord, gingen enkele leden van de groep van het slachtoffer op zoek naar de groep van de dader en vielen die vroeg in de morgen aan toen ze nog sliepen. Ze gebruikten pijlen en stokken om zoveel mogelijk mannen, vrouwen en kinderen te doden. Bij de !Kung San, zo weten we nu, is het sterftecijfer door geweld hoger dan het sterftecijfer door moord in de gewelddadigste steden in Amerika.[22] Het leven te midden van een onschuldig volk is vaak rauwer dan het in eerste instantie lijkt.

Niet alleen bij de Yanomamö kan primitieve oorlogvoering dodelijk verlopen. Af en toe zijn antropologen erin geslaagd gegevens te verzamelen over oorlogvoering bij onafhankelijke volken die geen last hadden van inmenging van machtige stammen of regeringen. Geweld bleek verantwoordelijk voor de dood van ongeveer 19,5 procent van de volwassen Huli-mannen uit het hoogland van Nieuw-Guinea; oorlogvoering bij de Mae Enga en de Dugum Dani, ook uit het hoogland van Nieuw-Guinea, leverde bij volwassen mannen een sterftecijfer op van respectievelijk 25 procent en 28,5 procent. Bij de Murngin in Australië was dit 28 procent.

Al zullen er primititeve samenlevingen zijn met een veel lager percentage doden door geweld, toch suggereren de cijfers dat het moderne leven gemiddeld minder gewelddadig is. Er zijn voor de hand liggende redenen waarom dat zou kunnen kloppen. Een in stamverband levende gemeenschap als van de Yanomamö, zonder gerechtelijk apparaat, heeft geen formele manier om een misdaad te straffen, zodat elke straf wordt opgelegd door de familieleden van het slachtoffer, wat uiteraard vaak zal leiden tot eindeloze vetes. Bovendien zal, omdat in een primitieve wereld de loyaliteit eerder tot aan de grenzen van het dorp dan van de staat reikt, een oorlog veel sneller worden veroorzaakt door kleine lokale gebeurtenissen en dan eindeloos kunnen gaan duren.

Nu is bekend dat sociale patronen met grote snelheid kunnen veranderen. Neem de Yanomamö. Zoals alle stamvolken zijn ook zij hun oude leefwijze aan het verliezen. Ondanks de recentelijk afgekondigde Venezolaanse bescherming van een groot deel van hun thuisland, wordt er door mondiale economische belangen, missionarissen, en op sommige plaatsen door goudexploitanten en overheidsinstellingen, in toenemende mate druk uitgeoefend op het Amazonegebied en worden de Yanomamö gepacificeerd. Terwijl ze hun culturele zekerheden en zelfverzekerdheid verloochenen, zich aanpassen aan een nieuw wettig gezag en ten onder dreigen te gaan aan onbekende nieuwe ziekten, wordt gelijkertijd een flink aantal Yanomamö minder gewelddadig. De ingevoerde wetten en ethische gedragsregels, die een halt hebben kunnen toeroepen aan de eindeloze cycli van bloedwraak die nog tot kortgeleden kenmerkend waren voor de relatie tussen de dorpen, geven blijk van de goede dingen die uit een aanpassing aan de cultuur van de moderne wereld kunnen voortkomen. Misschien kunnen antropologen zeer binnenkort schrijven dat ook de Yanomamö 'nooit' oorlogen voeren.

Het voorbeeld van het inheemse volk dat een paar honderd kilometer ten zuidwesten van de Yanomamö leeft is nog opvallender, ten dele omdat het hele proces sneller verloopt. Aan de voet van de Andes jagen de Waorani in een groot vruchtbaar regenwoudgebied met diepe valleien met blaaspijpen en giftige pijlen op klein wild en met palmhouten pijlen op groot wild. Verder telen ze, zolang men zich kan herinneren, zoete cassave en pisangs. Dit volk van niet meer dan vijfhonderd individuen leefde tot het eind van de jaren vijftig verspreid over hun gebied, ruwweg verdeeld in vier onderling vijandige gemeenschappen die een enigszins verschillend dialect van de Auca-taal spraken. De vier gemeenschappen waren verder onderverdeeld in kleinere nederzettingen die niet alleen elkaar voortdurend aanvielen en afmaakten, maar tegelijkertijd ook de inheemse mensen die aan de andere kant van hun territoriale grenzen leefden. De wederzijdse overvallen van de Waorani-nederzettingen waren over het algemeen vergeldingsacties – vanwege onenigheden over trouwafspraken of om vermeende tovenarij – bloedvetes die eindeloos bleven voortduren door de vergelding voor eerder gepleegde moorden. Op een kenmerkende manier brak een groepje overvallers 's nachts in bij een buurman, verraste de slapenden en hakte op zoveel mogelijk mensen van beide seksen en van elke leeftijd in. Daarna verdwenen ze het bos in, lieten hun nederzetting in de steek en trokken kilometers door om zich te verstoppen voor de verwachte tegenaanval. Maar wanneer de Waorani over hun territoriale grenzen trokken om huizen van hun Quichua-buren te overvallen, zal hun motivatie eerder diefstal dan wraak of terreur zijn geweest; meestal namen ze waardevolle metalen gereedschappen mee en soms ontvoerden ze Quichua-vrouwen. Op hun beurt gingen de Quichua af en toe de grens over om huizen van Waorani te overvallen en vrouwen en kinderen te kidnappen, die tot in de jaren vijftig als slaven werden verkocht om te werken op de hacienda's in de uitlopers van de Andes.

Al waren de Quichua vaak in bezit van jachtgeweren, toch hadden de Waorani met hun bevolking van niet meer dan vijfhonderd verspreid levende mensen zo'n indrukwekkende reputatie dat ze, slechts bewapend met houten speren en elkaar bang makend, met veel inspanningen in het regenwoud een traditioneel thuisland hadden veroverd van 20.000 vierkante kilometer. Die reputatie was echter verkregen door een leven dat werd bepaald door achterdocht en vete, door de constante angst voor een gewelddadige dood en de realiteit daarvan. Het geschatte sterftecijfer bij de Waorani als gevolg van geweld was maar liefst zestig procent.

In 1958 begonnen Amerikaanse protestantse zendelingen, die al verscheidene jaren hun aanwezigheid kenbaar hadden gemaakt door het gezoem van een eenmotorig vliegtuigje hoog in de lucht, met het uitgooien van belangrijke geschenken als gereedschappen, kleren en voedsel naar de verbaasde en nieuwsgierige mensen. Vervolgens versterkten de zendelingen het contact op de grond. Ze brachten met behulp van luidsprekers de communicatie tussen ruziënde groepen op gang en beëindigden zo de wraakacties. Verder kregen ze veel Waorani zover dat zij zich vestigden in een centraal gelegen dorp met een ziekenhuis, een school, een kerk en een landingsbaan. Ongeveer in dezelfde tijd verklaarde de regering van Ecuador dat een tiende van het thuisland van de Waorani beschermd zou worden als reservaat. De meeste Waorani trokken naar dit gebied, terwijl de zendelingen hen door overreding en het goede voorbeeld te geven aanmoedigden om te stoppen met traditionele zondes, zoals het doden van je buurman en het hebben van meerdere vrouwen.

De antropologen Clayton en Carole Robarchek beschrijven de Waorani als mensen die worden verzwolgen door een zichzelf instandhoudende cyclus van offensieve en defensieve overvallen waarvan de historische oorsprong onbekend is – een 'min of meer stabiel angstevenwicht met voortdurende overvallen tussen de verschillende sociale groepen.' Die cyclus kon alleen worden doorbroken door inmenging van een culturele kracht van buitenaf, in de gedaante van de Amerikaanse zendelingen.[25] Deze zendelingen, een stuk of vijf vrouwen en een man, wisten hen te overtuigen hun interne en externe overvallen te beëindigen door hen 'sociale mechanismen' aan te reiken die vriendelijke contacten met vijanden mogelijk maken en het onderlinge vertrouwen doen toenemen. De vrede tussen de Waorani bracht ook voordelen als medische zorg, scholing, metalen gereedschappen, jachtgeweren, zaklantaarns en dergelijke.

Dit is een opmerkelijke verandering: van de aantoonbaar oorlogszuchtigste stam van de wereld tot een zeer vreedzame groep mensen, bijeengebracht op een door de regering afgebakend reservaat dat een tiende is van de omvang van hun oorspronkelijke thuisland, een volk dat duidelijk tevreden en misschien zelfs enthousiast is over de nieuwe vorm van leven en de materiële voordelen van de westerse economie. Hoewel twintig jaar een korte tijd is en het nog veel te vroeg is om te zeggen wat de verandering betekent, zal het volgens de Robarcheks misschien als bewijs gaan gelden voor de stelling dat de eeuwenoude gewoonte van de Waorani om elkaar te doden bij een overval is beëindigd 'omdat de mensen zelf de bewuste beslissing hebben genomen om die gewoonte te beëindigen.'[26] Voor diegenen die mensen zien als biotische robots die niet in staat zijn belangrijke veranderingen in hun leven aan te brengen, zou het verhaal van de Waorani als een uitdagend tegenvoorbeeld kunnen dienen.

Het toont echter niet aan dat de Waorani, bij de overgang van een inheems leven naar iets dat op een moderne westerse cultuur lijkt, een wereld zijn binnengegaan die is gespeend van geweld. De Amerikaanse protestantse zendelingen die de Waorani tot deze verandering hebben aangezet, zijn afkomstig uit een maatschappij die (binnen de geïndustrialiseerde landen) berucht is om het hoge sterftecijfer door moord; en de grote westerse cultuur die zij vertegenwoordigen heeft gedurende de laatste drie generaties, ondanks alle ethische normen en goede bedoelingen, een brug van prikkeldraad en bloed gelegd van de Somme tot Sarajewo, en heeft de twee grootste, dodelijkste en destructiefste oorlogen in de wereldgeschiedenis op haar naam staan. Als de Waorani ooit volkomen verwesterd zullen zijn, zullen ze een leven gekenmerkt door de baan van een palmhouten speer hebben verruild voor een leven gemeten door de parabool van een ballistisch projectiel.

Het is duidelijk dat enkele samenlevingen er inderdaad in zijn geslaagd om gedurende langere periodes directe oorlogvoering te vermijden. Het beste voorbeeld in het moderne Europa is Zwitserland. De Zwitsers hebben hun militaire neutraliteit vanaf de zeventiende eeuw weten te handhaven; ze werden door andere Europese machten officieel erkend als neutraal land, en hebben sinds die tijd geen oorlogen gevoerd, behalve een bijna-verwikkeling in de Frans-Duitse oorlog van 1870-1871 – en dat op een continent dat ten gronde ging door oorlogen. Maar de Zwitsers bewaren de vrede door middel van een groot leger, verplichte militaire dienst voor alle jongemannen, explosieve mijnen die zijn verborgen bij kritieke bruggen en passen, en diepe beschermde bunkers die zijn uitgehakt in de bergen en die voldoende voedsel, water en andere voorraden bevatten om een heel leger te kunnen voorzien tijdens een langdurige belegering. Bovendien zijn de Zwitsers op een effectieve manier door de Alpen van hun buren afgescheiden.

Uit een studie van etnografische verslagen van vijftig representatieve, over de hele wereld verspreide, onafhankelijke groepen, bleek dat vier van die samenlevingen – de Toda, de Tikopia, de Dorobo en de Koper-Eskimo's – geen reguliere militaire organisaties of vaste groepen soldaten hadden, kennelijk als gevolg van het feit dat ze zich, evenals de Zwitsers, geografisch in een geïsoleerde situatie bevonden ten opzichte van hun buren. Individuen uit alle vier groepen vochten en doodden echter wel buitenstaanders als het nodig was.[27]

En dan hebben we nog het geval van de Semai Senoi, een inheems volk van ongeveer dertienduizend mensen, die in gemeenschappen leven van zo'n honderd individuen, groente en fruit telen en op jacht gaan in de regenwouden van het schiereiland Maleisië. Ze moeten, volgens een antropologisch rapport, beschouwd worden 'als een van de vreedzaamste volken die we kennen.'[28] Er blijkt echter niemand te zijn die veel kan vertellen over de geschiedenis van de Semai; en dus moet er een beetje worden gespeculeerd over hun leven voordat het nationale recht, de politiek en de economie van Maleisië een belangrijk stempel drukten op hun fragiele wereld. Misschien waren ze uit vrije keuze een vreedzaam volk; maar het lijkt waarschijnlijker dat ze machteloos zijn gemaakt, terwijl de geschiedenis ons evenmin vertelt hoe lang zij zonder geweld hebben geleefd.

Tot nu toe brengt het onderzoek van de antropologische archieven ons tot bezinning. Het blijkt dat oorlogvoering uitzonderlijk algemeen is. En (als je verder kijkt dan bijvoorbeeld een tot drie generaties) blijkt hoe uitzonderlijk zeldzaam een blijvende toestand van vrede is. De vergelijking tussen oorlogvoering door de mens en de overvallen van chimpansees is nog steeds onbeslist.

Maar wat bewijzen de parallellen? Chimpansees zijn dieren, hoe schrander, interessant, slim en ondernemend ze ook mogen zijn. Dieren hebben geen kunst, muziek, literatuur of tradities, en geen ethische systemen, godsdienst of idealen. Kort gezegd, dieren missen de menselijke cultuur. Is het niet de cultuur die ons vleugels geeft, die ons bevrijdt van de onderwerping aan passie en het aangeboren geweld van bijten en klauwen. Natuurlijk vormt cultuur ons tot wie we zijn. En is het niet overduidelijk dat mensen een verbazingwekkende variatie vertonen in hun sociale stelsels; is het niet onweerlegbaar bewezen dat mensen dankzij cultuur eenvoudigweg vrijwel elke realiteit en levensstijl kunnen 'bedenken', en kunnen doen wat ze willen? Een dergelijke vraag is zo belangrijk dat het ons dwingt af te dwalen van de specifieke vergelijking met chimpansees. We hebben deze kwestie al eerder aangeroerd. Nu moeten we op een directere manier gaan nadenken over wat het geheim van de mens is. Een van de visies is dat mensen vrijelijk hun maatschappij en levenswijze kunnen bedenken door de mogelijkheden die de cultuur biedt. Als dat juist is, dan zouden we voorbeelden moeten kunnen vinden van menselijke samenlevingen die het hele gamma van mogelijkheden vertonen. Ja natuurlijk, er zijn repressieve, agressieve, oorlogszuchtige samenlevingen. We hebben er al een aantal besproken; misschien leven we zelf in zo'n samenleving. Toch zouden er ook vreedzame samenlevingen moeten bestaan.

Waar bevinden zich die uitzonderingen op de algemene regel van menselijke strijdlustigheid, die prachtige plaatsen waar mensen niet alleen in vrede met elkaar en met de buren leven, maar die ook een innerlijke vrede kennen, in hun hart en geest? Ze zijn moeilijk te vinden in de wereld van vandaag. Is het mogelijk dat de westerse beschaving met haar corrumperende invloed al zo veel sporen over de aardbol heeft nagelaten dat onze waarnemingen al volledig vervormd zijn? Misschien waren er recentelijk nog vele primitieve Paradijzen, aantrekkelijke plekjes waar de westerse cultuur nog geen besmet fruit had gedropt. Anders gesteld, hebben er tot kortgeleden echte menselijke paradijzen bestaan, speciale plaatsen waar speciale mensen in speciale culturen hun eigen uitmuntende wereld bouwden en die domweg kozen voor vrede en geluk?

5
Het gedroomde paradijs

EEN SPEURTOCHT NAAR het paradijs is tegelijk het zoeken naar een werkelijk bestaand oord en het reizen naar verre eilanden van de geest, naar plaatsen die symbool staan voor het vermogen van de menselijke perfectie. Atlantis. Eden. Elysium. Het Prieel van de Gouden Appels. In allerlei culturen over de hele wereld is het paradijs een geliefd onderwerp en kreeg vaak vorm door de idealisering van de rauwe werkelijkheid van een echt landschap. Ten tijde van het Oude Rome, bijvoorbeeld, beschreef de dichter Virgilius een mythisch paradijs voor jonge schaapsherders in Arcadië, een bergachtig district in de Griekse Peloponnesus dat duizend jaar eerder, toen de rest van het schiereiland door Dorische invallers onder de voet was gelopen, onaangetast was gebleven.

Het postklassieke Europa ontwikkelde zijn eigen versies van het paradijs en in de late Renaissance debatteerden de Europeanen ernstig over de vraag of de pas ontdekte Amerikaanse continenten een reëel beeld vertegenwoordigden van de klassieke fantasie.[1] Maar in de negentiende eeuw was een groot deel van het Amerikaanse landschap al zo algemeen bekend dat allerlei mensen van beide zijden van de Noord-Atlantische Oceaan hun hoop richtten op de Zuidzeegebieden, een redelijk warme streek die nogal afgelegen en weinig onderzocht was, zodat men daarover nog aanlokkelijke fantasieën kon koesteren. Tot op de huidige dag zijn ideeën over een paradijs in de Zuidzee nog steeds verleidelijke thema's in de westerse volkscultuur. Ze spelen niet alleen een rol in B-films of in goedkope advertenties die een vlucht uit de werkelijkheid en romantiek aanbieden met een vakantie op een van de eilanden, maar op een serieuzere manier ook in belangrijke boeken over kunst, literatuur en zelfs antropologie.

Deze hedendaagse visies op het paradijs, hoe echt of onecht ze ook gebracht worden, zijn belangrijk omdat ze een bepaalde, wijd-en-zijd geaccepteerde visie over de menselijke natuur weergeven. Velen van ons die de schilderijen hebben gezien van kunstenaars als Paul Gauguin, schrijvers hebben gelezen als Herman Melville en zich hebben verdiept in de ideeën van antropologen als Margaret Mead, vinden de beelden die zij van het paradijs geven even geruststellend als hun visie dat het menselijke kwaad een cultureel verworven iets is, een willekeurig kledingstuk dat kan worden uitgetrokken als een winterjas. Het is een verleidelijk standpunt, dat in handen van deze getalenteerde personen aangrijpend en overtuigend tot uitdrukking komt. Het spreekt aan, omdat het de indruk wekt dat we alleen maar alles op orde moeten brengen om de perfecte wereld te vinden. Het stimuleert ons goede werken te doen en biedt ons licht in de duisternis.

Optimisme is een prachtige emotie. Maar het idee van een paradijs dat is ontstaan op de milde eilanden van de Zuidzee, wordt zonder meer op de proef gesteld door de overal en altijd aanwezige oorlog en gewelddadigheid. Hoe konden deze geniale personen, Gauguin, Melville en Mead, zich zo vergissen? Of misschien hadden ze achteraf gezien toch gelijk. Als we goed naar de argumenten kijken die tot hun persoonlijke maar overeenstemmende beelden van het paradijs hebben geleid, dan zien we een opmerkelijke rode draad die de drie met elkaar verbindt. Alle drie ontdekten het paradijs op dezelfde bijzondere manier. En alle drie stelden ze zich het paradijs voor als een plek zonder mannen.

Voor de kunstenaar Paul Gauguin was het Zuidzeegebied een plaats met sterk licht en veel contrast, met heldere primaire kleuren en makkelijk verkrijgbare naaktmodellen. Gauguin was zowel een aanhanger van het Franse impressionisme als een erfgenaam van de Franse romantiek. Op zijn briljante olieverfdoeken van Tahiti schilderde de kunstenaar Rousseau's edele wilde met licht dat stroomt en spettert alsof het vloeibaar is. De edele wilde was vooral van het vrouwelijk geslacht en vaag christelijk, een Eva uit de tropen, geschapen en herschapen in een hele serie van peinzende, kalme en toch bijzonder uitdagende naakten die sereniteit, gemak, seksualiteit en vrijheid uitstraalden.

In het schilderij dat hij als zijn meesterwerk beschouwde, getiteld *Waar komen we vandaan? Wat zijn we? Waar gaan we naar toe?*, vatte Gauguin volledig en indrukwekkend zijn romantische visie van het paradijs samen. Dit enorme doek, geschilderd in december 1897 en bijna 1,5 meter hoog en ruim 3,5 meter breed, laat een aangenaam tafereel zien van rustende vrouwen en meisjes, die zich in drie groepjes hebben verzameld bij een watertje onder een stel bomen, terwijl de warme en oranje lichtstralen van de ondergaande zon lange, vlekkerige schaduwen werpen. Tussen de menselijke figuren liggen tevreden huisdieren. In het midden staat een van de meisjes, nog niet in de pubertijd, lichtelijk androgyn, belicht door de zon, de armen omhoog, klaar om een rijpe vrucht van een boom te plukken. Maar er zijn schaduwen aan beide kanten. Rechts maakt een somber tweetal plannen of smeedt een complot – alsof de verdrijving uit het paradijs al is begonnen. Links zit een witharig oud vrouwtje, het gezicht in de handen en haar ogen gesloten. Het lijkt of ze wegkwijnt. Hier wordt een moment weergegeven uit een oertijd toen mensen en dieren harmonieus samenleefden in de tuin van de natuur, nog niet overmand door verdriet en pijn, tijd en dood. Het suggereert dat op dat moment het echte leven in Tahiti op een of andere manier een bestaan vertegenwoordigt dat dicht, of dicht genoeg bij het paradijs is.

'Ik geloof niet alleen dat dit schilderstuk meer waard is dan alle vorige doeken, maar ook dat ik nooit meer een beter of een ander werk dan dit zal maken,' schreef Paul Gauguin in een brief aan zijn vertegenwoordiger in Parijs.[2] Maar zijn tijdgenoten waren het niet met hem eens. Het doek werd in een houten krat gestopt en naar Parijs verscheept, waar het, samen met zeven andere schilderijen, duizend francs opbracht. Een teleurstellend bedrag. Uiteraard is het tegenwoordig een smak geld waard. Het hangt in Boston in het Museum of Fine Arts, als een getuigenis van de schoonheid en de kracht van de romantische visie.[3]

Terug in Tahiti was het gewone leven echter verre van romantisch. Terwijl hij bezig was met zijn *Waar komen we vandaan?* raakte hij in een diepe depressie, overmand door de recente dood van zijn dochter Aline. Zo gauw hij zijn meesterwerk af had, wandelde de schilder in zijn eentje de bergen in, nam een overdosis arsenicum en ging liggen wachten op de dood. Maar hij nam te veel, braakte het middel uit en bracht drie afschuwelijke dagen door in zijn bed, starend naar het schilderij. Hij herstelde en leefde een eenzaam leven van strijd tegen een ondankbaar publiek, vijandige ambtenaren en onsympathieke vakgenoten onder de kolonialen op het eiland.

Toch was er een paradijs – of iets dergelijks. Toen de kunstenaar voor het eerst in Tahiti kwam, waren er mogelijkheden voor seks te over, zo beweerde hij in zijn boek *Noa Noa*. Het enige probleem was dat, volgens de Tahitiaanse mannen, de tieners en jonge vrouwen van Tahiti verkracht wilden worden. 'Ik zag veel jonge vrouwen met een kalme oogopslag; ik had het idee dat ze woordeloos, bruut genomen wilden worden. Een verlangen naar verkrachting, als het ware. Toen we het over een van de vrouwen hadden, zeiden de oude mannen tegen me: *Mau tera.* (Neem die.) Maar ik was verlegen en was niet in staat het te doen.'[4] Hij hoefde het niet te doen. Als een exotische buitenstaander met goede connecties was de kunstenaar zelf een veelbelovende vangst. Al snel nam hij een tiener, de mooie Titi, als gezelschapsdame aan en genoot een tijdje van haar atties. Zij was echter een stadsmeisje, half blank en bedorven door te veel contacten met Europeanen, wat betekende dat zij 'niet de diensten wilde vervullen die ik in gedachten had', wat die dan ook waren. Gauguin hoopte op het platteland, waar hij korte tijd later naartoe ging, 'tientallen' te zullen vinden, maar maakte zich zorgen dat 'ze in de Maori-stijl genomen zouden moeten worden (mau = grijpen).' Zijn zorgen waren overbodig. Na niet al te lange tijd schonk een moeder hem haar dertienjarige dochter als vrouw. En hoewel hij economisch gezien in grote armoede leefde, had hij een rijk seksueel leven dat hij op arrogante wijze aan de buitenwereld toonde. Hij maakte de kolonialen razend door zijn huis te versieren met opzienbarende pornografie; hij had een hele reeks bedgenotes, maar kreeg uiteindelijk last van de tegenzin van de meisjes die werden afgeschrikt door zijn venerische wonden.

Tegen het eind van 1901 werd Gauguin zo bestookt door de lokale autoriteiten dat hij besloot 'een eenvoudiger land met minder ambtenaren' te zoeken, zoals hij schreef.[5] Hij nam een boot naar de Marquises-eilanden, kocht van een katholieke missiepost een stukje stenig land en bouwde daar een eenvoudige hut op. Daar stierf hij op 8 mei 1903, verarmd, ongelukkig en op het punt om voor drie maanden de gevangenis in te gaan wegens laster.

Voor Paul Gauguin zelf was de realiteit van het leven in het Zuidzeegebied dus moeilijk en verdrietig, maar het paradijs dat hij op zijn doeken zette bleef sereen, sensueel en exclusief. Zijn ideaal van de Zuidzee was zijn eigen besloten club, niet verstoord door de aanwezigheid van andere mannen, vol met meisjes en jonge vrouwen die onschuldig en tegelijk beschikbaar waren. Het was een eiland waarop slechts één man aanwezig was: zowel schepper als voyeur, turend naar een droom in olieverf van aantrekkelijke jonge vrouwen, met aangename zij het naïeve ideeën over vrede in de natuur.

Een generatie voordat Gauguin zijn Tahitiaanse Eva's aan de rand van het paradijs schilderde, schiep een jonge Amerikaanse schrijver, Herman Melville genaamd, zíjn fascinerende visie op het paradijs in de Zuidzee. Terwijl Gauguin op Tahiti roem wilde vergaren en op de Marquises stierf op het moment waarop hij naar de gevangenis moest, oogstte Melville roem door een avontuur op de Marquises en belandde hij op Tahiti in de gevangenis. Tegenwoordig is Herman Melville vooral bekend door zijn encyclopedische epos over de walvisvangst, *Moby Dick*. Maar Melville's boek over de Marquises, *Typee*, was niet alleen zijn eerste boek, maar ook zijn grootste succes tijdens zijn leven en een halve eeuw daarna; bovendien had het grote invloed doordat het een pakkend verhaal én een etnografisch werk was.[6]

De schrijver kwam in de Zuidzee als een gewone matroos aan boord van de *Acushnet*, een 358 ton wegende walvisvaarder. De *Acushnet* ging in april 1841 rond Kaap Hoorn bij Zuid-Amerika en was in juni langs de westkust helemaal tot Peru gevaren. Op zoek naar walvissen draaide het schip weg van het vasteland van Peru, passeerde een vulkanische archipel, de Galápagoseilanden geheten, en voer op de passaatwinden naar het diepe gedeelte van de Zuidzee.

Melville's avontuur op de Marquises begon kort nadat de *Acushnet* voor anker ging in de Taiohae Baai van Nukuheva, het grootste eiland van de groep, waar hij het schip in de steek liet. De Marquises zijn een archipel van tien vulkanisch gevormde eilanden, ruwweg vierduizend mijl ten noordoosten van Gauguins Tahiti. Ze werden een of twee eeuwen voor de geboorte van Christus gekoloniseerd door Polynesiërs die ten oosten van Samoa tweeduizend mijl over open zee zeilden. Ze vestigden daar patriarchale maar relatief egalitaire samenlevingen, waarin elke eerstgeboren man *haka-iki* – hoofd – werd genoemd en die een hoge status kon verwerven door middel van oorlog, rijkdom of politiek. De mensen op de Marquises leefden in kleine gemeenschappen, die geografisch van elkaar waren gescheiden en in een eeuwige staat van achterdocht, vijandigheid en oorlog verkeerden. Oorlogvoering kwam gewoonlijk neer op periodieke botsingen, vechtpartijen en overvallen, die tot doel hadden aan lichamen te komen om ceremonieel op te eten, maar ook als vergelding voor het ceremoniële kannibalisme van de vijand.[7]

Dat kannibalisme, gecombineerd met een open en betrekkelijk ongeremde seksualiteit, maakte de bevolking van de Marquises voor westerlingen onderwerp van meeslepende fascinatie. De eilanden kregen hun naam van de Spanjaarden, werden opgeëist door de Fransen – en daarna, in 1813, korte tijd bezet door de Amerikanen in de persoon van kapitein David Porter. Kapitein Porter, gezagvoerder van het fregat *Essex*, had instructies gekregen om tijdens de oorlog van 1812 de Britse scheepvaart in de Atlantische Oceaan tegen te gaan, maar voorzag in zijn onderhoud door het overvallen van Britse walvisvaarders in de Zuidzee. Hij had hiermee genoeg succes om de latere Amerikaanse dominantie in de walvisvangst in de Pacific veilig te stellen. Tegen de tijd dat Porters *Essex* de Taiohae Baai invoer, sleepte hij in zijn kielzog vijf in beslag genomen en bewapende Britse walvisvaarders mee. Kapitein Porter, die in de baai bleef om zijn mannen te laten uitrusten en zijn geïmproviseerde vloot te herstellen, vond Nukuheva een ideale plek en de bewoners van de Marquises rijp voor de civiliserende effecten van koloniale dominantie. Hij verklaarde het eiland tot Amerikaans bezit, noemde het Madisons Eiland ter ere van president Madison, en stopte zelfs een geschreven kopie van zijn verklaring in een fles die hij daar begroef. Porter raakte echter snel verstrikt in vijandigheden tussen verschillende gemeenschappen en concludeerde ten slotte dat het noodzakelijk was de vallei van de sterkste en ruwste bevolkingsgroep, de Typees, binnen te vallen en hun dorpen plat te branden om ze een les te leren over burgerrechten en -plichten. Hij verliet Nukuheva twee weken na die beschamende aanval om nooit weer terug te keren.

Porters korte verblijf op de Marquises was het begin en het eind van de Amerikaanse invloed daar. Een Amerikaanse oorlogssloep, de USS *Vincennes*, zeilde weliswaar in 1829 de Taiohae Baai binnen, maar dit schip is hoofdzakelijk interessant omdat de cadet Thomas Melville, een neef van Herman Melville, en de vrome aalmoezenier Charles Stewart zich aan boord bevonden. Een kleine groep, waaronder Stewart en Thomas Melville, bezocht de Typee-vallei; dominee Stewart beschreef zijn ervaringen daar in *A Visit to the South Seas* (1831), als onderdeel van een uitgebreid pleidooi waarin hij stelde dat de eilandbewoners die 'alle duisternis van het heidendom' moesten verdragen, dringend behoefte hadden aan de 'verlichtende en versterkende invloeden van het christendom', die geleverd zouden kunnen worden door protestantse zendelingen.[8]

Tegen de tijd dat Herman Melville in 1842 zijn schip verliet, was de Amerikaanse invloed op het eiland – die slechts bestond uit enkele overlevenden van een mislukte zendingsexpeditie – al verflauwd, en werden de inboorlingen van Nukuheva gepacificeerd door vijfhonderd Franse troepen en zeven Franse kanonneerboten die naast de *Acushnet* in de haven voor anker lagen. Maar het eiland was groot en verdeeld door steile kammen en ondoordringbare vegetatie, zodat de jonge Herman Melville en de zeeman Richard Tobias Greene snel uit de Taiohae Baai konden wegsluipen naar het hoge en rotsachtige binnenland van het eiland, zonder gepakt en berecht te worden wegens desertie. Toen ze na een paar zware dagen en nachten in een andere vallei weer tevoorschijn kwamen, werden ze opgevangen door een gemeenschap van ongeveer tweeduizend eilandbewoners, de Typees. Deze waren tot dan toe relatief geïsoleerd en cultureel ongeschonden gebleven (ondanks kapitein Porters strafexpeditie in 1813), omdat ze nog steeds door andere eilanders en door Europeanen werden beschouwd als woeste krijgers.

Herman Melville werd drieëntwintig tijdens de drie weken die hij, van eind juli tot begin augustus 1842, te midden van de Typees leefde.[9] Op 9 augustus vertrok of ontsnapte hij en werd opgepikt door een Australische walvisvaarder, de *Lucy Ann*, die hem meenam tot Tahiti, waar hij met een paar bemanningsleden op grond van een twijfelachtige aanklacht wegens muiterij, korte tijd in de gevangenis zat voor hij kon ontsnappen op een andere walvisvaarder. Drie weken waren natuurlijk niet lang om de Typees te leren kennen, maar de periode was voor de jonge Melville lang genoeg om een basale indruk te krijgen die, aangevuld met verhalen van andere reizigers, vorm kreeg in zijn eerste boek. *Typee* is een fantasierijk stukje literatuur waarin de ruwe schets van een werkelijke gebeurtenis een reis door de geest van een kunstenaar heeft gemaakt. Maar Melville prees zijn manuscript bij uitgevers aan als een waar verhaal, als pure non-fictie. En toen het boek eindelijk in 1846 verscheen, verklaarde de auteur schaamteloos in het voorwoord dat zijn verhaal niet anders was dan 'de onverbloemde waarheid.'[10]

Typee is echter in geen geval de overbloemde waarheid, maar eerder een zoektocht naar een antwoord op de problemen die westerlingen ervoeren door de ontdekking van heel verschillende menselijke samenlevingen in de Oost. *Waar komen we vandaan? Wat zijn we? Waar gaan we naar toe?* Paul Gauguin stelde deze drie vragen toen hij zijn grote doek schilderde. Melville en zijn voorgangers op Nukuheva, turend in de spiegel van de mensheid en de beelden overdenkend die de exotische, minutieus getatoeëerde, seksueel expressieve, strijdende en kannibalistische Marquises-volken oproepen, werden gedwongen om ongeveer dezelfde vragen te stellen – hoewel een beetje anders afgestemd. Als de bewoners van de Marquises model stonden voor een naakte, nog niet geciviliseerde mensheid, dan is de meest voor de hand liggende vraag die dit opriep: is de mensheid van nature slecht?

Herman Melville construeerde zijn *Typee* als een combinatie van een avonturenverhaal, een antropologische studie en een politieke discussie. Zijn verteller, Tommo, is een man wiens gefilterde visie verandert en heen en weer schiet onder invloed van het ingewikkelde, angstige leven te midden van prachtige kannibalen en doordat hij probeert te begrijpen wat die exotische ervaring betekent. Tommo arriveert in de Typee-vallei als iemand die alles met praktische en moraliserende ogen bekijkt, en zijn eerste ongerustheid over het leven tussen de beruchte Typees is zeker een nabootsing van de lompe arrogantie en paranoïde rigiditeit van eerdere Amerikaanse en Europese commentatoren. Hij gooit dat beperkte standpunt echter snel overboord en besluit dat de echte wilden in deze wereld niet de onschuldige eilanders van de Stille Zuidzee zijn, maar de agressieve Europeanen. 'Het duivelachtige vermogen dat we laten zien door het bedenken van allerlei dodelijke wapens, de wraakzuchtigheid waarmee we onze oorlogen voeren en de ellende en verwoesting die daaruit voortvloeien, zijn op zich genoeg om de blanke geciviliseerde mens te karakteriseren als het meest meedogenloze dier op deze aardbodem.'[11] Melville's Tommo komt tot de conclusie dat de natuurmens (zoals gekarakteriseerd door de Typees) van nature goed is en dat daarom niet het hart van de mens, maar de beschaving de bron van alle kwaad is. Tommo maakt de vallei van de Typees tot een figuratief paradijs door zijn beschrijvingen te doorspekken met openlijke verwijzingen naar het bijbelse Eden, en door de schoonheid en lichamelijke perfectie van de Typees, hun gelukkige onschuld, ongekunstelde eenvoud, goedaardige luiheid en gemak waarmee ze leven, te benadrukken. 'De boete van de zondeval drukt maar zeer licht op de Typee-vallei,' stelt Tommo vast. Niemand hoeft te tuinieren, te planten of te jagen. Broodvruchten en bananen komen overal op het eiland voor en een hongerig gevoel is makkelijk te bevredigen door terloops een hand uit te strekken.

Geen slangen, geen roofdieren, en geen muskieten. Het Zuidzeegebied waar dit boek zich afspeelt is inderdaad een bijna volmaakte plaats, dicht bij het bijbelse Eden. Bovendien gebruikt Tommo die visie om te suggereren dat de westerse koloniale machten, als zij het eiland innemen met hun woeste kanonneerboten en op bijbels bonkende zendelingen, in feite een bestaande menselijke rust verstoren.

Het beeld is krachtig en aantrekkelijk, maar het laat een essentieel deel van het Typee-leven weg. In werkelijkheid wordt, zoals Tommo heel goed weet, de rust van dit paradijs regelmatig verstoord door oorlogen tussen de leefgemeenschappen. 'Af en toe merkte ik bij de mannen littekens op van verwondingen die zij bij een strijd hadden opgelopen; soms, hoewel heel zelden, misten ze een vinger, een oog of een arm, te wijten aan dezelfde oorzaak.'

Hoe moet je een gewelddadige samenleving portretteren als onschuldig? Tommo's eerste oplossing lijkt op die van Paul Gauguin. Een oorlog bij de Typees werd altijd door de mannen gevoerd, en Tommo concentreert zich in zijn verhalen en beschrijvingen heel handig op de jonge vrouwen. De verteller benadrukt dat hij veel tijd heeft doorgebracht in gezelschap van liefelijke tienermeisjes, vooral van zijn meest favoriete, een 'wonderschone nymf', Fayaway geheten. Het is moeilijk om nu nog de feitelijke waarheid over de Typeevallei te reconstrueren in de periode dat Melville er was. We weten dat de auteur de duur van die periode met een factor vier heeft overdreven. We weten dat hij het levensgemak in de vallei te sterk heeft benadrukt door te beweren dat niemand hoefde te werken, terwijl de eilanders in werkelijkheid hun tuinen bewerkten en hun fruitbomen verzorgden, zoals alle Polynesiërs. Ook weten we dat Melville de geografie van de vallei aanpaste aan de behoefte van de fantasie van de verteller. Hij bedacht, bijvoorbeeld, een groot meer waarin hij op lome namiddagen in gezelschap van vrouwen kon baden en rondhangen en waarop de lieftallige Fayaway, in een van de meest gedenkwaardige afbeeldingen in het boek, rechtop in een kano staat, haar loshangende gewaad uitspreidt als een zeil, en daarbij haar naakte en natuurlijke schoonheid onthult. En er was ook nog het probleem van het kannibalisme. De Typee-mannen aten echter alleen mensenvlees; bovendien aten ze alleen vlees van vijanden die in een veldslag waren gedood, wat het minder laakbaar maakte. Met andere woorden, al waren ze kannibalen, ze waren in de grond *aardige* kannibalen die, volgens Tommo, deze anderszins ontstellende gewoonte strikt beperkten, en die 'in andere opzichten humaan en deugdzaam' waren.[12]

Paul Gauguins visie op de Zuidzee als een soort idyllisch menselijk verleden was afhankelijk van de afwezigheid van mannen. Hij schilderde vrijwel alleen Tahitiaanse vrouwen en meisjes, waarbij hij in portret na portret het bekende, kunstzinnige beeld liet zien van een naïeve, ongekunstelde geërotiseerde Eva. Het Zuidzeeparadijs van Herman Melville bevatte ook een romantische plaats voor de geest, waarin lieftallige tienermeisjes staan te niksen met weinig kleren aan. Maar Melville's wereld was gecompliceerder, en op het laatst richtte deze literaire kunstenaar zich op zijn mannelijke strijders en kannibalen, die hij in steeds realistischer – en dreigender – kleuren afschilderde. Na al zijn ontspannen rondhangen, zijn spelen en babbelen en zwemmen met de 'nymfen', gaat Tommo zich in de laatste hoofdstukken van het boek steeds meer bezighouden met de vraag hoe de Typee-mannen werkelijk zijn, over wat ze aan het doen zijn, en over wat ze zullen gaan doen. Zodra Melville's Tommo zich tot de mannen richt, wat Gauguin nooit heeft gedaan, begint de smet van het kwaad te verschijnen. Eerst vreest de verteller dat de lichamelijk sterke krijgers – die van top tot teen, van gezicht tot de vingertoppen zijn getatoeëerd – ook van plan zijn hem te tatoeëren. Dan ontdekt hij de walgelijke resten van een kannibalenfeest, inclusief drie verschrompelde ingepakte menselijke hoofden die worden bewaard in het huis waar hij verblijft. Deze opeenvolgende ontdekkingen van het kwaad in het paradijs, het geweld en het kannibalisme van de Typees, dragen bij aan een realistisch einde van een romantische visie en verklaren waarom Melville's verteller uiteindelijk besluit om te vertrekken. Hij verliet dit prachtige paradijs, gekenschetst door seksueel vrije en onschuldige tienermeisjes, omdat hij bang was gepakt en opgegeten te worden door de Typee-mannen.

In de laatste scène van het boek wordt Tommo uit het paradijs verjaagd door mannen met speren en vlucht hij naar een walvisvaarder die de Typee-Baai is binnengelopen om hem te redden. Omdat hij op het laatste moment nog door een krijger met een strijdbijl wordt bedreigd, kan hij niet anders dan wreed met een bootshaak op hem inslaan. Kort samengevat, Tommo's eigen geweld weerspiegelt het geweld van de Zuidzee-'wilden' terwijl hij een gevecht moet leveren om terug te keren naar een westerse beschaving die, ondanks haar manifeste misdaden en corruptie, nog steeds boeken zal kopen over het paradijs in de Zuidzee. Al waren de prachtige beschrijvingen van liefelijke, halfnaakte tienermeisjes voor zijn lezers veel levensechter dan die laatste toespelingen op speren gooiende, getatoeëerde krijgers, voor Melville zelf was de natuur helemaal niet vreedzaam en was de natuurmens geen edele wilde. Nog ironischer is dat *Typee* voor de meeste mensen als een echt verhaal, in feite als een antropologische studie van Polynesië gold, totdat de letterkundige Charles Robert Anderson in 1939 in zijn boek *Melville in the South Seas* aantoonde dat de kunstenaar had geknoeid met de chronologie en had gepikt uit werk van zijn voorgangers.

Herman Melville zag het paradijs als een laagje onschuld dat diende als perfect verpakkingsmateriaal voor zijn boze kritiek op te opzichtig geklede zendelingen en naar prooi zoekende kolonialen. Maar de jonge Amerikaanse schrijver zelf werd niet voor de gek gehouden door de romantische abstractie van het paradijs waarmee hij zijn lezers verleidde.

Een kleine vijf jaar voorafgaande aan Herman Melville's *Acushnet*, voer de HMS *Beagle*, een tot wetenschappelijk onderzoeksschip omgebouwde kanonneerboot van de Britse marine, om de hoorn van Zuid-Amerika. Het schip verplaatste zich schoksgewijs noordwaarts langs de kust tot aan Peru, en veranderde daarna van richting om zich langzaam een weg te banen door de Galápagosarchipel, voor het op de passaatwind het diepe zuidelijke deel van de Grote Oceaan opvoer – langs de Marquises, op weg naar Tahiti voor een onderbreking van tien dagen. Vandaar baande de *Beagle* zich een weg naar het Verre Oosten, over de Indische Oceaan, om de Kaap van Afrika en ging op 2 oktober 1836 voor anker in de haven van Falmouth in Engeland, waar het eindelijk, naast een groot aantal passagiers met heimwee, drie levende reuzenschildpadden van de Galápagoseilanden en één Charles Darwin kon lossen.

'Tahiti is een uiterst charmante plek,' schreef de jonge Darwin aan de predikant John Stevens Henslow, zijn vriend en voormalige leermeester in Cambridge. 'Alles wat vroegere zeevaarders hebben beschreven is waar... Het verrukkelijke landschap, klimaat en gedrag van de bevolking zijn allemaal in harmonie met elkaar.'[13] Inderdaad harmonieus, maar Darwin heeft nooit beweerd dat het eiland een paradijs was. Zijn reis naar de Zuidzee was er echter wel indirect verantwoordelijk voor dat anderen in deze eilanden een soort paradijs gingen zien, omdat zijn *On the origin of Species* (*Over de oorsprong der soorten*) nieuwe vragen zou oproepen over de menselijke vermogens en de kans op sociale veranderingen. De twijfels die door Darwins werk ontstonden hadden tot gevolg dat cultureel geïsoleerde menselijke samenlevingen, ook die op de eilanden in de Zuidzee, in de eeuw daarna opnieuw werden bezocht door antropologen die op zoek waren naar minder naïeve antwoorden op Gauguins vragen. Onder hen bevond zich het antropologische equivalent van Gauguin en Melville, een zeer invloedrijke en briljante wetenschapper wier conclusies aan geloofwaardigheid hebben ingeboet omdat ze waren aangepast aan haar vooropgezette mening: Margaret Mead.

Darwins *Over de oorsprong der soorten*, uitgegeven in 1859, wist de meeste lezers ervan te overtuigen dat de ingewikkelde werking van erfelijke biologische processen veel belangrijker voor het bestaan van de mens en zelfs voor de menselijke cultuur was dan vroeger werd gedacht. De primaire vraag werd dan ook hoe biologie en cultuur nu precies met elkaar in verband stonden. In Engeland las Darwins neef Francis Galton *Over de oorsprong* en concludeerde met groot enthousiasme dat 'er een grote kracht voorhanden was waarmee de mens zijn aard en bestemming zou kunnen veranderen.'[14] Rond 1874 had Galton een uitdrukking geleend van Shakespeare (uit *De storm*) die de vraag waar we vandaan komen deed veranderen in een grimmig debat: de relatie tussen erfelijke factoren en omgevingsfactoren (het 'nature/nurture'-debat). Galton verdedigde, uiteraard, de erfelijke factoren.

Die uitdrukking was pakkend maar veel te eenvoudig voorgesteld. De werkelijkheid is dat levende organismen niet alleen worden beïnvloed door genetische overerving maar ook door de omgeving waarin ze leven. Het is waar dat we bij het vergelijken van twee individuen vaak de invloed kunnen waarnemen van genetische verschillen of van omgevingsverschillen, maar dat kan alleen als we door een truc óf de genen óf de omgeving constant houden. De haarkleur, de schedelomtrek en de manier waarop we ons gedragen worden zowel door genen als door de omgeving beïnvloed. Niet-verwante mensen die even goed gevoed worden, die met dezelfde hoeveelheid zon in aanraking komen en die ook nog dezelfde haarverf gebruiken, kunnen toch een verschillende haarkleur hebben. De genen – dat wil zeggen, de aard ('nature') – beïnvloeden dus de eigenschappen. Anderzijds kunnen identieke tweelingzusters een andere kleur haar hebben als gevolg van variaties in hun voeding, of door meer of minder tijd in de zon te zitten, of door een andere haarverf te kiezen. Dit tweede voorbeeld laat het belang van de omgeving of opvoeding ('nurture') zien. Met andere woorden, de kleur van het haar wordt beïnvloed door de erfelijkheid én door de omgeving. Zij die kijken naar het belang van de genen, moeten de omgeving constant houden en de resultaten van een vergelijking onderzoeken. Zij die de invloed van de omgeving of opvoeding willen ontdekken, moeten daarentegen naar een voorbeeld zoeken waarin de genen constant zijn en dan gaan kijken naar verschillen die zijn ontstaan door ervaringen. Beide richtingen kunnen de overwinning opeisen, maar het is absurd om deze twee krachten los van elkaar te gaan vergelijken. Galtons dilemma, erfelijkheid of omgeving is dus bedrieglijk, een intellectuele afleidingsmanoeuvre. Het kreeg echter zo'n historische betekenis dat het in feite een eigen naam verdient: Galtons Dwaling.

Francis Galton voelde dat hij het antwoord wist op Gauguins tweede vraag, *Wat zijn we?* Wij zijn, zo meende hij, schepselen die direct uit de natuur zijn verrezen, producten die in een grote darwinistische fabriek van de lopende band zijn gevallen, het intellectuele en morele resultaat van erfelijkheid, niet van opvoeding. Dit geloof in een simplistisch biologisch determinisme had hij al vroeg aangenomen en in 1883 beweerde hij, na het afronden van een uitgebreid onderzoek bij tweelingen, dat hij 'de enorm dominerende invloed van de erfelijkheid boven die van de omgeving' had bewezen. De publicatie in 1900 van Gregor Mendels verrassende experimenten met zoete erwten liet zien hoe eenvoudig natuurlijke kenmerken van zoete erwten genetisch konden worden doorgegeven van de ene generatie naar de andere. Galton en zijn volgelingen twijfelden er niet aan, dat vroeg of laat zou worden aangetoond dat ook de ingewikkelde kenmerken van het menselijk gedrag hetzelfde basale patroon volgden. En in 1901 had Darwins neef een grote kruistocht op touw gezet, een beweging 'als een Zendings-genootschap met haar zendelingen' die zullen voortgaan om met 'enthousiasme het ras te verbeteren.' Het ras waar Galton naar verwees was het menselijke ras, en zijn plan om dit te verbeteren – dat hij *eugenetica* noemde – zou de principes volgen die werden gebruikt bij het fokken van huisdieren, dat wil zeggen het manipuleren van de voortplanting van individuen om zo de genenverzameling van een groep te veranderen.

Galtons ideeën bevatten alarmerende sociale implicaties en het duurde niet lang voordat die aan de kaak werden gesteld. Terwijl Paul Gauguin voortschilderde op Tahiti, terwijl Gregor Mendels experimenten met zoete erwten, die waren uitgevoerd in een Oostenrijks klooster, weer voor de dag werden gehaald, en terwijl Francis Galton bezig was zijn eugenetische beweging in Engeland te vestigen, kreeg in de stad New York een man die half-verhongerd in een iglo in het barre noordpoolgebied Kant had zitten lezen, een vaste benoeming als gewoon hoogleraar in de antropologie aan de Columbia University.

Met zijn eerste grote college in Columbia begon professor Franz Boas in 1900 aan zijn levenslange campagne tegen Galtons school van extreem biologisch determinisme. Boas voorzag terecht het gevaar dat het biologisch determinisme gevaarlijk racistisch zou kunnen worden; hij zag terecht dat cultuur veel dynamischer en machtiger was dan de strikte darwinisten van zijn tijd zouden willen; en hij verkondigde tevens zijn visie dat antropologie zich krachtiger moest inzetten voor het onderzoeken van de culturele mysteries en de invloed daarvan op het menselijk gedrag. Aangespoord door de steeds radicaler wordende beweringen van biologische deterministen, nam hij zich voor actief te gaan zoeken naar een experimentele methode om onderscheid te kunnen maken tussen de biologische en de sociale oorsprong van menselijk gedrag: dus om erfelijkheid van omgeving te scheiden, omdat er, zoals hij in 1924 in de *American Mercury* schreef, een 'fundamentele noodzaak' bestond enig 'wetenschappelijk en gedetailleerd onderzoek [te doen] naar factoren van erfelijkheid en van de omgeving.'[15]

Een van zijn meest enthousiaste en veelbelovende studenten in Columbia, Margaret Mead, was toen net klaar om aan haar proefschrift te beginnen en Boas besloot dat zij zich moest concentreren op adolescentie. Hij meende dat als zij kon aantonen dat het bereiken van de meerderjarigheid in een cultuur niet met stress gepaard ging, dit een bewijs zou zijn dat adolescentie, als een wezenlijk iets qua emoties en gedrag, een product van de omgeving en niet van erfelijkheid was. Een negatief voorbeeld zou de bewering van universaliteit tenietdoen, waarmee het erfelijkheid versus omgeving-debat zou zijn teruggebracht tot omgeving. 'Zijn de stoornissen die onze adolescenten van hun stuk brengen te wijten aan de aard van de adolescentie zelf of aan de beschaving?', vroeg Mead zich retorisch af, doelend op Amerikaanse en Europese tieners.[16]

Om die vraag te beantwoorden, volgde zij Melville en Gauguin naar het Zuidzeegebied. Op 31 augustus 1925, op drieëntwintigjarige leeftijd, wandelde de jonge Amerikaanse de loopplank van een cruiseschip af in de exotische haven van Pago Pago, op het eiland Tutuila in het Amerikaanse Samoa. Haar bevindingen van deze expeditie zouden tot de verbeelding gaan spreken van de westerse wereld en een beweging in gang zetten in de richting van cultureel relativisme. Later bleek echter dat veel van haar beweringen over het leven op Samoa volkomen onjuist waren.

Samoa is een archipel van vulkanisch gevormde Zuidzee-eilanden, waarvan negen worden bewoond door leden van één bepaalde culturele groep die zich Samoanen noemen en de Samoaanse taal spreken. Politiek gezien zijn de eilanden kortgeleden opgedeeld in West-Samoa (vier eilanden, sinds 1962 onafhankelijk) en Amerikaans Samoa. Mead zou regelmatig de afzondering en culturele primitiviteit van de eilanden benadrukken, maar toen ze in Pago Pago arriveerde, kwam ze in een Polynesische samenleving die zo'n tachtig jaar daarvoor door protestantse zendelingen was gekerstend en die al meer dan twintig jaar de status van territorium van de Verenigde Staten had. Haar ontscheping ging vergezeld van de klanken van de Amerikaanse marineband en waarnemingen van verscheidene Amerikaanse slagschepen en vliegtuigen; ze was in het bezit van een introductiebrief aan de generaal-majoor van de Amerikaanse marine en kreeg al snel de eervolle gelegenheid te dineren met de admiraal van de Pacific-vloot.[17]

Mead moest later herroepen dat zij 'gedurende de negen maanden' die zij in Samoa verbleef, 'veel gedetailleerde feiten verzamelde' over 'alle meisjes uit drie kleine dorpen' op het afgelegen eiland Ta'u. 'Door hun taal te spreken, hun voedsel te eten, en blootvoets met gekruiste benen op de stenige vloer te zitten, deed ik mijn best de verschillen tussen ons zo klein mogelijk te maken.'[18]

Haar lezers konden makkelijk het idee krijgen dat ze negen maanden, dag en nacht, had doorgebracht in primitieve omstandigheden vlakbij haar proefpersonen – maar dat was een overdrijving die bijna even groot was als de bewering van Herman Melville dat hij vier maanden onder de Typees had geleefd. In werkelijkheid verbleef Margaret Mead ongeveer zes maanden op het eiland Ta'u, waarvan ongeveer drie maanden waren gewijd aan het interviewen van meisjes. Aangezien ze bij aankomst in Samoa helemaal niets over de Samoaanse taal wist, vond ze het nodig ten minste zes weken in haar hotelkamer in Pago Pago op het hoofdeiland Tutuila te blijven, terwijl een taalleraar haar eenmaal per dag een uur les kwam geven.[19] Deze korte lessen waren onvoldoende zodat ze, als volgende poging om de taal te leren, tien dagen ging wonen bij een Samoaanse familie niet ver van Pago Pago. Maar eind oktober besloot ze Tutuila te verlaten en met haar veldwerk te gaan beginnen op het meer afgelegen Ta'u. Op 9 november kreeg ze een lift naar dat eiland op een Amerikaanse mijnenveger van de marine. De tien dagen die Mead op Tutuila in een Samoaanse huishouding doorbracht, waren lang genoeg geweest om zichzelf ervan te overtuigen dat ze liever op de westerse manier leefde. Ze had helemaal geen zin om bij Samoanen te verblijven, zo schreef ze naar Boas, omdat ze bang was voor 'een verlies aan efficiëntie vanwege het voedsel en de zenuwslopende situatie waarin ik moet leven met een half dozijn mensen in één kamer in een huis zonder muren, waarbij je altijd op de grond moet zitten en slaapt in voortdurende afwachting van een varken of een kip die opdringerig je aandacht opeist.' De enige niet-Samoaanse huishouding op Ta'u bevond zich in de huisapotheek van de Amerikaanse marine, waar marine-apotheker Edward Holt met vrouw en kinderen woonde. Mead besloot bij de familie Holt te gaan wonen, die haar een eigen kamer aanboden en het goed vonden dat ze een klein huis dat voor de hulppost lag, gebruikte voor het afnemen van interviews en ondervragingen.

Zo begon ze haar onderzoek. Ze bestudeerde nauwgezet vijftig meisjes en jonge vrouwen uit drie dorpen op het eiland, waarvan vijfentwintig nog niet menstrueerden en vijfentwintig wel. De vijfentwintig adolescenten, tussen veertien en twintig jaar oud, vormden haar belangrijkste onderzoeksgroep. De interviews en ondervragingen duurden van midden november tot begin maart – met aanzienlijke onderbrekingen veroorzaakt door een verwoestende orkaan in januari, door de aankomst van een Europese expeditie van schelpenverzamelaars in het midden van februari, en door de hervatting van een zendingsschool eind februari.

Mead deed later allerlei radicale beweringen over de Samoaanse cultuur in het algemeen, grotendeels gebaseerd op kennis die zij had vergaard gedurende haar ene verblijf van negen maanden – en ze stelde daarbij dat, hoewel men niet kon verwachten in zo'n korte tijd een expert te worden op het gebied van ingewikkelde Europese samenlevingen, de Samoaanse cultuur in feite zo simpel was dat 'een geoefende student de basale structuur van een primitieve samenleving in een paar maanden onder de knie kan krijgen.'[20] Die bewering lijkt, vanuit een modern standpunt gezien, nogal arrogant. Des te meer wanneer we ons realiseren dat tijdens Meads verblijf op Ta'u alle politieke, economische, religieuze en ceremoniële besluiten werden genomen door raden die alleen uit mannen bestonden. Ze kon dus allerlei significante aspecten van het Samoaanse culturele leven niet in eigen persoon observeren, en moest voor directe informatie over de algemene cultuur bijna volledig vertrouwen op haar adolescente meisjes.

In mei 1926 verliet Mead Ta'u en begon aan haar lange reis naar huis. Ze keerde naar New York terug, kreeg een baan als assistent-curator bij het American Museum of Natural History, en was binnen een jaar, in het voorjaar van 1927, vrijwel klaar met de getypte versie van haar boek *Coming of Age in Samoa: A Psychological Study of Primitive Youth for Western Civilisation.*

Coming of age, dat in 1928 verscheen, stelde een fundamenteel eenvoudige stelling ter discussie: het scenario van de mens is veel meer door opvoeding dan door erfelijkheid geschreven. Samenlevingen kunnen kiezen voor het opstellen van totaal verschillende wetten en gedragsregels, zodat de bevolking bijna even vrij is als individuele mensen vrij zijn hun kleren te kiezen. Het bewijs van deze stelling was het onderzoek naar adolescentie dat Mead in het Zuidzeegebied had gedaan en waarbij ze had gevonden dat er verbazingwekkende verschillen waren tussen de adolescentie daar en die in het Westen. Terwijl de volwassenwording in het Westen een tijd was van 'een en al spanning'[21], was dezelfde ontwikkelingsfase voor een meisje in Samoa 'de beste periode van haar leven.' Dus was de adolescentie op zijn Amerikaans geen universeel en onvermijdelijk gevolg van biologisch gestuurde gevoelens, passie en gedrag, maar veel meer een onnodig pijnlijk voortbrengsel van een op seksueel gebied repressieve westerse cultuur.

Het opgroeien in Samoa was 'zo makkelijk, zo eenvoudig,' schreef Mead in *Coming of Age*, ten dele door de 'algemene ongedwongenheid van de hele samenleving,'[22], maar vooral omdat seks als 'een natuurlijk en prettig iets' werd gezien. In zo'n ontspannen cultuur, niet aangetast door de repressieve invloeden van het westerse protestantisme, was 'geen ruimte voor schuldgevoel.' Precies zoals Samoaanse kinderen op een warme maar emotioneel niet-veeleisende en basaal tolerante manier werden opgevoed, zo werd ook meisjes in de puberteit geen beperkingen opgelegd bij hun speurtocht naar allerlei verschillende seksuele partners. De adolescentie was een prachtige tijd van vrije en openlijke seksualiteit, een periode van verrukkelijke, zorgeloze promiscuïteit.

Doordat de Samoaanse cultuur haar seksuele opvattingen en gedragingen zo succesvol had geconstrueerd, verdwenen bovendien vanzelf de meeste psychologische problemen die zo kenmerkend zijn voor de 'onaangepastheid die het gevolg is van onze beschaving.'[23] Zo kwam jaloezie zelden voor. De Samoanen ontwikkelden zelden neurosen, noch huwelijksproblemen, noch een Oedipus- of een Elektracomplex. Trouwens, geen enkele Samoaanse vrouw was ooit frigide en geen enkele Samoaanse man was ooit impotent geworden door psychologische problemen. En omdat er geen speciale reden was om ongelukkig te zijn, kwam er vrijwel geen zelfmoord voor, aldus de uiteindelijke conclusie van Mead.

In dit schijnbare paradijs, zo gaat de antropologe door met het informeren van haar lezers, had de cultuur voor zo'n bevredigende houding ten opzichte van seksualiteit gekozen dat verkrachting vrijwel verdwenen was; adolescente jongens hadden het namelijk te druk met het seksueel bevredigen van de hongerige meisjes. In feite was Mead in *Coming of Age* nogal voorzichtig over dit thema. Ze gaf wel toe dat 'verkrachting in de vorm van een gewelddadige aanranding af en toe' in Samoa voorkwam, maar dat was absoluut de schuld van 'contacten met de blanke beschaving.'²⁴ In een paar andere artikelen over dit onderwerp drukte Mead zich beslister uit en verklaarde ze dat 'het idee van verkrachting met geweld, of een seksuele daad waar beide deelnemers niet vrij aan toegeven, de Samoaanse geest volledig vreemd is.' Natuurlijk vonden er, gaf ze eerlijk toe in *Coming of Age*, wel 'ongewone aanrandingen plaats', gepleegd door een *moetotolo* of nachtsluiper. Een nachtsluiper was een jongen of man die stiekem in bed kroop bij een adolescent meisje dat op haar vrijer lag te wachten, met de bedoeling haar met deze list zover te krijgen dat ze met hem zou vrijen, om zich 'heimelijk gunsten' toe te eigenen 'die voor een ander zijn bestemd.' In het Westen zou zo'n daad gewoon als een soort verkrachting worden gezien, maar in Samoa wordt door een nachtsluiper alleen maar 'iets extra's verweven met en toegevoegd aan de clandestiene vrijerijen.' Het betrappen van zo'n insluiper in actie was 'dolle pret.'

De cultuur had simpelweg niet alleen adolescente angstgevoelens, ouderlijke repressie, alle neurosen, de meeste jaloezie, alle frigiditeit en impotentie, en bijna alle verkrachtingen uitgebannen, zij had ook afgedaan met geweld: 'Geen overbiddelijke goden die, gauw kwaad en klaar om te straffen, hun kalme, dagelijkse leven verstoren.'²⁵ Wat er aan oorlogvoering in Samoa was, schreef ze ergens anders, was gestyleerd, niet meer dan het gevolg van dorpsruzies waarbij per keer slechts een of twee pechvogels werden gedood.' Zij horen tot 'beminnelijkste, minst twistzieke en vreedzaamste volken ter wereld.'

Coming of Age werd vrijwel onmiddellijk overal een enorm succes. Veel lezers werden ongetwijfeld gestimuleerd door Meads fantasierijke en enigszins prikkelende woordschilderingen van een vrije liefde bedrijvend Zuidzeeparadijs (of door de schone met blote borsten die met haar vrijer bij volle maan over een strand rent, zoals getekenend op de oorspronkelijke stofomslag).²⁶ Maar Franz Boas probeerde, samen met collega's, studenten en voormalige studenten het onthaal van het boek nog meer inhoud te geven. In zijn voorwoord verklaart Boas dat deze studie een 'nauwgezet onderzoek is, dat het sinds lang bij antropologen aanwezige vermoeden [bevestigt] dat veel van wat wij aan de menselijke natuur toeschrijven, niet meer is dan een reactie op de belemmeringen die ons door onze beschaving worden opgelegd.'²⁷

Mead zelf is nooit naar Samoa teruggegaan en heeft de tekst van *Coming of Age* nooit veranderd. In een inleiding tot het boek uit 1961 vergelijkt ze haar portret van adolescente meisjes in het Zuidzeegebied met de onsterfelijke minnaars die voor eeuwig als volmaakte kunst stand houden op de geglazuurde buitenkant van Keats' Griekse urn. Haar schildering van het Samoaanse paradijs zou, zo beweerde ze, 'voor altijd standhouden als een getrouw beeld omdat er geen getrouwer beeld kon worden gemaakt van datgene wat is verdwenen.'[28]

Maar al sinds 1722 waren er grote aantallen Europese ontdekkingsreizigers, handelaars, avonturiers, zendelingen en regeringsambtenaren naar de eilanden getrokken. Hun geschreven verslagen spraken die van Mead regelmatig tegen, evenals de waarnemingen van verscheidene sociale wetenschappers die daarna naar bepaalde delen van Samoa waren gegaan.[29] De Australische antropoloog Derek Freeman, die vijftien jaar na Mead met zijn eigen veldwerk in de archipel begon, en die tussen 1940 en 1981 in totaal zes jaar op zeer vertrouwelijke voet had samengeleefd met Samoanen, publiceerde ten slotte in 1983 de eerste volledige kritische analyse van Meads werk, *Margaret Mead and Samoa: The Making and Unmaking of an Anthropological Myth*. Freemans analyse werd, terecht, gezien als een 'frontale aanval.'[30] De toon van dit boek is bepaald niet vergevingsgezind en is uiterst polemisch[31]; bovendien simplificeert het op een overdreven manier de intellectuele context van Meads werk. Het stelt bijvoorbeeld Boas' houding als antropoloog te eenvoudig voor en overdrijft de invloed van Mead op het denken en op de werkwijze van latere cultureel-antropologen.[32] Maar Freemans gedetailleerde bewering dat Mead op basis van een beperkt aantal gegevens veel te veel heeft gegeneraliseerd, lijkt juist.

Freeman maakt ons erop attent, dat Margaret Mead geen enkel adolescentie-onderzoek heeft gedaan in de Verenigde Staten en dat ze evenmin een overzicht heeft gegeven van wat er wetenschappelijk bekend was over adolescentie in het Westen, zodat haar vergelijking van de twee culturen niet overtuigend is door het feit dat ze alleen maar informatie geeft over een van de twee. Hoewel Mead in werkelijkheid nooit jongens in Samoa heeft bestudeerd, begon ze niettemin in de jaren dertig algemene conclusies te trekken over het karakter van adolescentie bij jongens. Bovendien was haar onderzoeksgroep verre van ideaal. Onder de vijfentwintig adolescente meisjes bevonden zich drie die, volgens Meads eigen bewering, 'afwijkende personen' waren in de zin dat ze 'de traditionele keuzes verwierpen'.[33] Behalve deze drie, waren nog eens drie anderen in Meads bewoordingen 'delinquent'. Maar het feit dat zes uit haar groep van vijfentwintig slecht waren aangepast, werd noodzakelijkerwijs vergeten.

Voor beide seksen in Samoa gold dat adolescentie de 'leeftijd van maximale ongedwongenheid' was, schreef Mead in 1937. Maar in werkelijkheid, zo benadrukte Freeman, laten de politiearchieven zien dat de criminaliteitscijfers voor adolescenten in Samoa gelijke tred hielden met die in andere landen; en dat in West-Samoa de man-vrouwverhouding bij mensen die voor het eerst worden gestraft, ook gelijk opgaat met die in westerse landen: vijf op een.[34]

Wat betreft de opmerkelijk zorgeloze promiscuïteit van Samoaanse meisjes, volgt uit Meads eigen verslag dat veertien van de vijfentwintig ontluikende pubers in haar onderzoeksgroep – dat wil zeggen ruim de helft – nog maagd waren.[35] Het Samoaanse volk wordt dan ook onderscheiden van bepaalde andere eilandculturen in de Zuidzee door hun traditionele obsessie ten aanzien van maagdelijkheid, die tot uitdrukking komt in de benoeming van de *taupou*, de ceremoniële maagd. Maagden werden en worden zeer gewaardeerd in Samoa, en dus worden, volgens Freeman, de activiteiten van een adolescent meisje nauwlettend gevolgd door haar broers die, wanneer ze haar aantreffen in gezelschap van een potentiële minnaar, haar waarschijnlijk een uitbrander zullen geven of eventueel slaan en de jongen zullen bedreigen.

Mead beweerde dat jaloezie een zeldzame emotie was in Samoa, en dat bij overspel niet al te veel 'drukte' werd gemaakt. Er zijn echter verscheidene historische verslagen over Samoa die jaloezie noemen als een vaak voorkomende en ernstige emotie, en die vermelden dat de dood de gewone straf voor overspel was. De bedrogen echtgenoot was, volgens de Samoaanse traditie, vrij om wraak te nemen op ieder lid van de familie van de schuldige man, terwijl de overspelige vrouw grote kans liep gestraft te worden door het afhakken van een neus of een oor, of het breken van botten.[36]

Mead hield vol dat de gewelddadige verkrachtingen die af en toe plaatsvonden in Samoa, het gevolg waren van contacten met de westerse beschaving, en maakte verschil tussen verkrachting met geweld en het traditionele nachtsluipen. Natuurlijk kwamen en komen beide vormen van verkrachting vaak voor in Samoa. Historische verslagen uit 1845 maken al melding van verkrachting met geweld; de eerste rechtbankverslagen van Amerikaans Samoa, begonnen in 1900, schrijven gedetailleerd en frequent over verkrachtingen. Toen Margaret Mead in de jaren twintig de eilanden bezocht, publiceerde de *Samoa Times* regelmatig gevallen van verkrachting; ook de gevangenisstatistieken uit die periode laten zien dat verkrachting op de derde plaats stond van de misdaden op de eilanden. In de jaren vijftig stond dit misdrijf volgens de overheidsstatistieken op de vijfde plaats. Veel verkrachtingen met geweld werden binnen de lokale gemeenschap berecht, maar de gevallen die in het eind van de jaren zestig officieel door de Samoaanse politie werden vermeld, doen een cijfer vermoeden dat tweemaal zo hoog is als dat in Amerika en twintig maal zo hoog als in Engeland, voor dezelfde periode.

De generalisaties van Mead over de vreedzame Samoaanse samenleving – geen oorlogsgoden, geen oorlogen, weinig serieuze rivaliteit of haat of geweld, enzovoort – zijn allemaal onjuist volgens een groot aantal historische, antropologische en hedendaagse bronnen.[37] De helft van de zeventig belangrijke goden in het voorchristelijke Samoa waren oorlogsgoden. Volgens alle verslagen waren oorlogen in het voorchristelijke Samoa heel gewoon en zeer bloedig. John William, een zendeling en ontdekkingsreiziger die de eilanden in de jaren dertig van de vorige eeuw bezocht, was getuige van een acht maanden durende oorlog tussen twee streken van Samoa en beschreef regelmatige slagen tussen honderden deelnemers. De overwinnaars in deze oorlog scheurden het hart van sommige gevangen genomen vijanden uit hun lijf; vierhonderd andere gevangenen, waaronder vrouwen en kinderen, werden levend verbrand. Williams arriveerde in 1832 op het eiland Ta'u – waar Mead haar onderzoek deed – en vernam dat er vier maanden daarvoor een grote oorlog had gewoed tussen Ta'u en het buureiland Olosega, waarbij vijfendertig mannen van Ta'u, ruim een tiende van het totale aantal volwassen mannen van het eiland, hun leven hadden verloren. In feite was de oorlogvoering tussen Ta'u en Olosega zo hardnekkig dat zelfs na de periode van Meads bezoek nog af en toe overvallen en wraakacties plaatsvonden.

Hoewel zij beweerde dat de Samoanen tot de 'beminnelijkste, minst twistzieke en vreedzaamste' mensen behoorden, vertellen de politieverslagen van 1964 tot 1966 ons dat West-Samoa vijfmaal zoveel gewone bedreigingen telde dan de Verenigde Staten in diezelfde periode. Ze vermelden ook dat het cijfer voor ernstige aanranding (aanranding met lichamelijke verwondingen) anderhalfmaal zo hoog is als dat in Amerika in dezelfde periode, bijna vijfmaal als dat in Australië, en acht en een half keer als dat in Nieuw-Zeeland. En al hield Mead vol dat Samoanen 'nooit genoeg haat voelen om iemand te willen doden', schetsen de politiearchieven en andere betrouwbare bronnen een totaal ander beeld. Het sterftecijfer door moord was in 1977 in West-Samoa anderhalfmaal zo hoog als tijdens een vergelijkbare periode in de Verenigde Staten, terwijl het aantal moorden in Amerikaans Samoa ongeveer vijfenhalfmaal dat van de Verenigde Staten was.

Margaret Mead was een doortastende pionier en een uitstekende schrijfster met een speciaal talent om het grote publiek kennis te laten maken met academische inzichten. De elementaire boodschap van haar vroege werk in Samoa – dat westerse ideeën over de mogelijkheden van mensen beperkt waren, dat westerse seksualiteit te geremd was, en dat de opvoeding van kinderen in het Westen streng en veel te autoritair was – werd door het gros van de mensen gunstig ontvangen en ter harte genomen. Als moeder ging Mead over op borstvoeding naar behoefte, nadat ze de gewoonte had waargenomen tijdens haar veldwerk in Nieuw-Guinea; en zo kon ze haar kinderarts, dr. Benjamin Spock, overtuigen dat het voeden naar behoefte gelukkiger en gezondere kinderen zou opleveren. Ook deze boodschap werd zorgvuldig doorgegeven.

Coming of Age in Samoa werd een klassiek boek, een handboek voor introductiecursussen in de sociale wetenschappen, het meest gelezen antropologische werk in de geschiedenis. Het heeft de schrijver ervan veel meer roem bezorgd dan iemand had durven voorspellen. De rest van haar leven maakte ze reclame voor het boek en voor de ideeën die ze erin verkondigde. Gelijkertijd was ze getuige en steunpilaar van haar eigen apotheose en uiteindelijk werd ze een 'symbool van de hele antropologie', en merkte ze (volgens *Time* in 1969) dat ze was omgetoverd tot 'Moeder van de Wereld'. Voor Mead zelf *was* Samoa het paradijs. Omgekeerd was Samoa voor het grote publiek hét bewijs dat alleen cultuur – omgeving zonder erfelijkheid – de mysterieuze aantekeningen maakt op de onbeschreven bladzijden van het menselijk karakter.[38] De tekortkomingen van Meads onderzoek in Samoa zijn niet opmerkelijker dan van veel promotieonderzoeken in heden en verleden. Maar het verbazingwekkende succes en de onopzettelijke transformatie van een idyllische fantasie tot een ultiem bewijs van de uitzonderlijke positie van het culturele determinisme hebben ervoor gezorgd dat de misleidende scheiding van omgeving en erfelijkheid, voor het eerst in 1874 door Francis Galton geopperd, nog een halve eeuw kon voortduren.

Cultureel determinisme, als tegenwicht tegen Galtons biologisch determinisme, brengt ons hoop en doet ons efficiënt bewegen in een moeilijke wereld; maar het kan ons ook aanzetten tot het oversimplificeren van noodzakelijkerwijs ingewikkelde problemen en het ontwijken van de harde werkelijkheid. Dat kan leiden tot ontkenning en tot regressieve schepping van een mythisch Arcadië, een gouden eeuw, een paradijs in de verre tropen, of een perfecte tijd en plaats ergens anders, waar de meeste problemen van de mens worden opgelost door simpele keuzes en een paar basale, vaak belastingvrije, beslissingen. Of zoals Newt Gingrich, de huidige voorzitter van het Amerikaanse Huis van Afgevaardigden, het uitdrukt: 'Wij hebben lange perioden in de Amerikaanse geschiedenis gehad waarin mensen niet werden verkracht, mensen niet werden vermoord, mensen niet routinematig werden aangevallen en beroofd.' Zulke misdaden, concludeert de voorzitter, zijn daarom alleen maar 'sociale artefacten van slecht beleid.'[39] Wel, niet alleen maar. Zelfs met goed beleid zijn ze moeilijk uit te bannen. Het zou onzin zijn daar anders over te denken.

En hoe ging het in het echte Arcadië in het oude Griekenland? 'Et in Arcadia ego' – ook ik ben in Arcadië – luidt de inscriptie op een anonieme grafsteen, een gevoel dat Poussin inspireerde tot hemelse schilderingen. De Arcadische bergen en vruchtbare valleien waren een inspiratie geweest, maar in het echte leven kon het niet gevrijwaard blijven van vreemde dominantie zoals in 1100 voor Christus In 500 voor Christus was Arcadië een militaire alliantie aangegaan met Sparta in de Peloponnesische Bond, zodat zelfs die visie van het paradijs ten onder ging aan de realiteit van geweld. 'Et in Arcadia ego?' Ja, we zijn allemaal in Arcadië, maar Arcadië is het paradijs niet. Het is een plaats waar voortdurend oorlogen en andere ellende dreigen en af en toe plaatsvinden. Er bestaat niet zoiets als het paradijs, niet in de Zuidzee, niet in Zuid-Griekenland, nergens. Het is er ook nooit geweest. Om een betere wereld te krijgen, moeten we niet kijken naar een geromantiseerde en oneerlijke droom die zich altijd in het primitieve verleden afspeelt, maar naar een toekomst die berust op een juist inzicht in onszelf.

6
Een kwestie van temperament

HET IS NATUURLIJK aardig om te stellen dat er noch in de geschiedenis noch in de wereld van vandaag bewijzen zijn van een echt vreedzame samenleving. Maar het idee dat chimpansees en mensen vergelijkbare geweldspatronen hebben, berust op meer dan alleen de bewering van universeel menselijk geweld. Het hangt af van iets specifiekers – de gedachte dat vooral mannen systematisch gewelddadig zijn. Gewelddadig vanwege hun temperament.* Dit idee van de gewelddadige man zal iedereen die vertrouwd is met misdaadstatistieken redelijk lijken; bovendien wordt ermee verklaard waarom we op aarde geen paradijs kunnen vinden. Niettemin blijft het vermoeden aan ons knagen, dat juist de westerse samenlevingen onze standpunten beïnvloeden. Misschien zit er toch iets waars in het idee van een amazonestaat waarin geweld het speciale domein van de vrouwen is. En hoe zit het met die jagers-verzamelaars? Al zijn ze soms gewelddadig, stelt hun gelijkheidsethiek niet evenzeer het concept van de agressief dominante man op de proef?

Op een meer theoretisch niveau zien we hetzelfde soort weerstand tegen het karakteriseren van mannen als gewelddadige wezens. Dit is het wijdverspreide geloof dat sekse en geslachtsgebonden gedrag ('gender') cultureel zijn bepaald, een idee waar we ten dele moeilijk vanaf komen omdat het een bolwerk is geweest in de klassieke feministische strijd voor gelijkheid. Vrijwel iedereen is het erover eens dat mannelijk geweld iets heel gewoons is in het Westen. Is daarom het geweld van mannen alleen een westerse uitvinding? Mogelijk zijn er tegenvoorbeelden te vinden, plaatsen waar vrouwen gewelddadig zijn door culturele

---

* Temperament is, volgens onze definitie, het emotionele onderdeel van persoonlijkheid. Het is een geheel van emotionele systemen; met andere woorden, temperament is opgebouwd uit emotionele reacties van een individu op situaties in de werkelijke wereld. Hierbij hoort ook voorspelbaarheid. Individuen kunnen voorspelbare reacties hebben op een bepaalde reeks omstandigheden. Temperament varieert van individu tot individu, maar het ook mogelijk is te denken aan het algemene of het gemiddelde temperament van de seksen. Het is eveneens mogelijk over het temperament van een soort te praten, in de zin van het gemiddelde van de individuele temperamenten binnen de soort. Onze toepassing van dit concept volgt gedeeltelijk het werk van Susan Clarke en Sue Boinski (1995), hoewel we het breder toepassen.

vrijheid of traditie. Misschien is er ergens ter wereld een samenleving van amazones, met vrouwelijke krijgers, of in elk geval vrouwen die dominant zijn en de zaak in handen hebben.

Het extreemste voorbeeld uit de geschiedenis van vrouwelijke krijgers is het geval van de elitegarde van Dahomey. Deze 'amazones', zoals bewonderende Europese commentatoren hen noemden, vormden gedurende een groot deel van de negentiende eeuw in het koninkrijk Dahomey in West-Afrika (nu de Republiek van Benin) een leger dat alleen uit vrouwen bestond. Ze bereikten hun hoogtepunt in 1851, tijdens het bloedige bewind van koning Gezo, toen het vrouwenleger werd uitgebreid en getraind om actief aan militaire campagnes mee te doen, waarna ze met vijfduizend strijdsters deel uitmaakten van een leger dat alles in totaal waarschijnlijk niet groter was dan twaalfduizend man.[1] Europeanen hebben beschreven hoe de amazones land veroverden, scalpen met zich meedroegen en mensen gevangen namen. Maar hun militaire kracht heeft zich niet kunnen herstellen van de enorme nederlaag in 1851 tegen de aangrenzende Abeokutans, toen zo'n tweeduizend amazones werden gedood. Maar hun reputatie bleef imponerend. De ontdekkingsreiziger Richard Burton vertelde dat 'de vrouwen even dapper, zo niet dapperder waren dan hun wapenbroeders.'[2]

Toch is het niet duidelijk of het feit dat ze bij die strijdmacht hoorden, een vorm van vrouwenemancipatie of simpelweg een brutere vorm van exploitatie was. Het vrouwenleger is vermoedelijk in de achttiende eeuw begonnen als een gewapende delegatie van vrouwen van de koning, die voornamelijk als een ceremoniële paleiswacht fungeerde. Dit was noodzakelijk geworden omdat de koningen van Dahomey alle mannen, behalve zichzelf, uit het paleis hadden verbannen. In zekere zin was de garde dus weinig meer dan een stel vechtende leden van de harem van de koning: gedwongen gerekruteerd uit het paleis of gevangen genomen en soms door loting, maar in elk geval altijd eigendom van de koning. Volgens een van de tradities werden de Dahomey-vrouwen bij rekrutering gedwongen hun clitoris te laten verwijderen ter vermindering van hun lustgevoelens. En aangezien de koning alleen met een paar van deze vrouwen naar bed ging, was een zwangerschap bij een van de anderen het bewijs van overspel waarop de doodstraf stond. De vrouwelijke Dahomey-krijgers zelf schenen, ironisch genoeg, de traditionele typeringen van mannelijk of vrouwelijk gedrag volledig te aanvaarden, gezien hun verklaring dat ze door dappere soldaten te worden, herboren werden als mannen. Zo vertelde Tata Ajachè, een voormalige Dahomey-krijger, dat ze, nadat ze de buik van haar eerste slachtoffer in een gevecht had opgereten, in de zusterschap werd opgenomen met de mededeling: 'Je bent een man!'³

De meeste samenlevingen in de wereld zonderen vrouwen volledig af van deelname aan oorlogen en gewoonlijk zelfs van betrokkenheid bij de planning of discussies daarover. Dit was althans het geval in achtenvijftig van de zevenenzestig samenlevingen die werden besproken in etnografische documenten, terwijl in de negen gevallen waarin vrouwen wel op een of andere manier hadden deelgenomen aan een oorlog, zij er altijd minder bij waren betrokken dan mannen. Navaho-vrouwen konden zich, als zij dat wilden, bij een oorlogvoerende groep aansluiten. Ze vochten 'precies zoals de mannen', maar er waren nooit meer dan twee vrouwen tegelijk aanwezig tijdens een overval. Maori-vrouwen deden af en toe met een gevecht mee, en Majuro-vrouwen van de Marshalleilanden vochten, 'hoewel als minderheid', door met stenen te gooien. De vrouwen van de Orokaiva waren 'altijd bereid om de vechtende mannen aan te sporen en zelfs om zich te mengen in de strijd.' De Crow herinneren zich één vrouw die ten strijde was getrokken. Foxvrouwen mochten deelnemen aan oorlogen; er waren 'zelfs enkele vrouwen die krijger zijn geworden.' Delaware-vrouwen deden zelden mee aan oorlogen, maar hadden het recht dat te doen als ze het wilden. Comanche-vrouwen, ten slotte, schoten 'aan de rand van het strijdgebied vanuit een hinderlaag met pijl en boog.'⁴

Voor traditionele volken die primitieve wapens gebruikten is het makkelijk te verklaren waarom er zo weinig vrouwelijke krijgers waren. Mannen zijn gemiddeld zo'n vijftien centimeter groter dan vrouwen en hebben zwaardere botten met meer spier- en vetweefsel.⁵ Moderne wapens, die gewoonlijk hun energie krijgen uit een chemische explosie, doen het belang van lichamelijke verschillen verdwijnen, maar traditionele wapens hebben het omgekeerde effect. Aangezien dergelijke wapens diep in een lichaam moeten kunnen doordringen, zijn ze sterk afhankelijk van het hefboomeffect, waardoor ze in feite de oorspronkelijke krachtsverschillen in het bovenlichaam accentueren – maar zelfs die oorspronkelijke verschillen kunnen moeilijk worden genegeerd. Vrouwelijke krijgers zullen onder andere zeldzaam zijn geweest omdat zij vermoedelijk minder effectief waren dan mannen.

Met moderne wapens is de situatie uiteraard anders, en vrouwen hebben in militaire organisaties van allerlei geïndustrialiseerde samenlevingen dan ook hun vechtkwaliteiten getoond – vaak tijdens defensieve crisissituaties waarin de overleving van de gemeenschap in zijn geheel op het spel stond. Duitsland propageerde bijvoorbeeld tijdens de Tweede Wereldoorlog een uitzonderlijk seksueel conservatisme en sloot vrouwen daarom uit van alle belangrijke militaire posities, maar toen ten slotte de vijanden van alle kanten kwamen, werden door de wanhopige nazi-leiding voorlopige plannen opgesteld voor een gevechtsbataljon van vrouwen.[6] De Sovjet-Unie, die regelmatig opriep tot het marxistische ideaal van volledige seksuele vrijheid, stuurde kort na de eerste verliezen in de Tweede Wereldoorlog veel vrouwen direct naar de gevechtsgebieden, waarmee de Russen het voorbeeld zijn van de meest vergaande moderne poging vrouwen te integreren in de oorlogvoering. Alle Russische vrouwen zonder kinderen, en nog niet te werk gesteld in belangrijke industrieën, werden na de Duitse invasie en bezetting van 1941 opgeroepen en aangesteld als artilleristen, infanteristen en sluipschutters, maar ook als onderofficieren voor communicatie en transport. Ze marcheerden, schoten, bestuurden tanks, vlogen met gevechtsvliegtuigen en bommenwerpers, en werden vooral geconcentreerd in luchtafweereenheden. Het was niet ongebruikelijk dat een vrouw in dezelfde eenheid diende als haar man; toen de echtgenoot van Mariya Oktyabrskaya, een tankcommandant, werd gedood, begaf zij zich met haar eigen tank die 'Vrouwelijke Frontliniekameraad' was gedoopt in de strijd tot zijzelf sneuvelde. Alles tezamen waren tijdens deze oorlog zo'n acht procent van de Russische strijders vrouwen, die na de oorlog vier procent van alle militaire onderscheidingen kregen (maar minder dan een procent van de hoogste staatsbekroning, de medaille Held van de Sovjet-Unie).[7] Zodra echter de nationale crisis voorbij was, werden de vrouwen in de krijgsmacht gedemobiliseerd; de dienstplicht in vredestijd gold alleen voor mannen. Vrouwen mochten nog wel als vrijwilliger dienst doen, maar ze kwamen in een leger dat hen veel minder intensief trainde en dat hen speciale verordeningen, minder vooruitzichten, mildere straffen, beperktere taken en minder promotie dan mannen bood. Het naoorlogse sovjet-leger bestond uit mannen, op enige gespecialiseerde vrouwelijke ondersteuning na.

Tijdens de zeveneneenhalf jaar durende Algerijnse onafhankelijkheidsoorlog tegen de Fransen, een strijd die grotendeels door stadsterroristen werd gevoerd, zouden veel vrouwen hun sluiers hebben afgeworpen en met de mannen hebben meegevochten. In werkelijkheid hadden de Algerijnse vrouwen vooral een ondersteunende rol en waren ze slechts bij ongeveer 2 procent van de gevallen van feitelijk geweld betrokken, bijvoorbeeld bij het plaatsen en laten ontploffen van een bom.[8] Gedurende de Israëlische onafhankelijkheidsoorlog van 1947-1949 waren 114 van de 4000 omgekomen joodse strijders vrouwen, bijna 3 procent dus. Bij de oprichting van de staat Israël werden in de dienstplichtvoorwaarden de vrouwen echter uitgesloten van gevechten, hoewel ze wel onderworpen waren aan de dienstplicht. Vrouwelijke soldaten leerden hoe ze een tank moesten besturen en gaven zelfs les in oorlogvoering met tanks, maar ze mochten hun machine niet draaien in de richting van een gevecht.[9]

Vrouwen hebben in oorlogen dus naast mannen gevochten, vooral in defensieve oorlogen tegen een vreemde bezetting. Maar zelfs in moderne staten die sociaal of ideologisch voorstander waren van seksuele gelijkheid, hebben mannen, ook wanneer het voortbestaan van de staat serieus bedreigd werd, het meeste dodelijke werk gedaan. Ja zeker, er zijn vrouwelijke krijgers. Maar het zijn altijd vrouwen die in een mannenleger dienen, meevechten in mannenoorlogen.

Als we ons nu, in plaats van op oorlogen tussen gemeenschappen, richten op de kwestie van gewelddadige misdrijven binnen een gemeenschap, dan zien we hetzelfde geslachtsafhankelijke patroon. Natuurlijk hebben vrouwen moorden gepleegd, zijn er vrouwelijke bankrovers geweest en terroristen, kidnappers, een enkele vrouwelijke gangster en een incidentele verkrachtster (altijd van een ander vrouw). Er zijn zeer zeker vrouwelijke misdadigers in alle soorten en maten, maar overal, en dat is een mondiale tendens, is er een voorspelbaar verband tussen de sekse van de criminele groep en het geweld bij een misdrijf. Mannelijke misdadigers blinken uit in gewelddadige misdrijven. In de Verenigde Staten, bijvoorbeeld, is de kans dat een moord door een man wordt gepleegd negen maal zo groot als door een vrouw, een gewelddadige verkrachting achtenzeventig maal zo groot, een gewapende overval tienmaal zo groot, en een ernstige bedreiging bijna zes en een half maal zo groot. Alles bij elkaar is in Amerika de kans dat een gewelddadig misdrijf wordt gepleegd door een man ongeveer achtmaal zo groot als door een vrouw.[10]

Ook als we kijken naar niet-gewelddadige misdrijven, is sekse een even belangrijke factor. Amerikaanse mannen plegen bijna dertien en een half keer meer fraude, worden dertienmaal zo vaak gearresteerd voor het dragen of bezitten van een wapen, plegen ruim tienmaal zo vaak een inbraak, stelen negenmaal zo vaak een auto, worden acht en een half keer zo vaak in de kraag gegrepen wegens dronkenschap en worden achtmaal zo vaak ingerekend wegens landloperij. Ze plegen achtmaal zo veel vernielingen, helen bijna zeven en een half keer zo vaak gestolen goederen, stichten zevenmaal zo vaak brand, worden zes en een half keer zo vaak gearresteerd wegens overtreding van het gokverbod, worden zes en een half keer zo vaak aangehouden wegens onder invloed rijden, en zo'n vijf en een half keer zo vaak ingerekend wegens seksuele misdrijven (prostitutie en gewelddadige verkrachting uitgezonderd). Verder worden mannen vijfmaal zo vaak opgepakt wegens drugsmisbruik, vier en een half keer wegens wangedrag tegen kinderen en familie, ruim tweemaal wegens diefstal, bijna tweemaal wegens valsheid in geschrifte of het vervaardigen van vervalsingen, en anderhalfmaal wegens verduistering.

In slechts twee strafrechtelijke categorieën scoren Amerikaanse vrouwen hoger dan mannen. Ten eerste worden adolescente meisjes iets vaker opgepakt vanwege het van huis weglopen. Ten tweede worden vrouwen bijna tweemaal zo vaak gearresteerd wegens prostitutie en andere vormen van 'vercommercialiseerde ontucht'.

Is in de Verenigde Staten het overweldigende aandeel van mannen aan gewelddadige misdrijven niet gewoon een van de tekenen van de patriarchale structuur van de Amerikaanse samenleving, een aandeel dat door vrouwelijk geweld geëvenaard zou worden zodra vrouwen gelijke status en macht zouden verwerven? Het is zeker zo dat bij het stijgen van de misdaadcijfers in Amerika, ook het aantal misdrijven gepleegd door vrouwen is gestegen. De feministes Freda Adler en Rita Simon propageerden gelijkertijd het idee om een 'explosie' van misdrijven door vrouwen toe te schrijven aan een emancipatie van het rollenpatroon en het zelfbeeld, tot stand gebracht door de vrouwenbeweging. Andere waarnemers, waaronder Naomi Wolf en Liz Weil, rapporteerden de verschijning van een nieuw, seksueel agressief en qua manieren vermannelijkt type (legerschoenen, grove taal, sigaren) 'slechte meid' – gebaseerd op het concept: 'Als je je kan bevrijden van de, door de cultuur opgelegde ideeën over seksualiteit, kan je je van alles bevrijden.'[11] Maar de stijl van de 'slechte meid' is, zoals Wolf en Weil als eersten zullen erkennen, uiteindelijk slechts een rebellie tegen het afgedwongen terughoudende gedrag en niet het propageren van gewelddadig gedrag. Ondanks de aandacht van de media voor het nog steeds actuele feit dat ook vrouwen geweldsmisdrijven plegen[12], wordt het modieuze idee van de nieuwe vrouwelijke crimineel in het geheel niet bevestigd door de statistieken.[13]

Is het veelvuldig voorkomen van mannelijk geweld zuiver een gevolg van de kracht van mannen? Met andere woorden, zouden vrouwen als ze even sterk waren als mannen, even gewelddadig zijn? Je kunt proberen deze vragen te beantwoorden door op basis van gegevens over het dagelijkse leven, misdaadstatistieken uit de hele wereld te onderzoeken op gevallen waarbij moordenaar en vermoorde van dezelfde sekse zijn – moorden waarbij noch het slachtoffer noch de slachtoffermaker het voordeel heeft van de mannelijke lichaamsbouw. Wat deze statistieken, afkomstig uit een dertigtal gemeenschappen over de hele wereld, ons vertellen is buitengewoon duidelijk en verbazingwekkend consistent. De misdaadstatistieken uit Australië, Botswana, Brazilië, Canada, Denemarken, Engeland en Wales, Duitsland, IJsland, India, Kenya, Mexico, Nigeria, Schotland, Uganda, een stuk of tien verschillende districten in de Verenigde Staten en uit Zaïre, maar ook uit het Engeland van de dertiende en veertiende eeuw en het negentiende-eeuwse Amerika – jager-verzamelaarssamenlevingen, stamverbanden, middeleeuwse en moderne nationale staten – laten allemaal hetzelfde elementaire patroon zien. In al deze samenlevingen, op één enkele uitzondering na, is de kans dat een moord op een seksegenoot wordt gepleegd door een man in plaats van door een vrouw 92 tot 100 procent.*

Feministes hebben intensief gedebatteerd over *verschillen*: of mannen en vrouwen nu echt kenmerkend verschillend waren in gedrag en temperament, of de nadruk op sekseverschillen politiek nuttig of regressief is, en waar die verschillen vandaan kunnen zijn gekomen.[15] Maar om praktische en historische redenen zijn traditionele feministes plotseling gestopt met hun analyses, en verkondigen ze nu een cultureel-deterministische opvatting over seksebepaald gedrag die geheel past in de stijl en traditie van Margaret Mead.[16] Het culturele determinisme beschouwt alle belangrijke geslachtsgebonden verschillen als uitgedacht door en doorgegeven via de cultuur en de samenleving. En al hebben feministische theoretici een aantal uitdagende antropologische en psychoanalytische verklaringen ontwikkeld voor het verklaren van het doorgeven van verschillen, toch zijn de culturele theorieën over geslachtsgebonden gedrag zeer boeiend wanneer ze in een historisch kader worden geplaatst: de visie van het patriarchaat. Volgens de patriarchaattheorie zijn sekseverschillen een gevolg van speciale historische gebeurtenissen. Mannen zijn geworden zoals ze zijn – in een woord patriarchaal – omdat ze in een patriarchale samenleving leven. Vrouwen zijn om dezelfde reden geworden zoals ze zijn. Dat wil zeggen

---

* Die ene uitzondering, Denemarken, geeft een kans van 85 procent, niet veel lager dus dan de rest. Als we de speciale situatie van kindermoord uitsluiten en ons alleen concentreren op volwassen mannen die andere volwassen mannen doden tegenover volwassen vrouwen die andere volwassen vrouwen doden, dan wordt de verhouding mannen ten opzichte van vrouwen nog hoger. In Denemarken, bijvoorbeeld, werd 100 procent van de moorden op seksegenoten door mannen gepleegd.[14]

dat mannen gegroeid en bevestigd zijn door te leven in een patriarchale wereld, terwijl vrouwen gedwarsboomd en vervormd zijn door dezelfde culturele praktijk. Dit lijkt misschien op een cirkelredenering, maar het is een interessant idee, alleen al omdat wij in het Westen inderdaad in een patriarchale traditie leven, waarin een sekse-ongelijkheid op alle niveaus in het voordeel van mannen is geïnstitutionaliseerd.

De meest simplistische versie van de patriarchaattheorie gaat uit van het idee dat de mannelijke dominantie een speciale creatie is van de westerse beschaving, een culturele misdaad die ergens in de voorklassieke tijden is begonnen en sindsdien door blanke mannen is uitgevoerd. De Britse historicus Roy Porter beweert dat seksueel geweld – verkrachting – een directe relatie heeft met het joods-christelijke patriarchaat. 'Feministes hebben het seksuele geweld in de westerse samenleving doorgeprikt,' schreef hij, 'en hebben de fundering ervan in de ideologie en machtsrelaties aan het licht gebracht. Meer dan andere wereldbeschavingen is het Westen uniek wat betreft de ongeëvenaarde veroveringsmacht door militaire inspanningen en koloniale expansie. De handel volgt de vlag en de kapitalistische economie heeft op dezelfde manier gebruik gemaakt van pseudo-militaire doelstellingen van competitie, expansie, strijd en overwinning onder leiding van grootindustriëlen.' De door mannen gedomineerde westerse cultuur is, volgens Porter, in essentie gewelddadig en deze geweldsideologie heeft zich naar buiten op militaire dominantie van andere samenlevingen gericht, en naar binnen op een vergelijkbare militarisatie van vrouwen. 'De westerse geest bezit dus een groot cultureel reservoir van fallocentrische agressie, gericht tegen vrouwen.'[17]

Mensen als Porter hebben echter de fout gemaakt dit soort geweld tot het Westen te beperken. Ook al is het zo dat verschillende samenlevingen, als onderdeel van hun culturele regels, andere opvattingen hebben tegenover zichzelf en anderen, evenals een andere mate van tolerantie ten opzichte van gewelddadig gedrag, toch zijn de culturele en historische zonden van het Westen niet uniek en zelfs niet erg anders. Het dichtstbevolkte land van de wereld, het huidige China, is een direct gevolg van een patriarchale machtswellust die al tijdens de Ch'in-dynastie is begonnen, twee eeuwen voor de geboorte van Christus. In het midden van onze eigen eeuw streefde een patriarchale militaristische samenleving in Japan naar dominantie en heerschappij in Azië, en terwijl ze nog steeds aan de winnende hand waren, pauzeerde het Japanse leger gedurende de maand december van 1937 voor het verkrachten van 20.000 vrouwen in de vroegere Chinese hoofdstad Nanking.[18] In 1971, tijdens een van de vele acties die moesten verhinderen dat Oost-

Pakistan Bangladesh zou worden, werden door het louter uit mannen bestaande leger van Pakistan zo'n drie miljoen mensen gedood en tussen tweehonderdduizend en vierhonderdduizend ongewapende Bengali-vrouwen verkracht.[19] Door Polynesische expansie en veroveringen in een groot deel van de Grote Oceaan werd gedurende de afgelopen twee millennia op achtendertig grote eilanden en archipels een hele verzameling samenlevingen gevestigd, gericht op de autoriteit van de koning en in stand gehouden door de kracht van de *toa* – een woord dat niet alleen strijder maar ook ijzerhoutboom betekent, de bron van Polynesische vechtknuppels en andere wapens.[20] Nadat Shaka, de negentiende-eeuwse patriarch van de Zoeloes in het zuiden van Afrika, een professionele gevechtseenheid had georganiseerd en een steekwapen, de 'assegai', had ontwikkeld om tijdens een handgemeen de buik van een vijand open te rijten, schiep hij een groot rijk door middel van 'vernietigingsveldslagen', met als gevolg een diaspora van vluchtelingen over een vijfde van het continent.[21]

Bartolomé de Las Casas, een dominicaanse bisschop die in de Nieuwe Wereld woonde, zag persoonlijk allerlei wreedheden die daar door de Spanjaarden werden gepleegd, en die hij heeft beschreven in zijn *The Devastation of the Indies: A Brief Account* (1542).[22] De conquistadores, soms bijgestaan een soms tegengewerkt door hun eigen christelijke adviseurs, doodden tientallen zo niet honderden miljoenen, plunderden op brute wijze en vernietigden achtereenvolgens de beschavingen van de Azteken in Mexico, van de Maya's in Yucatán en van de Inca's in Peru. Het kan niet ter verdediging van de Spanjaarden gelden dat de beschavingen die door hen werden vernietigd en verdrongen, zelf ook koloniale heerschappijen waren, ongeveer even patriarchaal, roofzuchtig en wreed.[23] Met name de Azteken vochten regelmatig met naburige volken, zowel om hun territorium te versterken als om te kunnen beschikken over een continue stroom van slachtoffers die hun onverzadigbare goden tevreden moesten stellen. Na een mislukte opstand van een van de gekoloniseerde volken, de Huaxtecx, gebruikten hun meesters, de Azteken, twintigduizend gevangenen voor de inwijding van een nieuwe piramidetempel in hun hoofdstad. Op de dag van de inwijding beklommen de Huaxtecs de trappen van de afgeknotte bovenkant van de piramide, waarna hun borst met een mes van vulkanisch glas werd opgereten en de nog kloppende harten werden uitgerukt en omhoog werden gestoken.

De gewelddadigheid, wreedheid en destructiviteit van westerse samenlevingen zijn duidelijk. Maar zulke zonden zijn niet typisch westers. De islam, om een ander voorbeeld te noemen, lijkt gemiddeld even patriarchaal, oorlogszuchtig en expansionistisch als het christendom.

De grote profeet en patriarch Mohammed was zelf een strijder en riep, in tegenstelling tot Christus, op om het geloof door het zwaard te verspreiden. Deze *djihad*, heilige oorlog, moest tegen iedereen worden uitgevoerd die de wil van Allah trotseerde. Het islamitische concept van de wereld werd daarom in twee stukken verdeeld, de Dar al-Islam, of Huis van de onderworpenheid, en de Dar al-Harb, het Huis van de oorlog. In de zevende eeuw na Christus hadden islamitische strijders hun Huis van onderworpenheid naar buiten uitgebreid tot in de tegenwoordige landen Arabië, Syrië, Irak, Egypte en Noord-Afrika. In het midden van de negende eeuw handhaafden de patriarchale islamitische staten in het Middellandse-Zeegebied en het Midden-Oosten zich zo goed en zo kwaad als het ging met hulp van een strijdersklasse van slaven, grotendeels verkregen uit Turkse volkeren uit het Oosten.[24]

Het Westen kreeg van de Chinezen het geheim van het buskruit en combineerde dat met de inheemse traditie van metaalverwerking om een Europees arsenaal van wapens te produceren met een enorm superieur doordringend vermogen. De Europeanen, in bezit van de beste wapens en navigatietechnologie streefden naar een mondiaal kapitalisme en kolonialisme. Maar de westerse mannen vonden niet het geweld tegen mensen uit, noch het geweld tegen vrouwen, noch oorlogvoering, imperia of patriarchaten. En het idee dat de slachtoffers van het Europese kolonialisme een zielige reeks van vervrouwelijkte – of niet-patriarchale – vriendelijke samenlevingen zou zijn is simplistisch, neerbuigend en onjuist. Uit een onderzoek uit 1971 van drieënnegentig samenlevingen over de hele wereld bleek dat in alle gevallen mannen de meeste politieke macht hadden en in 88 procent van de gevallen *alle* belangrijke politieke posities innamen. Buiten het meer geformaliseerde en algemene politieke stelsel hadden de mannen in 84 procent van de samenlevingen *alle* belangrijke leidende functies in handen, ook in familieverband.[25]

Elke volledige analyse van het patriarchaat zou rekening moeten houden met het dragen van sluiers, de isolatie en de onderwerping van vrouwen in islamitische samenlevingen; met de Chinese traditie van het verbinden van voeten; met de sterk geïnstitutionaliseerde praktijk van de clitoridectomie in veel culturen van zesentwintig verschillende staten over het hele Afrikaanse continent, een verminking die elk jaar twee miljoen meisjes wordt aangedaan[26]; met de bijna overal aanwezige gewoonte om vrouwen te slaan[27]; en met het feit dat polygynie – het hebben van meerdere vrouwen – in veel meer culturen wel dan niet wordt geaccepteerd. Zo'n analyse moet het gegeven onderzoeken dat 67 procent van de getrouwde vrouwen op het platteland van Papoea-Nieuw-Guinea zegt dat ze mishandeld worden, waarbij een op de vijf zo ernstig wordt verwond dat opname in een ziekenhuis minstens eenmaal nodig is.[28] Ook zou vermeld moeten worden dat in Pakistan het sterftecijfer voor meisjes anderhalfmaal zo hoog is als voor jongens, die beter worden gevoed; en dat in veel delen van Afrika en het Midden-Oosten vrouwen niet naar een gezondheidscentrum kunnen gaan zonder toestemming van hun echtgenoot.[29] We zouden misschien meer over de problemen van het patriarchaat buiten het Westen te horen krijgen als een groter aantal niet-westerse vrouwen minder last had van schrijnende armoede en van de, in sommige gevallen, rigide culturele belemmeringen om zich uit te spreken.[30] Zoals in Bangladesh waar de feministische dichter Taslima Nasrin werd veroordeeld tot de *fatwah*, het islamitische doodvonnis, omdat ze iets verkeerds had geschreven.[31]

Als het patriarchaat een zuiver culturele constructie is, een willekeurige gebeurtenis in de geschiedenis, dan zouden we logischerwijze bepaalde plaatsen en periodes moeten kunnen vinden waarin het niet voorkwam. In 1861 introduceerde Johann Jakob Bachofen, een Duitse advocaat, zijn invloedrijke theorie (in *Das Mutterrecht*, het recht van de moeder) dat vrouwen, door hun aanwezigheid als moeder, de mensheid uit een duister barbarisme haalden, en een cultuur en beschaving in gang hebben gezet, een nieuw sociaal systeem dat in het begin matriarchaal was.[32] Bachofens theorie van een matriarchale fase in de geschiedenis van de mens wordt afgezwakt door het feit dat tot nu toe geen enkele antropoloog waar dan ook een echt matriarchaat heeft aangetroffen, geen enkele samenleving waarin vrouwen feitelijk regeren in een systeem dat een weerspiegeling is van het patriarchaat. Evenmin is er enig overtuigend archeologisch bewijs voor het bestaan van een matriarchaat in het verleden – wat dat aangaat zijn theoretici als Margaret Mead, Helen Fisher en Gerda Lerner het met elkaar eens.[33]

Friedrich Engels, die door Bachofens denken was beïnvloed, stelde in zijn *Der Ursprung der Familie, des Privateigentums und des Staates* dat mensen, voordat ze werden gekweld door beschaving, leefden in een toestand van gemeenschappelijke gelukzaligheid die werd geaccentueerd door een gepaste promiscuïteit en een volledige gelijkheid van de seksen. Maar de uitvinding van veeteelt heeft geleid tot het vergaren van persoonlijke eigendommen door mannen. Door het mannelijke eigendomsrecht van privébezit ontstond een mannelijke behoefte aan een systeem van overerving, dat mannen ertoe bracht de seksualiteit van vrouwen te gaan beheersen als een manier om het vaderschap vast te leggen. Met andere woorden, zodra mannen eigendommen hadden, wilden ze er zeker van zijn wie hun echte erfgenamen waren, zodat persoonlijk bezit op directe wijze heeft geleid tot de ondergeschiktheid van vrouwen, 'de grootste historische nederlaag van het vrouwelijke geslacht.'[34]

De historica Gerda Lerner heeft een ontwikkeling geschetst die niet erg verschilt van die van Engels, hoewel Lerner uitgaat van een breder scenario en meent dat de institutionalisering van de mannelijke dominantie geleidelijk over een periode van zo'n 2500 jaar, tussen 3100 voor Christus en 600 na Christus, heeft plaatsgevonden in het Midden-Oosten. Maar de vroegste documenten uit Mesopotamië suggereren dat het patriarchaat, of de 'diepgewortelde patriarchale afbakening van de seksen', al vóór de geschreven geschiedenis was begonnen[35]; en dus moest Lerner haar historische analyse aanvullen met antropologische speculaties over hedendaagse samenlevingen van jagers en verzamelaars. In die samenlevingen vinden we, volgens de historica, 'vele voorbeelden van complementariteit tussen de seksen en samenlevingen waarin vrouwen een relatief hoge status hebben.'[36] Jagers-verzamelaars leveren daarom het beste bewijs dat 'relatief' egalitaire samenlevingen ergens tijdens de historische overgang naar de landbouw, veranderden in 'uiterst gestructureerde maatschappijen waarin zowel persoonlijk bezit als het ruilen van vrouwen ... normaal was.'[37]

De speurtocht naar sociale idealen bij de primitieven doet denken aan de pastorale idylles van Vergilius en de geïdealiseerde beelden die door Melville, Gauguin en Mead werden geschilderd. In samenlevingen zonder schrift, formele wetten of aanzienlijke bezittingen is het leven ongetwijfeld eenvoudiger, en het lijkt waarschijnlijk dat er zonder het vergaren van eigendommen weinig concentratie van macht zal zijn geweest – en dus misschien minder kleine alleenheersers of 'grote mannen'. Maar zijn hedendaagse samenlevingen die geen landbouw bedrijven werkelijk vrij van patriarchaat en mannelijk geweld?

Sommige zijn dat in de verste verte niet. Bij de Eskimo's in Noord-Alaska beschouwen mannen, volgens antropologe Ernestine Friedl, de vrouwen als potentiële echtgenotes en economische partners, maar ook als 'een soort nuttig artikel dat mannen kunnen nemen en geven, of kunnen ruilen met elkaar.'[38] Een tienermeisje is als potentieel seksueel object 'een makkelijke prooi voor elke man die zin in haar heeft. Hij grijpt haar bij de broekriem om zijn bedoelingen duidelijk te maken, en als ze onwillig is mag hij haar broek met een mes kapot snijden en haar vervolgens tot geslachtsgemeenschap dwingen.' Bij samenlevingen van inboorlingen in de westelijke Australische woestijn, die door antropologen als egalitair worden beschreven, kunnen alleen mannen een scheiding in gang zetten.[39] En aangezien mannen, volgens de antropoloog Robert Tonkinson, verondersteld worden 'de baas' van hun vrouw te zijn, bemoeien andere leden van de gemeenschap zich zelden met gevallen van huiselijk geweld. 'Welke persoonlijke reputatie een man ook heeft, bijvoorbeeld meedogenloos of geweldig jaloers, een vrouw hoeft in het algemeen niet te rekenen op steun van de gemeenschap.' In *The Forest People* en in *Wayward Servants* heeft de antropoloog Colin Turnbull de Mbuti uit Centraal-Afrika beschreven als een ideale samenleving. De taken van de seksen waren niet omkeerbaar, maar de Mbuti-mannen beschouwden die, volgens Turnbull, ook niet als erg belangrijk. Een Mbuti-man 'ziet zichzelf als een jager, maar anderzijds zou hij niet kunnen jagen zonder een vrouw, en ... hij weet dat het merendeel van zijn dagelijkse kost afkomstig is van voedsel dat door de vrouwen wordt verzameld.'[40] Niettemin zijn de mannen nog steeds de politieke leiders van de samenleving, terwijl de kinderen hun vader associëren met autoriteit en hun moeder met liefde. Mbuti-mannen verklaren notabene dat 'een pak slaag af en toe goed is voor een vrouw'.[41]

De feministische antropologe Peggy Reeves Sanday plaatst, grotendeels op grond van Turnbulls boeken, de Mbuti's in de groep van vermoedelijk verkrachtingsvrije culturen.[42] Ze citeert haar mannelijke collega alsof hij zou hebben beweerd 'Ik ken geen gevallen van verkrachting' – hoewel zijn volledige zin luidt 'Ik ken geen gevallen van verkrachting, hoewel jongens vaak praten over hun voornemens weerbarstige meisjes hun wil op te leggen.'[43] Later in dezelfde monografie vermeldt Turnbull bovendien dat Mbuti-mannen in theorie tijdens een bepaalde initiatierite van vrouwen toestemming moeten krijgen voor seks, maar wanneer ze naast een meisje gaan liggen, 'en haar willen hebben, dan nemen ze haar bij verrassing tijdens het strelen en dwingen ze haar hun wil op.'[44]

De foeragerende !Kung San uit het zuiden van Afrika zijn volgens de antropologe Marjorie Shostak maatschappelijk gezien *vrijwel* gelijk; ze hebben geen voorkeur voor jongens of meisjes, bij het opvoeden van kinderen zijn zowel mannen als vrouwen betrokken, en de autoriteit van de moeder is ongeveer gelijk aan die van de vader. 'In het algemeen,' schrijft Shostak, 'zijn !Kung San-vrouwen opmerkelijk autonoom ten aanzien van hun eigen leven en dat van hun kinderen.' Deze vrouwen worden veelzijdige volwassenen en zullen waarschijnlijk niet alleen competent en assertief zijn maar ook zorgzaam en coöperatief.'[45]

Veelzijdig. Competent. Assertief. Zorgzaam en coöperatief. Uiteraard kunnen dezelfde algemene karakteristieken worden toegeschreven aan vrouwen in allerlei delen van de wereld, zelfs in het hart van het westerse patriarchaat. Andere informatie uit Shostaks onderzoek maakt duidelijk wat seksuele gelijkheid in dit geval betekent. Zo schreef ze dat de !Kung-mannen vaker de politieke macht en invloedrijke posities in handen hebben en dat de 'enigszins grotere autoriteit' van de man door iedereen, mannen en vrouwen, wordt erkend. Initiatierites van mannen zijn geheim, van vrouwen openbaar. Sommige mannelijke voorwerpen, zoals speren, worden bezoedeld door de aanraking van een menstruerende vrouw, terwijl mannen nooit vrouwelijke voorwerpen kunnen bezoedelen.

De antropoloog Richard Lee levert ook een bijdrage. Hij beweert dat verkrachting zelden voorkomt bij de !Kung[46] en meent dat er relatieve gelijkheid voor !Kung-vrouwen bestaat. Er is 'geen steun' voor het idee dat vrouwen worden 'onderdrukt of gedomineerd', of zijn 'onderworpen aan seksuele exploitatie'.[47] Maar mannen voeren tweederde van de gesprekken en worden veel vaker woordvoerder voor een groep. Mannen nemen ook de meeste gevechten voor hun rekening. Lee en zijn team hebben in een andere publicatie vermeld dat ze van 1963 tot 1969 in totaal vierendertig gewelddadige gevechten van man tegen man, zonder wapens, hebben gezien. Het ging om echte 'aanrandingen' die 'in ernst' plaatsvonden, gewoonlijk binnen een 'hysterische' menigte toeschouwers, terwijl de vechtersbazen zich opstelden om 'in doodse stilte, met bars gezicht en opeengeknepen lippen te gaan vechten.'[48] Van de vierendertig gevechten werd driekwart door mannen begonnen en een kwart door vrouwen. Mannen vielen ongeveer even vaak andere mannen als vrouwen aan, terwijl vrouwen alleen andere vrouwen aanvielen – met één uitzondering van een vrouw die haar man aanviel. Omdat de nationale regering een lokale vertegenwoordiger had benoemd die moest verhinderen dat de !Kung-mannen hun wapens en jachtattributen tegen elkaar gebruikten, werd niemand bij deze gevechten gedood. Maar van de tweeëntwintig moorden die, volgens Lee, nog niet zo lang geleden waren gepleegd, waren alle moordenaars mannen.[49] Op twee na alle slachtoffers waren eveneens mannen.

Gelukkig bezitten we de fascinerende autobiografie van een !Kung-vrouw, Nisa geheten, verteld aan en opgeschreven door Marjorie Shostak (*Nisa: The life and Words of a !Kung Woman*), waaruit we veel kunnen leren over hoe de relatieve maatschappelijke gelijkheid in deze foeragerende samenleving wordt ervaren. Deze wordt, helaas, niet ervaren als een bevrijding van mannelijk geweld en geweldsdreigementen. Nisa had vooral te lijden van de jaloerse woedeuitbarstingen van haar echtgenoot. Zo sloeg hij haar op een keer meedogenloos met een stuk hout, dat hij kort tevoren had afgezaagd en laten drogen totdat het een vreselijk hard werktuig was geworden. 'Hij schreeuwde dat hij alle schoonheid uit me zou slaan. "Je denkt dat je zo mooi bent, dat je zo'n mooie vrouw bent en dat ik een lelijke man ben. Oké, maar vandaag maak ik een einde aan al die schoonheid.'" Hij greep haar bij een arm en sloeg haar – 'op mijn rug, over mijn hele lichaam' – tot haar rug helemaal gezwollen was. 'Ik bleef maar schreeuwen en kon mijn tranen en de pijn niet stoppen.'[50] Een andere keer stak Nisa's echtgenoot haar met een mes – hij had haar bijna vermoord, wordt ons meegedeeld. Misschien is het afranselen van vrouwen niet erg gebruikelijk bij de !Kung San, hoewel Nisa's dochter Nai ook werd blootgesteld aan dergelijke mishandelingen. Nai, die voor de puberteit was getrouwd, werd door haar oudere echtgenoot tijdens haar eerste menstruatie 'lastig gevallen' met seks. Op een nacht werd hij uiteindelijk zo razend over haar verzet dat hij 'haar met geweld probeerde te nemen.'[51] Toen Nai zich bleef verzetten, gooide hij haar met zoveel kracht op de grond dat ze haar nek brak – er stak een halsbeentje dwars door het vlees. Nai was vermoord en toen Nisa naar het stamhoofd ging om een aanklacht in te dienen, riep hij de stam bijeen voor een hoorzitting. Ter verdediging zei de echtgenoot dat zijn eigen vrouw had geweigerd seks met hem te hebben. 'Het stamhoofd zei [tegen de echtgenoot]: "Stommeling. Als een jong meisje haar eerste menstruatie heeft, dan kan je geen seks met haar hebben. Je wacht tot het voorbij is. Nai wist wat ze deed toen zij je weigerde. En toch ging je door en heb je haar gedood!" Vervolgens zei hij: "Ik wil dat je morgen vijf geiten naar Nisa gaat brengen."'[52]

Een dergelijk soort leven doet sommigen misschien denken aan een relatieve maatschappelijke gelijkheid en anderen aan een maatschappij die geen last heeft van de corruptie van het westerse patriarchaat. Ons doet het denken aan een vertrouwd verhaal dat waar dan ook verteld zou kunnen worden, voor en na het uitvinden van de landbouw: mishandeling binnen het gezin, aanranding en verkrachting die leiden tot moord of doodslag, en de wettelijke veronderstelling dat het leven van een vrouw ... vijf geiten waard is.

Overal ter wereld schelden feministes op de mate waarin mensen gedwongen worden om te leven onder de verstorende en ellendige heerschappij van een patriarchale beschaving, die grotendeels door mannen is opgebouwd met het uiteindelijke doel vrouwen of de vrouwelijke seksualiteit onder controle te krijgen.[53] Traditioneel gezien huldigen feministische denkers de opvatting dat de greep van het patriarchaat verzwakt kan worden omdat dit systeem een culturele uitvinding is. Maar de afgelopen decennia is er een nieuwe filosofie opgedoken, een evolutionair type feminisme dat het ontstaan van het patriarchaat als een essentieel onderdeel van de menselijke biologie ziet. Over het onheil van het patriarchaat zijn evolutiefeministes, zoals de schrijfsters Patricia Gowaty, Sarah Hrdy, Meredith Small en Barbara Smuts, het met de traditionele feministes eens, alleen koppelen zij de mens niet los van zijn biologische verleden. In de logica van de evolutiefeministes worden de rijke details van de patriarchale geschiedenis zoals die zijn opgesomd door de historica Gerda Lerner erkend, maar wordt gelijkertijd het idee verworpen dat je de menselijke situatie zou kunnen doorgronden door simpelweg de laatste zesduizend jaar van de geschiedenis door te lezen.

De evolutiefeministes willen dat we onze reserves ten opzichte van het diergedragonderzoek als een methode om na te denken over menselijk gedrag, overboord zetten. Ze willen dat mensen bijvoorbeeld kunnen nadenken over de evolutionaire druk die verkrachting of andere vormen van geweld veroorzaakt, zonder dat ze een of andere absurde verklaring hoeven te geven in de trant van: omdat verkrachting 'natuurlijk' is, is het in zekere zin vergeeflijk. Per slot van rekening trekt niemand uit het voorbeeld van de zwarte weduwe, de spin die haar mannelijke partner na de paring doodt en opeet, de conclusie dat moord en kannibalisme veroorloofd zijn. Elk gedrag kan daarom worden bestudeerd als een biologisch fenomeen, los van de vraag of het onaangenaam is.

Ondanks de uitstekende bedoelingen van diegenen die geloven dat het patriarchaat zuiver een culturele uitvinding is, zijn er te veel aanwijzingen die hiermee in strijd lijken. Het patriarchaat komt over de hele wereld en door de hele geschiedenis voor, terwijl de oorsprong ervan in het sociale leven van chimpansees kan worden gevonden. Het is zinvol voor de voortplanting van de mannen die het systeem instandhouden. Het is biologisch bepaald in de zin dat het een gevolg is van het mannelijk temperament, van de aan de evolutie ontleende pogingen om vrouwen te beheersen en tegelijk solidair te zijn met mannelijke kameraden in de strijd tegen buitenstaanders. Maar evolutionaire krachten hebben zonder twijfel ook vrouwen in lichaam en geest gevormd, en wel op een manier die het patriarchale stelsel niet alleen trotseert maar ook in de hand werkt. Als alle vrouwen de bevelen van Lysistrata zouden opvolgen en hun echtgenoten zouden afwijzen, zouden ze zonder meer een verandering teweeg kunnen brengen. Maar dat zullen ze niet doen. De uiteindelijke wortels van het patriarchaat zijn gelegen in het mannelijk geweld, maar de mannen zijn er niet alleen de oorzaak van; het patriarchaat vindt zijn oorsprong in de evolutionaire belangen van beide seksen.

Maar toch is het niet onvermijdelijk, zoals zal blijken.[54] Het komt niet tevoorschijn als een kant-en-klare kaart van gedragsgenen, maar het blijkt uit bepaalde strategieën die mannen (en vrouwen) bedenken voor het bereiken van hun emotionele doelstellingen. Deze strategieën zijn bovendien zeer flexibel, zoals al die verschillende culturen laten zien. We zullen nog terugkomen op dit thema van de uiteindelijke oorsprong en de flexibiliteit van patriarchale systemen. Maar op dit moment is ons doel eenvoudiger. We wilden weten of mensen wat betreft de aanleg voor mannelijk geweld consistent genoeg zijn voor een zinvolle vergelijking met chimpansees. Het antwoord is ja.

We mogen ons niet laten afleiden door die oude onjuiste tegenstelling, Galtons dwaling, waarin erfelijkheid wordt uitgespeeld tegen omgeving. Uiteraard is de menselijke situatie een gevolg van beide. We zouden vergelijkingen kunnen maken die aantonen dat mannen door ervaringen gewelddadig worden, maar we zouden andere kunnen vinden die juist aantonen dat het de genen zijn die mannen gewelddadig maken. Beide visies zijn juist. Laten we ons daarom niet bezighouden met de vraag of het de erfelijkheid of de omgeving is die meer invloed heeft, maar ons gaan afvragen waarom we zijn zoals we zijn. Hoewel elke samenleving haar eigen verschillende antwoorden op en verboden tegen mannelijk geweld heeft, is het altijd een algemeen menselijk verschijnsel geweest. Waarom? Er zijn ons sterke aanwijzingen aangereikt die we zo kunnen terugvoeren tot de dierlijke wereld waaruit we zijn voortgekomen.

En toch, wat juist de overeenkomsten tussen chimpansees en mensen zo opvallend maakt is dat het gemeenschappelijke patroon zeker niet geldt voor alle diersoorten. Bij sommige soorten zijn vrouwtjes gewelddadiger dan mannetjes. Bij andere zijn mannetjes vrijwel helemaal niet gewelddadig. Dus wordt het menselijke probleem niet opgelost door mannelijk geweld te beschouwen als iets dat algemeen geldig is voor alle diersoorten. Waardoor heeft onze eigen soort zulke van nature gewelddadige mannen? Misschien is er iets vreemds aan de hand met onze afstammingslijn. Zou het wat uitmaken dat we mensapen zijn?

7
Geweld binnen relaties

'S WERELDS GROOTSTE KOLONIE chimpansees in gevangenschap, in het Burgers Dierenpark in Arnhem, bestond in september 1980 uit vier volwassen mannetjes en negen volwassen vrouwtjes. Ze bewoonden een groot eiland, werden uitstekend verzorgd en hadden meer dan genoeg voedsel. Maar desondanks was hun sociale leven allesbehalve ontspannen. Precies als chimpansees in het wild vochten de mannetjes om de eerste plaats. Gedurende een cyclus die al minstens vier jaar aan de gang was, was elk van de drie hoogstgeplaatste mannetjes al zeker één keer alfaman geweest, en elk van hen werd onttroond nadat de andere twee tegen hem hadden samengespannen. Persoonlijke moed was belangrijk, evenals de steun van de vrouwtjes. Niets was echter zo belangrijk als de allianties tussen de drie hoogste mannetjes. Wie ook de alfaman was, het duurde nooit lang of de andere twee sloten vriendschap en versloegen hem. Degene die vervolgens alfaman werd, zou op zijn beurt weer worden verslagen. Het leek een eeuwige driehoek.

De primatoloog Frans de Waal noemde dit systeem *Chimpanseepolitiek* (*Chimpanzee Politics*).[1] De strijd van de mensapen om de macht was inderdaad politiek, en evenals de politiek van mensen leidde de strijd tot geweld toen de onderhandelingen mislukten.[2] In juli en augustus 1980 was Luit de alfaman. Luits heerschappij verliep zo stroef dat de spanning zichtbaar was. Het was niet alleen te zien aan de manier waarop de mannen naar elkaar keken, maar ook aan de coalities die geen enkele stabiele vorm kregen. De jongste van Luits twee rivalen, Nikkie, probeerde een bondje met Luit te vormen door zich innemend en aanmoedigend op te stellen. Nikkie kroop letterlijk voor Luit door het stof en deed mee aan zijn imponeervertoon tegenover vrouwtjes. Maar het derde mannetje, Yeroen, erkende Luits status eigenlijk niet (hij was alleen in staat af en toe zacht te grommen in plaats van Nikkies beschamende zelfvernederende gedrag), en hij maakte de zaak nog erger door vaak bij Nikkie te gaan zitten en hem te vlooien. De conclusie van De Waals onderzoeksteam was dat Yeroen probeerde een alliantie met Nikkie te sluiten. Dat lukte ook. En hoewel hun politieke doorbraak naar een fusie niet werd gezien, was het gevolg ervan wel zichtbaar. De eeuwige driehoek werd beëindigd toen Nikkie en Yeroen samenspanden in een meedogenloze aanval op Luit.

In de nacht van 12 september 'kleurden de nachthokken van de mannetjes zich rood van het bloed', zoals De Waal in een latere publicatie schreef.[3] Als uitzonderlijke getuigenis van de hechte band tussen chimpansees, leken de drie mannetjes toen de dierverzorgers in de vroege morgen de herrie ontdekten, op het eerste gezicht nog onafscheidelijk. Luit was verslagen en had de superieure macht van zijn aaneengesloten rivalen al erkend. Maar zijn ondergeschiktheid kwam te laat. Hij was over zijn hele lichaam ernstig gewond en ondanks een spoedoperatie stierf hij diezelfde avond.

Op de vloer van de kooi werden verscheidene tenen en vingernagels van Luit gevonden – en beide testikels. Nikkie was niet gewond, Yeroen had een paar oppervlakkige verwondingen. Dit was geen ongelukje. De tekenen wezen ontegenzeggelijk op een langdurige aanval waarbij Nikkie en Yeroen zich hadden verenigd om – hoe zeggen we dat bij mensen? – een moord te plegen. En Nikkie werd weer de alfaman.

Trots, ideologie of geloof weerhoudt veel mensen ervan *Homo sapiens* gewoon als een van de primatensoorten te beschouwen, een van de vele. Mensen hebben taal, godsdienst, moraliteit – cultuur. Mensen zijn in staat te bediscussiëren wat het betekent mens te zijn. Mensen hebben grote hersenen. God schiep de mens als een aparte soort die van alle andere soorten in de natuurlijke wereld is te onderscheiden. Mensen zijn uniek.

Biologische studies geven een ingewikkelder beeld. We zijn misschien uniek, maar dat is elke andere soort ook, en wat er ook tijdens onze evolutie als primaten voor unieks is opgetreden in de menselijke afstammingslijn, het was niet iets menselijks. Per slot van rekening hadden onze voorouders pas zo'n twee miljoen jaar geleden zulke grote hersenen gekregen dat zij gerekend konden worden tot het genus (geslacht) *Homo*. Pas zo'n 130.000 jaar geleden werd het 'volledige' mensdom bereikt (het verschijnen van de ondersoort *Homo sapiens sapiens*, zoals we onszelf noemen). En het was minder dan 35.000 jaar geleden dat kunstuitingen explosief toenamen, in het archeologische bestand terug te vinden in de vorm van grotschilderingen en benen beeldjes.[4]

Meer dan twee miljoen jaar geleden waren onze voorouders zeker niet menselijk. Ze waren toen nog savannemensapen, fascinerende wezens die in veel opzichten aardig zullen zijn geweest, maar hoe dan ook mensapen. Verder terug, tussen vijf en vijfentwintig miljoen jaar geleden, waren ze ook mensapen maar in het regenwoud. En nog verder terug, in het regenwoud tussen vijfentwintig en vijfenzestig miljoen jaar geleden, maakten ze waarschijnlijk deel uit van een groep waaruit zowel de apen als de mensapen zijn ontstaan. Die vroege voorouders zijn nog steeds vaag, omdat we uit een paar fossielen en uit sommige primitieve vormen van levende primaten niet meer dan enkele aanwijzingen over hun uiterlijk hebben verkregen. Maar we weten in elk geval dat zolang er primaten hebben bestaan, onze voorouders altijd primaten zijn geweest.

De primaten verschenen in de vroege jaren van de Kenozoïsche era, 65 miljoen jaar geleden, toen de meteorietinslag die de laatste dinosauriërs deed uitsterven de arena vrijmaakte voor evolutionaire experimenten. Er kwamen voor die tijd al zoogdieren voor, maar omdat nu ineens veel van hun concurrenten waren verdwenen, kregen ze overal nieuwe mogelijkheden aangereikt, op het land en in het water, in bomen en op de grond. En het waren de bomen, vol vruchten en insecten, waarop onze vroegste primatenvoorouders zich gingen concentreren.

Ze leken natuurlijk nog niet erg op mensapen. Een redelijke veronderstelling is dat ze leken op opossums of op een galago, met andere woorden, ongeveer zo groot als een rat, vooral 's nachts actief, dol op fruit, hars en grote insecten, maar niet op zetmeelachtige dingen als bladeren of zaden. Verder waren ze voornamelijk solitair, al konden ze ook sociaal zijn. Deze grootmoeders en grootvaders van ons allemaal hadden grijphanden (om stevig vast te houden), naar voren gerichte ogen (wat een binoculair gezichtsvermogen en een uitstekende dieptewaarneming opleverde), grote hersenen die over het geheel genomen meer gespecialiseerd waren om te kijken dan om te ruiken, en (vergeleken met andere zoogdieren) een matige tot grotere intelligentie. Ze hebben deze kenmerken via ontelbare generaties doorgegeven aan de tweehonderd soorten mensapen, apen en halfapen die de tegenwoordig levende primaten vormen.

Onder die doorgegeven kenmerken bevond zich een voor zoogdieren tamelijk typerend stel agressieve gedragspatronen. Veel primatensoorten verdedigen hun territoria meedogenloos, waarbij die verdediging vaker door vrouwtjes dan door mannetjes wordt uitgevoerd. De grenzen worden eerst verdedigd door middel van hulpkreten en daarna, indien nodig, door de vijand te imponeren, op te jagen, vast te grijpen en te bijten. Bij sommige apensoorten verhevigt de strijd zich op de plek waar een groep vrouwtjes staat opgesteld in een dichte falanx, als krijgers die zich schouder aan schouder, grommend en uithalend en schreeuwend, verplaatsen naar de falanx van de tegenstanders, op een steenworp afstand. Er vormen en hervormen zich gevechtslijnen, er vinden geïsoleerde krachtmetingen plaats aan de rand van de echte actie, en de troepen kunnen wel een uur of langer met elkaar vechten tot ze zijn uitgeput of tot de zwakste zich overgeeft. Alleen op de grond levende primaten kunnen met een dergelijk hechte samenwerking vechten, soorten als resusapen, vervetmeerkatten en savannebavianen, bijvoorbeeld. In bomen levende primaten hebben veel minder mogelijkheden om samen te werken doordat de takken niet alleen schuin aflopen maar ook doodlopende wegen zijn. Maar op de grond of in bomen levende dieren kunnen frequente en harde territoriale gevechten leveren die bij groepen, die de pech hebben toevallig naast opdringerige buren te leven, wel een half uur per dag kunnen duren.

Hoe hard en hoe frequent ook, deze agressie is heel anders dan een dodelijke overval van chimpansees. Het doel van deze gevechten voor land of status is louter het verslaan van de tegenstander. Domineer de andere groep, stuur ze desnoods weg, maar zodra ze opgeven, laat ze dan gaan. Probeer ze niet te doden. De meeste primaten zijn voldaan als ze het achterwerk van hun tegenstanders zien.

Hetzelfde geldt voor gevechten binnen de sociale groep, waarbij de meeste agressie zich tussen concurrerende mannetjes afspeelt. Bij de meeste primaten vechten de mannetjes intensiever dan de vrouwtjes. Ze lopen bijvoorbeeld meer littekens op. Maar net als bij menselijke boksers in de ring, is ook het doel van die mannetjes het verslaan van de rivaal, niet zijn dood. Natuurlijk vindt er soms een ongeluk plaats en kan een nederlaag toevallig dodelijk zijn. Midden in een gevecht kan een aap van een tak storten en zijn nek breken – zoals ook een verliezende bokser soms tragisch overlijdt. Of wanneer twee olifantenmannetjes vechten en een slippartij op de zachte grond per ongeluk een dodelijke steek met een slagtand van de rivaal tot gevolg heeft. Of wanneer twee muizen vechten tot ze bijna uitgeput zijn en de verliezer sterft een dag later aan de opgelopen verwondingen.

Het toevallige karakter van deze voorbeelden benadrukt het ongewone van chimpansees en mensen, die *doelbewust* zoeken naar slachtoffers, die een hulpeloze buurman doden en verminken ondanks diens smeekbeden om genade. Alleen bij deze twee soorten maakt de dood van de verliezer deel uit van het plan.

In dit belangrijke opzicht zijn chimpansees en mensen dus uitzonderlijk in vergelijking met de grote rest van de primaten. Wanneer we echter de meeste andere primaten negeren en onze vergelijking beperken tot alleen de grote mensapen, dan zijn onze geweldpatronen in sommige opzichten niet zo ongewoon. Het is waar dat nog steeds alleen chimpansees en mensen regelmatig volwassenen doden van hun eigen soort, en ze hebben nog meer zonden gemeen, zoals politieke moorden, afstraffingen en verkrachting. Het lijkt daarom opmerkelijk om te zien dat verkrachting een gewone handeling is bij orang-oetans, terwijl dit onbekend is bij de meeste soorten primaten en andere dieren. En er ook meer geweld te vinden in het leven van mensapen. Mannelijke gorilla's doden zo vaak zuigelingen dat de dreiging van een gewelddadige dood de kern van hun samenleving bepaalt. Deze patronen zijn niet uniek voor mensapen, maar de intensiteit en het scala aan geweld doet ons afvragen of er bij de mensapen iets aanwezig is dat hen extra geschikt maakt voor geweld.

Verkrachting bij orang-oetans

Het feit dat orang-oetanmannetjes regelmatig verkrachten, moet een van de best bewaarde geheimen zijn in de populaire literatuur over het leven van dieren. Nog steeds wordt het slecht begrepen, wat geldt voor veel gedragingen van orang-oetans. Dit verschijnsel staat evenwel enorm in de belangstelling, en niet ten onrechte. De aanwezigheid van verkrachting als een *gewoon* onderdeel van het gedrag van een soort wil zeggen dat het een geëvolueerde aanpassing, een adaptatie, aan iets biologisch is, en dit roept de angstwekkende vraag op of verkrachting door mensen ook een adaptatie zou kunnen zijn – een vreselijk idee omdat dit, zoals sommige mensen vrezen, ons een excuus voor dit kwaad influistert. Maar zelfs als overeenkomsten met dieren ons iets over onszelf vertellen, rechtvaardigen ze niets.[6] Bovendien zijn er belangrijke verschillen tussen verkrachting door mensen of door orang-oetans, en een van die verschillen maakt aannemelijk dat orang-oetans uit een heel andere wereld komen. De meeste verkrachtingen binnen deze roodharige, in bomen wonende mensapensoort worden gepleegd door een bepaald type mannetje dat hoe langer hoe meer een rariteit in de mensapenwereld blijkt te zijn: een volwassen mannetje bevroren in het lichaam van een adolescent.

Orang-oetans verblijven het grootste deel van hun tijd in hun eentje in de hoge kronen van grote bomen in de regenwouden van Borneo en Sumatra, en wanneer ze zich verplaatsen, doen ze dat vaak langzaam. Van mensen die deze mensapen observeren wordt niet alleen geduld geëist, maar ook de bereidheid voortdurend belaagd te worden door bloedzuigers. Het feit dat orang-oetans zich in een tergend langzaam tempo verplaatsen, heeft wel het voordeel dat een wetenschappelijke waarnemer soms weken achtereen hun spoor kan volgen. Dit zal echter nog heel wat jaren moeten gebeuren, af en toe zo'n vijftig meter recht naarboven kijkend, voordat er voldoende informatie verzameld is om enig inzicht in hun sociale verhoudingen te krijgen. De gegevens die we nu bezitten zijn afkomstig van een uiteenlopende reeks habitats: van dichte wouden tot wouden met een mozaïek van hooglandheide, prachtige laaglandbossen en afmattende veenmoerassen. Ook zijn er gegevens uit de vlakke kustgebieden van het nationale park Tanjung Puting in het zuiden van Borneo en van het Kutai-reservaat in het oosten van Borneo, uit de lage berghellingen van de nationale parken Gunung Leuser in Sumatra en Gunug Palung in het westen van Borneo. Al die informatie laat zien dat het systeem van de orang-oetans in essentie overal hetzelfde is. Ze zijn verreweg de minst sociale mensapen. Een duo van moeder en zuigeling (of een trio van moeder met zuigeling en een iets ouder jong) is de enige stabiele en duidelijk sociale eenheid. Zuigelingen zijn verscheidene jaren volledig afhankelijk van hun moeder, en de nakomelingen blijven bij hun moeder tot het begin van de adolescentie, rond het tiende jaar. Het grootste deel van de acht jaar tussen twee geboortes heeft de moeder geen seksuele interesse voor mannetjes.

Als adolescent laat een orang-oetanvrouwtje een heleboel seksuele nieuwsgierigheid en speelsheid zien. Ze masturbeert, onderzoekt haar vagina met haar tenen of met een voorwerp, en probeert seksueel contact te krijgen met oudere mannetjes, hoewel die weinig belangstelling tonen. Maar zodra ze een baby heeft, verdwijnen haar seksuele interesses totaal, vermoedelijk tot de tijd waarop ze weer gaat menstrueren, een jaar of twee voor de geboorte van haar volgende kind. We mogen echter niet aannemen dat ze alleen seks heeft als ze vruchtbaar is. Vrouwtjes van allerlei primatensoorten copuleren soms ook als ze in een onvruchtbare periode zijn, of zelfs wanneer zij zwanger zijn. Waarschijnlijk doen orang-oetans het ook.

Evenals mensen zijn orang-oetans kieskeurig wat betreft hun vrienden. Sommige individuen mogen elkaar, andere mogen elkaar duidelijk niet. Het is dus niet verrassend dat ook het karakter van hun seksspelletjes grote variaties vertoont. Bij een ontspannen koppel krijgt seks een zwoele, erotische kwaliteit. Een paring begint soms met het betasten van elkaars genitaliën met de hand of de mond, en het initiatief hiertoe wordt of door het vrouwtje of door het mannetje genomen.[7] Wanneer ze ten slotte gaan paren, doen ze dat vaak met het gezicht naar elkaar toe, de missionarishouding. Het vrouwtje hangt meestal hoog in de boom aan een tak en leunt met de rug tegen een lagere tak tijdens de coïtus van een mensachtig gemiddelde van elf minuten, soms van wel een half uur.[8]

Dus in veel opzichten lijkt hun seksleven prima. Maar er is ook sprake van dwang; en om de aard van de seksuele dwang van orang-oetans te begrijpen, is het nodig dat we de twee typen mannetjes introduceren. De orang-oetanvrouwtjes schijnen de voorkeur te geven aan de grote mannetjes, die we tot dusverre hebben besproken. Met hun gemiddelde gewicht van negentig kilo doen ze de veertig kilo wegende vrouwtjes in het niet verzinken.⁹ Grote mannetjes zijn de karakteristieke volwassenen van het zoogdiertype: ze zijn lawaaiig, agressief en tonen de specifieke kenmerken van hun volwassen mannelijkheid. Het hoofd van volwassen orang-oetanmannetjes wordt geaccentueerd door een hoge kroon van vetweefsel en verbreed door opstaande vetranden die vanaf de wangen uitsteken, zoals het masker van een honkbalvanger. Hun gezicht wordt verder gekenmerkt door een volle baard en, bij sommige individuen, door een gedeeltelijk kaal hoofd. Een grote zak of huidplooi aan zijn keel, deels opgeblazen, dient als een apparaat voor het resoneren van het enige stemgeluid dat van orang-oetans op grote afstand waarneembaar is, de lange brul van de grote mannetjes. Ze vertonen ook andere neigingen die veel lawaai produceren, zoals de gewoonte om enorm grote dode bomen omver te werpen als ze door het bos trekken, waarbij ze hun verblijfplaats verraden door middel van lawaaiig en indrukwekkend gedreun. Ze zijn bovendien volkomen intolerant tegenover elkaar. Als twee grote mannetjes elkaars pad kruisen, gaat óf de een achter de ander aan, óf grijpen ze elkaar vast als in een gevecht tussen gladiatoren. Deze gevechten kunnen zeer gewelddadig zijn en verklaren waarschijnlijk een groot aantal van de ernstige verwondingen en littekens die zo kenmerkend zijn voor de meeste grote mannetjes: gebroken vingers, tenen en tanden, het ontbreken van een oog, gescheurde lippen. Grote mannetjes, zo wordt ons verteld, 'worden als klasse onderscheiden vanwege hun misvormingen.'[10] Vrouwtjes benaderen deze grote mannetjes soms nadat ze hen hebben gehoord, wat suggereert dat ze deze mannetjes aantrekkelijk vinden.[11] Ze trekt dan dagenlang met hem op (zoiets als een huwelijksreis) en blijkt een gewillige partner te zijn. Een vrouwtje dat seks met zo'n groot mannetje heeft, ziet er meestal ontspannen, aandachtig en gewillig uit.

En dan zijn er de kleine mannetjes. Ze hebben de grootte van een volwassen vrouwtje en zien eruit als jonge mannetjes aan het begin van de puberteit, op één opmerkelijk feit na – ze zijn volwassen. Nadat ze de grootte van een vrouwtje hebben bereikt, kunnen deze kleine mannetjes nog zeer lang klein blijven, in gevangenschap wel zo'n achttien jaar. Het niveau van hun testosteron doet vermoeden dat zij prima in staat zijn zich voort te planten; bovendien is af en toe (in gevangenschap) waargenomen dat ze een plotselinge groeispurt ondergingen en grote mannetjes werden.[12] Er zijn enkele aanwijzingen dat kleine mannetjes zo klein blijven als reactie op de directe aanwezigheid van een groot mannetje. Andere waarnemingen hebben echter aangetoond dat kleine mannetjes wel groot kunnen worden in de aanwezigheid van een groot mannetje. Toen wetenschappers begonnen met het observeren van orang-oetans, zagen ze kleine mannetjes maar wisten natuurlijk niet hoe lang die al klein waren, zodat die kleine mannetjes in eerste instantie ten onrechte voor jonge mannetjes werden gehouden. Maar na verloop van tijd is het duidelijk geworden dat de kleine mannetjes niet per se jong hoeven te zijn. Vele van hen, misschien wel de meeste, zijn in feite volledig volwassen, maar zitten gevangen in een onderbreking van de biologische tijd. Ze gedragen zich echter niet als de volwassen grote mannetjes. Ze geven geen lange brullen. Ze maken geen groot lawaai. Ze vertonen geen gevechtssignalen. Maar ze verkrachten wel vrouwtjes.

In juni 1968 sloeg de Britse onderzoeker John MacKinnon zijn tenten op aan de rivier de Segama in het noordoosten van Borneo en begon aan de eerste succesvolle studie van orang-oetans. Omdat hij alleen een noodzakelijke uitrusting had meegenomen, sliep hij 's nachts op de bosgrond, onder de nesten waarin zijn proefdieren sliepen. Hij volgde ze net zolang, soms tien dagen aan een stuk, tot hij ze was kwijtgeraakt of zijn eten op was. 'Hitte, hoge vochtigheid, stortbuien, overstromingen en stormen droegen bij tot het ongemak en de risico's van het veldwerk,' vertelde hij in 1974. 'Bloedzuigers, wespen, muskieten, paardenvliegen en teken gaven nog meer problemen en beren, wilde varkens, slangen, krokodillen, olifanten [en] bantengs ... zorgden voor angstige momenten.'[13] Gedurende een periode van vijftien en een halve maand lokaliseerde MacKinnon evenwel ten minste tweehonderd orang-oetans die hij meer dan twaalfhonderd uur observeerde.

Tijdens dit baanbrekende onderzoek was hij getuige van acht paringen, waarvan er zeven naar zijn idee voorbeelden waren van 'onwillige vrouwtjes die werden verkracht door agressieve mannetjes.' MacKinnon gaf hiervan de volgende beschrijving: 'De vrouwtjes toonden angst en probeerden aan de mannetjes te ontkomen, maar ze werden achterna gezeten, gepakt en af en toe geslagen en gebeten. Soms schreeuwden de vrouwtjes; hun afhankelijke jongen schreeuwden voortdurend, terwijl ze de mannetjes tijdens de paring beten, sloegen en aan hun haren trokken. Meestal pakte het mannetje met zijn grijpvoeten het vrouwtje bij haar dijen of om haar middel vast, maar door zichzelf aan haar armen op te trekken kon een vrouwtje zich blijven verplaatsen en moest het mannetje haar wel volgen. Een van die paringen begon boven in een boom en eindigde op de grond. Dergelijke verkrachtingssessies duurden gemiddeld tien minuten.'[14]

MacKinnons beschrijvingen kloppen met eerdere verslagen van gedwongen copulaties in gevangenschap, en ze werden al snel bevestigd door alle orang-oetanwaarnemers die getuige waren geweest van seks in het wild.[15] Vanaf eind 1971 tot eind 1975, bijvoorbeeld, observeerde Biruté Galdikas bijna zevenduizend uur lang, geassisteerd door haar echtgenoot en een andere onderzoeker, in totaal achtenvijftig orang-oetans in het Tanjung Puting-reservaat in het zuiden van Borneo; gedurende die tijd zag zij tweeënvijftig paringen of pogingen daartoe. Bij ongeveer een derde was sprake van zoiets als verkrachting. 'Het verzet van een vrouwtje varieerde in intensiteit en duur vanaf kleine worstelingen met gekrijs en wat duwen en slaan tegen de handen van het mannetje tot en met aanhoudende, heftige gevechten waarbij het vrouwtje zolang de copulatie duurde zich probeerde los te worstelen, luide verkrachtingsgrommen uitte en het mannetje beet zoveel ze kon.'[16]

In het Kutai Game-reservaat in het zuidoosten van Borneo heeft John Mitani zestien maanden lang, van juli 1981 tot oktober 1982, orang-oetans bestudeerd en was hij getuige van 179 paringen, waarvan 88 procent 'gedwongen' was. Volgens Mitani was bij deze gedwongen copulaties 'aanhoudend geworstel te zien tussen mannetjes en vrouwtjes', waarbij 'vrouwtjes jankten, huilden, krijsten en gromden', terwijl de mannetjes hen 'vastpakten, beten of sloegen voor ze konden copuleren. Tijdens de geslachtsdaad moesten de mannetjes de worstelende vrouwtjes steeds in bedwang zien te houden door hun armen, benen en lichaam vast te grijpen.'[17] En in Ketambe zag Herman Rijksen achtenvijftig copulaties waarvan zevenentwintig werden beoordeeld als verkrachtingen.[18]

Biruté Galdikas' autobiografische verslag van een verblijf van twee decennia onder de orang-oetans van Borneo, *Reflections of Eden*, verscheen in 1995. Hoewel ze in haar eerdere wetenschappelijke publicaties verkrachting onder orang-oetans in zeer openhartige termen had beschreven, besloot ze in haar boek dat voor een breder publiek bestemd was, haar woordgebruik te matigen en de strekking wat bij te schaven. Dus noemt Galdikas in *Reflections* verscheidene voorbeelden van jonge mannetjes die zichzelf seksueel opdringen aan onwillige vrouwtjes, maar ze beschrijft hier deze voorvallen pas als verkrachting na een uitgebreide en voorzichtige karakterisering. 'In feite,' stelt Galdikas na het vertellen van een aanranding, 'pleegde het mannetje een verkrachting na een uitje'. Verder zegt ze: 'Ik wil op geen enkele manier verkrachtingen na een uitje bij mensen bagatelliseren. Ik weet van vrienden en kennissen hoe traumatisch het is en hoevaak het voorkomt. Maar seks heeft voor orang-oetans niet dezelfde betekenis als voor mensen. We bekijken seks met culturele en morele ogen.'[19]

De orang-oetans in Galdikas' boek staren vanuit hoge, verborgen plaatsen in het regenwoud en nemen hun aan de grond gebonden wetenschappelijke waarnemers waar als vreemde collega-mensapen:

zowel gelijksoortig als verschillend genoeg om niet alleen gefascineerd maar ook bang te zijn. Wilde orang-oetans handhaafden en respecteerden bijna altijd een onzichtbare barrière tussen zichzelf en de mens – maar een krachtig jong orang-oetanmannetje met de naam Gundul, in het wild geboren, gevangen genomen en nu vrij rondlopend in het onderzoekskamp als onderdeel van een project met vrijgelaten ex-gevangen dieren, was lang genoeg onder de mensen geweest om geen angst meer te hebben. Op een dag viel Gundul een Indonesische kokkin in het kamp aan en verkrachtte haar. Galdikas beschrijft deze gebeurtenis in alle details. 'Ik had Gundul nog nooit een vrouw zien bedreigen of aanvallen, hoewel hij regelmatig uithaalde naar mannelijke assistenten. De kokkin schreeuwde hysterisch. Ik dacht dat hij probeerde haar te doden.' Na om hulp geroepen te hebben, vocht Galdikas met al haar kracht met de aap, sloeg hem met haar vuisten, probeerde een vuist tegen zijn keel te drukken, maar niets hielp. 'Ik begon me te realiseren dat Gundul niet van plan was de kokkin kwaad te doen, dat hij iets anders in gedachten had. De kokkin hield op met worstelen en mompelde "Het is oké." Ze ging in mijn armen liggen, met Gundul er bovenop. Gundul was heel kalm en vastbesloten, en verkrachtte de kokkin.'

Gelukkig was het slachtoffer noch ernstig gewond noch gestigmatiseerd. Haar vrienden waren verdraagzaam en steunden haar. Haar echtgenoot redeneerde dat aangezien de verkrachter geen mens was, de verkrachting geen schaamte of woede moest opwekken. 'Waarom zouden mijn vrouw en ik ons druk maken? Het ging niet om een man.'[20]

Nadat hij verkrachting had gedefinieërd als een copulatie waartegen het slachtoffer zich met al haar (of zijn) macht verzet, of waarbij een waarschijnlijk gevolg van dergelijk verzet de dood zou zijn of lichamelijk letsel (voor het slachtoffer, of voor diegenen die zij of hij gewoonlijk beschermt), ging de onderzoeker Craig Palmer in 1989 in de literatuur zoeken naar gevallen van verkrachting onder zoogdieren.[21] Hij vond routinematige verkrachtingen bij slechts twee soorten niet-menselijke zoogdieren: orang-oetans en zeeolifanten. Daarnaast haalde hij verslagen van incidentele verkrachtingen boven water uit studies over drie andere diersoorten. Jane Goodall noemt verkrachting onder chimpansees in Gombe en er zijn pogingen daartoe beschreven van gorilla's in gevangenschap en brulapen in het wild. Palmer had, overigens, geen enkele speciale voorkeur voor het vinden of niet vinden van verkrachting bij bepaalde soorten; bovendien benadrukte hij zelfs niet het feit dat het veel vaker voorkomt bij mensapen. De ongelijke verdeling van niet-menselijke zoogdierverkrachtingen – vier van vijf bekende gevallen over zoogdieren treden op bij primaten, drie van de vijf bij mensapen – suggereert dat mensapen ongewoon gewelddadig zijn, terwijl ook blijkt dat een paar andere niet-menselijke zoogdieren verkrachten.

De evolutietheorie stelt dat gedrag dat regelmatig of consequent optreedt een logica bezit die is vastgelegd in de drijfkracht van natuurlijke selectie voor voortplantingssucces. Hoe zou verkrachting het voortplantingssucces kunnen vergroten? Er is een overduidelijke en directe mogelijkheid: door verkrachting kan de verkrachter het vrouwelijke slachtoffer bevruchten. Verkrachting kan dus, met andere woorden, voor sommige mannen de manier zijn om bevruchting tot stand te brengen, zonder enige andere biologische betekenis.

Dit lijkt voor sommige soorten op te gaan. Behalve de zoogdieren zijn er een paar andere soorten waarbij verkrachting of gedwongen copulatie een regelmatig verschijnsel is. Het best bekende voorbeeld is de schorpioenvlieg, een vlieg met gespikkelde vleugels die veel voorkomt in de bossen van Zuidoost-Michigan en die zich voedt met dode of stervende geleedpotigen, vaak door ze uit spinnenwebben te stelen.[22] Schorpioenvliegen hebben geen sociaal contact met elkaar op één bliksemsnelle interactie na. Ze herinneren zich de ander niet. De enige duidelijke invloed van een verkrachting is wat er op dat ene moment gebeurt: het vrouwtje kan worden bevrucht. Misschien is verkrachting voor schorpioenvliegmannetjes van lage kwaliteit (dat wil zeggen, mannetjes die geen vrouwtje kunnen 'verleiden' zoals de succesvollere dat doen met huwelijksgeschenken in de vorm van zieltogende geleedpotigen) de enige kans op het vaderschap.*

---

* Een verkrachtingspoging houdt in dat een mannetje zich zonder huwelijksgeschenk (dus zonder een dood insect of een prop speeksel) naar een passerend vrouwtje spoedt en een uitval naar haar doet met zijn beweeglijke achterlijf. Aan het eind van z'n achterlijf zit een grote, genitale spierverdikking met aan het eind zijn voortplantingsorgaan. Als hij hem lukt een poot of een vleugel van het vrouwtje te grijpen met zijn geslachtsorgaan, zal hij proberen haar houding langzaam te veranderen. Dan zet hij de voorkant van haar rechtervleugel vast in het notum, een klemachtige structuur die is gevormd uit gedeeltes van de rugzijde van het derde en vierde achterlijfsegment van het mannetje. Vrouwtjes ontvluchten mannetjes zonder geschenken. Als ze door zo'n mannelijk voortplantingsorgaan worden gegrepen, vechten ze verwoed om weg te komen. Wanneer haar vleugels vastzitten, probeert het mannetje haar gentialiën met zijn grijporgaan te pakken, terwijl het vrouwtje de punt van haar achterlijf zal proberen weg te houden van zijn legboor. Tijdens de copulatie, die bij sommige soorten wel een paar uur kan duren, blijft het mannetje haar vleugel vasthouden met het notum.' (Thornhill, 1980:53)

Verscheidene eendensoorten, zoals de gewone wilde eend, doen regelmatig iets dat verdacht veel op verkrachting lijkt. Mannetjes vallen aan en proberen te copuleren, terwijl vrouwtjes zo woest terugvechten dat ze soms verdrinken – hoewel eenden niet bekend staan vanwege verdrinking. Als verkrachting voor deze soorten een bevruchtingstactiek zou zijn, dan zou je verwachten dat alleen de vrouwtjes die al bevruchtingsrijpe eieren dragen, daar het slachtoffer van zouden zijn. Maar dat klopt niet. Mannetjes verkrachten vaak vrouwtjes die nog niet klaar zijn om eieren te leggen. Voorstanders van de visie dat verkrachting is geëvolueerd als een bevruchtingstactiek, beweren dat zulke gevallen niet meer is dan een onbeduidende afwijking, een weerspiegeling van een onvolmaakte adaptatie of van een waardevol risico. Ze menen dan ook dat zo lang de nadelen van die afwijking niet erg hoog zijn, verkrachting de voorkeur verdient omdat de voordelen van een bevruchting in termen van voortplantingssucces zo hoog zijn.[23]

Als we deze manier van denken doortrekken, zou een logische conclusie zijn dat ook bij orang-oetans verkrachting een bevruchtingstactiek is. Het schijnt dat de kleine mannetjes meestal de verkrachters zijn en dat de meeste copulaties van kleine mannetjes verkrachtingen zijn. Waarom? Welnu, kleine mannetjes geven geen lange brullen, waardoor ze vrouwtjes niet op grote afstand kunnen lokken. Ze vechten niet met grote mannetjes, dus kunnen ze vrouwtjes niet beschermen tegen eventuele agressors. Bovendien zijn er weinig aanwijzingen dat vrouwtjes kleine mannetjes volgen of dat ze zich op een andere manier tot hen aangetrokken voelen. Daarom zijn kleine mannetjes, zo lijkt het, bij de paringsconcurrentie sterk in het nadeel. Ze kunnen echter één ding beter dan grote mannetjes. In het bladerdak van het regenwoud worden de grote orang-oetanmannetjes ernstig belemmerd door hun gewicht. Ze kunnen de vrouwtjes helemaal niet bijhouden. Domweg omdat ze zo zwaar zijn, moeten ze langzaam klimmen omdat ze anders het risico lopen naar beneden te vallen. Anders gezegd, vrouwtjes kunnen makkelijk ontkomen aan een groot mannetje als zij dat willen. Maar de kleine mannetjes, die even groot zijn als een volwassen vrouwtje, kunnen zich even snel verplaatsen als een vrouwtje.

Theoretisch gezien is het dus redelijk om te stellen dat kleine mannetjes onaantrekkelijk zijn voor vrouwtjes, maar dat ze door hun geringere omvang in staat zijn grote mannetjes te ontlopen en vrouwtjes bij te houden; en verder dat natuurlijke selectie in het voordeel van verkrachting heeft gewerkt om kleine mannetjes de mogelijkheid te bieden een vrouwtje te bevruchten. Maar dit idee is niet meer dan een 'zo zou het kunnen zijn' verhaal – het lijkt te kloppen maar is nog niet getoetst.

Om te beginnen weten waarnemers niet wanneer orang-oetanvrouwtjes vruchtbaar zijn, dus is het niet bekend of verkrachting meestal gericht is op bevruchting. We weten dat het soms niet zo is. Beschreven is dat in gevangenschap een klein mannetje op een keer een adolescent mannetje heeft verkracht, 'spelenderwijs', zoals Herman Rijksen het uitdrukte.[24] En opnieuw kan natuurlijk zo'n ongewoon voorbeeld worden afgedaan als een fout in een systeem dat in andere opichten effectief is als een paringstactiek van mannetjes. Alleen iemand die vooringenomen is kan hierover op dit moment een krachtig standpunt innemen, want we weten tot nu toe niet hoe vaak er baby's bij een verkrachtig worden verwekt.

Dit is zonder meer een gevoelig thema, vooral als we de analogie doortrekken van orang-oetans naar mensen. Sommigen beweren met duidelijke emotie dat wat er bij andere soorten gebeurt, niets te maken heeft met verkrachting onder mensen; anderen verklaren dat juist die emotie laat zien dat men zich tegen de biologische argumenten verzet vanuit een diepgewortelde angst voor de waarheid. Het is echter mogelijk dat beide kampen ongelijk hebben. Niemand kan op dit moment zeggen of het verkrachten door orang-oetans de bevruchtingskans van een mannetje vergroot, of waarom een vrouwtje er baat bij zou hebben om weerstand te bieden. Ook de rare, scheve verdeling van verkrachting over verschillende soorten is nog niet verklaard. Gezien onze toestand van onwetendheid, zouden we in elk geval moeten openstaan voor alternatieven.

Het meest plausibele alternatief voor de theorie die verkrachting beschouwt als een bevruchtingstactiek, is de recente hypothese van seksuele onderdrukking, afkomstig van Barbara en Robert Smuts.[25] Verkrachting zou, volgens hun idee, bij sommige soorten een geëvolueerd mechanisme kunnen zijn waarin het primaire doel niet is een bevruchting in het heden, maar *zeggenschap* – met als uiteindelijke doel een bevruchting in de toekomst. Verkrachting zou dus in het gedragsrepertoire van sommige soorten terecht zijn gekomen omdat hierdoor individuele mannetjes meer kans krijgen om hun genen aan de volgende generatie door te geven (wat uiteindelijk altijd de bedoeling is van genen). Maar het onmiddellijke doel van de verkrachting hoeft niet per se bevruchting te zijn. Het kan ook overheersing zijn, zoals veel feministes allang hebben beweerd. Toegepast op orang-oetans wil deze hypothese zeggen dat het orang-oetanvrouwtje de macht leert kennen die een verkrachter bezit om haar in bedwang te houden. Als dat lukt, betekent zo'n overheersing dat het vrouwtje ergens in de toekomst wellicht bang zal worden en uit angst het mannetje zal accepteren, wat hem nog meer seksuele zeggenschap over haar geeft, vooral gedurende de tijden waarin zij het vruchtbaarst is. Daarom zal verkrachting op de lange termijn voordelig zijn voor de voortplanting van de man, ook al is dat niet meteen het geval.

Nogmaals, dit is een 'zo zou het kunnen zijn' verhaal. Het is louter een hypothese die interessant onderzoek mogelijk maakt. We weten niet of een orang-oetanvrouwtje na een verkrachting meer geneigd zal zijn met de verkrachter te copuleren als ze hem weer tegenkomt. Maar ook al kunnen we deze vraag nu nog niet beantwoorden, is het de moeite waard om erover na te denken omdat het onze visie kan verruimen. Bij mensen vindt verkrachting vaak plaats tussen individuen die elkaar kennen. Omdat er van verkrachting na een uitje en verkrachting binnen het huwelijk traditioneeel te weinig aangifte wordt gedaan, is de draagwijdte moeilijk aan te geven, maar het zeker mogelijk dat dergelijke verkrachtingen een logica bevatten in termen van de dynamiek van de sociale verhouding. Een verkrachting kan, omdat een vrouw wordt herinnerd aan de fysieke kracht van haar partner, zijn seksuele zeggenschap over haar vergroten. Het toenemende medeleven vanuit de maatschappij met slachtoffers van verkrachting zou dus kunnen bijdragen aan het beëindigen van een systeem dat diepe evolutionaire wortels heeft.

Als we deze gedachtengang vervolgen, kan de dynamiek van relaties misschien ook helpen bij het verklaren van verkrachting door onbekenden. Neem bijvoorbeeld het kidnappen van vrouwen door mannen van een stam, dorp of gemeenschap uit de buurt, of het soort verkrachting in oorlogssituatie wanneer soldaten een dorp binnentrekken en daar wekenlang blijven. De man laat zien dat hij seks met zijn slachtoffer kan hebben of zij nu wil of niet, dus is het in haar eigen belang hem te accepteren – wat te vergelijken is met een mannengevangenis waar soms een slachtoffer zijn verkrachter gaat accepteren als partner en beschermer. Volgens een logica die onze sterkste morele principes tart, zou het dan voor een vrouw voordeliger kunnen zijn de macht van de verkrachter te erkennen en een relatie met hem aan te gaan, die zij, al vindt ze hem in eerste instantie walgelijk, toch acceptabel gaat vinden. We komen nog terug op eenzelfde soort onaangename binding bij gorilla's, waarbij mannetjes zichzelf aantrekkelijk maken door het doden van een baby. In beide voorbeelden betekent het demonstreren van macht dat een vrouw haar toekomst het beste kan veilig stellen door een bond te sluiten met de gewelddadige man.[26]

Bij orang-oetans kan zeker een derde tot de helft van alle copulaties een verkrachting genoemd worden. Zelfs bij chimpansees, waar verkrachting veel zeldzamer is, gebeurt het vermoedelijk toch even vaak als bij allerlei menselijke bevolkingsgroepen. De levensgeschiedenis van gorilla's – en van bonobo's, zoals in een later hoofdstuk zal worden beschreven – laat zien dat verkrachting niet onvermijdelijk is als je een mensaap bent. Niettemin komt verkrachting veel vaker voor bij de grote mensapen dan bij de meeste andere dieren. Waarom is het bij deze groep zo gewoon? Een deel van het antwoord is afkomstig uit het bestuderen van sociale systemen. Al komt verkrachting ongewoon vaak voor bij mensapen in het algemeen, toch vertonen de vijf soorten een andere verdeling wat dit gedrag betreft. Mannen kunnen niet verkrachten als de samenleving dit verhindert. Verkrachters kunnen worden tegengehouden door sociale overeenkomsten. Zowel voor mensen als voor orangoetans geldt dat een adequate kring van steunverlenende familieleden of niet-familieleden een verkrachter kan tegenhouden. En het is nu juist zo'n kring die het orang-oetanvrouwtje ontbeert. Orang-oetanvrouwtjes leven namelijk alleen. Gorillavrouwtjes daarentegen leven in troepen die tegen vreemde mannetjes zijn beschermd door de sterke band die de vrouwtjes hebben met hun zelfgekozen partner – de zilverrug – die het paringsmoment overlaat aan het vrouwtje omdat er toch geen rivalen zijn die stiekem copuleren. Gorilla's die in troepen leven zijn beveiligd tegen verkrachting, terwijl orang-oetans kwetsbaar zijn omdat zij alleen leven.

MISHANDELING BIJ CHIMPANSEES
Het verkrachtingspatroon bij de vijf mensapensoorten roept de volgende gedachte op: veiligheid is te vinden in grote aantallen. Dit zou wel eens een belangrijke aanwijzing kunnen zijn. Als kwetsbaarheid seksuele onderdrukking veroorzaakt, zouden groepsvorming en allianties misschien kunnen helpen bij het verklaren van andere agressiepatronen.

Wanneer in Gombe een chimpanseemannetje de adolescentie bereikt, ontwikkelt hij een opzienbarende reeks gedragingen – een ritueel, feitelijk – die niet bij de vrouwtjes worden aangetroffen. Als jong dier zal hij af en toe schijnbaar agressief een volwassen vrouwtje hebben geplaagd, waarvoor hij zal zijn weggejaagd. Maar dan ineens, als de jonge man de omvang van een volwassen vrouwtje heeft bereikt, is het niet alleen maar plagen wat hij doet. Hij betreedt de wereld van de volwassen mannetjes door systematisch elk vrouwtje ruw te bejegenen (als er tenminste geen volwassen mannetjes in de buurt zijn) totdat hij ze allemaal heeft gedomineerd. Zoals te verwachten valt, zijn de vrouwtjes erg verontwaardigd over deze verandering. In het begin zullen ze de jonge man die zich plotseling niet meer gedraagt als het jonge dier dat ze kenden en die de houding van een volwassene heeft aangenomen, weigeren te erkennen. De jongen is echter groter geworden en al na een paar confrontaties accepteren de vrouwtjes de verandering. De uitdaging van het mannetje komt ondubbelzinnig tot uiting. In een kenmerkende interactie doet hij een uitval naar een vrouwtje, slaat en schopt, trekt haar omver, springt bovenop haar terwijl ze in elkaar gedoken zit te schreeuwen, geeft haar een mep, tilt haar op en smijt haar weer op de grond, waarna hij weer vertrekt. Dit wordt nooit zo hevig als het grootscheepse groepsgeweld dat bij een dodelijke overval is gericht tegen mannetjes of soms tegen vrouwtjes uit een andere gemeenschap. Het vrouwtje wordt niet gedood en raakt zelden gewond, maar het gaat er wel ruw aan toe. Al vrij snel zal ze hem deemoedig benaderen – en zal hij ostentatief zijn hand uitsteken, z'n schouders omhoog, om haar met trotse zelfverzekerdheid aan te raken.

Maar hiermee is het niet afgelopen. De jaren daaropvolgend zal het mannetje vaak vrouwtjes aanvallen zonder duidelijke provocatie, maar met dezelfde ruwheid.

De onderliggende reden lijkt seksuele onderdrukking, omdat de paringspatronen in Gombe laten zien hoe bijzonder effectief mannelijke dominantie is. Een seksueel ontvankelijk vrouwtje zal een stoet mannen aantrekken die haar allemaal met intense aandacht volgen. De vrouwtjes tonen duidelijk voor sommige mannetjes meer voorkeur dan voor andere – maar hun keuzemogelijkheid is beperkt. Goodall beschreef het als volgt. 'Bijna altijd kan een volwassen mannetje, tenzij hij kreupel of zeer oud is, een onwillig vrouwtje dwingen met hem te copuleren.'[27] Onderdrukking schijnt dus regel te zijn.

Maar een enkele copulatie is waarschijnlijk niet het belangrijkste voortplantingsvoordeel dat een mannetje door onderdrukking behaalt. Door zijn zeggenschap te doen gelden, kan hij soms ook een vrouwtje dwingen tot een soort partnerschap. Een chimpanseevrouwtje is het vruchtbaarst tijdens de laatste twee tot drie dagen van haar maandelijkse cyclus, een periode die wordt gekenmerkt door een indrukwekkende anogenitale zwelling. Gedurende die twee of drie dagen is de agressieve concurrentiestrijd tussen de mannetjes vaak overweldigend, vooral als de alfaman van de gemeenschap niet uitzonderlijk krachtig is. De mannetjes dagen elkaar routinematig uit, en het vrouwtje lijdt daar vaak onder, óf doordat ze wordt opgejaagd, óf doordat ze moet rennen om botsingen en achtervolgingen van de mannetjes onderling te ontlopen. Vruchtbare vrouwtjes krijgen weinig tijd om te eten, zodat ze hun honger soms pas 's nachts kunnen stillen, vaak meer dan een uur nadat de mannetjes hun nest hebben gemaakt en erin zijn gekropen. Ze lopen regelmatig verwondingen op, vermoedelijk door ongelukken die gebeuren als ze achterna worden gezeten. Of ze vallen uit een boom en komen zo'n vijftien meter lager op de grond terecht. Hun nakomelingen, die hun moeder nodig hebben tot ze drie tot zeven jaar oud zijn, zijn verontrust en eenzaam, maar worden het grootste deel van de dag van de moeder weggehouden vanwege het gevaar midden in een gevecht verzeild te raken. Het is waarlijk een zeer veeleisende tijd.

Misschien is die stress de reden dat een menstruerend vrouwtje vaak een paar dagen, zelfs wel eens een paar weken, uit het centrum van de gemeenschap verdwijnt. Ze neemt dan alleen haar nakomelingen en één mannetje mee, waarna ze gezamenlijk in een rustig tempo langs de rand van het verspreidingsgebied van de groep trekken. Dit maakt het natuurlijk lastig voor menselijke waarnemers, want die moeten soms over zwaar terrein een wandeling van twee uur maken als ze zo'n groepje willen bereiken voordat het aan het begin van de dag het nest verlaat. Maar het waarnemen van het ontspannen, kalme leven van een familieachtig groepje dat elke dag niet meer dan een korte afstand aflegt, maakt het de moeite waard. Recente gegevens suggereren dat in Gombe juist tijdens zo'n huwelijksreisje of partnerschap kinderen worden verwekt.[28]

In evolutionaire termen is een partnerschap niet alleen uitzonderlijk waardevol voor het mannetje omdat er een grote kans is dat het vrouwtje zwanger wordt, maar ook omdat hij geen rivalen voor het vaderschap heeft.[29] Men hoeft dus niet verbaasd te zijn dat mannetjes allerlei slimme hulpmiddelen gebruiken om het vrouwtje zover te krijgen. Sommige van die hulpmiddelen zijn vriendelijk. Mannetjes die vaak vrouwtjes vlooien of het vlees met ze delen, hebben vaak partners; maar als vriendelijkheid niet werkt, gaan ze vaak over op geweld. Hij begint bijvoorbeeld door binnen een grote groep haar aandacht te trekken, of haar lange tijd te vlooien en daarmee zelfs door te gaan als de andere naar de volgende fruitboom vertrekken. En nadat de andere een bepaalde richting zijn opgegaan, gaat hij een paar passen de tegengestelde richting op, draait zich om en werpt haar een blik toe. Een veelzeggende blik. Maar ze volgt niet. Dan probeert hij het opnieuw. Ze gaat niet in de richting van het mannetje maar van de rest van hun groep. Dus valt hij haar aan. Ze schreeuwt, maar de andere mannetjes zijn waarschijnlijk al te ver, of, als ze in het begin van haar cyclus is, kan het hen niets schelen. Hij gaat zitten en wacht tot ze hem volgt. En weer stapt ze van hem weg. En weer valt hij aan. Na een paar van die aanvallen, elke keer heviger, volgt ze toch maar. Het resultaat? Een partnerschap. Tekenen dat hij haar zou hebben gedwongen verdwijnen meestal snel, en het koppel gaat vredig op weg. Maar het kan zijn dat hij zich alsnog omdraait en haar ruw aanvalt, en soms laat zij haar ongenoegen over de situatie blijken door te ontsnappen zodra ze de andere mannetjes hoort roepen.

Het aanvallen van vrouwtjes door mannetjes is zo'n consistent en regelmatig voorkomend aspect in het leven van chimpansees, dat het het beste omschreven kan worden met het woord *mishandeling* – zoals het gebruikt wordt om huiselijk geweld bij mensen te beschrijven, meestal als een man een vrouw aanvalt en in elkaar slaat met wie hij een durende relatie heeft, of gehad heeft. Mishandeling bij chimpansees en mishandeling bij mensen lijken in drie opzichten op elkaar. Ten eerste gaat het in beide gevallen overwegend om geweld van een man tegen een vrouw. Ten tweede zijn het allebei voorbeelden van geweld binnen een relatie; mannelijke chimpansees mishandelen vrouwtjes die leden zijn van hun gemeenschap, die ze gewoonlijk al vele jaren kennen, vaak zonder enig verband met materiële zaken zoals voedsel of steun voor een bondgenoot die belangrijk zijn. Ten derde kan het mishandelen van een chimpanseevrouwtje, net als menselijke mishandeling, plaatsvinden tijdens, of veroorzaakt worden door, een aantal onbeduidende aanleidingen, maar de onderliggende reden lijkt toch wel overheersing of zeggenschap.

Evenals dodelijke overvallen en evenals verkrachting, is mishandeling van vrouwtjes door mannetjes over het algemeen bij dieren iets zeldzaams. Wat is daar de oorzaak van? Je zou kunnen denken dat het louter een gevolg is van het feit dan mannetjes groter zijn dan vrouwtjes. Het is natuurlijk zo dat de omvang van een mannetje een voordeel is bij het mishandelen, maar dat is maar een deel van het verhaal. Gorilla's mishandelen bijvoorbeeld niet; hoewel gorillamannetjes tweemaal zo groot zijn als de vrouwtjes en zij de vrouwtjes steevast overheersen, doen zij dat zonder ruwheid. Belangrijker dan het verschil in grootte, zo zou uit een onderzoek van Barbara en Robert Smuts blijken, is de kwetsbaarheid – dezelfde factor die geldt voor verkrachting.[30] Mishandeling onder dieren vindt plaats binnen soorten waar vrouwtjes weinig bondgenoten hebben, of waar mannetjes zich onderling verbinden.

KINDERMOORD BIJ GORILLA'S

De eerste rapporten over het gedrag van gorilla's werden geschreven door mannen met geweren die, nadat ze eerst zichzelf in een gevaarlijke positie hadden gebracht door het uitlokken van een gorilla-aanval, hun geweren leegschoten en zich trots en gerechtvaardigd voelden voor het doden van de moordenaar die ze zojuist zelf hadden gecreëerd. 'Toen werd het kreupelhout naar voren gezwiept en stond er een enorme mannelijke gorilla voor ons,' schreef de Amerikaanse avonturierverslaggever Paul du Chaillu in 1861. 'Hij was op handen en voeten door de jungle getrokken; maar toen hij ons groepje zag, ging hij rechtop staan en keek ons stoutmoedig aan. Hij stond een meter of tien van ons af, een beeld dat ik vermoedelijk nooit zal vergeten. Met een lengte van bijna een meter tachtig (hij bleek tien centimeter korter), een immens lichaam, een enorme borstkas en zware gespierde armen, met hevig dreigende grote diepliggende grijze ogen en een satanische gelaatsuitdrukking die mij deed denken aan een beeld uit een nachtmerrie: zo stond de koning van het Afrikaanse woud vlak voor ons.' De gorilla trommelde op zijn borst en brulde, misschien klaar om aan te vallen. Du Chaillu, zijn geweer omhoog en zijn vinger aan de trekker, dacht aldus: 'En nu deed hij me werkelijk aan niets anders denken dan aan een of ander hels droombeeld – een schepsel van die afschuwelijke orde, half-mens half-beest, die we soms zien in afbeeldingen die oude kunstenaars van de onderwereld hebben gemaakt.'[31] Du Chaillu maakte het dier af, ging naar Amerika terug met de huid en het skelet, schreef een boek en de eerste mythe was geboren: Gorilla als King Kong, het meedogenloze beest.

Honderd jaar later kwamen andere waarnemers zonder geweren in het territorium van de gorilla's; ze observeerden deze mensapen met geduld en ontdekten verstrekkende feiten over hun werkelijke leven. Gorilla's zijn meestal rustig, ontspannen en hartelijk tegen elkaar. Ze lijken in veel van hun gebaren en handelingen op mensen. Ze leven in stabiele familietroepen die in principe worden gevormd door een volledig volwassen mannetje – de zilverrug (zo genoemd vanwege de brede zilverkleurige streep op zijn rug) – een harem van misschien drie of vier volwassen vrouwtjes plus hun nakomelingen. Gorilla's zijn familiedieren met vaste paringspatronen; ze zijn toegewijde moeders en tolerante vaders. De voornaamste indruk die zij wekken is die van een zeldzame vreedzaamheid. Vrouwtjes zijn totaal ondergeschikt aan de zilverrug en kibbelen zelden onder elkaar. Wanneer ze dat toch doen, wordt hun geruzie snel onderdrukt door de zilverrug, die tweemaal zo groot is. Soms zijn er twee of meer zilverruggen in een familietroep, in een uitzonderlijk geval zelfs zeven, zoals in een troep in Rwanda. Maar ook dan beconcurreren de mannetjes elkaar weinig. Ze accepteren de status quo en vormen zelden allianties om de macht over te nemen. De haremsamenleving betekent dat bepaalde gorillamannetjes met veel vrouwtjes paren, terwijl allerlei andere mannetjes met geen enkel vrouwtje paren. Een zoon die in de troep van zijn vader bijft, kan de harem soms erven, maar de meeste zijn niet zo gelukkig en moeten het fortuin dus in hun eentje zoeken, zonder hulp van familieleden. De mannetjes die over zijn, trekken alleen of vormen samen een vrijgezellentroep, maar zelfs in deze troepen komt zelden agressie voor. De gorillasamenleving scheen weer een andere versie te vertegenwoordigen van het mensapenparadijs. King Kong werd vervangen door een tweede mythe: de goedaardige reus.

Gorilla's *zijn* meestal goedaardig en vreedzaam. Maar minder dan een jaar voor Jane Goodalls team het lichaam van Godi vond, ontdekte Dian Fossey het lichaam van een dode gorillababy, Curry. 'In april 1973,' schreef ze in *Gorilla's in de mist*, 'toen Curry bijna tien maanden oud was, vond een spoorvolger het geschonden lichaam van de baby dat op een vluchtspoor was achtergelaten na een ontmoeting tussen groep 5 en een zilverrug. Onderzoek van het lijk bracht tien meer of minder ernstige beetwonden aan het licht. Een van de beten had het dijbeen van de zuigeling gebroken en een tweede had de buik opengescheurd... Curry was mijn eerste kennismaking met kindermoord bij de Visoke-gorilla's.'[32]

Al snel bleek dat Curry's dood een onderdeel was van een vast patroon. In 1989, vier jaar nadat Fossey zelf in de Virunga Volcanoes het slachtoffer was geworden van moord, werden er gegevens bekend over vijftig kinderen in haar onderzoeksplaats. Van deze vijftig stierf 38 procent voor ze drie jaar oud waren, en ten minste 37 procent daarvan werd geweten aan kindermoord, dat wil zeggen over het geheel genomen ongeveer een op zeven. Deze getallen doen vermoeden dat het gemiddelde gorilla-vrouwtje ten minste één keer in haar leven met kindermoord te maken krijgt.[33]

Het gevaar is het grootst als een zilverrug sterft en de moeder met hun kind onbeschermd achterblijft. In de Virungas leidden veertien waargenomen ontmoetingen tussen onbekende mannetjes en kwetsbare kinderen tot minstens zes doden. In feite was er maar één geval waarvan men *wist* dat een kwetsbaar kind aan moord was ontsnapt en dat was een kind dat twee weken na de dood van zijn vader aan een longontsteking overleedt, voordat zijn moeder een nieuwe man had ontmoet. Het lijkt alsof de meeste kinderen die geen bescherming genieten van een zilverrug, worden gedood.

Het simpele feit dat een vermoord kind door een ander mannetje was verwekt, betekent dat het genetische belang van de moordenaar is gediend bij kindermoord, omdat hij de genen van de concurrent opruimt. Maar het gorillamannetje heeft er op een tweede, directere manier voordeel van. Een vrouwtje waarvan een kind is gedood, sluit zich vrijwillig aan bij de troep van de moordenaar en krijgt van hem haar volgende baby.

Dit lijkt vreemd. Een gorillamoeder is buitengewoon liefhebbend, zichtbaar sterk verbonden met haar kind. Dus waarom zou ze de moordenaar van haar baby volgen? Niet omdat ze door een of andere directe bedreiging wordt gedwongen dit te doen; de mannetjes koeioneren de vrouwtjes niet op een directe manier en proberen ook niet ze te kidnappen. Een vrouwtje kan altijd uit eigen beweging vertrekken, ze hoeft de moordenaar dus niet te volgen. Ze kan naar één van de vijf of zes troepen gaan die in de naaste omgeving leven. Maar juist het uitvoeren van de kindermoord maakt de moordenaar aantrekkelijk. Deze vreemde, tegen alle intuïtie indruisende dwangmatigheid is in feite zo sterk dat zij verantwoordelijk blijkt te zijn voor een tweede, zeldzamer vorm van kindermoord. Zij zet mannetjes aan tot het plegen van kindermoord als de kans op succes zeer klein is, namelijk wanneer de moeder een beschermer heeft, de vader van haar kind. Laten we eens kijken naar de strategie van een mannelijke vrijgezel die zich graag wil voortplanten. Zijn voortplantingsgeschiedenis hangt af van de vraag of hij vrouwtjes kan overhalen hem te volgen. Het beste geschenk dat hij een vrouwtje kan bieden is bescherming tegen kindermoordlustige mannetjes. Hoe kan hij haar overtuigen dat hij haar toekomstige kinderen goed zal beschermen? Hij kan zijn dominantie over haar huidige partner op een uiterst ondubbelzinnige manier laten zien door hun baby te doden. De zilverrugvrijgezellen zijn hardnekkig en ingenieus.[34] Tiger, bijvoorbeeld, was een vrijgezel die maanden achtereen groepen met jongen benaderde en volgde. Op een keer volgde hij een week lang de hechte troep van Nunki. Omdat hij hinderlijk was, werd hij per uur een keer of twee verjaagd, terwijl Nunki een keer of drie met hem vocht. Het scheen dat Tiger zijn gebied nauwkeurig uitkoos. Toen de troep op een keer onderaan een helling tevreden aan het foerageren was, draaide Tiger hoog boven hen in het rond om naar beneden te gaan rennen met het voordeel van zijn gewicht, zodat hij tegen de tijd dat hij dwars door de troep denderde, met volle snelheid en onverwacht zich een weg kon banen, als een piloot van een gevechtsvliegtuig die uit de hemel dook. Soms sliep hij zo dichtbij dat hij achter de indeling van hun slaapgebied kwam en voor zonsopgang een verrassingsaanval kon uitvoeren. Drie keer joeg hij hen 's nachts op. Uiteindelijk kreeg Tiger een van de zes vrouwtjes van Nunki, dat hij echter al na vier maanden kwijtraakte aan een andere zilverrug. Later veroverde hij een ander vrouwtje, dat hij anderhalf jaar heeft gehad, tot aan zijn vroege dood.

Als een mannetje een kind doodt, is de moeder een vast lid van een bestaande troep, terwijl de moordenaar een vreemdeling is. Als zij hem al eens eerder heeft gezien, zal dat misschien geweest zijn tijdens een gewelddadige ontmoeting waarbij hij haar partner uitdaagde – de openlijke bedreiging van haar kind, het machtsvertoon toen hij door de begroeiing stampte, voordat hij tegengehouden, overwonnen en teruggedreven werd door de zittende zilverrug. Maar nu heeft hij zijn doel bereikt. Het is hem gelukt voorbij de verdediging van haar partner te komen. Hij heeft haar direct aangevallen, ook al schreeuwde ze en vocht ze terug, en met een vreselijk vertoon van heerschappij, heeft hij hij de baby van haar losgerukt en in een ogenblik gedood.

Zeker, meestal zijn gorilla's goedaardige reuzen, maar die goedaardigheid wordt afgewisseld met geweld en hun schijnbare vrede is doordrongen van angst. Vrouwtjes zitten gevangen in een maalstroom van geweld die door mannen in gang wordt gezet. De zilverrug waarmee zij leven is alleen goed zolang hij sterk genoeg is om weerstand te bieden tegen alle bezoekers. Wanneer een ander mannetje door de verdediging heenbreekt en haar kind doodt, reageert zij op een manier die al onze vooronderstellingen over binding, verlies en wraak geweld aandoet. Het kan een paar dagen duren voor zij haar troep verlaat, maar het bewijs is duidelijk. Ze verlaat haar oude makker en voegt zich bij de moordenaar. Ze zal met hem paren, baby's van hem krijgen, en de rest van haar leven met hem doorbrengen. De keuze van het vrouwtje wordt opgelegd door de logica van het geweld, door de bedreiging van haar volgende kind. De nieuwe zilverrug wordt haar ingehuurde wapen in een mensapenuniversum van babykillers met een zilveren rug.

We begonnen met de bedoeling uit te zoeken of onze naaste verwanten over het algemeen geneigd zijn geweld te gebruiken. In zekere zin zijn de drie die we besproken hebben dat inderdaad. Orang-oetans, chimpansees en gorilla's zijn alledrie gewelddadige diersoorten. Ondanks de wonderbaarlijke, vreedzame voortgang van hun dagelijkse leven, zijn de volwassen mannetjes van deze soorten potentiële bruten, onderhevig aan incidentele daden van geweld van een type en een omvang die in een menselijke samenleving zouden gelden als gruwelijke misdrijven. En toch is hun geweld, zoals we hebben gezien, in geen geval willekeurig en algemeen. Integendeel, het vindt plaats volgens een aantal vaste patronen binnen het sociale leven de afzonderlijke soorten. De meeste orang-oetanvrouwtjes worden regelmatig verkracht – maar er zijn bij orang-oetans geen indicaties voor kindermoord. Elk chimpanseevrouwtje wordt mishandeld, sommige worden verkracht, maar van weinige wordt het kind vermoord. Veel of zelfs de meeste gorillamoeders krijgen te maken met kindermoord – maar zij worden niet mishandeld. Verkrachting en mishandeling en kindermoord zijn meer dan eenvoudige overblijfselen uit een ver verleden of weergaves van een of andere voorouderlijke neiging tot gegeneraliseerd geweld. In plaats daarvan zijn deze drie vormen van mannelijk geweld binnen een speciale context zinnig.

Het leven van orang-oetans, chimpansees en gorilla's vormen een ondersteuning voor de visie dat aan de hand van het sociale systeem van een bepaalde soort vastgesteld kan worden of agressie voordelig is. Hoewel we nog niet goed begrijpen welk voordeel een klein gorillamannetje zou hebben van een verkrachting in relatie tot de voortplanting, we kunnen op zijn minst vermoeden dat vrouwtjes een grote kans lopen verkracht te worden omdat ze, meestal alleen door het woud trekkend, kwetsbaar zijn. Voor een chimpanseemannetje is mishandeling nuttig om zijn zin te krijgen als het er voor hem het meeste toe doet, terwijl de vrouwtjes het kwetsbaarst zijn in de periodes waarin ze alleen zijn of geen bondgenotes hebben. Voor gorilla's is kindermoord een mannelijke demonstratie van vrouwelijke kwetsbaarheid.

Maar vrouwelijke kwetsbaarheid is maar een deel van het verhaal. Een ander deel is de intelligentie van de soort. De onderliggende vooronderstelling ten aanzien van geweld binnen relaties is dat het pas goed functioneert (dat wil zeggen, dat het het voortplantingssucces vergroot van het individu dat er gebruik van maakt) wanneer dieren intelligent genoeg zijn om elkaars persoonlijkheid te begrijpen. We weten dat alle grote mensapen bijzonder ontwikkelde hersenen hebben. Ze zijn daardoor in staat menselijke gebaren te onthouden die ze hebben geleerd toen ze jong waren, ook al hebben ze die zeventien jaar niet meer gebruikt; ze kunnen rekenkundige begrippen snappen en ze kunnen een eenvoudige vorm van kunst scheppen.[35] Door dergelijke intellectuele vaardigheden kunnen deze mensapensoorten, zowel in het wild als in gevangenschap, rijke en multidimensionele sociale relaties onderhouden. Ze vermeerderen daartoe de tactieken die nuttig zijn voor onderlinge interacties en wederzijdse beïnvloeding. Sommige van die tactieken zijn teder, sommige gewelddadig. De liefkozingen, kussen en omhelzingen van mensapen zijn even gecompliceerd als hun gebruik van brute kracht. In beide gevallen, de goede en de kwade, geeft het gevoelige geheugen van deze dieren een langdurige betekenis aan hun gedrag. Intelligentie verandert affectie in liefde en agressie in bestraffing en zeggenschap. Het intense geweld van mensapen is daarom allesbehalve een betekenisloze weergave van een of andere diepverborgen en bizarre vooronderlijke eigenschap, maar komt ten dele voort uit de ingewikkeldheid van hun cognitieve vermogens.

8
De prijs van de vrijheid

SCHEMER OVER DE vlakten, de maan aan de hemel. De Afrikaanse nachten zijn in de laatste vijf miljoen jaar weinig veranderd. De schreeuw van een uil. Een warme bries. Vage geuren. Fladderende motten. Uit elke richting komen fluisterende geluiden, onbehaaglijke stiltes, incidenteel gegrom, gefluit en getjirp. Verderop zijn prooidieren. En roofdieren. Voor sommige is er nog een andere mogelijkheid. De nacht kan behalve een gevecht met roofdieren, ook een gevecht met soortgenoten brengen.

Een clubje jagers is op pad gegaan, vier volwassenen. De jonge dieren zijn bij een tante achtergebleven. De jagers hebben al tien kilometer gelopen. Deze nacht heeft nog geen makkelijke prooi opgeleverd. De grote kuddes zijn naar het noorden getrokken. Misschien zullen wat restjes vlees aan een oud karkas de enige beloning zijn. Maar de nacht is nog jong.

Vluchtige blikken en pauzes geven blijk van spanningen als de trekkers bovenop een zachte helling zijn aangekomen. Ze hebben dan meer dan een uur geen geroep van de andere uit hun clan gehoord. Ze zijn al over de grens van het vertrouwde territorium, hun uitverkoren jachtgebied. Maar Sally, de leider, wil doorgaan. De andere zijn voorzichtiger. Susan, Sarah en Alan blijven achter. Verderop is het veel gevaarlijker. *Verderop zijn misschien leeuwen. Bovendien zullen die leeuwen brutaal zijn, want dit is een stuk van het jachtgebied van de C-clan. De C-clan heeft de leeuwen die in dat gebied leven nooit zo geïntimideerd als onze groep deed. Nog erger dan leeuwen, de C-clan zelf kan er zijn, net als wij op jacht naar prooi. De laatste paar maanden is de verhouding toch al niet zo goed. Er zal vast een gevecht ontstaan als we ze tegenkomen. We hoeven geen gevaar uit te lokken als het niet nodig is. Wie heeft daar nou behoefte aan?*

Sally's groepje verzamelt zich, ze kijken vooruit. Het is nog licht genoeg om de gedaante te zien. Daar is iemand, rustig wandelend, op zo'n honderd meter afstand. *Het is vast en zeker iemand van de buren. En ze is alleen!*

Sally, Susan en Sarah rennen snel vooruit, alert en geconcentreerd. De eenling stopt bij de restanten van een halfopgegeten gnoe, draait zich om en ziet plotseling de invallers. Sally gaat haar groepje voor, weg met de voorzichtigheid. Wat dichterbij herkent ze de vreemdeling. *Het is Carla, die grote moeder met het gescheurde oor en die langgerekte lach.*

Ze heeft Susans jongere zuster vier jaar geleden vermoord, in stukken gescheurd; halverwege haar eerste zwangerschap gedood. Wat zou het heerlijk zijn als ze haar kon pakken.

Carla ziet hen, draait zich om, gaat snel weg en zet het al gauw op een lopen, maar voordat ze op volle snelheid is, is Sally's bende al bijna bij haar. Carla, de pas afgesneden door een rotsig stuk grond, moet zich wel omdraaien – maar Susan en haar adolescente dochter Sarah, mager en fit, voorzien de manoeuvre van Carla. Binnen een paar seconden voelt Carla de eerste slag op haar rug. Ze buigt opzij en geeft een schreeuw en rent verder, maar het is te laat. Ze stopt om Sally aan te kijken, om te proberen haar te laten ophouden. Maar ineens is ze omringd door heftige, enthousiaste, opgewonden individuen. Jong of oud, de opwinding van moordenaars is dezelfde. Kans op een klinkklare overwinning.

Trillend, ontzet, zich bewust van de situatie, omgeven door naar bloed hunkerende buren, is Carla niet in staat naar alle kanten tegelijk te kijken. Wat ze ook doet, het is niet genoeg. Steeds wanneer ze zich omdraait, is er iemand achter haar, klaar om aan te vallen. Het duurt niet lang. Sally en Sarah gaan het eerst tot actie over – maar iedereen is geestdriftig en probeert indruk te maken, zelfs Alan. Binnen een paar seconden ligt Carla op de grond. Haar geschreeuw is al snel gestopt.

Mooi zo! Prima karwei gedaan en er is ook nog eten.

De moordenaars willen net aan het gnoekarkas beginnen als hun opgetogen stemming ineens bevriest. Geroep uit het oosten kondigt de eigenaars van het territorium aan: een groepje jagers van de C-clan. *Een grote club. Dat is vervelend. Een massaal gevecht zou riskant zijn. Zelfs zonder Carla aan hun zijde zijn de buren krachtig, met name Chris en Charlene – die twee werken altijd samen en vechten hardvochtig. Er zullen hoe dan ook gevechten met de C-clan komen, als een prooi terechtkomt in het grensgebied. Maar voor het zover is, wat heeft het nu voor zin?* Sally, Susan en Sarah nemen snel een besluit. Ze scheuren alledrie een mondvol vlees af, waarna de vrouwen in rap tempo gezamenlijk weggaan. Alan sluit zich bij hen aan, voor zijn eigen veiligheid...

Als er het hele jaar door voldoende prooi is, leven gevlekte hyena's in, door vrouwtjes gedomineerde, clans die zorgen dat er niemand op hun jachtgebied komt en die het zeer belangrijke gebied met de schuilplaatsen beschermen. De clans vechten met hun buren niet alleen ter verdediging van deze jachtgronden maar ook incidenteel tijdens doelbewuste achtervolgingen in het aangrenzende territorium.[1] Evenals chimpansees en mensen leven gevlekte hyena's in een samenleving waarin ze tijdelijke verbindingen aangaan binnen de stabiele grotere gemeenschap. Hun dagelijkse leven is zeer geschikt voor deze vorm van samenleving: ontspannen spel, luie siësta's, vriendelijk gepoets, liefdevolle begroetingen. Maar het is ook een leven waarin macht een belangrijke rol speelt. Gevechten tussen clans worden gewonnen door de sterkste, en ze worden gevoerd met dezelfde wreedheid als gevechten tussen rivaliserende straatbendes.[2] In essentie is de dynamiek dezelfde. Het is een spel van *wij tegen hen*. Angst voor een onbekende verenigt gevlekte hyenavrouwtjes, terwijl affectie de onderlinge band versterkt. Wanneer hun overmacht overweldigend groot is, laten de agressors het niet bij de overwinning.[3] Dan gaan ze ook nog doden.

Is het iets natuurlijks dat dieren proberen hun eigen soortgenoten te doden? Wat zeker ongebruikelijk is, is het doden van volwassenen door volwassenen. Zoals we al hebben opgemerkt, stoppen vechtende volwassenen van bijna alle diersoorten meestal als ze hebben gewonnen. Ze gaan niet door om te doden. Daarom zijn de dodelijke overvallen van chimpansees en mensen zo'n interessant raadsel. Maar als we wat beter naar de natuur kijken, zien we dat het doden op zich niet ongebruikelijk is. Bij veel soorten komt het doden van kinderen vaak voor; het doden van volwassenen is zeldzamer. Uitzonderingen zien we bij een paar soorten, zoals leeuwen, wolven en gevlekte hyena's. Evenals chimpansees straffen zij in bepaalde omstandigheden hun rivalen met de dood. Toch zijn er belangrijke verschillen tussen deze soorten. Bij chimpansees en mensen wordt het doden vooral door mannen gedaan, vrijwel altijd bij overvallen; bij leeuwen wordt het vooral door mannetjes gedaan bij een machtsovername, niet bij een overval, terwijl het bij gevlekte hyena's niets te maken heeft met een overval en wordt uitgevoerd door een bende geleid door vrouwtjes. Het beeld is plotseling veel complexer geworden. Niettemin zijn er voldoende overeenkomsten te vinden die ons kunnen helpen bij het beantwoorden van de vraag die de kern vormt van het mensapenprobleem. Waarom maken sommige soorten doelbewust hun soortgenoten af?

Sinds de jaren zestig zijn onze inzichten in dieren radicaal veranderd, dankzij het enorme aantal mensen dat daadwerkelijk dieren in het wild heeft geobserveerd. Mensapen zijn slechts één kleine groepje dieren waarvan het gedrag ons tegenwoordig zeer vertrouwd is geworden. In de afgelopen paar decennia zijn veel andere grotere diersoorten bestudeerd. Met het toenemen van het aantal jaren van waarneming, nam ook het aantal zeldzame incidenten toe, en het resultaat daarvan is een enorme verandering in onze beoordeling van de rol van geweld in de natuur. We weten nu dat dieren elkaar manipuleren, misleiden, aanvallen en uitdagen op manieren waar geen enkel vermoeden van bestond vóór de revolutionaire toename van de observaties. Zelfs zeldzame gebeurtenissen die misschien hooguit eenmaal in een dierenleven voorkomen, zijn deel geworden van onze wetenschappelijke kennis. En uit al die jaren van waarneming hebben we geleerd dat bij veel diersoorten kindermoord een buitengewoon belangrijk onderdeel van het leven is.[4]

Toen kindermoord in de jaren zestig voor het eerst bij apen werd gezien, beschouwden klassieke geleerden het als een abnormaliteit – een ongeluk, misschien, of een onbetekenend gevolg van menselijke inmenging. Dit waren de naïeve jaren waar het de natuur betrof, tijden waarin zelfs een eminente wetenschapper als de Nobelprijswinnaar Konrad Lorenz kon beweren dat goed aangepaste dieren elkaar niet doden. Het idee dat zoiets afschuwelijks als kindermoord deel zou kunnen uitmaken van de gewone natuurlijke gang van zaken, was met name schokkend voor antropologen; dierlijke kindermoord deed geweld aan het concept dat groepen evolueren in het belang van het sociale welzijn. Maar de nieuwe stroming in de evolutietheorie die in de jaren zestig op gang kwam, legde de kindermoord door mannetjesapen meteen uit als een gedrag dat voordelig was voor de moordenaar omdat zijn persoonlijke voortplantingssucces erdoor werd vergroot, los van de gevolgen voor andere.

In eerste instantie werden degenen die beweerden dat kindermoord in dierlijke samenlevingen zinnig was, afgeschilderd als reactionairen met een rauwe politieke agenda. Binnen de ivoren torens van de antropologie weergalmden de strijdkreten tussen de oude en de nieuwe garde.[5] Nu het stof is opgetrokken, weten we dat kindermoord een kenmerkend gedrag is van bepaalde soorten binnen alle hoofdgroepen dieren. Het komt voor bij vogels, bij vissen en bij insecten. Wat zoogdieren betreft komt het op grote schaal voor bij knaagdieren, vleeseters en primaten. Bovendien doen de fossiele botten van een baby-dinosaurus in de ribbenkast van een volwassen dino vermoeden dat ook dinosaurussen het 220 miljoen jaar geleden deden.[6] Afhankelijk van de soort kunnen de moordenaars vrouwelijk of mannelijk, volwassen of onvolwassen zijn. Verder lopen de evolutionaire voordelen uiteen: van het nuttigen van het kind als voedsel tot het bespoedigen van de seksuele beschikbaarheid van de moeder. Kindermoord bij dieren is allesbehalve abnormaal, het is heel normaal.

Leeuwen kunnen, daar waar ze in open vlaktes leven, dagen achtereen worden geobserveerd. Aangezien ze snel gewend raken aan voertuigen in hun buurt, zijn ze uitermate geschikt voor het bestuderen van zeldzame gebeurtenissen. In het Serengeti National Park in Tanzania volgde een Britse filmploeg in 1988 gedurende twee weken twee mannetjesleeuwen, in de hoop een kindermoord op film te kunnen vastleggen.⁷ Het team wist wat het te wachten stond. Een mannetjesleeuw wordt in een troep opgenomen nadat hij het belangrijkste mannetje heeft verslagen. Daarna gaat hij op zoek naar zuigelingen en doodt die. Vanaf dat moment zit de moeder in de val door de actie van het mannetje. Nu de leeuwin haar zuigelingen kwijt is, zal elk wezenlijk uitstel om zwanger te worden, de verspreiding van haar genen verminderen. En omdat haar emoties door natuurlijke selectie zijn gevormd en niet door aan mensen ontleende normen, tart zij onze morele gevoelens door het verlies van haar baby's te accepteren en onmiddellijk met de moordenaar te gaan flirten. Binnen een paar dagen verleidt ze het nieuwe mannetje door middel van speels gezwaai met haar staart en gepoets van haar opgerolde lichaam, precies zoals huispoezen dat doen als ze zich lekker voelen. En binnen een paar maanden heeft ze nieuwe nakomelingen. Ze draagt, natuurlijk onbewust, bij aan de cyclus van mannelijk geweld omdat haar eigen voortplantingsstrategie, in een poging er het beste van te maken, de mannetjes genetisch beloont voor het doden van haar baby's. In de Serengeti wordt een kwart van alle baby's geofferd op het altaar van het kindermoordzuchtige egoïsme van de mannetjes.⁸

Dus toen een paar mannetjes de koning van een troep hadden opgespoord en vervolgens hadden weggejaagd, volgden de filmmakers de nieuwe mannetjes aanhoudend. Na een paar weken kwam het pijnlijke moment dat *Queen of Beasts*, ondanks de gruwelijke inhoud, tot een van de opmerkelijkste zoogdierfilms heeft gemaakt. Als de mannetjes de welpen in het oog krijgen, zijn die, zoals ze bovenop elkaar in het korte droge gras liggen, een plaatje van argeloze tevredenheid. Eerst sluipt een van de mannetjes met de houding van een jachthond, kop omhoog, ogen gericht op het doelwit, en z'n lichaam stijf behalve de gespannen langzame tred. Na vijftien seconden gaat de tred over in een draf. De laatste aanloop is snel, zonder aarzeling. Het eerste jong is binnen twee of drie seconden dood, het mannetje schudt het in zijn bek heen en weer, laat het dode diertje vallen en kijkt om zich heen met een merkwaardig geheven kop, de bek open, even nagenietend van de smaak. De overlevenden verspreiden zich, maar het mannetje heeft maar negen seconden nodig om zijn volgende slachtoffer te pakken. Deze keer weet het jong wat er gaat gebeuren. Terwijl hij de moordenaar dichterbij ziet komen, steigert het schattige dier in een wanhopige poging zijn leven te redden, schreeuwt en valt achterover terwijl het de dreigende kop van het mannetje boven zich ziet verschijnen. Het welpje ligt een seconde op zijn rug als een baby, met wijd uitgespreide armen en benen, wat tragisch doet denken aan een verzoek om omhelsd te worden en laat daarbij zijn ongewoon zachte witte buik zien. Dan gedraagt het zich alsof het weet dat er geen kans op verzoening is. Het rolt zich op zijn zij en trekt een arm op alsof het niet wil zien wat er gebeurt. Intussen is de droge, afstandelijke stem van de commentator te horen die de evolutionaire logica uit de doeken doet, terwijl de kaken van het mannetje zich sluiten om de ribben van de baby. In een paar seconden bungelt het lijkje uit de bek van de moordenaar.

Bij diersoorten waar kindermoord of zelfs maar de dreiging ervan regelmatig plaatsvindt, kan de doorwerking ervan binnen de rest van het sociale systeem enorm groot zijn.[9] Gorilla's zijn daar een goed voorbeeld van, omdat het bestaan van hun haremgroepen kan worden toegeschreven aan de behoefte die vrouwtjes hebben aan bescherming tegen moordende mannetjes. Door de hele orde van de primaten vinden we vergelijkbare voorbeelden: soorten waarvan samenlevingen, paringspatronen of vriendschappen in grote mate gevormd blijken te zijn door de noodzaak bescherming te bieden tegen deze ene vreselijke bedreiging die nooit verdwijnt. Bescherming komt in verschillende vormen voor. Bij gorilla's, bijvoorbeeld, gebeurt het door de binding van de moeder aan een sterk mannetje. Of, zoals bij chimpansees, door een vrouwtje dat met zoveel mogelijk mannetjes paart, waardoor alle mannetjes zich realiseren dat zij de vader zouden kunnen zijn, wat ze dus effectief zal weerhouden het kind kwaad te doen. (Een vreemd raadsel voor chimpansee-experts is dat dit systeem ook mis kan gaan, zoals het bekende geval waarbij een mannetje een baby doodde die hij verwekt zou kunnen hebben.[10]) Het kan ook, zoals bij hoelmannen, voortkomen uit het aaneensluiten van vrouwtjes om hun mannetjes te steunen in gevechten tegen potentiële schenders van de voortplantingsrol. Het kan, zoals bij leeuwen, optreden doordat moeders hun baby's verstoppen, of, zoals voor veel soorten geldt, doordat moeders met hun pasgeboren baby's dicht in de buurt van hun partner blijven. De dreiging van kindermoord door (meestal mannelijke, maar soms ook vrouwelijke) individuen die een baby simpelweg zien als een hindernis die hun doel blokkeert, is een eeuwige sociale druk waar, miljoenen jaren lang, allerlei soorten mee hebben moeten leven en op hebben moeten reageren. De hevigheid en de stijl van de bedreiging zijn bij elke soort anders, afhankelijk van de voordelen voor de moordenaars en de tegenmaatregelen die moeders, kinderen en soms vaders zullen nemen. Maar de dreiging is overal en blijvend aanwezig.

We hebben kindermoord niet in verband gebracht met dodelijke overvallen om de gevolgen ervan op de samenleving te bespreken, maar om een eenvoudiger vraag te kunnen stellen. Maken dieren elkaar regelmatig af? Het antwoord is overduidelijk: ja, dat gebeurt bij veel soorten.

Dieren zijn tijdens de evolutie geselecteerd voor het doen van dat wat in het voordeel is van hun individuele genetische belangen, zelfs wanneer deze belangen onplezierig of in tegenstelling lijken met het welzijn van de soort als geheel. Als het plegen van een moord het voortplantingssucces van een individu vergroot, dan is dit gedrag door natuurlijke selectie bevoordeeld. Vanwege de brede verspreiding en de eenvoudige verklaringen laat kindermoord duidelijker dan elk ander gedragspatroon de ultieme harteloosheid van de natuur zien. Ontelbare dieren doden baby's met dezelfde emotie als waarmee een boer knollen uit de grond haalt.

Maar waarom doden dieren dan meestal meer baby's dan volwassenen? Het antwoord spot met de banaliteit: baby's zijn makkelijker te doden. Volwassenen vormen een bedreiging voor een potentiële moordenaar.

Zoals we hebben gezien, zijn gevlekte hyena's, evenals leeuwen en wolven[11], een zeldzame uitzondering op de algemene regel dat dieren niet doelbewust hun volwassen soortgenoten doden.[12] Deze roofdieren leven in verbondenheid met andere volwassenen, maar ondanks deze band trekken ze soms alleen. Af en toe brengt zo'n tocht ze in een naburig territorium. Als individuen in hun eentje door een vijandige groep worden ontdekt, lopen ze de kans achternagezeten, ingesloten, aangevallen en gedood te worden.

Deze patronen vertonen een sterke gelijkenis met de dodelijke overvallen van chimpansees en mensen. We hebben tot dusver geen aanwijzingen gevonden dat hyena's, wolven of leeuwen doelbewust een naburige groep binnendringen op zoek naar vijanden die gedood kunnen worden. Voor hyena's, wolven en leeuwen geldt dat ook vrouwtjes een belangrijke rol spelen bij de agressie. Maar afgezien van deze verschillen hebben we hier te maken met een systeem, dat sterk doet denken aan onze eigen misdaden, en dat direct wordt aangevoeld door een menselijk slachtoffer dat wordt omringd door zelfverzekerde vijanden. Dit is de angst die je op een lege straat voelt wanneer overvallers uit het schemerduister te voorschijn stappen, waarbij zowel in het hoofd van de crimineel als van het slachtoffer dezelfde inschatting wordt gemaakt, dezelfde herkenning van het belang van de aantallen.

In hun uitzonderlijke film *Eternal Enemies* laten Beverly en Dereck Joubert zien hoe ze de leeuwen in het Chobe National Park in het noorden van Botswana hebben gevolgd. De leeuwen leven in troepen die hun territorium verdedigen tegen buren. Deze troepen bestaan uit groepjes vrouwelijke familieleden die de Jouberts na tien jaar observatie goed hebben leren kennen. Op een nacht tijdens de jacht op een zebra, ontmoeten twee troepen leeuwen elkaar bij de territoriumgrens en er breekt een gevecht uit. In de chaos wordt een oud vrouwtje van de Maome-troep achter de gevechtslijn geïsoleerd door indringers. We zien hoe ze haar omringen en hoe ze in eerste instantie wordt ingesloten door drie vijandige leeuwinnen, uiteindelijk door wel zeven. Haar dood is vooral beangstigend omdat het zo doelbewust lijkt te gebeuren. In het begin staat ze rechtop, alert, grommend, hoewel ze al bloedt uit een schouder. Ze kan natuurlijk maar naar een kant tegelijk kijken. Om te controleren wie achter haar staat, draait ze zich herhaaldelijk om. Het is verstandig dat ze dat doet, want leeuwen kunnen doodgaan aan een enkele beet in de ruggengraat, maar telkens als ze haar kop omdraait, haalt iemand naar haar uit. De poging om de ene tegenstander te doen stoppen, opent alleen maar de deur voor een andere. Als in een of ander akelig kinderspel, krijgt iedereen een beurt om te slaan of te bijten, terwijl het ingesloten slachtoffer wanhopig ronddraait, ineenkrimpt, zich opricht en weer ronddraait. Ze krijgt geen kans te ontsnappen en wordt voortdurend naar het midden teruggedreven. Motsumi, de leidster van de Maome-troep, komt één keer in de buurt, kennelijk om te proberen haar maatje te bevrijden, maar ze wordt snel weggejaagd. Het slachtoffer wordt een paar uur lang op deze manier mishandeld, tot ze te zwak wordt en ten slotte in elkaar zakt, uitgeput, verloren. De moordenaressen gaan weg en het lijk wordt daarna door hyena's opgegeten. De troep heeft meedogenloos, met een minimaal risico voor zichzelf, de dood van een rivaal veroorzaakt.[14]

Deze afslachting roept een intens wrede executie in herinnering zoals die werd ontworpen door Azteken-krijgers. Bij speciale gelegenheden bonden deze Meso-Amerikanen een voorname vijandelijke krijger op een hoog platform vast, waarbij zijn benen niet kon bewegen maar zijn armen redelijk vrij waren. Ze gaven hem vier werpknotsen en een zwaard waarvan de scherpe kant was bedekt met veren. Daarna klommen vier kampioenen over de rand van het platform, gingen om hem heen staan en vilden de vijandelijke strijder met behulp van een zwaard met een scherpe kant van obsidiaan door zo precies mogelijk een fijn streeppatroon in zijn hele lichaam te snijden, totdat hij na verscheidene uren bezweek.[15] Degene die dit voorname slachtoffer te pakken had gekregen, mocht later het bloed opdrinken dat nog over was. Voor de Azteken was dit een heilig ritueel. Voor leeuwen is het insluiten en langzaam verscheuren van een slachtoffer natuurlijk alleen maar functioneel. Maar in beide gevallen is de moord vanuit één belangrijk gezichtspunt efficiënt: de moordenaars lopen geen gevaar.

Voor de meeste soorten geldt dat het doden van volwassenen het gevaar oplevert zelf gedood te worden.[16] De snelle beet of armslag die een definitieve genadeslag is voor een baby, kan een dier dat even sterk is verwonden en razend maken. Als het verslaan van concurrent die even sterk is even zinvol is als zijn dood, waarom zou je dan je eigen leven riskeren door te proberen hem die genadeslag te geven? Kort gezegd, machtsevenwicht vermindert de kans op moord.

Evenals wapens kunnen ook aantallen de inschatting van een gewelddadige situatie veranderen door het verstoren van het machtsevenwicht. Yeroen en Nikkie, die in die bewuste nacht in de Arnhemse dierentuin als koppel optraden, werden vrijwel niet gewond bij hun dodelijke aanval op Luit. Geen van de Kasekela-chimpansees die in Gombe bendegewijs overvallen pleegden, werd gewond bij aanvallen op eenzame individuen van de Kahama-groep. De hyena's, leeuwen en wolven die hun buren doden, doen dat wanneer een eenling kan worden uitgeschakeld, zodat ze zelf niet gewond raken. Natuurlijk laat een verstandige militaire leider in onze eigen wereld zich ook door dat principe leiden. *Breng een omvangrijke macht in stelling. Vermijd in andere gevallen een treffen. Isoleer en omring, of kijk alleen maar toe.* Dit is de boodschap die in Sandhurst op West Point wordt onderwezen en ongetwijfeld ook in kleine dorpsraden in het land van de Yanomamö. Het is ook de boodschap die zo prachtig wordt meegedeeld door de soort die meer dan elke andere soort te winnen heeft bij vechten: de voorraadmier.

De voorraadmier, die in ondergrondse kolonies leeft in de mesquite- en acacia-struikgewassen in Arizona, is een van de vreemdste uitvindingen van de natuur.[17] Ze zijn in allerlei opzichten doodgewone insecten. Ze eten termieten en nectar, in de meeste omstandigheden zien ze eruit en gedragen ze zich als andere mieren. Maar de verhoudingen binnen de kolonies worden gekenmerkt door een mensachtige oorlogsstijl.

Ze hebben hun naam te danken aan een speciale kaste binnen de soort, die een levende voedselvoorraad vormt voor de rest van de kolonie als er elders niet voldoende voedsel is. De leden van deze kaste, ook wel de oververzadigden genoemd, zitten tegen de zoldering van hun nestkamer gekleefd en worden door de werkmieren gevoed tot hun buik zo ver is opgezwollen dat hij de grootte van een kers heeft. Er hangen zo'n driehonderd levende voorraadpotten in de hoogte; geduldige reservoirs van vloeibare zoetigheid, klaar om in moeilijke tijden voedsel uit te braken als hun nestgenoten erom vragen. Deze kaste die doelbewust wordt gevoed tot het punt van onbeweeglijkheid, heeft een menselijk equivalent: de onder dwang gevoede, met melk vetgemeste jonge vrouwen van de Oost-Afrikaanse koning van Karagwe. Toen zij in 1861 werden opgemeten door een zeer gefascineerde John Hanning Speke, konden ze zich niet meer op eigen kracht verplaatsen en moesten ze op de grond worden gerold voor hij zijn metingen kon voltooien.[18] Maar geen enkel mens kan zijn lichaam zo opzetten als de voorraadmieren. Als mensen aan een plafond gekleefd zouden zitten terwijl hun onderste helft op een dergelijke manier zou opzwellen, zouden hun lichamen bolle vaten worden met een diameter van bijna twee meter en een gewicht van ongeveer acht ton. Het is dus eenvoudig te begrijpen dat de individuen van de oververzadigde kaste zich zodra ze gemeenschapsreservoir zijn geworden, niet meer uit vrije wil kunnen verplaatsen. Wel kunnen ze door andere mieren worden verplaatst. Anders gezegd, de oververzadigde voorraadmier is binnen zijn eigen wereld een waardevol bezit, dat de moeite van het stelen waard is. De Indianen uit deze streek zijn zo dol op deze vette mieren dat ze ze uit de kolonies halen; en dat doen naburige mieren ook.

Kolonies voorraadmieren die bij elkaar in de buurt leven, foerageren regelmatig in de overlappende gebieden, een gewoonte die aanleiding kan geven tot enorme territoriale confrontaties die dagen duren en waarbij honderden strijders van beide kanten betrokken zijn. Als de ene kolonie een andere verslaat, stoten de overwinnaars door en vernielen ze het huis van de verliezers. Rivaliserende koninginnen worden gedood of weggejaagd. Larven, poppen en jonge werkmieren worden meegesleept naar de triomferende kolonie, waar ze slaven worden die zich niet meer zullen voortplanten. En ten slotte worden de waardevolle voorraden moeizaam van het plafond in het nest van de verslagen kolonie geplukt en voorzichtig door werkmieren, die er soms dagen over doen om hun enorme buit een paar meter te verslepen, naar het nest van de overwinnaar gebracht.

Slaven, een geweldige voedselvoorraad en het uitroeien van rivaliserende buren lijken voldoende beloning voor het nemen van heroïsche risico's om de overwinning te behalen in een gevecht. Maar hun gevechten horen juist tot de meest bedeesde die we van mieren kennen, omdat ze voor het grootste deel bestaan uit opschepperij. Wachters van rivaliserende kolonies staan rechtop tegenover elkaar, buigen hun onderlijf naar elkaar toe, maar gaan gewoonlijk niet in de aanval. Waarom niet? Bert Hölldobler, de bioloog die ontdekte hoe de voorraadmieren vechten, heeft beschreven dat directe fysieke gevechten vrijwel altijd eindigen met de dood van beide tegenstanders. Dit typerende resultaat wordt veroorzaakt doordat voorraadmieren een ongebruikelijke combinatie hebben van goede wapens en een slechte verdediging.

Die goede wapens komen bij alle roofmieren voor: geweldige kaken die meestal worden gebruikt voor het doden van termieten. Maar de slechte verdediging is een uitzondering. Het materiaal van hun rugschild is bijzonder dun vergeleken met dat van andere soorten mieren. Het moet immers kunnen uitdijen bij de individuen die de voorraadmieren worden. Dus evenals bij gevechten tussen twee zoogdieren, heeft ook hier een directe poging om te doden geen enkele zin. Het is voor beide partijen gewoon te riskant.

Een kolonie zal alleen overgaan tot een gevecht als zij ontdekt dat er sprake is van sterk ongelijke machtsverdeling. Sommige mieren van de kolonie wandelen regelmatig als wachters door hun verlaten territorium. Zodra ze buren tegenkomen, keren ze terug naar hun nest om versterkingen te recruteren. Na het verzamelen van de versterkingen gaan ze in de richting van de buurkolonie, die tegen die tijd een eigen gevechtseenheid heeft geformeerd. Als de twee kolonies ruwweg even groot zijn en hun legers zijn ook ongeveer groot, ontstaat er een status quo. Niemand vecht. Maar als de ene kolonie numeriek duidelijk superieur is, zal ze aanvallen en haar buren overweldigen. Het moment van de lichamelijke strijd duurt kort. De kleine groep geeft snel op omdat de meeste werkers liever slaaf dan dood zijn.

We hebben hier te maken met een soort die na een overwinning mogelijk meer rijkdommen verovert dan welke andere soort ook, op de mens na. Toch offeren deze mieren zichzelf niet door middel van zelfmoordachtige neigingen. Ze doden hun buren, dat is waar, maar ze doen dat alleen wanneer ze zelf weinig risico lopen. Ondanks de mensachtige roofovervallen, de robotachtige beheersing van de vechters, de hoge mate van samenwerking tussen de leden van de kolonie en de enorme beloningen bij een overwinning, doodt deze soort alleen maar als de tijd rijp is. Dus wanneer de kans op succes onmiskenbaar is.

Soorten met coalitiebindingen en een variabele groepsomvang – laten we ze 'bendevormende soorten' noemen – zijn gewend volwassen buren te doden.* Er zijn weinig van dergelijke soorten en in de meeste gevallen komt het doden op zich zo weinig voor dat het vele jaren kan duren

---

* Er zal altijd rivaliteit zijn tussen verschillende individuen vanwege wederzijdse genetische belangen. Maar mannen kunnen om succes bij de voortplanting wedijveren op manieren waarvoor geen competitief temperament nodig is. Wollige spinapen wedijveren onder andere via een systeem dat door biologen *sperma-competitie* wordt genoemd. De mannetjes hebben enorme teelballen, produceren enorme hoeveelheden sperma en verwijderen voor de paring vaak eerst de zaadprop van de voorganger.

voordat duidelijk wordt hoe overeenkomstig of hoe verschillend de methode van doden bij deze soorten is. Maar evenals bij kindermoord, is het eraan ten grondslag liggende beginsel dat alle doelbewuste moordenaars met elkaar verbindt duidelijk, eenvoudig en beschamend. Het moorden bij bendevormende soorten is mogelijk omdat het goedkoop is. Macht corrumpeert. Een gering risico kweekt moordenaars.

Met in hun achterhoofd het idee dat de waarschijnlijkheid van een actie wordt beslist door het rendement van de individuele voortplanting, worden biologen die proberen geëvolueerd gedrag te begrijpen, voortdurend heen en weer geslingerd tussen twee zaken: baten en kosten. Door hogere baten en lagere kosten wordt het ontstaan van een gedrag waarschijnlijker. Bij bendevormende soorten zijn de kosten van het doden laag, maar wat zijn de baten? Dergelijke soorten hebben zulke variërende samenlevingen, dat de voordelen van het doden van een buurman op het ene moment heel anders zullen zijn dan op het andere. Als dat zo is, dan heeft het zoeken naar baten misschien minder zin dan te kijken naar de kosten. Het zal er weinig toe doen waarover een soort wedijvert of hoe waardevol de buit is. Als het moorden maar goedkoop genoeg is, zal het in elke concurrentiestrijd wel iets opleveren. Op z'n minst zal het afmaken van een buurman de concurrentie over de middelen van bestaan verminderen.

Zowel chimpansees als gevlekte hyena's leven in xenofobische samenlevingen (dat wil zeggen dat ze afkerig zijn van buitenstaanders), trekken in kleine groepjes en vechten met buren. Als we alleen deze aspecten in aanmerking nemen, zouden we beide soorten als bandeloze mensen kunnen beschouwen: gangsters en desperado's in het Wilde Westen, aan hun lot overgelaten schooljongens uit *Lord of the Flies*, nihilistische straatbendes in South Central Los Angeles.[19] Maar ondanks alle overeenkomsten, zijn hun sociale levens in vele opzichten elkaars tegenpolen, met name op het vlak van seks en het vormen van bondgenootschappen.

In de chimpanseesamenleving heerst het partriarchaat. Gemeenschappen houden stand door een structuur van vader-zoonrelaties. Mannetjes zijn de erfgenamen van het territorium. Mannetjes leiden de overvallen en het doden. Mannetjes zijn dominant en mannetjes halen de buit binnen. Maar in elke gemeenschap van gevlekte hyena's heersen de vrouwtjes. Vrouwtjes verlaten nooit hun geboorteclan en in zo'n hyenaclan, die wel tachtig leden kan hebben[20], is de leider altijd een vrouwtje – niet omdat de vrouwtjes groter zijn (ze zijn gemiddeld even lang als mannetjes, maar ze zijn wat zwaarder, vermoedelijk omdat ze wat beter worden gevoed), maar omdat ze beslister, agressiever en, als belangrijkste, sterker met elkaar verbonden zijn.[21] Vrouwtjes vechten harder. Vrouwtjes zijn dominant. Vrouwtjes halen de buit binnen. Voor chimpansees betekent een verloren territorium de dood voor de volwassen mannetjes, niet voor de vrouwtjes.[22] Vrouwtjes hebben meer keuzemogelijkheden, meer vrijheid, zelfs als ze voor het gebruik van die vrijheid moeten boeten. Toen de K-groep van chimpansees in Mahale in 1979 nog maar één mannetje telde, trokken vijf vruchtbare vrouwtjes naar de naburige M-groep. Ten minste vier baby's die in de tijd daarna uit die vrouwtjes werden geboren, werden door de mannetjes van de M-groep gedood, maar na deze eerste moorden mochten de later geboren baby's blijven leven.[23] Dergelijk geluk is niet weggelegd voor mannetjes aan de verliezerskant. De dominante sekse leeft en sterft door zijn territorium, terwijl de ondergeschikte sekse soms kan emigreren en daardoor kan overleven. Ditzelfde patroon hebben we bij mensen in primitieve oorlogen gezien.

Het winnen en het verliezen van territorium heeft voor mannetjes andere gevolgen dan voor vrouwtjes. Voor de op mannenrelaties gebaseerde chimpanseegemeenschap betekent veroverd land niet alleen een groter foerageergebied, maar ook nieuwe vrouwtjes die gewoon kunnen doorgaan met het zoeken naar voedsel in hetzelfde stuk bos als vóór de verandering van de grenzen, alleen nu met een ander stel verdedigers. Dus mannetjes van een zich uitbreidende gemeenschap krijgen er vrouwtjes bij, wat wil zeggen dat chimpanseemannetjes zullen proberen hun territorium zo groot te maken dat ze het nog kunnen verdedigen. Het bewijs dat zij dat doen is afkomstig uit Gombe, waar de territoriumoppervlakte van de Kasekela-gemeenschap varieerde in verhouding tot het aantal volwassen mannetjes.[24] Bij hyena's, daarentegen, worden vreemde vrouwtjes of mannetjes niet in het pas veroverde gebied opgenomen. Zij worden verdreven of gedood. Maar expansie levert de overwinnaars toch meer jachtgebied op en dus meer voedsel voor de clan.

Natuurlijk heeft het extra voedsel dat door expansionistische hyenavrouwtjes wordt binnengehaald, een andere waarde dan de extra vrouwtjes hebben voor de chimpanseemannetjes – zoals er ook enorme verschillen zijn tussen het profijt van een oorlog tussen een paar landbouwsamenlevingen met voorraden die de moeite van het stelen waard zijn, of tussen een aantal foeragerende volken die alleen maar vechten om vrouwen. Als we deze voorbeelden vergelijken met paartjesvormende wolven, zullen we opnieuw verschillen vinden. En hoogstwaarschijnlijk zullen ook de voordelen van ruzies binnen allerlei chimpanseepopulaties verschillend zijn.[25] Met andere woorden, doet het ertoe *wat* het gevecht oplevert? Als je een bendevormende soort bent die rivaliseert met buren, zal de kans om risicoloos te doden altijd om dezelfde reden de moeite waard zijn: het verzwakt de buren. Je kunt niet in de toekomst kijken, maar wat die ook inhoudt, de buren zullen rivalen zijn, gewapend en gevaarlijk. Hoe sterker je bent, des te makkelijker kan hun land worden ingenomen, los van de speciale voordelen die het land zal opleveren.

Dit zou kunnen verklaren waarom mensen zijn behept met demonische mannen. Ten eerste, waarom demonisch? Anders gezegd, waarom zijn menselijke mannen geneigd tot kwaadaardige, dodelijke agressie? Als we alleen kijken naar oorlog, en verkrachting, mishandeling en moord even vergeten, is de vloek afkomstig van onze soortspecifieke bendekenmerken: coalitiebindingen tussen mannen, mannelijke heerschappij over een territorium met uitbreidingsmogelijkheden, en een variabele groepsgrootte. De combinatie van deze kenmerken betekent dat het doden van een buurman meestal de moeite waard is en vaak zonder kleerscheuren kan worden uitgevoerd.

En ten tweede, waarom mannen? Omdat mannen zich verenigen in groepen ter verdediging van het territorium. Het zou anders kunnen zijn geweest. Als vrouwen de heersende sekse waren geweest, coalitiebindingen gevormd zouden hebben en het territorium hadden verdedigd, zouden we nog steeds Djenghis Khans, Alexanders, Caesars en Hitlers gekend hebben. Alleen zouden zij en hun favoriete goden en hun vertrouwde soldaten vrouwen zijn geweest. Hyena's laten ons zien dat geweld door mensenmannen niet alleen afkomstig is van mannelijkheid.

Het is zeker niet zo dat de algemene neiging van mensapen tot excessief gewelddadig gedrag een grotere verantwoordelijkheid draagt voor de aanwezigheid van demonische mannen dan een kunstmatige cultuur die op ergens op een zeker historisch moment is losgeraakt van de natuur. Twee soortspecifieke gedragsvoorwaarden – bende- en coalitievormende mannen – zijn voldoende voor het verklaren van de verfoeilijke erfenis van natuurlijke selectie, die neiging te zoeken naar mogelijkheden om te doden bij ontmoetingen tussen vijandige buren.

De natuur is net een Russische pop; elke laag vragen die we beantwoorden, onthult een nieuwe laag die opgelost moet worden. Waarom vormen chimpansees en mensen partijbendes terwijl andere primaten in stabiele troepen leven? En waarom hebben wij coalities van mannen terwijl we coalities van vrouwen zouden kunnen hebben, of allebei, of geen van beide?

Het eenvoudigste probleem is dat van bendevorming, een speciale stijl van sociaal gedrag die volledig verklaarbaar lijkt door de theorie van de 'kosten-van-groepsvorming'. Deze theorie stelt dat primatengroepen eindeloos groot kunnen worden als ze niet zouden worden beperkt door economische kosten. In habitats waarin de ecologische kosten per seizoen variëren, varieert de groepsomvang overeenkomstig. Dit idee wordt ondersteund door hetgeen we weten over de bendevormende soorten, omdat voor allemaal geldt dat de groepen groter worden zodra er meer voedsel te krijgen is. We zien dit patroon elk jaar weer bij de chimpansees in het Kibale Woud. Het aantal bomen in Kibale dat vruchten draagt, vertoont een onregelmatige schommeling van nul tot acht procent.[26] Alleen wanneer er veel bomen met rijpe vruchten zijn, neemt de omvang van de chimpanseegroepjes duidelijk toe. Dit is dan ook de tijd waarin de chimpansees net zo opgetogen zijn als hun waarnemers. Meer voedsel betekent grotere clubjes, die makkelijker te vinden, te bekijken, te volgen en te bestuderen zijn. Dat eenvoudige patroon is trouwens een consequente regel die opgaat voor alle bendevormende soorten als chimpansees, mensen, gevlekte hyena's: meer voedsel, grotere groepen.[27]

Ook voor veel andere primatensoorten – de soorten met stabiele troepen in plaats van losse groepjes – blijkt de theorie van de kosten-van-groepsvorming goed op te gaan. De primaten-ecologen Charles Janson en Michele Goldsmith hebben de theorie op een slimme manier getoetst door bij verschillende primatensoorten de verhouding tussen de reisafstand en de groepsgrootte te vergelijken. Als een troep van een van deze soorten groeit, zal hij elke dag een grotere afstand moeten afleggen om voldoende voedsel voor alle individuen te verzamelen. Daarom zou je bij een analyse van de kosten-van-groepsvorming in de eerste plaats verwachten dat grotere troepen van alle andere soorten per dag ook grotere afstanden zouden trekken. Maar Janson en Goldsmith vonden een veel interessanter patroon. Ze vonden dat voor elke gegeven toename in troepsomvang, de overeenkomstige toename in de dagelijks afgelegde afstand bij sommige soorten veel groter was dan bij andere. Met andere woorden, voor sommige soorten waren de kosten van het verzamelen in groepen kennelijk hoger dan voor andere. Als de theorie van de kosten-van-groepsvorming juist zou zijn, dan zou je verwachten dat de soorten die door een groepstoename gedwongen worden om dagelijks grotere afstanden af te leggen, dezelfde soorten zijn die zich gewoonlijk in relatief kleine troepen verzamelen. Groepsvorming is voor hen te duur en daarom prefereren ze kleine troepen. En kijk, de gegevens die werden verzameld door Janson en Goldsmith voldoen aan die verwachting.[28]

De theorie van de kosten-van-groepsvorming verklaart waarom sommige soorten in stabiele troepen leven terwijl andere soorten benden vormen. Deze laatste soorten kunnen het zich, om ecologische redenen, niet veroorloven het hele jaar door in permanente troepen te leven. Ze blijken simpelweg een levensstijl te hebben waarin op sommige momenten groepsvorming zeer nuttig is en op andere momenten zeer kostbaar. Deze levensstijl is vooral gericht op het eten van voedsel van hoge kwaliteit dat soms echter moeilijk is te vinden, bijvoorbeeld voedsel dat alleen in bepaalde seizoenen groeit of op stukken grond met een variabele grootte en bebossing. Voedsel dat zeer voedzaam is, maar niet altijd voorhanden. Voedsel dat het ene moment overdadig kan zijn en het andere moment zeldzaam. Voedsel als rijpe vruchten, vetrijke noten, sappige wortels en vlees. Voedsel waarvan chimpansees en mensen in de loop van de evolutie afhankelijk zijn geworden.

Dus het patroon van bendevorming bij chimpansees en mensen is waarschijnlijk ontstaan door het feit dat we kenners van hooggekwalificeerd voedsel zijn, dat vaak te schaars is om er regelmatig samen met vrienden of bondgenoten naar op zoek te gaan zonder dat sommigen, of de meesten, honger lijden. Als we op gorilla's zouden lijken en de hele dag in een bergwei bladeren konden eten, dan zouden we rustig in stabiele troepen kunnen leven – precies zoals gorilla's doen. Maar ons spijsverteringskanaal is er niet op ingesteld om de hele dag bladeren te verteren. Daarom zullen we, zo mogelijk in groepen – in verband met bescherming en vanwege de voordelen en het plezier van de gezelligheid – jacht blijven maken op fijnproeversvoedsel dat zó zeldzaam is dat één extra eter de opbrengst dusdanig kan reduceren dat we allemaal worden gedwongen om dagelijks aanzienlijk verder te lopen voor het vullen van onze maag of onze voorraadzak. Voor ons, lekkerbekken, worden die afstanden al snel te groot en bovendien vragen ze te veel van ons krappe energiebudget. In plaats van gezamenlijk te sterven, kunnen we beter uit elkaar gaan en in ons eentje gaan foerageren, hoe waardevol of plezierig het gezelschap ook moge zijn.

Bendevormende soorten zijn, zoals andere primaten en vleeseters, xenofobisch en territoriaal als de economische situatie het toelaat. Maar door de afwisseling van honger en overdaad moeten ze tijdelijke groepjes vormen, die zich soms aaneensluiten tot grote luidruchtige groepen om zich dan weer te splitsen tot kleinere groepen of zelfs solitaire individuen. Door te leven als leden van een bendevormende soort, ontwikkelen we een enorme flexibiliteit in het jagen op lekker eten en grijpen we de vrijheid aan om ons direct aan te passen aan veranderende ecologische situaties. Maar de noodlottige kant van die vrijheid is dat als groepen kleiner worden, ze gelijkertijd veel kwetsbaarder worden voor aanvallen van buren die zich toevallig op dat moment in grotere groepen bevinden.

Waarom zijn die agressieve buren in het geval van chimpansees en mensen bijna altijd mannen, en bij gevlekte hyena's vrouwen? Ten dele, misschien, omdat vrouwelijke mensapen minder voordeel hebben van gevechten om voedsel dan vrouwelijke gevlekte hyena's. Je kunt op een agressieve manier een tak met vruchten niet even effectief verdedigen als een stuk vlees. Maar afgezien van de voordelen kleeft er aan de kosten-van-groepsvorming ook een nadeel, dat mensapen duwt in de richting van een op mannenrelaties gebaseerd sociaal systeem. Volwassen mannetjes lopen sneller en zijn minder snel moe dan volwassen vrouwtjes met kinderen, omdat de mannetjes de kinderen niet hoeven te dragen. Dit principe is het duidelijkst waar te nemen tijdens de lange expedities van de chimpansees naar hun favoriete voedselplekken. Een gemengde groep vertrekt gezamenlijk, maar moeders die hun nakomelingen dragen nemen vaak halverwege een helling een rustpauze en komen langzaam maar zeker verder achterop, zodat ze na een wandeling van twintig minuten zeker vijf minuten later op de voedselplek zullen aankomen dan de mannetjes. Het zijn vrijwel altijd alleen de vrouwtjes zonder kinderen die de mannetjes kunnen bijhouden. Extra reistijd eist dus domweg minder van volwassen mannetjes en kinderloze vrouwtjes dan van volwassen vrouwtjes met kinderen. Dit simpele feit kan op zich al verklaren waarom mannetjes meer tijd met elkaar doorbrengen dan vrouwtjes dat doen. Ze kunnen het zich veroorloven. Ze kunnen zich ook veroorloven in grotere groepen te trekken omdat de extra foerageerafstand minder kostbaar voor ze is. Daarom suggereert de theorie van de kosten-van-groepsvorming, als een klassiek voorbeeld van hoe een schijnbaar saai ecologisch vraagstuk uiteindelijk belangrijke sociale gevolgen tot stand kan brengen, dat mannetjes een verbond vormen louter omdat ze het zich kunnen veroorloven meer tijd gezamenlijk door te brengen. Als dat juist is, zou het ook moeten voorspellen dat kinderloze vrouwtjes socialer zijn moeders. Dat blijken ze inderdaad te zijn. Verder zouden moeders een nauwere band met elkaar vormen wanneer ze door een overdaad aan voedsel meer tijd zouden hebben om gezamenlijk door te brengen. En opnieuw, dat doen ze.[29]

Orang-oetans zorgen voor een mooi contrast. Zoals we in het vorige hoofdstuk hebben vermeld, zijn vrouwtjes en kleine mannetjes veel sneller dan grote mannetjes. En zoals deze theorie doet vermoeden, vormen ze grotere groepen dan de grote mannetjes – hoewel de groepjes in beide gevallen gemiddeld zeer klein zijn.[30]

Ongeveer vijf miljoen jaar geleden werd onze chimpansee-achtige voorvader een savannemensaap en bracht hij een familie van verwante soorten voort. Zo'n twee miljoen jaar geleden verschenen de eerste tekenen van de mensheid. Het klimvermogen ging achteruit. Het op twee benen lopen ging beter. Tanden, mond en kaken werden kleiner, en de hersenen werden groter. De veranderingen aan mond en hersenen gingen in wisselende snelheid door totdat honderd- tot tweehonderdduizend jaar geleden de moderne mens evolueerde. Maar de menselijke samenlevingen openbaarden hun gewoonten pas duidelijk zo'n kleine acht- tot tienduizend jaar geleden, na het begin van de landbouw.[31] Aanwijzingen voor echte oorlogvoering kwamen snel na die openbaring. Jericho was zevenduizend jaar voor Christus een welvarende stad van twee- tot drieduizend inwoners, een centrum van ontginning in een vruchtbare oase die werd gevormd door de rivier de Jordaan. Onder de bevolking bevonden zich handelaars en handwerkslieden die voedsel en materiële goederen bewerkten en opsloegen, verhandelden en verspreidden. De steenresten van die oude stad vertellen ons echter dat Jericho was ontworpen als een fort: omringd door een doorlopende muur van ruim drie meter dik en vier meter hoog, beneden versterkt door een brede gracht die nog eens drie meter in de stenige grond was uitgegraven; er bovenop stond een uitkijktoren van een meter of vijf.[32] De geschreven geschiedenis begint een beetje later, met potscherven uit het moderne Irak die getuigen van de Sumerische uitvinding van het schrift in ongeveer 3100 voor Christus In die tijd, zo melden ons de geschreven bronnen, waren oorlogen tussen patriarchaten aan de orde van de dag.

De mysterieuze geschiedenis van vóór de geschreven geschiedenis, de onbeschreven bladzij van kennis over onszelf vóór Jericho, heeft onze collectieve verbeelding vrij spel gegeven, sommigen het recht gegeven primitieve paradijzen te creëren en anderen vergeten matriarchaten. Het is goed om te dromen, maar een sobere, wakkere rationaliteit fluistert ons in dat als we beginnen met voorouders als chimpansees en eindigen met moderne mensen die muren en gevechtsplatforms bouwen, het vijf miljoen jaar durende spoor naar ons moderne zelf over de hele linie vergezeld moet zijn gegaan met een mannelijke agressie die het sociale leven, de technologie en de geest van onze voorouders gevormd zal hebben. Een paar verzamelde hopen kapotte schedels en pijlpunten ingedrongen in botten, de zeldzame maar fascinerende voorbeelden van moderne mensen die in een Pleistoceen-economie leven, en de incidentele vage theoretische glimpen die we soms toevallig opvangen van die anderszins diep verborgen vijf miljoen jaar, zetten geen vraagtekens bij deze visie.[35]

En toch dient zich, als we dit Dostojevski-achtige beeld van onze oorsprong aanvaarden, direct een volgend mysterie aan. Natuurlijk, als onze mannelijke voorouders zo demonisch waren in de structuur van hun dagelijkse leven, dan zou natuurlijke selectie duidelijke sporen moeten hebben nagelaten in de structuur van ons eigen lichaam. Maar mensen zien er in vergelijking met andere mensapen zo zwak uit. Dus waar moet een bioloog gaan zoeken naar het bewijs van aanpassing aan ons vermeende demonische verleden? En als zo'n bewijs niet kan worden gevonden, waarom dan niet?

9
Nalatenschap

SEKSUELE SELECTIE, het evolutionaire proces waardoor de geslachtsverschillen zijn ontstaan, heeft heel wat op haar geweten. Zonder dat proces zouden mannelijke individuen geen lichaamswapens bezitten en geen neiging tot geweld vertonen. Maar mannetjes die goed kunnen vechten, kunnen ervoor zorgen dat andere mannetjes zich niet voortplanten, terwijl ze zelf meer voortplantingssuccesen behalen. Betere vechters hebben meestal meer baby's. Dat is de eenvoudige, domme, zelfzuchtige logica van seksuele selectie. En hoe zit dat bij ons? Is seksuele selectie uiteindelijk de reden dat mannen in kroegen op de vuist gaan, straatbendes vormen, gewapende overvallen beramen of oorlog voeren? Was het inderdaad de bedoeling dat mannen vooral agressief zouden zijn?

Tot we de bewijzen zorgvuldig hebben onderzocht, moet het antwoord zijn: niet noodzakelijkerwijs. Omdat sociale, genetische en historische omstandigheden, evenals de omgeving voor iedere soort uitzonderlijk ingewikkeld zijn, kunnen we niet bij voorbaat aannemen dat seksuele selectie voor elke afzonderlijke soort op een speciale maar willekeurige manier te werk is gegaan. Onder de ruim tien miljoen diersoorten op aarde zijn er op vrijwel elke regel interessante uitzonderingen te vinden. Aan de ene kant vinden we soorten als de gevlekte hyena, waarbij zo'n uitzonderlijke wreedheid is geëvolueerd bij de vrouwtjes dat de sterke seksuele agressie van de mannetjes daarbij in de schaduw wordt gesteld. En aan de andere kant vinden we de pacifisten.

De meest pacifistische primaat is een weinig bekende Zuid-Amerikaanse aap wiens dagelijkse leven elke optimist ter wereld een hart onder de riem zal steken. De wollige spinaap is de grootste aap in Zuid-Amerika, een elegante boombewoner met zo'n gespierde en lenige staart dat deze als vijfde ledemaat functioneert. Het dier, dat zelden in dierentuinen is te zien en alleen in het wild nog voorkomt op een paar stukken terugtrekkend woud, verscholen tussen de koffieplantages in het zuidoosten van Brazilië, is slechts incidenteel gefilmd of gefotografeerd. Primatologen wisten vrijwel niets over het sociale leven van deze soort, maar in de jaren tachtig werd ontdekt dat verscheidene volwassen dieren van beide seksen samen op pad gaan, in kleine groepjes, op zoek naar een plek met verse vruchten en bladeren.

In veel opzichten is hun leven heel gewoon – echter niet wanneer het om seks gaat. De vrouwtjes worden niet gekoeioneerd en kiezen hun partners naar eigen goeddunken. Ze paren vaak voor de ogen van andere mannetjes, terwijl de opmerkelijke copulaties gemiddeld zes tot achttien minuten duren. Bij de meeste primaten zou een dergelijke openlijke seksuele activiteit een golf van opwinding en agressie teweegbrengen bij de andere mannetjes, die zouden proberen om het vrouwtje te laten stoppen met de paring. Zo niet bij wollige spinapen. De mannetjes kijken rustig toe en lossen elkaar soms terloops af. Een stuk of vier mannetjes zitten in een rij op een tak, bekijken geduldig alle seksuele activiteiten en wachten hun tijd af.[1] Intussen laten ze niet de geringste emotie zien – en zeker geen agressief imponeervertoon.

Seksuele jaloezie is bij onze eigen soort zo'n gewone en voorspelbare emotie dat mensen zich moeilijk een soort kunnen voorstellen bij wie dit volkomen afwezig is. Men is dan al snel geneigd om te veronderstellen dat deze wachtende mannetjes in werkelijkheid inwendig witheet zijn of in de nabijheid van het vrouwtje hun concurrentiegevoelens domweg niet durven te uiten. We weten echter dat de geremdheid van de wollige spinaapmannetjes niet alleen in deze speciale situatie optreedt. Feit is dat ze zich nooit druk schijnen te maken over hiërarchie, over wie er – waar dan ook – het eerste bij is. Wollige spinapen kennen geen alfamannetjes, geen sociale rangen, geen dominantieverhoudingen, zelfs geen enkele hang naar status. Ze zijn allemaal gelijk. Mannetjes tonen alleen agressie wanneer ze een andere groep tegenkomen – en tot dusver ook in dat geval in geringe mate. Hun credo is een voor allen en allen voor een. Als er één mannelijke primaat is die geen ego lijkt te hebben, dan is het de wollige spinaap.[2]

In overeenstemming met hun gedrag vertonen de mannetjes anatomisch gezien weinig tekens van selectie voor agressie (en hetzelfde geldt voor de vrouwtjes). Mannetjes zijn even groot en even zwaar als vrouwtjes, en ook de hoektanden van beide zijn ongeveer even lang.[3] Kort gezegd, hun lichaam blijkt, evenals hun geest, niet speciaal ontworpen te zijn om te vechten. Wat een contrast met chimpansees! Bij die soort zijn de mannetjes groter dan de vrouwtjes, hebben mannetjes langere hoektanden die dienen als wapen, en uiten ze hun gewelddadige neigingen door middel van gevechten, onderdrukking, overvallen en intimidatie. Mannelijke chimpansees zijn onophoudelijk in de weer een hogere status te bereiken, zowel in het wild als in gevangenschap. Ze hebben nooit dergelijke kalme sociale verhoudingen met andere mannetjes als de spinapen hebben. Gorilla's en orang-oetans hebben die evenmin. We mogen rustig stellen dat er iets in de genen zit van de mannetjes van deze mensapen – chimpansees, gorilla's en orang-oetans – waardoor ze vechtlichamen hebben en gestimuleerd worden om met elkaar te wedijveren, ongeacht de omstandigheden. En dat mysterieuze iets blijkt niet aanwezig te zijn bij wollige spinapen.

Deze vergelijking wijst op iets algemeners. Precies zoals individuen binnen dezelfde soort zonder meer verschillen in temperament vertonen (ten dele als gevolg van hun opvoeding), zullen we ook bij het vergelijken van typerende of gemiddelde temperamenten grote variaties tussen verschillende soorten vinden.[4] Omdat spinapen ons hebben laten zien hoeveel variatie er mogelijk is, is onze visie over de werking van seksuele selectie verbreed. Anders dan van mannelijke individuen altijd en onvermijdelijk vechters te maken, kan seksuele selectie ook het omgekeerde doen. Zij kan een soort doen ontstaan met mannetjes die vriendelijk en onschuldig zijn, die elkaar niet beconcurreren door middel van gevechten maar die proberen als eerste een vrouwtje te vinden (zoals bij sommige vissen gebeurt), of door het produceren van beter of meer sperma dan de rivalen (zoals het geval blijkt te zijn bij de wollige spinapen). Waarom seksuele selectie in de evolutie van verschillende soorten tot andere resultaten heeft geleid, is niet altijd makkelijk aan te geven; in het geval van de wollige spinapen is de logica van hun seksuele selectie nog niet echt duidelijk, hoewel de feiten op zich dat wel zijn. Spinapen laten ons zien dat mannelijke primaten kunnen evolueren tot wezens met een niet-competitief, of ten minste niet-agressief, temperament.*

De wollige spinaap geeft ons een aanlokkelijk voorbeeld in handen. Voor diegenen die geloven dat mensen zijn geëvolueerd als een vredelievende soort waarvan het tegenwoordige geweld te wijten is aan iets anders dan aan ons evolutionaire verleden, is het prettig dat er een echt levend voorbeeld bestaat – al gaat het om een soort die slechts op grote afstand aan ons verwant is. Het idee van een pacifistische voorgeschiedenis is vandaag de dag zeer verbreid; het is een essentieel onderdeel van de cultureel deterministische nalatenschap. We overdrijven vermoedelijk niet als we beweren dat de theorie, die het menselijk geweld alleen aan de cultuur wijt, een volkswijsheid is. Deze krachtige vooronderstelling heeft er bij-

---

* In deze definitie verwijst de term 'coalitiebindingen' naar relaties tussen volwassenen van gelijk geslacht die in stelling worden gebracht bij agressie tegen andere seksegenoten, terwijl de term 'groepsomvang' verwijst naar tijdelijke clubjes die theoretisch in omvang kunnen variëren van solitaire individuen tot alle leden van een gemeenschap. Bij chimpansees bestaat het gemiddelde groepje uit minder dan tien leden en zelden uit meer dan twintig.

voorbeeld toe geleid, dat een internationale groep bestaande uit twintig vooraanstaande wetenschappers in 1987 een formele declaratie heeft ondertekend, waarin oorlogvoering werd aangemerkt als 'een typisch menselijk fenomeen', een fenomeen dat 'niet bij andere dieren optreedt', dat een merkwaardige destructieve activiteit is waarvan wetenschappelijk bewezen is dat het 'een product van de beschaving' is en slechts een geringe 'relatie heeft met de biologie ... hoofdzakelijk via de taal.' Bekend onder de naam 'Verklaring van Sevilla over geweld', opgesteld namens de UNESCO, werd hierin de uiteindelijke bezegeling weergegeven van de overeenstemming over het standpunt dat 'biologie de mensheid niet tot oorlogvoering veroordeelt' en dat de mensheid zich daarom kan opheffen tot de vrijheid, nadat ze zich heeft losgemaakt van 'de slavernij van het biologisch pessimisme'. Dat liegt er niet om. De motieven waren duidelijk oprecht. Maar een idee aantrekkelijk vinden, maakt het nog niet waar.

Veel van de achterliggende gedachten zijn zeker fout, om de eenvoudige reden dat men in die eeuwenoude val, Galtons schijnbare tweedeling, Galtons dwaling, is getrapt. Vooral wanneer er belangrijke zaken op het spel staan, worden zelfs briljante mensen door deze aantrekkelijke oversimplificatie – dat soorteigenschappen óf afkomstig zijn van erfelijke factoren óf van omgevingsfactoren, maar niet van beide – verleid tot een verkeerde conclusie. We weten dat voor iedereen geldt dat de neiging tot geweld wordt beïnvloed door allerlei verschillende omstandigheden, van familiegeschiedenis en alcoholgebruik tot culturele normen, economische situatie, politieke en historische context, enzovoort. Het gewelddadige gedrag van een individu wordt op een enorm aantal manieren door de omgeving of door opvoeding beïnvloed. Die omgevingsinvloeden zijn belangrijk. Wie zou het daar niet mee eens zijn? Maar dan treft Galtons dwaling doel. In de war gebracht door het verscholen idee dat eigenschappen of door erfelijkheid of door omgeving worden geproduceerd, voelden veel mensen zich gedwongen om hiertussen te kiezen. Aangezien opvoeding zichtbare gevolgen heeft, moet erfelijkheid derhalve worden ontkend. Daarom leidt Galtons dwaling tot de onjuiste conclusie dat agressie niet afkomstig kan zijn van erfelijkheid. En de essentie van deze denkfout neemt soms de vorm aan van een eenvoudige gewijde formule. Gedrag dat tijdens het leven van een individu verandert, doet dat onder invloed van een veranderende traditie of van het toeval. Dus wat er ook verandert, het kan niet uit de genen komen.

Maar dat kan natuurlijk wel! In ontelbare gevallen hebben biologen dieren geobserveerd die hun gedrag veranderden als het in hun kraam te pas kwam. De hele logica van de evolutie houdt juist in dat dieren hun intelligentie gebruiken om evolutionair nuttige doelen te dienen. Waarom zouden anders het oplossen van problemen en het leerproces (en het variabele gedrag dat door dit vermogen wordt gecreëerd) zijn geëvolueerd? Aan het gedrag van complexe dieren liggen complexe geestelijke en emotionele stelsels ten grondslag. Deze stelsels zijn geëvolueerd en ze zijn op hun beurt onderworpen aan genetische variaties. Overgeërfd temperament kan in andere omstandigheden verschillende gedragingen tot uitdrukking brengen. Zelfs binnen een enkele soort zien we uitbarstingen van creativiteit en enorm verschillende benaderingen voor het oplossen van dezelfde problemen, maar de onderliggende psychologie blijft onontkoombaar onderworpen aan evolutionaire krachten.

Er is daarom geen enkele speciale reden om aan te nemen dat menselijke agressie volledig cultureel bepaald is, of dat onze voorouders even vredelievend waren als wollige spinapen. De enige manier om erachter te komen of mannen door seksuele selectie geschikt zijn gemaakt voor agressie, is de theorie te verlaten en naar de feiten terug te keren. Er zijn twee plaatsen voor het zoeken naar een antwoord. We kunnen naar ons lichaam kijken, en we kunnen nadenken over onze geest. Het makkelijkst is ons lichaam.

Een bioloog van Mars die een geconserveerd mens van het mannelijk geslacht bekijkt die ligt opgebaard op een stuk steen, zal zich moeilijk kunnen voorstellen dat onze soort gevaarlijk is. Naast mannelijke exemplaren van andere mensapen of van vrijwel elke andere zoogdiersoort, zien mensenmannen er niet uit alsof ze zijn ontworpen om te vechten. Ze zijn nogal slank, hebben lichte botten en schijnen geen lichaamswapens te bezitten. Wij mensen denken op een andere manier over de mens dan over gevaarlijke dieren. Die eerste indruk is echter misleidend. Mensen zijn wel ontworpen om te vechten, maar alleen op een andere manier dan de meeste primaten.

Hier is een eerste aanwijzing. Mannen zijn een beetje groter en zwaarder gespierd dan vrouwen. Bij andere primatensoorten is er een sterke koppeling tussen de grotere omvang en de agressie van het mannetje. Maar bij de mens lijkt zo'n duidelijke relatie onverenigbaar met het ontbreken van gevechtshoektanden. Kan het zijn dat de mens een uitzondering is op die algemene regel die een verband legt tussen grote mannetjes en het toegerust zijn voor het plegen van agressie?[5]

Neem onze tanden. De bovenste hoektanden zijn bij de meeste primaten langer en scherper dan de overige tanden. Deze lange tanden zijn onmiskenbare wapens, slimme dolken die een vlijmscherpe punt krijgen dankzij het speciale slijpoppervlak van een tand in de onderkaak.

Bavianen, bijvoorbeeld, hebben hoektanden van vijf tot zes centimeter lang. Mannelijke bavianen die indruk op elkaar willen maken, knarsen luidruchtig met hun hoektanden, terwijl ze af en toe opschepperig hun hele gebit laten zien door met wijdopengesperde mond te geeuwen. Wanneer de mannetjes zo demonstratief geeuwen, gedragen ze zich net als cowboys die met hun revolver staan te draaien.

In vergelijking hiermee zijn menselijke hoektanden zeer klein. Ze zijn nauwelijks langer dan de andere tanden en zijn bij mannen niet langer dan bij vrouwen. Wij hebben onze hoektanden nodig om in een appel te bijten, we vinden het leuk om tijdens de viering van Halloween te doen alsof ze langer zijn dan normaal en we demonstreren ze onbewust als we grijnzen, maar we zullen er vrijwel nooit iets aan hebben bij een gevecht. In feite blijkt uit het fossielenbestand dat de hoektanden van onze voorouders al vanaf de overgang van regenwoudmensaap naar savannemensaap, opvallend kleiner waren dan van de huidige chimpansees. In de savannebossen zagen die tanden er al snel uit als die van spinapen. Dit is een van de redenen waarom sommige mensen zich afvragen of savannemensapen even vredelievend zouden zijn geweest als de wollige spinapen van nu.

Maar we moeten ervoor zorgen dat we ons niet laten misleiden door deze gegevens over de hoektanden. Het belang van de hoektanden hangt volledig af van de manier waarop een soort vecht. Zo hebben chimpansees aanzienlijk kleinere hoektanden dan bavianen. Hebben chimpansees daar last van als ze vechten met de formidabele bavianen met hun sabeltanden?

Op een namiddag tijdens het Oost-Afrikaanse droge seizoen in 1972 keek ik naar een chimpansee die met een baviaan vocht. Chimpansee Hugo ging naar een palmboom waarin baviaan Stompstaart op zijn gemak van de vruchten zat te eten. Het was een bijzonder barre periode, waarin er weinig vruchtdragende bomen waren en palmvruchten dus zeer gewild waren. Minutenlang bekeek Hugo de kroon van de palm vanuit allerlei hoeken. Uiteindelijk scheen hij zichzelf ervan te hebben overtuigd dat er genoeg vruchten waren om een beklimming te rechtvaardigen en begaf zich naar boven. Na een minuut zat hij op gelijke hoogte met Stompstaart. Hugo hield zijn adem in en ging toen voorzichtig om de kroon heen om de enige eetplek die Stompstaart bezet hield, aan te vechten. Ik maakte me zorgen om Hugo. Hij was met zijn veertig kilo ongeveer tweemaal zo zwaar als Stompstaart, maar daar zou hij weinig voordeel van hebben op die gevaarlijke hoge plek. Bovendien had Stompstaart een veel indrukwekkender gebit en hij wist dat ook te gebruiken. Toen Hugo dichterbij kwam, richtte Stompstaart zich op, ontblootte zijn hoektanden en deed zeer dreigend – maar voordat hij kon bijten, maakt Hugo een wijde boog met zijn arm en stompte Stomstaart in zijn buik. Stompstaart kromde zich voorover, alsof hij zich beroerd voelde. Hugo, die zich bewoog als een beroepsbokser, deelde een snel tweede stomp uit op Stompstaarts kin, waardoor het hoofd van de baviaan achterover sloeg. Dat was dat. Stompstaart trok zich terug en liet zich de rest van de dag niet meer zien. Hugo nam diens plaats in tussen de verrukkelijke palmvruchten en at nog vreedzaam een half uurtje door.

Mensapen kunnen met hun vuisten vechten omdat ze gewend zijn aan hun armen te hangen. Doordat het schoudergewricht flexibel is en in alle richtingen kan draaien, kunnen zij met hun armen helemaal om hun schouders heen. Daarom slaan chimpansees en gorilla's tijdens het vechten vaak met hun vuisten en kunnen zij dankzij hun lange armen de meeste, met hun snijtanden pronkende, tegenstanders op een afstand houden. Als chimpansees en gorilla's succes hebben door te stompen, dan zullen de savannemensapen vast nog beter met hun armen hebben kunnen vechten omdat ze rechtop op hun achterbenen stonden.

Vuisten zijn ook handig om zelfbedachte wapens vast te grijpen. De huidige chimpansees komen in de buurt van het gebruiken van handwapens. Over het hele continent scheuren wilde chimpansees grote takken af en gooien ermee als ze boos zijn of als ze zich bedreigd voelen, of ze gooien met stenen. Humphrey heeft me op een keer, toen hij de alfaman in Gombe was, bijna gedood toen hij een steen zo groot als een meloen naar me gooide, die op minder dan een halve meter langs mijn hoofd suisde. Ze slaan ook met grote stokken. In een bekende film die in Nieuw-Guinea werd opgenomen, zien we wilde chimpansees die met meterslange stokken op de rug van een luipaard slaan. (Die film kon worden gemaakt omdat het om een opgezette luipaard ging, die daar door een nieuwsgierige onderzoeker was neergezet. De chimpansees boften dat ze een luipaard vonden die te sloom was om terug te vechten.) In West-Afrika leven chimpansees die primitieve stenen gereedschappen gebruiken, en het is heel goed mogelijk dat daar vandaag de dag een chimpanseegemeenschap leeft, klaar om ontdekt te worden, die in onderlinge gevechten al zware stokken gebruikt bij wijze van knuppels. Het is zeker niet onredelijk om te denken dat de savannemensapen ook iets dergelijks deden.

De tegenwoordige regenwoudmensapen vechten dus met hun vuisten en armen. En ook onze savanne-aapvoorouders waren hoogstwaarschijnlijk vuistvechters. De nalatenschap uit dit stuk van de evolutiegeschiedenis lijkt sterk op wat kangoeroes hebben geërfd. In circusvoorstellingen zijn gehandschoende kangoeroes die met mensen boksen vormen altijd een succesnummer. Ook in het wild vechten ze met hun armen en handen. Bij sommige soorten gebruiken mannetjes hun armen om een tegenstander op de juiste afstand te houden voor het uitdelen van goedgeplaatste schop. Bij andere soorten worstelt een mannetje net zo lang tot hij in een situatie is om goed te kunnen bijten. Maar in beiden gevallen heeft seksuele selectie in het voordeel gewerkt van de kracht van het bovenlichaam – omdat de mannetjes vechten om zich te kunnen voortplanten. Een krachtig bovenlijf heeft natuurlijk weinig zin voordat er sprake is van voortplanting; daarom hebben kangoeroemannetjes en -vrouwtjes tot de puberteit even grote schouders en armen. In de puberteit echter worden die bij de mannetjes ineens groter en sterker. Bij verschillende soorten kangoeroes is aan de ontwikkeling van de armen uitstekend te zien dat deze dienen als een wapen.[6]

Hetzelfde geldt voor mensen. De schouders van jongens en meisjes zijn tot de adolescentie ongeveer even breed; maar in de puberteit gaan de kraakbeencellen reageren op testosteron, het mannelijke geslachtshormoon dat tijdens de groei wordt geproduceerd door de testikels. (Meisjes krijgen in de puberteit bredere heupen doordat het heupkraakbeen reageert op oestrogeen, het vrouwelijke geslachtshormoon.) Bij de jongens is het resultaat een plotselinge verbreding van de schouders rond hun veertiende jaar, tegelijk met een relatieve verzwaring van de bovenarmspieren.[7] Met andere woorden, de schouders en armen van mannelijke mensen lijken – evenals de nekspieren van een edelhert, de grijphanden van een klauwpad, of de hoektanden van allerlei primaten – het resultaat van seksuele selectie voor vechtgedrag. In deze voorbeelden gaat de mannelijke wapenrusting groeien in reactie op testosteron. Het zijn gespecialiseerde kenmerken die sterker worden met de speciale bedoeling beter te kunnen vechten in de concurrentie met andere mannen. Geen wonder dat mannen voor het gevecht begint, indruk op elkaar proberen te maken door hun schouders op te trekken, hun armspieren te spannen of op een andere manier de kracht van hun bovenlichaam te demonstreren; en dat kangoeroemannetjes hun samengetrokken biceps aan elkaar laten zien om te proberen hun rivaal te verslaan zonder te hoeven vechten.

Als de tweebenige savannemensapen met hun vuisten en soms met wapens hebben gevochten, dan moeten deze dieren vooral brede schouders en goed-gespierde armen hebben gehad, zoals de huidige mens. We hebben echter nog niet voldoende fossielen gevonden om te weten of dat klopt. Het is trouwens niet eens zeker dat de mannetjes van de savannemensapen groter waren dan de vrouwtjes, hoewel bijna alle informatie uit recent onderzoek wel in die richting wijst. Als de mannetjes groter waren, kunnen we rustig stellen dat de mannetjes bestemd waren om te vechten. Misschien verklaart de vroege ontwikkeling van knuppelachtige wapens dan ook waarom de schedels van onze voorouders opvallend dikker werden, met name bij *Homo erectus* die zo'n 1,6 tot 1,8 miljoen jaar geleden leefde.[8] Dit is een hypothese, maar wel is zeker dat onze tegenwoordige lichamen dezelfde nalatenschap van de seksuele selectie meedragen als andere zoogdieren waarvan de mannetjes met hun bovenlichaam vechten. De brede schouders en de krachtige welvende torso die we zo bewonderen in Michelangelo's *David*, zijn het menselijke equivalent van het gewei. Het merkteken van Kain komt tot uitdrukking in onze schouders, niet in onze tanden.

En hoe zit het met onze geest? Heeft seksuele selectie ook onze psyche gevormd met de bedoeling betere vechters van ons te maken? Kan seksuele selectie een verklaring zijn voor het feit dat mannen zo snel nijdig worden over een belediging, of, onder de juiste omstandigheden, niet aarzelen om te doden? Kan ons evolutionaire verleden de moderne oorlogvoering verklaren?

Onderzoek naar mentale processen is als we ons beperken tot mensen al moeilijk genoeg. Vergelijking met andere diersoorten is nog moeilijker. Het veronderstelde probleem bij dieren is, zo wordt gezegd, dat zij met hun gevoel vechten, terwijl mensen met hun verstand vechten. Aangenomen wordt dat dierlijke agressie instinctmatig of door emotie maar redeloos gebeurt. Zwaai met een rode lap voor de snuit van een stier en hij zal zonder nadenken aanvallen – dat is het model. Menselijke oorlogen schijnen echter, zo verklaarde Karl von Clausewitz, te ontstaan als 'voortzetting van politiek met andere middelen'.[9] Volgens de historicus Michael Howard beginnen mensen met oorlogvoering 'na bewuste en beredeneerde beslissingen, die bij beide partijen zijn gebaseerd op de verwachting dat ze meer kunnen bereiken met oorlogvoering dan met handhaving van de vrede.'[10] Het principe lijkt zowel op te gaan voor het weloverwogen beraad op de bovenste verdieping van het Pentagon als voor de gefluisterde besprekingen van de Yanomamö, terwijl het psychologische processen suggereert die sterk verschillen van de veronderstelde rigide, instinctmatige, emotionele drijfkrachten van dieren. Deze theorie stelt dat wij door het feit dat wij een bewustzijn en een redeneringsvermogen bezitten, over een kloof worden getild naar een nieuwe wereld waarin de oude instincten geen rol meer spelen. Als er geen verband tussen deze twee systemen bestaat, kunnen de regels van deze systemen niet gelijk zijn. Anders gezegd, agressie gebaseerd op 'bewuste en beredeneerde beslissingen' kan niet langer worden verklaard in termen van evolutionaire krachten als seksuele selectie.

Het argument klinkt redelijk, maar berust op een te simpele denkwijze, op een onjuist onderscheid tussen dieren die zouden handelen op basis van emotie (of instinct) en mensen die zouden handelen op basis van redelijkheid. Dierlijk gedrag is niet louter emotioneel. Evenmin is menselijke besluitvorming louter rationeel. In beide gevallen is er sprake van een mengsel. Bovendien doen nieuwe aanwijzingen vermoeden dat ook al redeneren wij, mensen, vergeleken met niet-menselijke dieren veel meer (in de zin dat wij de vroegere en huidige context analyseren, een mogelijke toekomst overwegen, enzovoort), toch berust het proces van besluitvorming in essentie op emotie.

Het is waar dat sommige gedragingen van zulke intelligente dieren als grote zoogdieren een opmerkelijk vast patroon vertonen. De baby's van gevlekte hyena's zijn een goed voorbeeld van uitersten. Deze baby's zijn alleraardigst met hun zachte zwarte vacht en het kenmerkende schattige uiterlijk van een pasgeborene. Hyenamoeders werpen gewoonlijk tweelingen[11] in een donkere schuilplaats, zonder aanwezigheid van andere. In tegenstelling tot alle andere vleeseters, inclusief hun naaste neven, de gestreepte hyena's, worden deze aantrekkelijke jongen geboren met volledig functionele voortanden, sterke grijpende snijtanden en lange, puntige hoektanden.[12] Hun ogen zijn open, hun nek en kaken zijn sterk.

Waarom die nestvlieders-tanden? Waarom die kop met ontwikkelde zintuigen? Om elkaar te doden. Broeder- of zustermoord is heel gewoon. Experimenten met hyena's in gevangenschap laten zien dat bijten de eerste duidelijke neiging van een pasgeboren jong is, waarna het z'n kop heen en weer schudt met spieren die onnatuurlijk sterk zijn voor een dergelijk jong dier. In gevangenschap happen ze naar alles, zelfs naar een lap. In de duisternis van de schuilplaats zijn geen lappen, maar is wel een tweelingbroertje of -zusje dat een uur na de eerste wordt geboren en voorbestemd is om snel aangevallen te worden, soms zelfs voordat het van de vruchtzak is verlost. Af en toe vecht de tweede boreling zo goed terug dat hij wint. Maar wie ook de winnaar is, het zwakkere jong gaat vaak dood, hoogstwaarschijnlijk door uithongering, als verliezer in een harde concurrentiestrijd om de moedermelk. De bioloog Laurence Frank en collega's schatten dat in het Masai Mara Gamereservaat in Kenya een kwart van alle hyena-baby's door hun tweelingbroer of -zus wordt gedood.[13] De gewelddadige baby doet ons sterk denken aan het feit dat zuiver agressief gedrag kan ontstaan onder invloed van natuurlijke selectie.[14]

De hyenababy vertoont een extreme vorm van instinctieve agressie onder zoogdieren. Maar als dit agressie door emotie zou zijn, dan is het verhelderend doordat het zo ongewoon is. Zelfs voor gevlekte hyena's is agressie gewoonlijk veel machiavellistischer. De dood van een alfavrouwtje zal, bijvoorbeeld, alleen gevechten teweegbrengen tussen de vrouwtjes die zoveel bondgenoten hebben dat ze een goede kans maken de toppositie te veroveren, waarbij de dominantiestrijd zorgvuldig gepland lijkt in het voordeel van de agressor.

Bij chimpansees vindt een nog uitgebreider en ingewikkelder analyse plaats. Mannelijke rivalen wachten strategisch op het juiste moment; als dat aanbreekt, proberen ze de beste tactiek te kiezen. Agressie bij mannetjes in een chimpanseegemeenschap treedt het duidelijkst op in 'verkiezingstijd', tijdens die speciale momenten waarop de oude hiërarchie ineens wordt aangevochten. Dergelijke periodes komen vooral voor wanneer een jong, laaggeplaatst mannetje, wiens lichamelijke en politieke macht aan het groeien is, een oneerbiedige houding gaat aannemen tegenover de gevestigde autoriteit, iets dat kenmerkend blijkt uit de weigering onderdanigheid te tonen voor een hogergeplaatste senior. Onbesliste dominantieverhoudingen tussen een ambitieuze junior en een gevestigde senior kunnen zich uitbreiden naar hun alliantienetwerken en leiden tot geweld in de hele gemeenschap, zoals een machtsstrijd van mensen in de onderwereld een hele stad kan terroriseren. Tijdens zo'n machtsstrijd binnen de chimpanseegemeenschap kan het gemiddelde aantal overvallen met ruim een factor twee toenemen.[15] De duidelijke emotionele motivatie van de mannetjes komt de menselijke waarnemer vreselijk bekend voor. Maar als concurrenten elkaar treffen, lijken hun aanvallen geen wilde producten van blinde woede. Aanvallen kunnen doelbewust worden gepland, en soms zien ze er verrassend weloverwogen uit.

Jane Goodall heeft beschreven hoe Mike opklom in de mannelijke hiërachie in Kasekela. 'Nadat Mike bijvoorbeeld eens zes minuten naar een groep van zes volwassen mannetjes had zitten kijken die een meter of tien verderop aan het vlooien waren, kwam hij overeind en wandelde in de richting van mijn tent. Zijn haren stonden niet omhoog en hij toonde geen enkel teken van zichtbare spanning. Hij pakte twee lege blikken aan hun hengsels op, in elke hand één, en wandelde (rechtop) terug naar zijn vorige plaats, ging zitten en staarde naar de andere mannetjes, die in die tijd allemaal hogergeplaatst waren dan hijzelf. Ze waren nog steeds rustig aan het vlooien en hadden geen aandacht aan hem besteed. Na een tijdje begon Mike nauwelijks merkbaar naar links en naar rechts te wiebelen, zijn haren heel licht omhoog. De andere mannetjes bleven hem negeren. Geleidelijk wiebelde Mike wilder heen en weer en terwijl zijn haren helemaal rechtop gingen staan, liet hij een hijgend gegrom horen en intimideerde plotseling zijn superieuren op een directe manier door op de blikken te gaan slaan. De mannetjes namen de benen.'[16] Mike had een nieuwe techniek ontdekt om dominantie te tonen. Hij was eerst naar Goodalls tent gegaan, had het technische hulpmiddel gepakt, was teruggewandeld naar de plek waar de oude hiërarchie zat, en had zeer slim op de glimmende, luidruchtige metalen blikken geslagen en geroffeld terwijl hij een aanvallende houding aannam, waarmee hij op een effectieve manier zijn stijgende status als rivaal demonstreerde. Geen sprake van blind instinct.

Men hoeft niet bijzonder grootmoedig te zijn om chimpansees ten minste een beperkt besef van gezond verstand toe te kennen. Hun agressie lijkt stelselmatig rationeel in die zin dat dit gedrag gepaard gaat met een ingewikkelde taxatie van de werkelijke situatie. Mike handelde bijvoorbeeld alsof hij nadacht over de beste manier om zijn doel te bereiken. Dat wil echter niet zeggen dat hij zonder emotie handelde. Gezond verstand liet hem zien hoe hij de hooggeplaatste mannetjes kon imponeren. Maar hij werd daartoe aangezet door emotie. Dit is een mooie parallel met Galtons dwaling. Als we denken aan de uiteindelijke invloeden op het gedrag, dan moeten we erfelijkheid en omgeving als complementaire in plaats van elkaar uitsluitende alternatieven beschouwen.

En hetzelfde geldt als we kijken naar menselijk gedrag aan de hand van een theorie die in detail is uitgewerkt door Antonio Damasio, hoofd van de vakgroep neurologie van de Medische Faculteit aan de Universiteit van Iowa. Traditioneel wordt gesteld dat mensen problemen oplossen en beslissingen nemen door het evalueren van verschillende mogelijkheden of acties, waarna er één wordt gekozen – in het ideale geval de beste. Dit proces wordt gewoonlijk 'rationeel' genoemd, in dezelfde betekenis als de oorlogshistoricus Michael Howard het woord 'beredeneerd' gebruikt ten aanzien van de inschattingen van mensen over het al dan niet voeren van een oorlog. In eerste instantie lijkt dit een toepasselijk model.

Maar het onderzoek van Damasio verschaft ons nog een andere mogelijkheid om erachter te komen hoe mensen beslissingen nemen. Hij bestudeerde patiënten met hersenbeschadigingen die in de meeste opzichten volledig normaal zijn, maar die in één bepaald opzicht geremd of geestelijk verlamd zijn: ze kunnen geen beslissingen nemen. Door zijn onderzoek bij levende patiënten te combineren met een intensief onderzoek van de historische archieven (waaronder een gecomputeriseerde reconstructie van het meest spectaculaire negentiende-eeuwse geval van hersenbeschadiging, namelijk dat van de spoorwegarbeider Phineas Gage, bij wie door een explosie een ijzeren staaf van ruim een meter door zijn wang en via de bovenkant van zijn schedel weer naar buiten werd geschoten, en die daarbij volledig bij bewustzijn en intellectueel intact bleef, voldoende een persoonlijkheid om als een rariteit te worden tentoongesteld in Barnums American Museum in New York), vond Damasio dat al deze patiënten één ding gemeen hadden. Ze waren allemaal gewond of beschadigd op een speciale plaats in de prefrontale hersenschors. Hersenbeschadiging in dit gebied leidt tot twee belangrijke gevolgen: ten eerste een algemeen gebrek aan initiatieven; ten tweede een vreemd emotioneel vacuüm, zodat de patiënt emotieloos is en zich niet betrokken voelt bij de wereld om hem heen, zich niet meer bekommert om het leven.

Damasio en zijn team werkten intensief met een dergelijke patiënt, Elliot geheten. Elliots intellectuele vermogen, sociale gevoeligheid en moraal werden onderzocht met een hele batterij van testen die hij zeer goed uitvoerde. In de meeste omstandigheden communiceerde en reageerde Elliot als ieder ander normaal mens. Hij was bedaard en had gevoel voor humor. Hij was zich bewust van oorzaak en gevolg. Hij kwam met juiste oplossingen voor hypothetische problemen, en hij kon zonder moeite de consequenties beschrijven van theoretische oplossingen voor hypothetische problemen. Maar als hij daadwerkelijk een probleem moest oplossen, kon hij alleen maar steeds opnieuw de verschillende mogelijkheden analyseren. Hij was niet in staat een besluit te nemen. Dit type intellectuele stilstand – het onvermogen om te kiezen voor een bepaalde koers – had grote invloed op zijn dagelijkse leven. Na het oplopen van de hersenbeschadiging kon Elliot 's morgens niet opstaan zonder daartoe aangezet te worden, terwijl in zijn werk ieder initiatief ontbrak. Hij ging simpelweg door met de taak die hem was opgedragen, omdat hij niet kon besluiten dat het tijd werd om door te gaan met het volgende probleem. Hoewel hij even goed kon nadenken als vroeger, had hij het vermogen verloren tot het nemen van beslissingen.

Damasio meent dat zulke patiënten geen besluit kunnen nemen omdat hun hersenen niet in staat zijn om emotionele waardes te verbinden met het intellectuele programma van mogelijke keuzes. Doordat ze niet kunnen aanvoelen welke oplossing hen het beste voorkomt, kunnen ze geen keuze maken. Deze patiënten laten zien dat zuivere rede niet toereikend is voor het nemen van een beslissing, een hypothese die volgens Damasio op ons allemaal van toepassing is. De rede ontwikkelt de lijst met mogelijkheden, het gevoel maakt een keuze uit die lijst.[17]

Mensen hebben, vergeleken met chimpansees, uiteraard een enorm vermogen tot redeneren, terwijl chimpansee op een vergelijkbare manier cognitief veel beter zijn dan de meeste andere dieren. Maar tegelijkertijd hoeven volgens Damasio's model deze verschillen in redeneringsvermogen niet de essentiële structuur van de besluitvorming te veranderen. Een individu van een slimmere soort zal misschien meer mentale opties ontwikkelen, er bewuster mee omgaan en in staat zijn de logische consequenties langer te volgen; maar daarna blijft het individu nog steeds zitten met een stel mogelijkheden waaruit hij moet kiezen. Mens of chimpansee, de laatste mentale handeling die de probleemoplosser moet verrichten in het proces van besluitvorming berust op gevoel. Optie A zal tot Uitkomst 1 leiden. Optie B zal tot Uitkomst 2 leiden. Voor elke uitkomst moet het brein nu een voorstelling gaan maken, er een emotionele kwaliteit aan toekennen, en dan gaan vergelijken hoe de verschillende emoties aanvoelen. *Ik vind het gevoel van de voorstelling die door Uitkomst 1 is geproduceerd prettig. Maar ik vind het gevoel van de voorstelling van Uitkomst 2 nog prettiger!*

Men heeft altijd geaccepteerd dat dieren uit gevoel handelen; maar mensen kunnen, volgens Damasio, nooit handelen zonder gevoel. Ineens is de schijnbare kloof tussen de mentale processen van chimpansees en onze soort gereduceerd tot een begrijpelijk verschil. Mensen kunnen beter redeneren, maar rede en gevoel zijn zowel bij de mens als bij de chimpansee op een parallelle manier gekoppeld. Voor beide soorten geldt dat het gevoel het stuur in handen heeft en de rede (of de berekening) de wegbereider is.

We zijn nu toe aan de vraag wat de oorzaak van de agressie is. Als bij beide soorten gevoel de uiteindelijke arbiter van de handeling is, welk type emoties liggen dan ten grondslag aan geweld? Dat zijn er duidelijk vele. Maar één valt in het oog. Van de overvallen van chimpansees in Gombe tot de oorlogen tussen menselijke staten, lijkt dezelfde emotie een bijzonder belangrijke rol te spelen, een emotie die we als vanzelfsprekend beschouwen en die we heel eenvoudig karakteriseren, maar die ons niettemin ver terugvoert naar onze dierlijke oorsprong: trots.

Chimpanseemannetjes strijden veel agressiever om de dominantie dan vrouwtjes. Als een laaggeplaatst mannetje weigert zijn superieur te groeten met een van de traditionele gebruiken, bijvoorbeeld met een zachte grom, dan zal de superieur voorspelbaar kwaad worden. Vrouwtjes kunnen echter dergelijke beledigingen aan zich laten voorbijgaan. Ze kunnen zeker agressief tegen elkaar zijn en ze kunnen politiek gezien even bedreven zijn als mannetjes wat betreft het gebruik maken van coalities om hun doel te bereiken.[18] Maar vrouwelijke chimpansees doen alsof ze hun status niet zo belangrijk vinden als de mannetjes.

Hiertegenover overdrijven we slechts weinig als we zeggen dat een chimpanseemannetje in de kracht van zijn leven alles in het teken stelt van zijn positie in de rangorde. Zijn pogingen om de alfastatus te verkrijgen en te behouden zijn uitgekookt, standvastig, energiek en tijdverslindend. Ze zijn van invloed op degene met wie hij trekt en die hij vlooit, waar hij naar kijkt, hoe vaak hij zich krabt, waar hij heen gaat, en de tijd waarop hij 's morgens opstaat. (Zenuwachtige alfamannen staan vroeg op en maken vaak andere wakker met hun overenthousiaste imponeervertoon.) Die gedragingen zijn niet afkomstig van een drang om gewelddadig te zijn uit eigenbelang, maar van een reeks emoties die, wanneer ze door mensen worden geuit, 'trots' of, iets negatiever, 'arrogantie' worden genoemd.

De mannelijke chimpansee gedraagt zich alsof hij wordt opgejaagd om de top van de hele gemeenschap te bereiken. Maar zodra hij als de alfa is geaccepteerd (met andere woorden, zodra zijn autoriteit zodanig vastligt dat die niet meer wordt aangevochten), vermindert zijn neiging tot geweld indrukwekkend. Persoonlijke verschillen plus de verschillen in het aantal en de handigheid en de effectiviteit van zijn uitdagers bepalen de mate waarin hij zich kan ontspannen. Als een mannetje eenmaal de top heeft bereikt, kan hij echter met evenveel gemak een minzame leider worden als hij vroeger een geïrriteerde uitdager werd. Waar de meeste chimpanseemannetjes naar streven is de toppositie, de enige rang waarin je nooit voor iemand hoeft te kruipen. De moeilijkheid om daar te komen is dat wat de agressie oproept.[19]

De mannen in het achttiende-eeuwse Engeland gebruikten minder dramatische tactieken dan chimpansees in het wild, maar de scherpzinnige waarnemer Samuel Johnson meende dat aangelegenheden over de status even ingrijpend waren: 'Geen twee mensen kunnen een half uur samen zijn of een van hen zal een zichtbare superioriteit over de ander verwerven.' Trots is kennelijk een prikkel voor veel intermenselijke agressie, en we kunnen rustig stellen dat deze emotie gedurende ontelbare generaties is geëvolueerd, waarbij mannen die een hoge status verwierven hun sociale succes konden vertalen in meer nakomelingen. Mannelijke trots, de bron van zoveel conflicten, wordt redelijkerwijs gezien als het mentale equivalent van brede schouders. Trots is ook een nalatenschap van seksuele selectie.

Maar kan ook oorlogvoering hiermee worden verklaard? De directe oorzaken van oorlogen zijn even gevarieerd als de belangen en de politieke argumenten van diegenen die ze ontketenen, maar bij nadere analyse kunnen we een duidelijke conclusie trekken: oorlogen vinden hun oorsprong in de concurrentieslag om maatschappelijk aanzien.

De Peloponnesische Oorlog, de eerste grote oorlog tussen meerdere staten, die van 421 tot 404 voor Christus Griekenland verwoestte en tot de totale ondergang van Athene leidde, werd jarenlang bestudeerd door de eerste grote historicus, Thucydides, die uiteindelijk meende de oorzaak ervan te hebben begrepen. 'Wat de oorlog onvermijdelijk maakte, was de groei van de Atheense macht en de angst die dit in Sparta teweegbracht.'[20] Sparta en Athene waren oude bondgenoten die zich hadden verenigd tegen de tirannie van Perzië. Door de omvang van zijn legers had Sparta de Peloponnesische Bond gedomineerd. Feitelijk stond de Bond ook bekend als 'Sparta en zijn bondgenoten'. Maar gedurende de vierde eeuw voor Christus ging Athene, als gevolg van een uitbreiding van de zeevloot, zijn eigen rijk ontwikkelen. De rivaliteit tussen Sparta en Athene leidde tot oorlog, gevoed door grensgeschillen en handelsconflicten, winstverwachtingen, individuele verraderlijke of eerzuchtige acties, en door al die ingewikkelde verdeelde loyaliteiten en persoonlijke ambities die elke oorlog kenmerken. De essentiële drijfkracht was echter, volgens Thucydides, dat Sparta de groei van de Atheense macht gadesloeg, het resultaat vreesde en besloot de dreiging te beantwoorden.[21] Michael Howard stelt dat dezelfde logica van toepassing is op de hele geschiedenis, van de Peloponnesische Oorlog tot de Wereldoorlogen van de twintigste eeuw. Mannen vechten, schrijft hij, 'niet omdat ze agressief zijn, noch omdat ze hebzuchtige dieren zijn, maar omdat ze redenerende dieren zijn: omdat zij gevaren onderscheiden, of menen te onderscheiden, voordat die direct worden, en mogelijke bedreigingen zien voordat deze zijn uitgevoerd.'[22]

We kunnen Sparta en Athene eenvoudig vervangen door de namen van twee mannelijke chimpansees binnen dezelfde gemeenschap, waarbij de ene opklimt in de rangorde en de andere angstvallig probeert zijn hoge status te behouden.

Zelfs al was Athene's macht groter geweest dan die van Sparta, dan nog zou de toekomst onzeker zijn geweest. Athene zou minzaam kunnen zijn gebleven, of door een natuurramp zijn verwoest, of door een andere vijand zijn ingenomen. Sparta wist evenwel dat de kans groot was dat Athene van zijn macht gebruik zou gaan maken, omdat Griekse stadstaten zich, kennelijk, gedroegen zoals mensenmannen of chimpanseemannen zich gedragen. Het is daarom makkelijk voor te stellen dat de Peloponnesische Oorlog is begonnen als een gevolg van de strijd tussen twee trotse stadstaten, geregeerd door trotse mannen die zich – als twee stoere knapen die in een kroeg de vuisten ballen – niet rationeel maar emotioneel druk maken over wie de grootste en de sterkste is. Welke stadstaat is nummer een? Wie is de echte supermacht in de

Peloponnesus? Trots, het emotionele stelsel dat de strijd om status drijft, doet ons misschien denken aan de Peloponnesische Oorlog, maar het kan ons ook doen denken aan de tegenwoordige gevechten tussen straatbendes, zoals Sanyika Shakur zich die herinnert uit de begindagen van Crips en Bloods in Los Angeles. 'Onze oorlog werd, evenals de meeste bendeoorlogen, niet gevochten vanwege een territorium of een of ander speciaal doel, maar alleen om de vernietiging van individuen, van menselijke wezens. Ons idee was om zo veel mensen om te leggen, zo veel angst en ellende te veroorzaken dat ze tot bezinning zouden komen en zich zouden realiseren, dat ze met hun bemoeiingen bij ons aan het verkeerde adres waren. En hun doel, daar ben ik zeker van, was hetzelfde.'[23]

Sparta's schijnbaar rationele angst, vastgelegd in het geëvolueerde systeem van denken en voelen, was gebaseerd op een redelijke inschatting van de Atheense bedoelingen – maar ook op het onbewuste gevoel dat het altijd de moeite waard is om de baas te zijn, een emotie die er niet voor niets is. We kunnen dit gevoel ongetwijfeld overwinnen, maar de neiging ten gunste ervan is zeer krachtig. Uit overwegingen van trots raken we bij gevechten betrokken of streven we naar absolute heerschappij over een andere natie.[24]

Mannen worden geboren met een lichaam dat is gewapend voor agressie, en emotioneel gezien lijken ze klaargestoomd voor het najagen van een hoge status. Maar hetzelfde kan worden gezegd van een solitaire soort als de orang-oetan, terwijl mensen net als chimpansees uitzonderlijk sociaal zijn. In allerlei opzichten gaan de interessantste vragen over het temperament van mannelijke mensen vervolgens altijd over de erfenis van de sociale agressie.

In 1960 gingen drie dikke vrienden uit New York studeren in North Carolina op een basketbalbeurs. Ze waren alledrie topspelers. Bovendien zouden ze naar dezelfde staat gaan, zodat ze wisten dat ze de oude band konden voortzetten. Wat deze jongemannen op dat moment echter niet wisten was dat er tussen hun universiteiten, de Duke University en de University of North Carolina, een bittere rivaliteit bestond. Art Heyman ging naar Duke; Larry Brown en Doug Moe gingen naar North Carolina. Die rivaliteit betekende het einde van hun vriendschap. Toen zij tegen elkaar speelden als eerstejaars, waren ze geen vroegere vrienden meer, maar serieuze vijanden. Moe spuugde naar zijn vroegere vriend Heyman. En in het volgende seizoen, nadat Brown en Heyman tegen elkaar tekeer waren gegaan tijdens een wedstrijd, gingen ze zo heftig met elkaar op de vuist dat er tien agenten nodig waren om ze uit elkaar te halen.[25]

De botsing tussen individuele vriendschappen en groepsloyaliteit is onderwerp van wel duizend toneelstukken, boeken, opera's en geschiedenissen. Een groep vereist een uitzonderlijke toewijding, zelfs een groep die zo ver van onze geëvolueerde, op familie gebaseerde, samenlevingen afstaat als een basketbalteam. Maar waarom is dat zo? Is de aantrekkelijkheid van een groep het gevolg van rationele overwegingen, of is het de reactie van een oud mensapenbrein?

De sociale psychologie stelt die vraag niet, maar heeft wel laten zien dat groepsloyaliteit en groepsvijandigheid met een belachelijk voorspelbaar gemak kunnen ontstaan. Het oorspronkelijke experiment werd uitgevoerd in een zomerkamp in de buurt van Robber's Cave in Oklahoma.[26] Daartoe werden in de jaren vijftig tweeëntwintig blanke, protestante, goed opgevoede, elfjarige jongens uit de middenklasse uitgenodigd om te komen kamperen. De psychologen die in het kamp werkten, verdeelden de jongens in twee aparte groepen. Vrienden werden zo veel mogelijk gescheiden. Het doel van de onderzoekers was om uit te zoeken hoe makkelijk groepsvijandschap zou kunnen ontstaan.

Bij beide groepen duurde het een week voor ze een eigen identiteit, een leider en een cultuur hadden. De ene groep noemde zichzelf de Rattlers (ratelslangen); deze jongens gingen er prat op stoer te zijn, bijvoorbeeld door niet te willen klagen over verwondingen. De andere groep, de Eagles (adelaars), hield zich vooral bezig met het beschimpen van heimwee. Ten slotte werd er een groot toernooi georganiseerd. Vijf dagen lang zouden de Rattlers en de Eagles elkaar beconcurreren om prijzen.

Het begon goed met een eerlijk verlopen honkbalwedstrijd. De Eagles verloren. Maar die avond verbrandden de Eagles tijdens een verrassingsaanval de vlag van de Rattlers. De volgende dag begon de leider van de Rattlers een vechtpartij om de leider van de Eagles zo ver te krijgen dat hij het verbranden van de vlag toegaf. Toen meer jongens gingen meedoen, vonden de onderzoekers dat het tijd werd om in te grijpen. Hierdoor werd de strijd voorlopig gestaakt, maar uren later laaide hij weer op. Die avond overvielen de Rattlers de Eagles; de Eagles namen wraak door zelf een overval te plegen. Deze keer vochten de jongens met stokken en knuppels, en stonden klaar om zichzelf met stenen te bewapenen. Maar toen stalen de Rattlers de trofeeën van de Eagles, en bij de onderhandelingen om ze terug te krijgen, eisten de Rattlers dat de Eagles zich zouden vernederen door op hun buik te gaan kruipen. Toen de onderzoekers zagen dat de boel uit de hand ging lopen, wisten ze de verhouding tussen de jongens enigszins te herstellen door opdrachten te geven die alleen door de twee groepen gezamenlijk konden worden uitgevoerd.

Bij het Robber's Cave-experiment werden kinderen in een bos geobserveerd. Maar hetzelfde type experiment werkt evengoed met volwassenen in het bedrijfsleven, en is overtuigend herhaald in tientallen andere omstandigheden.[27] Mensen vormen makkelijk groepen, bevoordelen de mensen uit hun eigen groep, en worden snel agressief tegen buitenstaanders. Iedereen verafschuwt dergelijke neigingen. Ze leiden tot allerlei 'ismen' – racisme, seksisme, etnocentrisme, enzovoort. En toch vallen we er allemaal met een verontrustend gemak aan ten prooi.[28]

Volgens sociaal-psychologen begint het proces met het categoriseren van mensen, door mensen in gedachten onder te brengen in ruwe, algemene klassen, wat uiteindelijk neerkomt op Wij tegenover Zij. Vervolgens gaan mensen discrimineren en Wij bevoorrechten boven Zij, zelfs wanneer er geen enkele grond is voor een classificatie – bijvoorbeeld, wanneer iemand het aantal stippen op een scherm over- of onderschat. En ten slotte wordt er in stereotypen ingedeeld. Er worden aardige dingen over Wij gezegd en gemene dingen over Zij.[29]

Deze natuurlijke neiging wordt het 'eigen groep eerst' vooroordeel genoemd. Deze neiging is vaak etnocentrisch, wat betekent dat de eigen groep en de vreemde groep worden beschouwd alsof ze van een ander ras zijn, een andere etnische achtergrond hebben. Het kan echter even makkelijk betrekking hebben op andere categorieën, zoals godsdienst, sekse, leeftijd of sportteams. In grote tegenstelling tot veel of de meeste andere processen die door sociaal-psychologen zijn beschreven, wordt dit complex door hen bestempeld als universeel en onuitroeibaar.[30] In het uiterste geval worden Zij door de 'eigen groep eerst' neiging in feite ontmenselijkt, dat wil zeggen dat moreel recht niet van toepassing is op Zij en dat daarom zelfs gewone en zeer morele mensen met een zuiver geweten de meest afschuwelijke dingen kunnen doen. Tijdens de eerste vijftig jaar van de Spaanse verovering van de Nieuwe Wereld beschouwden de Spanjaarden de Indianen niet als echte mensen. Volgens een getuigenis uit die tijd waren ze beter voor hun hond, terwijl ze 'de inheemse bevolking terroriseerden, kwelden, mishandelden en vernietigden, dit alles op de meest vreemde en zeer verschillende wrede manieren waar niemand ooit eerder van had gehoord.'[31] Bovendien werd in het begin van de negentiende eeuw, dankzij de Amerikaanse doctrine van de Onloochenbare Bestemming, de agressieve territoriale expansie van landhongerige Europese emigranten ten koste van inheemse stammen gerechtvaardigd, uitgaande van een morele superioriteit over 'de wilde Indianen'.[32] Dit gaat door van de holocaust via de jacht op de Bosjesmannen door Boeren tot de etnische zuivering van de Bosniërs: meer voorbeelden hoeven we niet te geven. Vaak bereikt de 'eigen groep eerst' neiging het niveau van bizarre absurditeit, terwijl het op andere momenten belachelijk triviaal lijkt, bijvoorbeeld wanneer kinderen met elkaar op de vuist gaan nadat ze willekeurig in groepen zijn ingedeeld en van de onderwijzer verschillend gekleurde kleren hebben gekregen. Hoe dan ook, het verschijnt snel en sterk.

Als een emotie die de solidariteit binnen een groep en de vijandschap tussen groepen bevordert, is het 'eigen groep eerst' vooroordeel zeker te verwachten bij een soort met een lange geschiedenis van onderlinge groepsagressie. Ook al is het vaak dom en wreed, toch kan dit gevoel zijn geëvolueerd als een onderdeel van de winnaarsstrategie. Darwin legde het als volgt uit: 'Een stam met veel leden die, doordat ze in hoge mate een gevoel van patriotisme, loyaliteit, gehoorzaamheid, moed en medeleven bezitten, altijd bereid zijn elkaar te helpen en zichzelf op te offeren voor het algemeen welzijn, zal altijd zegevieren over de meeste andere stammen, en dit zou berusten op natuurlijke selectie.'[33] Darwin schreef die passage om te laten zien hoe moraliteit zou kunnen ontstaan vanuit natuurlijke selectie voor solidariteit.[34] Natuurlijk is het een aantrekkelijk idee dat moreel gedrag ten opzichte van de 'eigen soort' wortels heeft in de evolutiegeschiedenis. Maar achter dat aantrekkelijke idee doemt ook een onaantrekkelijk idee op, namelijk dat moreel gedrag gebaseerd op loyaliteit binnen de eigen groep in de evolutiegeschiedenis kon functioneren omdat de groepen in feite agressiever werden.

De 'eigen groep eerst' neiging draagt bij aan allerlei groepsmisdaden die voortdurend door individuen worden gepleegd. Collectieve opwinding maakt het effect alleen maar sterker. In 1930 werd in het zuiden van Amerika de zwarte Amerikaan James Irwin gelyncht op verdenking van het verkrachten en vermoorden van een blank meisje. 'Irwin werd met kettingen aan een boom gebonden,' zo vertelt een historicus ons. 'Ongeveer duizend mensen waren aanwezig, waaronder enkele vrouwen en kinderen die een beetje achteraf stonden. Leden van de bende sneden gewricht voor gewricht zijn vingers en tenen af, die door de leiders als souvenirs werden meegenomen. Vervolgens werden zijn tanden met een nijptang uitgetrokken.' Zo ging het door. James Irwin werd gecastreerd, in brand gestoken en doodgeschoten.[35] Een typisch, afgrijselijk voorbeeld van volkswoede.

Het is met name afschuwelijk om te realiseren dat mensen die dergelijke lynchbendes vormen, of op georganiseerde bijeenkomsten uit hun bol gaan of vrouwen verkrachten of bedreigen, meestal gewone mensen zijn. De volgende dag hebben ze misschien spijt van hun 'dwaasheden' wanneer ze naar hun gewone leven met gewone emoties terugkeren. Het kan alcohol zijn die de remmingen heeft losgemaakt, maar dat is niet per se noodzakelijk. De pure opwinding van het moment zelf kan als een verdovend middel werken – precies wat individuen kan overkomen als ze zichzelf verliezen in de opwinding van een grote menigte. Door zichzelf te verliezen, verliezen ze echter gewoonlijk ook hun redeneringsvermogen en geven ze zich volledig over aan ongecontroleerde emoties. De journalist Bill Buford heeft eens beschreven hoe het voelt om middenin een menigte Britse voetbalfans te verkeren: 'Ze hebben het over stuff, de kick, en een shot. Een van die knapen, een caféhouder, praat erover alsof het om iets chemisch gaat, een hormoonspray of een of ander gifgas.' Buford zelf had net zo'n gevoel: 'Ik word aangetrokken naar het moment waarop het bewustzijn ophoudt: de momenten van overleving, van dierlijke intensiteit, van geweld... Wat betekende het voor mij? Een ervaring van absolute vervulling.'[36]

De-individualisering is de formele naam voor het onbedachtzame wegzinken van de persoonlijke identiteit in de groep van Wij. Er is weinig reden waarom dit verschijnsel een rol zou spelen in het temperament van een soort waarin weinig agressie tussen groepen voorkomt. Maar als we eens wat beter naar de mens kijken, die als een handige en rechtopstaande soort na een vijf miljoen jaar durende selectie voor effectieve onderlinge groepsagressie tevoorschijn is gekomen, is de-individualisering buitengewoon zinnig. In de woorden van de socioloog Georg Simmel produceert de-individualisering een 'groots enthousiasme en een onbeperkte bereidheid tot het brengen van offers.'[37] Dat ook onverantwoordelijkheid en uiterst onplezierig gedrag er het gevolg van kan zijn, is alleen van belang vanuit het standpunt van Zij.

Een van de sociaal-wetenschappelijke handboeken karakteriseert het 'wilde, impulsieve gedrag' en de 'antisociale acties' van een groep als volgt: 'Het is juist in dergelijke situaties dat menselijke wezens zich kunnen keren tegen hun mannelijke en vrouwelijke medemensen met een wreedheid en een bruutheid die nog door geen enkel ander levend schepsel op aarde zijn geëvenaard.'[38] In werkelijkheid wordt die wreedheid door verscheidene andere levende schepsels geëvenaard. Menselijke wreedheid is niet iets unieks. Het komt ook bij andere bendevormende soorten voor. En bij de soorten die de neiging tot het in stukken scheuren van een vijand met ons gemeen hebben, zullen we, zij het in een primitievere vorm, waarschijnlijk dezelfde processen ontdekken die op hardvochtige wijze de effectiviteit zullen verhogen waarmee een groep een boef vernietigt.

Onze mensaap-voorouders hebben ons een nalatenschap doorgegeven die wordt gekenmerkt door de kracht van natuurlijke selectie en die is beschreven in de moleculaire eigenschappen van DNA. Voor het grootste deel is het een prachtige erfenis, hoewel één kant ervan destructieve elementen bevat. Nu we de wapens bezitten voor massavernietiging, bevordert die kant de mogelijkheid van onze eigen uitsterving. Mensen weten zulke dingen intuïtief al heel lang en hebben daarom culturen opgebouwd met wetten en rechtspraak, diplomatie en bemiddeling, in het ideale geval altijd een stap vóórblijvend op de oude gewelddadige beginselen. En we mogen hopen dat mannen zich uiteindelijk zullen realiseren dat geweld niets oplevert.

Het probleem is dat mannen demonisch zijn op een onbewust en irrationeel niveau. De motivering van een chimpanseemannetje die de rang van een ander uitdaagt is niet dat hij meer paringen of beter voedsel of een langer leven kan voorzien. Die beloningen verklaren waarom seksuele selectie het verlangen naar macht heeft bevoordeeld, maar de directe reden van zijn streven naar status is eenvoudiger, diepgaander en minder onderworpen aan de grillen van de context. De reden is domweg het domineren van zijn groepsgenoten. Onbewust van de evolutionaire principes die dit trotse doel tot onderdeel van zijn aard hebben gemaakt, bedenkt hij strategieën die ingewikkeld en origineel zijn, misschien zelfs bewust. Om dezelfde reden is de motivatie van mannelijke chimpansees die op grenspatrouille gaan niet het verkrijgen van land of het veroveren van vrouwtjes. Het door de natuur ingegeven oogmerk is het intimideren van de tegenstanders, hen tot moes te slaan, het verminderen van hun vermogen tot uitdaging. Overwinnen is een doel op zich geworden.

Bij mensenmannen ziet het er precies zo uit.

10
De zachtaardige mensaap

HOEWEL HIJ NOG nooit naar Djolu had gevlogen, was de landingsbaan wel op zijn kaart aangegeven, legde de piloot ons uit. 'Tot halverwege is het vertrouwd terrein,' zei hij. 'Er is een missiepost. Een klein dorp met een kleine kliniek voor zwangere vrouwen. Ze krijgen honderd patiënten tegelijk. Daarna zullen we anderhalf uur lang niet veel hutten en dorpen zien, alleen broccoli – zo noem ik bomen. En dan landen we op een kleine baan midden in het woud.'

Het weerbericht werd ons doorgegeven: 'De regen is gestopt. Er is dunne laag wolken met enkele scheuren, zodat een hoger niveau zichtbaar wordt.' En dus klommen we in het vliegtuig. De piloot wees naar de luchtziektezakjes, gespte zijn witte valhelm vast, deelde chocoladekoekjes uit, startte de beide motoren, waarna we over de baan hobbelden, snelheid maakten, loskwamen en stegen, en van richting veranderden boven het Kivu-meer om boven de boomtoppen koers te zetten naar het westen.

Na anderhalf uur daalden we spiraalsgewijs en landden op de missielandingsbaan om de 'eens per twee maanden' post af te leveren. Daarna startten we weer, stegen op en vlogen de volgende twee uur westwaarts, voornamelijk over bossen en een incidentele rivier. Langzaam maar zeker zagen we een paar tekenen van menselijke aanwezigheid. Op de kaart van de piloot, uitgespreid op zijn schoot, stonden cirkeltjes en vierkantjes, aangeduid als 'kerk' en 'open plek' en 'plantage', en ook een paar namen van dorpen: Bolingo, Yaleta, Itenge, Bumbo, Djolu. We vlogen boven een paar cirkeltjes en vierkantjes; en de piloot schreef op zijn kaart allerlei nuttige aanwijzingen voor zijn eigen terugreis, zoals 'varkensstal' en 'metalen dak' en 'rij huizen' en 'grote barak'.

Ten slotte ontdekten we een modderig pad en een paar bruine gaten in het woud. We doken onder de wolken, kwamen in turbulente lucht terecht, vlogen over wat plekken met landbouwgewassen, over plaatselijk verdwenen woud, een met riet afgedekt huis, rook, tinnen daken, rechthoekige huizen, en toen een heel dorp. Het vliegtuig viel en hing scheef in een luchtzak, maar ineens waren we onder de bomen en kwamen direct neer op een onverharde plek die uit het woud was weggekapt. Djolu.

Tijdens een acht uur durende ruzieachtige onderhandeling over de hoogte van de vergoeding voor de teruggave van onze paspoorten, werden we door de districtscommissaris in Djolu vastgehouden. De toestemming om via de brug van vier boomstammen Djolu te verlaten kwam die avond, waarna we in een geleend voertuig over het tachtig kilometerlange pad reden naar het dorp Wamba, naar Takayoshi Kano's huis en de onderzoeksplaats.

Overdag is het dorp Wamba, stil en zonovergoten, aan beide kanten van de weg van Djolu te zien. In het gras aan de kant van de weg fladderen witte vlinders die zich verspreiden in de zachte wind. Het huis van Kano, van lemen blokken en een tinnen dak met ernaast een gele regenton, staat aan de ene kant van de weg. Een kip stapt pikkend door keukenafval in de ingang. Aan de andere kant wordt door een dertigtal jongens en jonge mannen uit Wamba serieus gevoetbald op een open veld. De geur van houtrook stijgt omhoog.

Dit is de wereld van de Mongandu. Door de slechte toestand van de wegen kunnen de inwoners moeilijk hun gewassen verkopen of een baan zoeken, waardoor ze hun oude gewoontes, zoals intensieve jacht, weer hebben opgepakt. Olifanten, luipaarden, apen, antilopen, grote vogels. Vrijwel allemaal zijn ze verdwenen. Maar het bos is hier nog steeds betoverend. De Mongandu geloven dat mensen en bonobo's ooit als broers leefden[1], en daarom hebben ze nooit op bonobo's gejaagd.[2] Je kunt uren door het woud lopen zonder een enkel groot dier te zien. Je vraagt je af of je een bonobo zal vinden voordat je door de hitte en de vochtigheid bent uitgeput. En dan hoor je eindelijk iets waarvan je in het begin denkt dat het vogels in de boomtoppen zijn: een koor van hoge stemmen, van gekwetter en gepiep en schel zacht geschreeuw...

In het najaar van 1928 onderzocht Ernst Schwarz, een Duitse anatoom met een grote kennis van primaten, gedurende een aantal weken nieuwe specimens in het Kongomuseum in het Belgische Tervuren. Er was een stroom van recente aanwinsten binnengekomen, waaronder chimpanseeschedels die vanuit de Kongo – het tegenwoordige Zaïre – in drie afzonderlijke scheepsladingen in december 1927 waren verstuurd. Maar Schwarz merkte iets vreemds op. Een van de chimpanseeschedels was merkwaardig klein. Hij keek er wat nauwkeuriger naar, en binnen een paar weken, op 13 oktober 1928, maakte hij op een bijeenkomst van de Cercle Zoologique Congolais het bestaan bekend van een tot dan toe onbekende variant van de chimpansee, een geheel nieuwe soort die hij *Pan paniscus* noemde, de dwergchimpansee of, zoals het dier later genoemd zou worden, de bonobo.[3]

Dus op een halve wereld afstand vanwaar wij leven, en bijna vijftig jaar nadat er voor het eerst een specimen in een Europees museum was gedeponeerd⁴, kwamen de bonobo's⁵ kalm de wereld van de moderne wetenschap binnen.

De reden waarom het zo lang heeft geduurd voordat de bonobo's werden ontdekt, is simpel. Zij lijken erg veel op chimpansees. Zelfs experts halen de twee soorten makkelijk door elkaar. Van de eerste generatie Amerikaanse primatologen was Robert Yerkes de prominentste. Hij was de auteur van originele boeken als *The Great Apes* (De grote mensapen) en *Chimpanzees*, en oprichter van wat nu het belangrijkste primatenonderzoekscentrum van de wereld is.⁶ Yerkes was dol op mensapen, zowel op het persoonlijke als op het wetenschappelijke vlak. Hij voedde chimpansees op, fokte ze en had bovendien enkele als huisdier. Een van zijn bekendste mensapen, Chim, wordt nu beschouwd als een bonobo⁷, maar deze soort was in 1923 en 1924, de jaren die Yerkes met Chim doorbracht, nog niet als zodanig erkend. Chim verbleef op Yerkes' boerderij in New Hampshire samen met Panzee, een chimpanseevrouwtje; beide waren ongeveer twee jaar oud, en Yerkes verbaasde zich over hun verschillend temperament. In een populairwetenschappelijk boek wijdde de primatoloog een heel hoofdstuk aan Chim omdat 'ik in mijn hele praktijk als onderzoeker van diergedrag nog nooit een dier heb ontmoet dat Prince Chim wat betreft lichamelijke perfectie, alertheid, aanpassingsvermogen en plezierige karakter kan evenaren.' Hij schreef dat iedereen die hem zag, hem 'een ongewoon type [vond] dat zelden in Amerika voorkwam', en hij speculeerde zelfs dat Chims aard 'typische kenmerken van een soort of een biologische variëteit' vertoonde. Uiteindelijk beschouwde Yerkes Chim toch als een chimpansee, zij het als een uitzonderlijk individu. 'Ongetwijfeld komen er bij mensapen ook geniale individuen voor,' concludeerde Yerkes, en zijn geliefde Chim was één daarvan.⁸

Ondanks hun oorspronkelijke naam 'dwergchimpansee' zijn bonobo's maar een beetje kleiner dan chimpansees. De schaarse gegevens waarover we kunnen beschikken, geven aan dat ze gemiddeld evenveel wegen als de kleinste chimpansees die we kennen, die uit Gombe: ongeveer negenentwintig kilo voor een vrouwtje, veertig kilo voor een mannetje. Hun hoofd is klein, het lichaam slank. Hun armen en benen zijn lang, het hoofdhaar is in het midden gescheiden, en hun mond en gebit zijn klein. Het aangezicht is gewoonlijk donkerder dan van chimpansees (die vaak bleke gezichten hebben, vooral als baby), en verder hebben ze rose lippen. Aan deze kenmerken kunnen we de bonobo herkennen.

Het fascinerende van de bonobo-anatomie is dat het ons in staat stelt terug te kijken naar hun voorouderlijke verwantschap met chimpansees en gorilla's. Het schouderblad van bonobo's is bijvoorbeeld lang en dun vergeleken met de kortere en bredere versie van chimpansees en gorilla's. Het unieke bonobo-schouderblad is dus geëvolueerd nádat de voorouders van de chimpansee en de bonobo uit elkaar zijn gegaan (wat natuurlijk plaatsvond lang nadat hun gemeenschappelijke voorouder zich van de gorilla afsplitste). Hetzelfde geldt voor de meeste andere kenmerken. Gebleken is dat chimpansees meer gorilla-achtig zijn dan bonobo's wat betreft hun chromosomen, groeipatroon, bloedgroepen, hun geroep en hun uiterlijk. In seksueel en sociaal gedrag lijken chimpansees noch bonobo's veel op gorilla's; beide soorten gedrag zijn echter, zoals we nog zullen zien, bij bonobo's buitensporiger dan bij chimpansees. Eerder hebben we al beweerd dat chimpansees een conservatieve soort zijn, maar toen hebben we de bonobo's niet genoemd. Nu hebben we nog een bewijs hoe conservatief chimpansees in feite zijn, omdat bonobo's zich ook snel van het chimpanseetype hebben afgekeerd. Anders gezegd, het is beter voorstelbaar dat bonobo's afstammen van een chimpansee-achtige voorouder dan chimpansees van een bonobo-achtige voorouder. Volgens de genetische datering is de splitsing ergens tussen 1,5 en 3 miljoen jaar geleden opgetreden.[9]

Hoewel bonobo's zeer zeker anders zijn dan chimpansees, zijn de lichamelijke verschillen tussen de twee soorten minder groot dan de gemiddelde verschillen tussen veel populaties mensen. Maar zodra je ze in een bos waarneemt, zijn de verschillen duidelijk te merken. Chimpanseegroepjes communiceren met elkaar door middel van kolossale schorre schreeuwen, geloei en geblaf die een kilometer verder te horen zijn. Het equivalente geroep van bonobo's is een kort, hoog en zacht geloei dat veel minder ver draagt. Voor Kano, de eerste primatoloog die bonobo's in het wild hoorde, klonk het als het geluid van vogels, als 'het gekwetter van neushoornvogels in de verte.'[10]

Het zachtaardige geroep van bonobo's is slechts één uit een uitzonderlijke reeks van de nu bekende gedragsverschillen waaraan we de twee soorten van elkaar kunnen onderscheiden. In de twintig jaar na het begin van het onderzoek in Wamba hebben Takayoshi Kano, Suehisa Kuroda en hun team veel informatie toegevoegd aan oudere gegevens uit onderzoek in dierentuinen en hebben ze laten zien hoe uniek bonobo's zijn. Dit pioniersveldwerk is bevestigd en aangevuld op andere onderzoeksplaatsen. In 1992, toen Kano het eerste Engelstalige boek publiceerde over veldonderzoek met bonobo's[11], kon hun levensverhaal eindelijk op betrouwbare manier worden verteld. Het is een verhaal over het overwonnen demonisme.

Als we de sociale wereld van de bonobo's binnengaan, moeten we ze zien als chimpansees met een driedelige weg naar de vrede. Ze hebben de mate van geweld verminderd in relaties tussen de seksen, in onderlinge relaties van mannetjes en in relaties tussen leefgemeenschappen.

Ten eerste, hoe behandelen mannetjes de vrouwtjes? De basale gegevens hierover zijn duidelijk en helder. Er zijn bij bonobo's geen berichten over mannetjes die copulaties afdwingen, volwassen vrouwtjes mishandelen of kinderen afmaken.

Op het eerste gezicht lijkt het sociale leven van bonobo's erg veel op dat van chimpansees; ze leven in gemeenschappen, delen een verspreidingsgebied met tachtig of meer andere, trekken binnen het gemeenschappelijke gebied in groepjes van wisselende omvang, leven in de groep van mannelijke verwanten, en verdedigen hun gebied tegen mannetjes uit een ander gebied. Zeer belangrijk ook is dat het verschil in grootte tussen bonobomannetjes en -vrouwtjes even groot is als dat bij chimpansees. Waarom oefenen bonobomannetjes hun lichamelijke kracht dan niet op dezelfde manier op de vrouwtjes uit als chimpansees? Het antwoord brengt ons bij de kern van de bonobogemeenschap.

Bij chimpansees is elk volwassen mannetje dominant over elk volwassen vrouwtje; en hij geniet van zijn dominantie. Zij moet hem uit de weg gaan, haar ondergeschiktheid bevestigen met het gebruikelijke geluid of gebaar, zich onderwerpen aan zijn luimen — of het risico nemen gestraft te worden. De straf van een slechtgehumeurd mannetje loopt uiteen van een klap tot een achtervolging door de bomen en op de grond, totdat hij het vrouwtje te pakken heeft, haar na zich toetrekt, schopt, slaat en voortsleept, zodat ze schreeuwt tot haar keel schor is en ze er de volgende keer aan zal denken hem te respecteren.

Maar bij bonobo's zijn de seksen co-dominant. Het hoogstgeplaatste vrouwtje en het hoogste mannetje zijn gelijk. Ook het laagste vrouwtje en het laagste mannetje zijn gelijk. Daar tussenin is de rang afhankelijk van wie je bent, niet van welke sekse je bent. Net als bij chimpansees is sociale rang natuurlijk niet het enige dat bepaalt of je je zin krijgt. Minstens even belangrijk is wie bereid is jou te helpen.

In 1982 was Ude het tweede mannetje van de E-groep in Wamba en Aki was een van de krachtigste vrouwtjes, dicht bij de toprang. Haar zoon was een jongvolwassene die, terwijl de testosteronspiegel in zijn aderen steeg, oudere mannetjes begon uit te dagen. Op een dag viel Aki's zoon agressief uit naar Ude; hij schreeuwde, sleepte een tak voort en ging pas op het laatste moment opzij. Ude, duidelijk geagiteerd, sloeg zijn uitdager voordat hij werd gekalmeerd door tussenkomst van het hoogstgeplaatste mannetje. Aki's zoon viel echter opnieuw uit. Deze keer ging Ude hem achterna, maar de jongen hield voet bij stuk. Er ontstond een gevecht met wat geschop en gemep. Het tij keerde toen Aki mee ging doen. Met haar schreeuwende baby op haar buik joeg ze Ude weg, niet eenmaal, maar wel een keer of tien. Andere vrouwtjes mengden zich in de strijd met ondersteunende kreten. Het duurde niet lang voor Ude wegvluchtte. Tien jaar na dat ene incident is Ude nog steeds ondergeschikt aan Aki's zoon: hij vlucht, is onderdanig of gaat met kleine stappen weg zodra die twee elkaar tegenkomen.[12]

Bonobozoons zijn vrijwel onafscheidelijk van hun moeder. Met hun moeder vlooien ze meer dan met andere mannetjes of met wie dan ook.[13] Ze blijven hun hele leven bij haar, altijd in dezelfde groep. Gezien vanuit de zoon heeft dit zin, omdat de steun van de moeder essentieel blijkt te zijn voor zijn succes in de concurrentiestrijd met andere mannetjes. Mannetjes waarvan de moeder in leven is, zijn meestal hooggeplaatst. Kano's onderzoek beschrijft vier jonge mannetjes die snel in de rangorde stegen omdat hun moeders leefden en hen ondersteunden; twee andere mannetjes daalden in de rangorde nadat hun moeder was gestorven. In een ander voorbeeld resulteerde een wisseling in dominantie tussen twee moeders in een overeenkomstige plaatswisseling in de rangorde van hun zoons.

Nu is het geen verrassing dat een moeder haar zoon steunt. Dat gebeurt bij chimpansees en bij veel andere soorten. Maar voor de meeste soorten betekent deze steun weinig voor de status van de zoon. Wanneer een chimpanseemoeder voor haar zoon opkomt, levert dat zelden iets op. Daarom volgen chimpanseemannetje hun moeder bijna nooit; als ze wel samen optrekken, volgt zij gewoonlijk hém. Maar in het geval van bonobo's doet de steun van de moeder er wezenlijk toe.

De reden waarom deze moeders zo waardevol voor hun zoon zijn, leert ons iets over de bonobowereld. Bonobovrouwtjes werken met elkaar samen op een manier die mannetjes niet kennen. De moederzoonrelatie is bij bonobo's de nauwste band die er tussen vrouwtjes en mannetjes bestaat; als een moeder om hulp roept, zullen andere vrouwtjes reageren. Dus als een zoon of zijn moeder gepest wordt, is de groep vrouwtjes waartoe de moeder hoort altijd verplicht in de tegenaanval te gaan om haar te steunen – zoals dat gebeurde toen Aki haar zoon tegen Ude verdedigde. Het effect van zo'n geconcentreerde actie is overweldigend. De kracht van de vrouwtjes zegeviert. Daarentegen werken de mannetjes nooit samen om zich te verdedigen of om vrouwtjes aan te vallen. Dat wil zeggen, dat het mannetje met de hoogste rang verslagen kan worden als vrouwtjes hem gezamenlijk aanvallen.[14]

De gegevens uit Wamba suggereren dus dat de gezamenlijke kracht van de vrouwtjes het geheim is van de goedaardigheid van mannelijke

bonobo's. De vrouwtjes hoeven hun kracht echter niet vaak aan te wenden. Een mannetje kan af en toe kwaad worden en een vrouwtje zo heftig aanvallen dat bijvoorbeeld haar oor scheurt, maar zulke gevallen zijn, zoals uit Kano's onderzoek is gebleken, zeer ongebruikelijk. Mannetjes vallen zelden vrouwtjes aan (half zo vaak als ze elkaar aanvallen)[15], en als ze het doen, lopen ze de kans door een troep vrouwtjes verdreven te worden.

Vrouwtjes gebruiken hun kracht niet alleen bij de verdediging. Chimpansees en bonobo's vinden zo nu en dan voedsel waar ze bijzonder dol op zijn. Met name twee soorten voedsel worden zeer gewaardeerd: enorme vruchten, zoals de wilde broodvruchten (*Treculia africana*) die zo groot zijn als een voetbal, en vlees. Als chimpansees of bonobo's deze waardevolle voedingsmiddelen ergens ontdekken, slaagt één individu er gewoonlijk in de tijdelijke 'eigenaar' te worden, terwijl andere, bedelend om een aandeel, om hem heen gaan zitten. Bij chimpansees is het in een groepje met beide seksen *steevast* een mannetje dat de eigenaar is, los van wie de buit heeft gevonden. Maar bij bonobo's kan zowel een mannetje als een vrouwtje de eigenaar zijn.[16]

Waarnemingen in dierentuinen vertellen eenzelfde verhaal. In Duitsland vergeleek een onderzoeker het gedrag van chimpansees en bonobo's nadat hij verrukkelijk voedsel zoals honing en melk in een kunstmatige 'visplaats' had verstopt en het de apen veel tijd kostte om de beloning er uit te krijgen, doordat ze er strootjes moesten indopen en aflikken. In de chimpanseegroep domineerde steeds het mannetje alle vrouwtjes en had hij het monopolie over de lekkernijen. Maar in de bonobogroep vormden vrouwtjes coalities, isoleerden het mannetje en beloonden daarna zichzelf met de zoete vloeistoffen.[17] Samenwerking tussen de vrouwtjes hield het mannetje op zijn plaats.

Alle beschikbare waarnemingen geven dezelfde informatie. Bonobovrouwtjes keren zich tegen de mannetjes. En als bonobomannetjes hun gewicht in de strijd werpen en agressief worden, lopen ze het risico bedwongen te worden door vrouwtjes. Daarom is de grote vraag welke binding de vrouwtjes tot zulke betrouwbare, voorspelbare steunpilaren voor elkaar maakt. Het is niet de familierelatie. Bonobo's lijken in dat opzicht op chimpansees: als een vrouwtje de adolescentie bereikt verlaat ze haar familie, migreert naar een nieuwe gemeenschap en vestigt zich daar. De meeste vrouwtjes waarmee ze haar leven verder zal doorbrengen zijn niet aan haar verwant. Nee, de binding tussen vrouwtjes ontstaat niet door familieverwantschap maar door ervaring. Met andere woorden, de pas gearriveerde adolescent moet werken aan de ontwikkeling van haar ondersteuningsnetwerk.

Het patroon is nog maar bij een paar vrouwtjes aangetoond, maar het is frappant.[18] De meest overtuigende beschrijvingen zijn afkomstig van Gen'ichi Idani's observaties van drie adolescente vrouwtjes die vanuit een andere gemeenschap introkken in de E-groep in Wamba. Bij aankomst in de E-groep richtten de drie adolescenten zich op een bepaald (en verschillend) volwassen vrouwtje. In het begin zaten ze dicht bij elkaar, goed lettend op hun doelwit, duidelijk ondergeschikt maar met een onopvallende belangstelling. De aanzet tot een interactie werd vooral door het adolescente vrouwtje gegeven, vermoedelijk als het oudere vrouwtje liet merken dat ze bereid was tot onderling contact. Na verloop van een paar weken waren de twee voornamelijk elkaars partner tijdens vriendelijke interacties.[19] Constant alert op de blikken en bedoelingen van een bepaald iemand, verlegen wachtend op een signaal om dichterbij te mogen komen en aardig te zijn... Het lijkt op verliefd worden. We weten natuurlijk niet wat de adolescente bonobo voelt, daarom kunnen we beter bij de feiten blijven. Waar bestaan haar vriendelijke interacties met het seniorvrouwtje uit? Gedeeltelijk gaat het om het gewone sociale leven van primaten: dichtbij elkaar zitten en elkaar vlooien. Maar bovendien gedraagt ze zich, hoe zal ik het zeggen, romantisch. Ze heeft seks met het oudere vrouwtje.

Onderzoekers omschrijven seks tussen bonobovrouwtjes met een correcte, maar voor ons wat onduidelijke term: 'genito-genitaal wrijven'. De term GG-wrijving (volgens de gebruikelijke afkorting) geeft echter nauwelijks de ongedwongenheid en de opwinding weer van de twee vrouwtjes die ermee bezig zijn. Laten we daarom de uitdrukking van de Mongandu gebruiken om deze handeling te beschrijven: *hoka-hoka*.

Hier volgt een typisch voorbeeld van *hoka-hoka*. Het adolescente vrouwtje zit naar het oudere vrouwtje te kijken. Als de laatste zin heeft in *hoka-hoka* en ze heeft gezien dat de adolescent zit te wachten, gaat ze op haar rug liggen en spreidt haar dijen. Het adolescente vrouwtje gaat snel naar haar toe waarna ze elkaar omhelzen. Terwijl ze met hun gezichten naar elkaar toe liggen, als mensen bij de missionarishouding, vrijen de twee vrouwtjes snel en opgewonden. Ze bewegen hun heupen snel en dicht tegen elkaar aan, waarbij ze hun gevoeligste seksuele orgaan – de clitoris – tegen elkaar wrijven. Bonobo's hebben (in vergelijking met mensen of andere mensapen) een grote clitoris die, meer dan bij chimpansees, in de richting van de buik is geplaatst. Kano meent dat die plaats en vorm is geëvolueerd om een aangenaam *hoka-hoka* mogelijk te maken – wat altijd eindigt met wederzijds geschreeuw, het vastgrijpen van ledematen, spiercontracties en een gespannen, stil moment. Het lijkt wel een orgasme.[20]

Door het bij elkaar zitten, vlooien en *hoka-hoka* wordt de band tussen het adolescente en het oudere gevestigde vrouwtje dieper. Binnen een paar maanden heeft het adolescente vrouwtje een 'vriendin' – in de formele betekenis van een individu met wie ze een speciale genegenheidsrelatie heeft. Met de ontwikkeling van die vriendschap is haar integratie in de nieuwe gemeenschap begonnen. Het zou geweldig zijn als we zouden weten wat er verder moet gebeuren opdat een adolescent vrouwtje haar ondersteuningsnetwerk kan verbreden. Op dit moment is er nog maar weinig bekend. We weten dat alle vrouwtjes in een bonobogemeenschap nauwe genegenheidsrelaties met andere vrouwtjes hebben die voortdurend door *hoka-hoka* worden bevestigd. En we weten dat de dominante vrouwtjes hun ondergeschikte respecteren. Ze vertonen, in tegenstelling tot de mannetjes, geen agressief imponeergedrag tegenover elkaar, terwijl ondergeschikte zelden tekenen geven van onderdanigheid (als gegrom of geschreeuw). Bonobovrouwtjes vlooien elkaar vaker dan chimpanseevrouwtjes doen, hoewel niet zo vaak als vrouwtjes van beide soorten mannetjes vlooien. Agressie tussen vrouwtjes komt voor maar is zeldzaam.[21] Als er spanningen zijn, zijn ze geneigd die snel op te lossen. De relaties tussen vrouwtjes leveren een bijdrage aan de doorgaans vreedzame samenleving waarin de oudere vrouwtjes weinig doen om de autoriteit van hun positie te doen gelden. Het lijkt alsof de ontwikkeling van een band die een adolescent vrouwtje sluit met een ouder vrouwtje, de sleutel is waarmee zij een netwerk van ondersteuning en veiligheid kan binnentreden.[22]

Wat betreft de manier waarop mannetjes andere mannetjes van dezelfde gemeenschap behandelen, vertonen bonobo's en chimpansees veel overeenkomsten. Bij beide soorten beconcurreren mannetjes elkaar om de status en vormen zij hiërarchieën, waarbij de alfaman bijzonder makkelijk te herkennen is.[23] Bij beide soorten blijven de mannetjes dichtbij elkaar en vlooien ze elkaar vaak en ongeveer even lang.[24,25] Bij beide soorten proberen de mannetjes elkaar te intimideren door, slepend met takken, een uitval te doen, zoals ze ook elkaar vaker aanvallen dan dat ze vrouwtjes aanvallen. Ze kunnen elkaar bijten en slaan en schoppen en omversmijten en vastgrijpen en voortslepen. Na al die agressie sluiten de mannetjes vrede, waarbij de tegenstanders naar elkaar toe gaan en iets vriendelijks doen, zoals vlooien.

Maar er zijn ook allerlei verschillen, en die vertellen hetzelfde verhaal. Terwijl chimpanseemannetjes bereid zijn heftig te vechten en veel op het spel zetten om de alfapositie te bereiken, doen bonobo's dat niet. Bonobomannetjes lijkt het niet zoveel te kunnen schelen of ze de baas zijn. Ze vechten veel minder vaak en minder intensief, en hebben minder ingewikkelde manieren om hun meningsverschillen te voorkomen of op te lossen. Wat onderzoekers 'aanvallen' tussen bonobomannetjes noemen, zijn typisch allerlei vormen van imponeervertoon – meestal uitvallen – zonder lichamelijk contact. Het ten val brengen van een alfaman kan bij chimpansees leiden tot levensbedreigende verwondingen[26], maar bij elkaar beconcurrerende bonobo's zijn dergelijke verwondingen nog nooit waargenomen. Met andere woorden, agressie bij bonobo's is veel minder ernstig.

De strijd om de dominantie is bij chimpansees veel ingewikkelder. Ze hebben geritualiseerde signalen ter erkenning van de status; bonobo's niet. Zo wordt de hiërarchie bij chimpansees door signalen van geruststelling of verzoening versterkt – bijvoorbeeld wanneer een ondergeschikt mannetje buigend en zachtjes hijgend een dominant mannetje benadert, die op zijn beurt zijn arm uitstrekt en op de gespreide hand van de ondergeschikte slaat. Maar alle equivalente gedragingen bij bonobo's zijn symmetrisch: twee mannetjes beklimmen elkaar om beurten, met duidelijk zichtbare seksuele opwinding. En agressie bij bonobo's leidt meestal snel tot een oplossing, terwijl chimpansees veel tijd nemen om zich te verzoenen.[27]

Chimpanseemannetjes vormen allianties die, zoals we hebben gezien, essentieel zijn voor hun succes bij het verkrijgen en behouden van een hoge rang. Bonobomannetjes vormen geen allianties. Naast dit onderscheid bestaat er een aantal verschillen in politieke strategieën. Ook al is bij beide soorten het aantal vlooibeurten door mannetjes vergelijkbaar, het patroon is anders. Chimpanseemannetjes vlooien al hun groepsgenoten, terwijl bonobomannetjes duidelijke favorieten hebben. Waarom? Een van de theorieën is dat chimpansees het vlooien meer gebruiken als een manier om in de gunst te komen bij rivalen dan als een gewone uiting van vriendschap.[28] Hetzelfde gebeurt bij het delen van voedsel; bij chimpanseemannetjes is het delen een politieke tactiek, bij bonobo's niet.[29]

Mildere aanvallen tussen mannetjes, minder mannelijke concurrentie om een bepaalde positie, geen mannelijke allianties om politiek voordeel te behalen – waarom hechten bonobo's minder belang aan de hoogste positie dan chimpansees? Duidelijk is dat de invloed van de moeder en de vrouwelijke kracht een sterke rol speelt. Maar bonobomannetjes zijn ook om een andere reden minder agressief tegen elkaar: het kan ze veel minder schelen wie met welk vrouwtje paart. Bij chimpansees worden copulatiepogingen van laag-geplaatste mannetjes vaak tegengehouden door hoger geplaatste mannetjes, vooral rond de ovulatietijd. Bij bonobo's gebeurt dit maar zelden.[30]

Waarom maken bonobomannetjes zich niet druk over wie met wie paart? Het antwoord lijkt eenvoudig. Mannetjes weten niet wanneer vrouwtjes ovuleren, kennelijk omdat de kenmerkende geur die de komst van de ovulatie van chimpanseevrouwtjes verraadt, bij vrouwelijke bonobo's simpelweg afwezig is.[31] Deze onwetendheid is essentieel. De ovulatie is het moment waarop de eicel uit de eierstok glipt en zich klaarmaakt om bevrucht te worden. Dit gebeurt eens per maand en op dat moment kan een vrouwtje zwanger worden. Volgens de logica van natuurlijke selectie is de ovulatie van een vrouwtje het kritieke moment waarop een mannetje met haar wil paren en andere mannetjes uiteraard van haar wil afhouden. Chimpansees blijken de dag van de ovulatie vrij precies te weten, zodat mannetjes hevig strijd leveren om op dat moment te copuleren. Bonobomannetjes hebben meer belangstelling voor vrouwtjes tijdens de periodes waarin de ovulatie vermoedelijk zal plaatsvinden. Maar gedurende die cyclische periodes heeft nog geen enkele onderzoeker gezien dat mannetjes begeriger worden als de dag van de ovulatie dichterbij komt. Het lijkt alsof de vrouwtjes hun ovulatie verbergen.

Mensen gaan er vaak zelfverzekerd vanuit dat zij de primaten zijn met de meeste geslachtsdrift. Maar kijk eens naar bonobo's: zij kunnen tientallen keren per dag paren; mannetjes en vrouwtjes bedrijven enthousiast hetero- en homoseksuele seks; ze betasten elkaars genitaliën met hun hand of mond; ze houden er een indrukwekkend aantal verschillende copulatiehoudingen op na; zowel de mannelijke als de vrouwelijke genitaliën zijn verhoudingsgewijs groter dan van mensen; en ze beginnen al lang voor de puberteit met seks – ongeveer vanaf de leeftijd van een jaar.[32]

Maar nog interessanter misschien is wat bonobo's met hun seksuele gedrag doen. Veel mensen nemen aan dat de heilige Augustinus gelijk had dat mensen de enige dieren zijn die 'de onlosmakelijke band ... tussen de twee doelen van de echtelijke daad [tarten]: het bindende doel en het voortplantingsdoel.'[33] Jammer voor de heilige Augustinus. Was hij maar naar Wamba gegaan. Bonobo's gebruiken seks voor veel meer dan alleen voor het maken van baby's. Ze hebben seksueel contact als een manier om vrienden te maken. Ze gebruiken seks om iemand die gespannen is te kalmeren. Ze doen aan seks als een manier om zich na agressie te verzoenen. Deze drie patronen zijn fraai beschreven van dieren in gevangenschap[34], en observaties in het wild suggereren dat ten minste de eerste twee, en mogelijk alle drie, ook daar optreden. We weten dat hun seksuele activiteit in veel gevallen niet direct te maken heeft met voortplanting, alleen al omdat een groot deel van de seksuele ontmoetingen zich afspeelt tussen paren van gelijk geslacht of met onvruchtbare jonge dieren. Bovendien ziet heteroseksuele seks tussen volwassen bonobo's er vaak uit alsof het gebeurt om een andere reden dan voortplanting. Anders gezegd, bonobo's gebruiken seks, net als mensen, om relaties te verdiepen, elkaar te troosten, elkaar te keuren, en niet te vergeten om plezier te hebben of genot te beleven.

Een dergelijk gevarieerd geslachtsleven bij deze mensapen verbaast ons niet alleen, maar doet ons ook afvragen waarom het zich zo ontwikkeld heeft. Ook hier kan een vergelijking met chimpansees enig inzicht bieden. Als een chimpanseevrouwtje haar maandelijkse geslachtszwelling heeft, wordt ze opgejaagd en aangevallen door mannetjes. Ze moet de lawaaiige, roekeloze gevechten tussen elkaar uitdagende mannetjes zien te ontwijken. Ze lijkt emotioneel gespannen, eet weinig en heeft last van verwondingen. Ze is kwetsbaar omdat ze veel minder krachtig is dan de mannetjes en moet daarom soms een hoge prijs betalen voor haar seksuele aantrekkelijkheid. Doordat vrouwelijke bonobo's in staat zijn mannetjes onder controle te houden, is hún seksuele aantrekkelijkheid geen kwetsbaarheid maar een kracht, vooral vanwege de verhulde ovulatietijd waardoor de mannetjes niet meer precies weten wat het beste moment is om elkaar te beconcurreren.[35]

Het derde onderdeel van de drieledige bonobo-weg naar de vrede werd als laatste ontdekt en wordt nog steeds niet goed begrepen. Geweld binnen de gemeenschap is verminderd; sommige ontmoetingen tussen gemeenschappen zijn zelfs vriendelijk te noemen.[36] Nu is het wel zo dat kleine groepjes gewoonlijk de grotere ontlopen en dat, wanneer groepjes van verschillende gemeenschappen elkaar tegenkomen, er een gevecht kan ontstaan. Maar wanneer er ongedwongen ontmoetingen tussen gemeenschappen plaatsvinden, zijn die zeer opmerkelijk.

Zulke ontmoetingen spelen zich af aan de grenzen van hun gebied. Op 21 december 1986 zat Gen'ichi Idani bij een open plek in Wamba, waar rondom suikerriet was gestrooid om leden aan te trekken van een van de twee gemeenschappen waarvan het verspreidingsgebied grensde aan dat deel van het woud. Idani zat te luisteren naar de kreten die aankondigden dat er een clubje bonobo's onderweg was. Wat ongewoon was, was dat hij vanuit tegengestelde richting twee groepjes die tegelijk op weg waren naar het voedselgebied, luid hoorde roepen. Een paar minuten later zag hij hoe beide partijen aan twee kanten van de open plek te voorschijn kwamen en langzaam naar het suikerriet gingen, elkaar in de gaten houdend. Idani herkende de individuen van het ene groepje als leden van de E-groep; de andere waren uit de P-Groep.[37] Geleidelijk aan gingen de individuen van beide partijen al roepend een paar meter van elkaar afzitten, en hoewel ze niet vochten, mengden ze zich niet met elkaar. Het was een impasse tussen twee partijen die waren gescheiden door een soort gedemilitariseerde zone. Maar toen dit vreemde bestand dertig minuten had geduurd, stak een vrouwtje van de P-groep het neutrale terrein over en had *hoka-hoka* met een vrouwtje uit de andere gemeenschap. Wat volgde was nog nooit door mensaaponderzoekers gezien. De twee uur daarna aten en rustten de twee groepjes gezamenlijk, bijna alsof ze leden van dezelfde gemeenschap waren, terwijl alleen de oudere mannetjes van de twee groepen bedaard hun vroegere sociale grenzen handhaafden.

In de volgende twee maanden werd hetzelfde tafereel wel dertig keer, met variaties, herhaald. De E- en P-groep hadden respectievelijk tweeëndertig en negenendertig leden, zodat er soms zo'n zeventig individuen op het kleine gebied bijeen waren. Sommige dagen trokken ze zelfs een paar uur samen rond, voordat ze aparte slaapgroepjes vormden, waarna ze zich de volgende morgen weer verenigden.

Het initiatief tot vriendelijkheid werd steeds door vrouwtjes genomen. Een wel zeer vriendelijk individu was een vrouwtje van de P-groep die in de E-groep was opgegroeid. Zij benaderde vaak vrouwtjes van de E-groep en werd ook door hen benaderd. Ze schenen zich elkaar goed te herinneren. Bovendien leken de adolescente vrouwtjes zeer geïnteresseerd in de volwassen vrouwtjes van de andere groep, alsof ze anticipeerden op een mogelijke overgang naar die groep in een latere levensfase. De vrouwtjes vlooiden leden van de andere gemeenschap; er vond *hoka-hoka* plaats tussen de gemeenschappen; en ze copuleerden ook met mannetjes uit de andere gemeenschap. Heel opmerkelijk was dat de mannetjes simpelweg toekeken terwijl de vrouwtjes van hun gemeenschap copuleerden met mannetjes van de overkant. Ik zat naast andere chimpanseewaarnemers toen Idani videofilms van deze gebeurtenissen vertoonde voor de Internationale Primatologenvereniging in Japan in 1990. Ieder van ons kon maar moeilijk geloven dat de bonobomannetjes uit verschillende gemeenschappen kwamen. Niets van wat ik eerder had gezien gaf zo duidelijk weer dat bonobo's anders zijn dan chimpansees.

De Wamba-studie werd in 1974 gestart en is nog steeds aan de gang. Maar de politieke omstandigheden in Zaïre hebben het mensen van buiten gedurende vele maanden, soms jaren aan een stuk, onmogelijk gemaakt om zelf te observeren. Takayoshi Kano en zijn team hebben echter een aantal Mongandu-mannen ingehuurd en getraind om te observeren, waaronder Norbert Likombe Batwafe en Ikenge Justin Lokati, de twee experts die ook ons in het woud hebben begeleid. Deze mannen zorgen voor de continuïteit, voor de langetermijnbewijzen: twintig jaar van informatie waarin jaarlijks in totaal zo'n vier verschillende bonobo-gemeenschappen gevolgd werden. Zij hebben vaak gezien hoe bonobo's naar de grens renden om buren weg te jagen. Zo'n achtervolging kan tot botsingen leiden, soms met bloedige verwondingen; bonobo's leven dus niet in Utopia. Maar in al die jaren heeft niemand grenspatrouilles, overvallen, dodelijke agressie of mishandeling van onbekenden waargenomen. Het verschil met chimpansees lijkt duidelijk.

Vergelijkingen van drie soorten gedrag leiden tot dezelfde conclusie: bonobomannetjes zijn niet zo agressief als chimpanseemannetjes.[38] Maar er is een laatste en bijzonder intrigerend verschil tussen de mannetjes van beide soorten.

Overal worden zoogdieren door mannelijke chimpansees gepakt en gedood. Een enkel individu pakt bijvoorbeeld een onbeschermd biggetje, of een clubje mannetjes jaagt gezamenlijk door de boomtoppen apen op in de richting van een groepsgenoot die verdekt opgesteld achter een boomstronk zit te wachten.[39] Ze kunnen veel slachtoffers maken. In een uitzonderlijke periode van twee maanden doodde de grootste gemeenschap in Gombe eenenzeventig apen in achtenzestig dagen. In twintig jaar maakten de Gombe-chimpansees zoveel rode franjeapen af dat elk jaar ongeveer 30 procent van de populatie franjeapen werd geëlimineerd.[40] De jacht is een vast onderdeel van het chimpanseebestaan in alle onderzoeksplaatsen waar ook gewone apen leven: Gombe, Taï, Mahale en Kibale.[41] En in al die plaatsen reageren de chimpansees instinctmatig met intense opwinding op de jacht en op het doden. Het woud leeft op door het geblaf en geloei en geschreeuw van de mensapen, en van allerlei kanten komen opgewonden chimpansees aanrennen. Vaak wordt de aap levend opgegeten, krijsend terwijl hij in stukken wordt gescheurd. Dominante mannetjes proberen de prooi af te pakken, wat leidt tot gevechten en uitvallen en woedend geschreeuw. In een tot twee uur wordt de aap door de opgewonden chimpansees verscheurd en verslonden. Dit is moordlust in zijn rauwste vorm.

Bonobo's houden ook van vlees. Evenals chimpansees zijn ze handig in het pakken en eten van jonge antilopen.[42] Verder eten ze vliegende eekhoorns en soms aardwormen.[43] Maar het opmerkelijke is dat (ook al zijn ze qua lichaamsgrootte en fysieke mogelijkheden vergelijkbaar met chimpansees) niemand hen ooit apen heeft zien eten. Ze zullen vast en zeker in staat zijn apen te vangen – in feite weten we al dat ze dat kunnen, omdat het driemaal is waargenomen in Lilungu, een andere onderzoeksplaats in Zaïre.[44] Eenmaal zwaaide een volwassen mannetje voorzichtig een jonge Angolese franjeaap aan zijn staart, duwde hem toen ruw op een tak, waarna hij hem liet wegspringen, schijnbaar ongedeerd. Een week later hield hetzelfde mannetje een jonge kongo-witneusmeerkat vast en droeg hem twee uur lang met zich mee. De eerste twintig minuten leefde de aap, maar terwijl de bonobo's uit het zicht van de waarnemers waren, is de aap doodgegaan, vermoedelijk door het ruwe vasthouden. Een paar weken later liep een ander bonobomannetje, Lokwa, ook met een jonge witneusmeerkat rond. Deze meerkat was duidelijk bang toen hij de eerste keer in Lokwa's handen werd gezien. Hij krijste, probeerde te ontsnappen en greep naar overhangende takken, totdat Lokwa de aap sloeg en hem dwong om los te laten. Lokwa was gefascineerd door dit vreemde nieuwe speeltje. Hij hield de aap op z'n kop, boog en strekte diens benen en vlooide hem. Hij stak de hand van het aapje in zijn mond, keek ernaar en sabbelde erop. Hij stootte tegen hem aan met zijn geërecteerde penis. Hij maakte koprollen terwijl hij het aapje aan de staart vasthield, sprong met hem in het rond en sloeg geen acht op de dreunen die de aap tegen z'n hoofd kreeg. Hij klom in bomen met de aap tegen zijn borst gedrukt, zoals een moeder haar baby draagt. Dit alles duurde iets meer dan een uur, waarna hij in het dichte bos verdween. Toen de waarnemers Lokwa na een uur hadden teruggevonden, was het aapje dood – maar Lokwa bleef met het lijkje spelen en droeg het de rest van die middag, en minstens een uur of drie de volgende morgen, met zich mee. In deze drie gevallen probeerden de bonobo's met de apen te spelen. De waarnemers hadden het idee dat ze hun aapjes als pop of troeteldier behandelden, niet als prooi.

Het is interessant om dit te vergelijken met rode franjeapen. Deze franjeapen zijn de gebruikelijkste prooi van zowel de chimpansees op de vier onderzoeksplaatsen waarvan de roofpatronen het meest bekend zijn (Gombe, Mahale, Kibale en Taï), als van de menselijke jagers in de laaglandbossen van Afrika.[45] Het verbaast mij niet dat chimpansees zo dol zijn op het vlees van rode franjeapen. Ik heb sinds 1977 geen zoogdiervlees meer gegeten, maar om uit te zoeken hoe een rode franjeaap smaakt, heb ik onlangs op een stukje vlees gekauwd van een karkas dat door chimpansees in Kibale was achtergelaten toen ze verzadigd waren na diverse vangsten. Voor mijn vegetarische ik smaakte het te veel naar vlees, maar voor de sluimerende vleeseter in mij was het een zacht, zoet en verrukkelijk hapje. Des te opmerkelijker zijn de ontmoetingen tussen bonobo's en rode franjeapen die door wetenschappers zijn waargenomen. Er zijn maar drie interacties bekend, alle drie in Wamba in dezelfde maand, en alle drie vriendelijk. Het betrof vier volwassen franjeaapmannetjes, mogelijk eenlingen of leden van een uit mannetjes bestaande groep. Ze gingen naar de bonobo's en vlooiden tweemaal een paar jonge dieren. Er werd geen enkele agressie waargenomen.[46]

Dat betekent dat de rode franjeapen niet bang waren voor de bonobo's in Wamba en dus ook dat er niet op hen werd gejaagd door de bonobo's. Als er jacht op de franjeapen zou worden gemaakt, dan zou de verhouding van beide kanten veel agressiever zijn. Rode franjeapen die in hetzelfde gebied leven als roofzuchtige chimpansees, verdedigen zichzelf goed. In Kibale vallen ze namelijk af en toe chimpansees aan zonder directe aanleiding.[47] Het ontbreken van openlijke agressie tussen rode franjeapen en bonobo's moet betekenen dat de Wamba-bonobo's geen roofvijanden zijn voor de franjeapen. Ook al zijn er maar weinig franjeapen in Wamba, toch is het opmerkelijk dat ze niet erg bang zijn.

Bonobo's lusten dus graag vlees, kunnen apen vangen en leven in gebieden waar ook de favoriete prooi van chimpansees leeft. Toch hebben we geen enkele aanwijzing dat bonobo's op apen jagen – noch in Wamba noch in Lomako[48] of Lilungu, de drie onderzoeksplaatsen waar men iets kan vertellen over het eten van vlees door deze mensapen. Dat is heel vreemd. Aangezien bonobo's afstammen van een chimpansee-achtige voorouder, zullen ze in het verleden zeker op apen hebben gejaagd.

Op de vraag waarom ze nu niet meer op apen jagen, kunnen we een relatief eenvoudige en weinig boeiende verklaring geven. Misschien vormen de bonobopopulaties die tot dusverre zijn bestudeerd een uitzondering, en heeft door toeval geen daarvan een gewoonte of traditie ontwikkeld apen te pakken. Op een vergelijkbare manier werken de chimpansees in het West-Afrikaanse Taï Woud tijdens de jacht zo effectief samen dat zij even vaak apen doden als overal elders, terwijl ze geen antilopen doden. Daar spelen ze mee, ongeveer zoals Lokwa met de witneusmeerkat speelde. Als het hier gaat om een cultuurvariatie – en niet om een geëvolueerd en erfelijk patroon – dan zouden er andere bonobopopulaties gevonden kunnen worden die deze trend niet volgen en die wel op apen jagen. Maar misschien is er iets heel anders aan de hand.

Raymond Dart, de ontdekker van *Australopithecus*, beweerde in 1953 dat het eten van vlees door de menselijke voorouders de oorzaak is van de 'walgelijke wreedheid van het mensdom jegens de mens'.[49] Met deze tegenwoordig weinig populaire visie bedoelde Dart dat de voorkeur voor dierlijk vlees onvermijdelijk leidde tot kannibalisme en daardoor tot onbeschrijflijke wreedheden. De antropoloog beschreef zijn theorie in poëtische bewoordingen: 'De met bloed besmeurde archieven van de menselijke geschiedenis die bol staan van de slachtingen, vanaf de vroegste Egyptische en Sumerische documenten tot de recente gruweldaden van de Tweede Wereldoorlog, zijn in overeenstemming met het oude universele kannibalisme, met dierlijke en menselijke offerpraktijken of hun substituten in geformaliseerde godsdiensten, en met de wereldwijde menselijke praktijken van scalperen, koppensnellen, lichaamsverminking en necrofilie. Vooral als het gaat om het uitdrukken van dit algemene bloeddorstige onderscheid, deze roofzuchtige gewoonte, het kenmerk van Kaïn, dat de mens op het gebied van voeding scheidt van zijn mensachtige verwanten, en hem meer tot bondgenoot maakt van de dodelijkste roofdieren.' Zware kost! Maar Darts hypothese werd aanzienlijk afgezwakt toen Konrad Lorenz en anderen naar voren brachten dat predatie en agressie bij katten en vogels gestuurd worden door volkomen verschillende neurologische systemen.[50] Darts grove relatie tussen eetgedrag en individueel geweld leek niet meer dan een fantasie.

Tot slot, vertellen de bonobo's ons dat het onderdrukken van individueel geweld gepaard is gegaan met het onderdrukken van roofzuchtige agressie? De sterkste hypothese op dit moment is dat bonobo's afkomstig zijn van chimpansee-achtige voorouders die op apen en op elkaar jaagden. Toen zij evolueerden naar bonobo's, verloren de mannetjes hun demonische eigenschappen en werden ze minder agressief tegen elkaar. Hiermee verloren ze misschien ook hun behoefte om op apen te jagen. Het zou kunnen zijn dat ze minder makkelijk opgewonden raken door bloed of door het vooruitzicht op prooi dan chimpansees. Of misschien leven ze meer mee met een slachtoffer, of hebben de mannetjes het vermogen verloren tot het vormen van coalities. De volgende reeks studies uit Zaïre moet ons helpen bij het oplossen van de vraag of bij mensapen predatie en sociaal geweld zijn gebaseerd op dezelfde cognitieve structuur. Moord en jacht zijn misschien wel nauwer met elkaar verbonden dat we geneigd zijn te denken.

11
Een boodschap uit de zuidelijke regenwouden

GEHEEL ONWETEND van het bestaan van bonobo's, vatte Robert Yerkes Chims temperament als volgt samen. 'Zelden geïntimideerd, trad hij de mysteriën van het leven even filosofisch tegemoet als een mens. Deze mensaap', zo vervolgde Yerkes, 'was gelijkmatig gehumeurd en goedaardig, had altijd zin in een stoeipartij; hij liet zelden in woord of daad blijken boos te zijn na een onbedoelde ruwe behandeling of een incident. Nooit heeft hij laten merken jaloers te zijn. Als ik over zijn altruïstische en duidelijk sympathieke gedrag tegenover Panzee zou vertellen, zou men mij verdenken van het idealiseren van een mensaap.'[1]

Mensen die met bonobo's werken worden vaak verdacht van idealisering. Maar nu weten we dat de reputatie van bonobo's gerechtvaardigd is. De opmerkelijke kwaliteiten van medeleven en zelfbeheersing komen niet alleen voor bij een aantal individuen die, zoals Chim, een kostelijke persoonlijkheid blijken te bezitten, maar bij de soort als geheel. We hebben het over een soort die, toen zij zich afsplitste van haar chimpansee-achtige voorouders, verscheidene vreemde dingen heeft ondergaan, waarvan het meest ongebruikelijke de afname van persoonlijk geweld was.

Nu willen we natuurlijk weten waarom dat gebeurde. Door wat zijn de bonobo's op hun buitennissige pad gezet, nadat ze de voorouders hadden verlaten die ze gemeen hadden met chimpansees? In dit hoofdstuk zoeken we naar een antwoord dat ligt opgesloten in hun fundamentele dagelijkse levensbehoeften. Deze speurtocht brengt ons eerst in de Afrikaanse regenwouden, waarna we een reis door ruimte en tijd zullen maken om 2,5 miljoen jaar terug te kunnen kijken. Bovendien komen we met de suggestie van een prehistorisch verband tussen de evolutie van bonobo's en de evolutie van de mens, dat ons doet nadenken over de ironie van een gebeurtenis die twee verschillende mensapen op twee verschillende manieren veranderd zou kunnen hebben.

We zagen dat het feit dat vrouwtjes krachtige allianties vormen, zou kunnen verklaren waarom bonobomannetjes hen zo zelden met brute kracht tegemoettreden. Het zou ook kunnen verklaren waarom vrouwtjes hun hyperseksualiteit hebben ontwikkeld. Verder zou de afname van het geweld van man-tegen-man óf het gevolg kunnen zijn van het onvermogen van de mannetjes om de vrouwtjes te monopoliseren, óf van hun onwetendheid betreffende de vruchtbare periodes van de vrouwtjes. Bovendien wordt door de gezamenlijke kracht van de vrouwtjes het belang van moeders voor volwassen mannetjes verklaard. Dit kan misschien de reden zijn dat seksueel gedrag zo ontspannen is dat het, naast een manier om te bevruchten, ook een communicatiemiddel is geworden. Vrouwelijke kracht is een onmisbaar iets in het bonoboleven, de magische sleutel tot hun wereld. Maar waar hebben bonobo's deze sleutel voor een beter leven gevonden?

Dat is het ene probleem. Het andere heeft te maken met dodelijke overvallen. Zelfs vrouwelijke kracht kan niet de verklaring zijn waarom geweld tussen groepjes mannetjes van verschillende gemeenschappen in toom wordt gehouden. Mannetjesbonobo's leven nog altijd met hun verwanten van vaderszijde binnen een gemeenschap die een stuk land bezet houdt en die dat territorium nog steeds bevecht met strijdkreten of met schermutselingen. Maar ze gaan niet op grenspatrouilles, ze sluipen niet rond in een naburig territorium, en ze maken, voorzover we weten, elkaar niet af.

Op deze twee problemen is één antwoord te geven. Groepsomvang. De tegenstelling met chimpanseegroepjes bleek al direct vanaf het allereerste begin van het bonobo-veldonderzoek. Kano rapporteerde dat bonobo's grotere en stabielere groepjes vormden. Zijn student Suehisa Kuroda bevestigde dat. Kuroda ontdekte verder dat ook als het fruit schaars was, de bonobogroepen niet kleiner werden. De groepsomvang bedroeg door het jaar heen gemiddeld 16,9 individuen[2], vergeleken met de schamele twee tot negen individuen bij chimpansees (gemeten op zes verschillende plaatsen).[3] In andere bonoboplaatsen dan Wamba vonden latere onderzoekers kleinere groepen, gemiddeld ongeveer van dezelfde omvang als die van chimpansees, maar ook daar waren ze van een andere stabiliteit en samenstelling dan die van chimpansees. Over het algemeen blijkt dat er meer vrouwtjes zitten in de bonobogroepjes en dat deze groepjes door het jaar heen minder in grootte variëren dan chimpanseegroepjes, die soms alleen maar uit een enkel individu of een moeder met kind bestaan. Bonobogroepjes zijn nooit zo versplinterd.[4] Volgens de waarnemers in Lomako combineren bonobo's 'de samenhang van de gorillasamenleving met de flexibiliteit van de sociale organisatie van chimpansees.'[5]

Samenhang. Dat is iets bijzonders. Onderling samenhangende groepen zijn, volgens de theorie, afhankelijk van lage kosten voor groepsvorming. Waarom zou groepsvorming bij bonobo's minder kostbaar zijn dan bij chimpansees? Het gaat hier om twee soorten met een anatomie en een lichaamsgrootte die zo op elkaar lijken dat bonobospecimens bijna vijftig jaar in Europese musea lagen opgeslagen voordat iemand in de gaten had dat ze verschilden van chimpansees. Beide mensapen leven in wouden, alleen gescheiden door de Zaïre. Chimpansees leven ten noorden van de rivier, op de rechteroever. Bonobo's leven aan de zuidelijke kant, op de linkeroever, hoewel ze in feite niet zuidelijker zitten dan de meeste chimpansees – beide soorten maken evenveel gebruik van de equatoriale wouden waar hun voedsel het meest voorkomt. Beide komen ook voor aan weerskanten van de evenaar, want de Zaïre maakt zo'n grote boog om de bonoboregenwouden dat er zowel ten oosten als ten westen van het bonobogebied aan de evenaar chimpansees leven. Voorzover bekend komen in deze wouden aan beide kanten van de rivier dezelfde boomsoorten voor, dezelfde woudstructuur en hetzelfde mensapenvoedsel. Zou het werkelijk mogelijk zijn dat dit geïsoleerde woud in het hart van Zaïre, dit eiland met de grootte van Californië, zo verschilt van alle wouden eromheen dat het alleen dáár voor de mensapen makkelijker (of ecologisch minder kostbaar) is om in grotere of stabielere groepen te leven?

Voor regenwoudmensapen zijn de wouden in de allereerste plaats voedselreservoirs. Wat het favoriete voedsel van bonobo's betreft, gaf Takayoshi Kano een samenvatting van zijn onderzoek op vier plaatsen. Hij zei dat het dieet van bonobo's anders is dan van chimpansees, omdat het 'zowel het [fruit]voedsel van [chimpansees] bevat als [het] vezelige voedsel van gorilla's.'[6] In de vijftien jaar volgend op Kano's eerste waarnemingen, is het 'vezelige voedsel van gorilla's' overal waar bonobo's zijn bestudeerd in aanzienlijke hoeveelheden aangetroffen. Bonobo's eten inderdaad meer gorilla-achtig voedsel dan chimpansees.[7]

Het gorilla-achtige voedsel van bonobo's bestaat uit jonge bladeren en stengels van kruiden op de bosbodem. Ze eten die terwijl ze van de ene naar de andere fruitboom trekken. Die kruiden, een overblijfsel uit een vroegere verstoring, komen veel voor en groeien op plaatsen waar oude bomen zijn omgehakt of waar het woud weer aan het terugkomen is nadat het decennia eerder werd weggekapt. Een groot deel van hun tocht trekken bonobo's als groep, hoewel wijdverspreid doordat sommige bij hun eigen kruidenplekje stoppen, daar een paar minuten eten voor ze weer honderd meter doorlopen in de richting van de groep, totdat ze weer een ander hapje ontdekken. Gorilla's eten op dezelfde manier. En zoals ook bij gorilla's het geval is, is de aanwezigheid van andere in de groep van weinig invloed op de voedselvoorraad omdat deze kruiden veelvuldig voorkomen.

Dankzij deze tussendoorhapjes worden de nadelen van het trekken met andere individuen verminderd. Bonobo's hoeven niet veel extra vruchten te zoeken om hun honger te stillen. Het gorillavoedsel fungeert als een buffer bij een tijdelijk tekort aan vruchten, waardoor het voor bonobo's makkelijker is om samen met hun soortgenoten te trekken dan voor chimpansees.

De dagelijkse voeding van bonobo's en chimpansees verschilt dus op een belangrijke manier. Het aardige van dit verschil is dat we er een verklaring voor hebben. We zaten immers met het raadsel dat de bonobobossen aan de ene kant van de Zaïre zo veel lijken op de bossen van de chimpansees aan de andere kant. Welnu, floristisch gezien zijn ze inderdaad vergelijkbaar.[8] Maar het belangrijke verschil tussen beide bosgebieden is niet gelegen in de planten, maar in de dieren. De laaglandwouden die door chimpansees worden bewoond, delen zij met gorilla's. Maar in het verspreidingsgebied van bonobo's leven geen gorilla's. Met andere woorden, er komt meer gorillavoedsel voor in de bonobobossen, domweg omdat er geen gorilla's zijn om het op te eten.[9]

U zult zich afvragen of het aantal gorilla's in het gebied van de chimpansees zo groot is dat het te merken is aan de voedselvoorraad. Dat is absoluut het geval. De biomassa is het totale gewicht van één soort in één bepaald gebied. Hiermee kunnen we dus een schatting maken van de invloed van elke soort op haar voedselvoorraad. Zo werd voor gorilla's een biomassa van ongeveer 35 tot 55 kilogram per vierkante kilometer berekend, in vergelijking met 30 tot 80 kilogram per vierkante kilometer voor chimpansees in hetzelfde bos.[10] Dat wil zeggen dat voor elke chimpansee die in dat bos chimpanseevoedsel eet, ruwweg een equivalent gewicht aan gorilla's gorillavoedsel eet. Als je die gorilla's uit het bos zou verwijderen, dan zouden de chimpansees ineens een hoop gorillavoedsel tot hun beschikking hebben – als ze geneigd zouden zijn er naar op zoek te gaan.

We naderen het eind van deze slingerweg. Bonobo's kunnen het zich veroorloven in grotere, stabielere subgroepjes te leven dan chimpansees, omdat ze in een wereld zonder gorilla's leven. Ze hebben een evolutie doorgemaakt waardoor ze gebruik kunnen maken van de verteerbaardere delen van het gorilladieet – niet de taaie stengels met weinig voedingswaarde die in de buurt van moerassen voorkomen, maar de sappige, eiwitrijke groeiknoppen en stengelwortels van jonge kruiden. We kunnen in hun gebit zelfs de merktekens van deze evolutie zien: bonobotanden hebben langere snijkanten dan die van chimpansees, die zo goed zijn aangepast aan het eten van kruiden dat het verbazing wekte bij de mensen die het in 1984 voor het eerst zagen.[11] Bonobo's zijn geëvolueerd in een woud dat een vriendelijk soort van voedselvoorziening heeft, waardoor zij zelf ook vriendelijker kunnen zijn.

Maar waarom zijn er geen gorilla's in het land van de bonobo's? Waarom leven er zowel chimpansees als gorilla's op de rechteroever van de Zaïre, terwijl er alleen bonobo's op de linkeroever zijn? Van geen van de levende Afrikaanse mensapen hebben we een recent fossielenbestand – tropische regenwouden zijn ongeschikt voor het conserveren van skeletresten – en daarom moeten we erover speculeren. Er zijn echter enkele vaststaande feiten die ons daarbij kunnen helpen. Chimpansees en gorilla's hebben een oude gemeenschappelijke afstamming en zijn acht tot tien miljoen jaar geleden van elkaar gescheiden. Bonobo's en chimpansees zijn zo'n 1,5 tot 3 miljoen jaar geleden van dezelfde voorouder afgescheiden. In vergelijking hiermee lijkt de Zaïre zeer oud: het gesteente in de oostwand is ongeveer drie miljard jaar oud. De wouden eromheen zijn kolossaal en aaneengesloten, waardoor de mensapen helemaal rond kunnen trekken. Er leven dan ook allerlei soorten zoogdieren aan beide kanten van de rivier.[12]

Uit deze feiten volgt dat bepaalde scenario's onwaarschijnlijk zijn. Het is bijvoorbeeld niet reëel om te veronderstellen dat de eerste mensapen die de zuidelijke rivieroever bereikten bonobo's waren. De voorouders van gorilla's en chimpansees hebben ongetwijfeld een groot deel van de afgelopen acht miljoen jaar ten noorden én ten zuiden van de rivier geleefd. Laten we vooral niet denken dat bonobo's ergens anders zijn geëvolueerd, vervolgens naar de wouden zijn gegaan en daar, hoe wonderbaarlijk, een wereld zonder gorilla's of chimpansees aantroffen. Het is waarschijnlijker dat bonobo's *in* de zuidelijke regenwouden zijn geëvolueerd vanuit hun oorspronkelijke chimpansee-achtige voorouder – en dat dit is gebeurd nadat de voorouderlijke gorilla's waren vertrokken.

Om te kunnen nadenken over de vraag waarom de voorouderlijke gorilla's dit gebied zouden hebben verlaten, moeten we eerst een stap terug doen om naar het klimaat te kijken. De geschiedenis van het Afrikaanse klimaat tijdens de afgelopen paar miljoen jaar is een verhaal over onregelmatige droogtes. In de ijstijden, toen een groot deel van het vocht van de aarde in de grote ijskappen werd ingesloten, verdroogden de bossen behalve in een paar kleine gebieden in Oost- en West-Afrika, waar ze alleen konden overleven op plaatsen waar het nat was – gewoonlijk in berggebieden of in rivierdalen. Het is goed voorstelbaar dat de Afrikaanse wouden ongeveer 2,5 miljoen jaar geleden, tijdens een koude en droge periode, zó klein werden dat gorilla's, die volledig afhankelijk waren van de kruiden van het vochtige woud, gedwongen werden zich samen met hun bossen terug te trekken en zich uiteindelijk alleen in leven konden houden in beboste bergen, zoals sommige gorilla's tegenwoordig. In feite zijn de bossen op de rechteroever van de Zaïre naar het westen en het oosten teruggeweken tot in de bergen.[13] Maar op de linkeroever was een probleem. Daar waren geen bergen en betekende de geringe hoogte van het Zaïre-bekken een tijdelijk einde voor het gorillavoedsel en een permanent einde voor de zuidelijke gorilla's. De vroegere klimaatsveranderingen kunnen dus misschien het antwoord zijn op de vraag waarom de gorilla's in Afrika zo verspreid voorkomen, gescheiden door een kloof van duizend kilometer in het vruchtbare hart van het continent.[14]

Tegenwoordig kunnen chimpansees in droge gebieden, waar geen gorilla's zijn, in leven blijven door het eten van vruchten in de nog aanwezige stukken rivierbos in de open savannen. Op dezelfde manier zouden de voorouderlijke chimpansees 2,5 miljoen jaar geleden aan de zuidkant van de Zaïre de vreselijke, 10.000 jaar durende droogte overleefd kunnen hebben. Toen die periode voorbij was, bevonden ze zich in een nieuwe wereld. De zuidelijk wouden waren teruggekeerd, botanisch gezien ongeveer gelijk aan vroeger, maar zonder gorilla's. Nu konden de zuidelijke chimpansees profiteren van de overvloed aan kruiden die voor die tijd door de gorilla's als voedselbron waren opgeëist. De kruiden werden het reservevoedsel voor deze mensapen. Dankzij dit nieuwe en voorspelbare reservevoedsel konden zij hun ecologische nis uitbreiden, zich probleemloos handhaven tijdens de fruitarme seizoenen en in stabielere groepjes trekken. Stabiele groepjes wil zeggen dat zij bonobo's konden worden.

Met andere woorden, groepsstabiliteit zorgde voor vrouwelijke kracht. Vrouwtjes moeten vaak samen zijn om relaties te kunnen ontwikkelen waarin ze elkaar onderling steunen.

Zelfs bij chimpansees zijn er vrouwtjes die hun leven gezamenlijk doorbrengen. Zo weten we dat er in het wild stabiele vrouwengroepjes bestaan, met name in Bossou, een eigenaardige plek in Guinee (West-Afrika).[15] Hier ontwikkelen chimpanseevrouwtjes inderdaad netwerken van wederzijdse ondersteuning en staan ze elkaar bij in de onderlinge concurrentiestrijd om de status.[16] Ook op andere plaatsen duiken af en toe vrouwelijke coalities op. Zo kan een tweetal vrouwtjes gezamenlijk agressief worden tegen baby's, zoals de gevreesde Passion en haar dochter Pom, die verscheidene jonge dieren in Gombe hebben gedood.[17] Vrouwtjes verdedigen elkaar ook tegen mannetjes.[18] Maar veel chimpanseevrouwtjes, bijvoorbeeld die in Gombe en Kibale, brengen het grootste deel van hun tijd alleen door. Zelfs wanneer ze in groepjes zijn, gebeurt het zelden dat ze elkaar vlooien of steunen. Het lijkt alsof ze onvoldoende tijd met elkaar doorbrengen voor het ontwikkelen van vertrouwen.[19] Stabiele relaties tussen vrouwtjes ontstaan hoofdzakelijk in gevangenschap, een situatie waarin een groep chimpansees lange tijd bij elkaar blijft. In zo'n situatie halen de gevangen chimpanseevrouwtjes het beste uit een slecht systeem. Ze beschermen elkaar tegen de excessen van mannelijk geweld door coalities te vormen.[20] Datzelfde gedrag komt, zoals we zagen, bij de bonobo's in het wild voor. Vrouwtjes vormen de kern van de bonobogroepjes, zodat er in kleine groepjes meer vrouwtjes dan mannetjes zitten.[21] Vrouwtjes brengen hun tijd dichter bij elkaar door dan mannetjes[22] en zitten vaker in het centrum van de groep, met de mannetjes aan de buitenkant.[23] Bovendien vormen ze allianties waardoor ze op een effectieve manier zijn beschermd tegen agressie van mannetjes.

Wat de agressie tussen gemeenschappen betreft is, nogmaals, een stabiele groepsomvang van essentieel belang – maar niet omdat hierdoor bepaalde vrouwtjes samen kunnen zijn. Integendeel, het gaat de instabiliteit tegen die bij bendevormende soorten meestal het geweld tussen gemeenschappen voorspelt. We hebben immers betoogd dat chimpansees worden aangemoedigd tot het uitvoeren van dodelijke overvallen, wanneer een groepje mannetjes een eenzaam individu tegenkomt dat kan worden aangevallen met een zo klein mogelijk eigen risico. Een chimpansee-individu trekt in zijn eentje als hij daartoe wordt gedwongen als gevolg van een slechte voedselvoorziening. Voor bonobo's betekent de aanwezigheid van kruiden dat elk individu zich de luxe van gezelschap kan permitteren, zodat alle groepjes in staat zijn zich goed te verdedigen; overvallers zullen op naburig gebied dan ook geen kwetsbare eenlingen aantreffen.[24]

Ongeveer in dezelfde tijd dat de voorouders van bonobo's en chimpansees evolutionair uit elkaar gingen, 2 tot 2,5 miljoen jaar geleden, vond in de savannen, een paar honderd kilometer verderop, een andere grote gebeurtenis plaats. Een van de lijnen van savannemensapen evolueerde naar de mens. Hoogstwaarschijnlijk was een droge periode er de oorzaak van dat de fruitbomen verdwenen, zodat een bepaalde populatie gedwongen werd volledig op de grond te leven.[25] Dat was het begin van het genus *Homo*.

Snellere klimaatveranderingen die evolutie afdwingen – de uiteindelijke oorsprong van veel nieuwe soorten ligt verscholen in de geschiedenis van haar habitats. Veranderingen binnen de habitat drijven populaties uiteen, brengen ze bij elkaar en oefenen nieuwe selectiedruk uit. Een van de habitatveranderingen verdreef de gorilla's en deed daardoor bonobo's ontstaan. Een andere verdreef de fruitbomen en deed daardoor de mens ontstaan. En het is zeer wel mogelijk dat dezelfde intense

droogte, die zoveel druk op de Afrikaanse mensaap uitoefende dat er twee nieuwe vormen werden gevormd, ook mensen in de savannen en bonobo's in de wouden heeft gecreëerd.

De terugtrekkingen en de expansies van het Afrikaanse woud waren het gevolg van langdurige fluctuaties in het klimaat op aarde; koeler tijdens de periodes waarin het land zich verder van de zon afwendde, warmer wanneer het dichterbij was. Die veranderingen in de gemiddelde jaarlijkse afstand tot de zon kenmerken veranderingen in de omloop van de aarde om de zon, omdat zij op een ingewikkelde manier varieert van symmetrisch naar elliptisch, afhankelijk van de aantrekkingskracht van andere planeten.[26] Kort gezegd, die verafgelegen hemellichamen regelden de klimaatverandering die zorgde voor uitstervingen en voor nieuwe soorten; en dus is de oorsprong van zowel de mens als de bonobo misschien wel ten dele begonnen tijdens hetzelfde stille voorbijgaan van dezelfde vliegende planeten.

Zelfs als deze twee evolutionaire gebeurtenissen zijn afgedwongen door verschillende klimaatopeenvolgingen, of als de uitdroging minder belangrijk was dan wij geloven, blijft het algemene principe van de parallelle evolutie van bonobo's en mensen hetzelfde. Aan verschillende kanten van een oude rivier kwamen twee verschillende aspecten van de voorouderlijke mensaap tevoorschijn.

In de savannebossen kregen onze voorouders de eenvoudige lichamelijke keurmerken van een menselijk wezen. Het zijn niet de keurmerken waaraan wij gewoonlijk denken als we trots praten over 'onze menselijkheid', maar ze onderscheiden de mens van andere primaten in het fossielenbestand. De hersenen werden groter dan die van mensapen; het gebit werd kleiner dan het reusachtige gebit van regenwoudmensapen; en het skelet raakte aangepast aan het lopen op de grond. Misschien leefden onze voorouders toen niet meer in bomen, maar onze afstammingslijn heeft wel oude aanpassingen aan het klimmen behouden, zoals het beweeglijke schoudergewricht. Fossielen laten zien dat al deze lichamelijke kenmerken ongeveer 2 miljoen jaar geleden verschenen. Vanaf deze verschijning kunnen we terugkijken en zeggen: Toen gingen wij afwijken van de mensapen. Zij markeren het begin van onze fysieke mensheid.

Maar hoe zit het met de morele aspecten van de menselijkheid? Onder de sterren van de Plioceense nachten, verzadigd na een goede maaltijd en zich ontspannend in gezelschap van vrolijke kinderen, zullen onze voorouders zich soms vriendelijk hebben gedragen tegen hun groepsgenoten. Er zullen zeker vriendschappen tot bloei zijn gekomen. Maar we kennen geen enkel savannevoedsel dat de savannemensapen, of hun menselijke nakomelingen, in staat zal hebben gesteld in stabiele groepjes te foerageren, zoals bonobo's dat doen. Voor een dieet van vlees, vruchten, noten, honing en wortels zullen ze zich voortdurend verdeeld moeten hebben om de beste plekken te zoeken. Als dat zo is, dan zullen de vrouwtjes de mannetjes niet afdoende in toom hebben kunnen houden, zal er een machtsinstabiliteit binnen de groepen zijn blijven bestaan en zal er zo nu en dan hardvochtig en agressief zijn opgetreden, zoals nu bij chimpansees en mensen gebeurt.

De zuidelijke regenwouden laten ons weten dat het ook anders kan, dat er ruimte op aarde is voor een soort die de morele aspecten belichaamt van wat wij, ironisch genoeg, 'menselijkheid' plegen te noemen: respect voor anderen en zelfbeheersing, en het verwerpen van geweld als een oplossing voor tegenstrijdige belangen. De aanwezigheid van deze eigenschappen bij bonobo's zinspeelt op wat er bij *Homo sapiens* geweest zou kunnen zijn als de evolutiegeschiedenis een heel klein beetje anders was verlopen.

12
Het bedwingen van de demon

PATRIOTTISME IS LIEFDE voor en verdediging van het eigen land, iets dat oorspronkelijk gold als een verheven eigenschap. De nationale vlag is een heilig symbool; het hart klopt sneller bij de klanken van een militaire kapel. Geëerd in woorden, muziek en beeldende kunsten, zet patriottisme ons aan tot onze meest heroïsche daden. Het geeft ons nationale feestdagen en rechtvaardigt de meest pure vorm van opoffering. Patriottisme lijkt hoogstaand en aantrekkelijk – althans abstract gezien.

Teruggebracht tot zijn essentie – de mensaap – is patriottisme de mannelijke verdediging van de gemeenschap, geroemd door mensen en zonder meer als plezierig ervaren door chimpansees en bonobo's. Ondanks de pogingen van cultuurdeterministen om ons te overtuigen dat patriottisme een willekeurige keuze is, blijkt het zo'n essentieel aspect van het mensdom te zijn dat je je nauwelijks kan voorstellen hoe het anders zou kunnen zijn. Het idee dat vechtende mannen een natuurlijk, onvermijdelijk deel van het leven zijn, wordt alleen maar versterkt wanneer we ons eigen vreemde mengsel van compassie en wreedheid vergelijken met dat van chimpansees. Zelfs de vergelijking met bonobo's benadrukt het idee dat mannelijk geweld in coalitieverband iets primairs is. Per slot van rekening is de triomf van bonobovrouwtjes, het verwerven van gelijkstelling aan de mannetjes, een antwoord op de problemen die worden opgeroepen door coalitievorming, op het geweld en de op familierelaties van de mannetjes. Het lijkt of mannelijke actievoering in coalitieverband ter verdediging van de groepsidentiteit simpelweg een essentiële bouwsteen van de sociale evolutie is, iets waarmee elke soort moet leven.

Maar zodra we verder kijken dan ons kleine drietal, mens en chimpansee en bonobo, dan zien we al snel hoe oud dat systeem in werkelijkheid is. Als gevlekte hyena's bijvoorbeeld de betekenis van patriottisme zouden kunnen begrijpen, zouden ze er misschien uitgelaten over lachen. Mannelijke verdediging van de groep? Wat een onzinnig idee als bij confrontaties tussen rivaliserende troepen de voornaamste strijders vrouwtjes zijn die met elkaar zijn verbonden via vele generaties moeders, in plaats van vaders. Elke zichzelf respecterende hyenatroep met enig taalvermogen en enige geschiedenis zou vrouwelijke goden uitvinden, vrouwelijke voorouders vereren en vrouwelijke machtsprincipes heiligen. Maar mannelijke belangen? Voor geen prijs! Gevlekte hyena's vormen een mooi contrast met het systeem van chimpansee en mens, maar zelfs bij primaten is patriottisme iets ongebruikelijks. Verdediging van het moederland, matriottisme zou je het kunnen noemen, blijft het belangrijkste principe voor veel primaten – bijvoorbeeld resusapen en savannebavianen – waarbij de vrouwtjes opgroeien, baren en sterven in de troep waarin ze zijn geboren. In de zeldzame gevallen waarin deze apen tegen naburige troepen vechten, wordt de actie gedomineerd door vrouwtjes die in hechte samenwerking met hun vrouwelijke verwanten de status van de troep of de rechten op de foeragering verdedigen, terwijl de mannetjes alleen maar reservestrijders zijn, huursoldaten die geen zin hebben veel risico's te lopen en die altijd bereid zijn hun loyaliteit te verleggen naar een andere troep. Alleen de vrouwtjes van deze matriottische soorten zijn door geboorte en temperament betrokken bij het lot van hun troep.[1]

Dergelijke vergelijkingen doen mensen uitkomen als leden van een grappig groepje dat een merkwaardig pad heeft gekozen. Zoals we hebben gezien, is de evolutionaire logica van onze vreemde verzameling van mensaapachtige sociale sytemen verklaarbaar, zij het nog steeds onvolledig. Ecologische krachten zouden vrouwen hebben afgehouden van het vormen van effectieve allianties. Omdat vrouwen niet in staat waren elkaar te steunen, zijn ze kwetsbaar geworden voor mannen die hen graag wilden beschermen. Mannen grepen hun kans, gingen samenwerken om vrouwen te kunnen bezitten en verdedigen, en sloegen de weg in naar het patriarchaat. We vinden de levensgeschiedenis van patriarchale mannen en hun patriottische allianties fascinerend – niet omdat we mensen of primaten zijn, maar omdat we mensapen zijn, en vooral omdat we deel uitmaken van een groep binnen de mensapen waarin de mannen de scepter zwaaien dankzij hun krachtige, onvoorspelbare, door status gedreven, manipulatieve coalities die opereren in voortdurende rivaliteit met andere, vergelijkbare coalities.

Helaas blijkt er in de handen van mannen iets bijzonders met betrekking tot het beleid ten aanzien van de buitenwereld. Mannelijke coalities gaan, althans bij mensen en chimpansees, vaak verder dan verdediging (typerend voor apenmatriarchaten), bijvoorbeeld door zonder aanleiding agressief op te treden. Dit doet vermoeden dat onze eigen conflicten tussen gemeenschappen minder erg zouden kunnen zijn wanneer de drijvende kracht vrouwelijke in plaats van mannelijke belangen zouden zijn. Primatengemeenschapen waarbij de organisatie berust op mannelijke belangen, zijn van nature geneigd tot het volgen van mannelijke strategieën en, als gevolg van seksuele selectie, tot het zoeken naar macht met een bijna ongeremd enthousiasme. In een notendop: patriottisme kweekt agressie. Evolutionair gezien bezitten mannen een sterke behoefte aan macht omdat zij met buitengewone macht buitengewone voortplanting kunnen bereiken. Toegegeven, niet alle machtige mannen hebben dat gedaan. Alexander de Grote, aantoonbaar de machtigste man die de wereld ooit heeft gekend, vertoonde nooit meer dan een kortstondige belangstelling voor vrouwen en had maar één kind toen hij op tweeëndertigjarige leeftijd overleed. Maar Alexander ging tegen de trend in. Harems van ten minste enkele honderden vrouwen waren de norm voor de keizers van alle grote culturen als de Azteekse, de Babylonische, de Chinese, de Egyptische, de Inca-, de Indiase en de Romeinse beschaving. De vrouwen waren steeds jong (dat wil zeggen, relatief vruchtbaar) en ze werden zorgvuldig bewaakt in goed versterkte plaatsen, meestal door eunuchen. Voor het geval iemand mocht denken dat het bestaan van harems zuiver ritueel was, of een toevallig soort dikdoenerij zonder voortplantingsbetekenis, die moet eens kijken naar de manier waarop een harem was georganiseerd aan het hof van de T'ang-dynastie tijdens de gouden eeuw van de Chinese beschaving van 618 tot 907 voor Christus Er woonden zoveel vrouwen in de keizerlijke serail dat een nauwgezette boekhouding nodig was voor het bijhouden van de menstruatiecycli, de eventuele vruchtbare perioden, de paringen en de zwangerschappen. In het begin van de achtste eeuw werd de datum waarop een concubine paarde met de keizer met onuitwisbare inkt op haar arm gestempeld: haar bewijs van een keizerlijke nalatenschap, mocht zij negen maanden later een kind baren.[2] We kunnen vermoedelijk rustig beweren dat mannen met absolute macht stelselmatig verscheidene honderden kinderen hebben verwekt – zo ongeveer in de stijl van een succesvol zeeolifantenmannetje.

In samenlevingen zonder absolute heerser werden de voortplantingsvoordelen die macht met zich meebracht door de mannen onderling verdeeld. Oorlogsgevangenen, vaak vrouwen, werden stelselmatig als beloning aan strijders en aan de steunverlenende elite geschonken. In het Romeinse Rijk was tien tot 20 procent van de bevolking slaaf, de meesten daarvan gevangen genomen tijdens oorlogen of geboren in gevangenschap. Al verdedigden de hooggeplaatste Romeinse mannen formeel een systeem van monogamie en legitimiteit om de overerving van hun bezittingen en politieke macht onder controle te houden, gelijkertijd gebruikten ze hun vrouwelijke slaven op grote schaal als concubines. In Rome verrichtten vrouwelijke slaven weinig arbeid, kregen veel kinderen en hebben de machtigste Romeinse mannen blijkbaar miljoenen buitenechtelijke kinderen geschonken.[3] Nogmaals, een dergelijk gebruik van slaven was in wereldrijken de gewone gang van zaken.[4]

Elke mannelijke heerser die niet in toom werd gehouden door institutionele regels, had meestal meer vrouwen dan de doorsnee mannen. Dit is de logica van seksuele selectie zoals die ook bij veel andere soorten wordt gezien. Als een man meer macht krijgt, zal hij die gebruiken om met zoveel mogelijk vrouwen te paren. Natuurlijk is een groter voortplantingssucces zeker niet de enige reden waarom mannen zo dol zijn op macht. Het doel vrouwen te veroveren kan iets onbewusts zijn; misschien bestaat er geen enkel direct verband met het emotionele systeem dat mannen aanzet tot het winnen van veldslagen of paleisrevoluties. Als gevolg van seksuele selectie zijn mannen geneigd naar macht te streven om de macht zelf, zelfs in omstandigheden waarin het bezitten van extra vrouwen of concubines door tradities wordt belemmerd of door wetten wordt verboden.

Uiteraard hebben ook vrouwen politieke macht gebruikt voor het verspreiden van hun genen. Vanaf de vroegste beschavingen tot in recente tijden laten historische archieven zien dat machtige vrouwen doorgaans hun eigen geboortecijfer hebben verhoogd door gebruik te maken van voedsters, waardoor het anticonceptionele effect van borstvoeding afnam. En evenals machtige mannen hebben machtige vrouwen aanzienlijk geïnvesteerd in hun nakomelingen om ze een grotere overlevingskans te bieden en om de kans te verhogen dat ze machtige en aantrekkelijke volwassenen zouden worden. Maar wat een vrouw ook doet om haar voortplantingssnelheid op te voeren, ze zal zich nooit kunnen meten met een man die meerdere vrouwen kan bevruchten.

Vanwege de mogelijke voortplantingsbeloningen die voor mannen op het spel staan, heeft seksuele selectie blijkbaar in het voordeel gewerkt van mannelijke temperamenten die genoegen scheppen in ondernemingen met veel risico's en hoge winsten. Op het persoonlijke vlak geeft deze natuurlijke eigenschap aanleiding tot relatief onbeduidende gevolgen. Mannen zullen soms harder autorijden, intenser gokken of misschien roekelozer sporten dan vrouwen. Maar een dergelijke relatief verwaarloosbare wildheid die enerzijds autoverzekeringen duurder maakt voor adolescente jongens en jonge mannen, zorgt anderzijds voor een grotere bereidheid het eigen leven en dat van anderen op het spel te zetten; en dat type risicodragende bekoringen wordt erg belangrijk wanneer mannen wapens in handen krijgen. Steeds wanneer mannen coalities vormen – als bendes, dorpen, stammen of naties – kan deze stuwende, avontuurlijke gedragscode makkelijk agressief en fataal worden. Op basis van deze logica moeten we concluderen dat het imperialisme gedeeltelijk voortkomt uit het feit dat het buitenlandse beleid meer gebaseerd is op voortplantingsbelangen van mannen dan van vrouwen.

We kunnen dit idee toetsen door het vergelijken van agressieve neigingen in bendevormende soorten in relatie met de vraag of het beleid ten aanzien van de buitenwereld vrouwelijke of mannelijke leden bevoordeelt. Bij gevlekte hyena's bevoordeelt het vrouwen, bij chimpansees mannen. De schaarse recente gegevens ondersteunen de stelling dat roofovervallen, een imperialistische neiging, vaker bij chimpansees dan bij hyena's voorkomen. Maar of matriotten nu meer of minder hebzuchtig zijn dan patriotten, het systeem van chimpansee en mens is helder. De onderdrukten der aarde kunnen protesteren tegen het imperialisme van een tijdelijke overheerser, het imperialistisch expansionisme blijft niettemin een algemene en hardnekkige neiging van soorten met demonische mannen.

Is er dan toch hoop dat de demon bedwongen kan worden?

EEN FANTASIE OVER VROUWELIJKE MACHT
In haar in 1915 verschenen utopische roman *Herland* (Haarland) pakte Charlotte Perkins Gilman het probleem aan van de demonische man. Ze vroeg zich af hoe het *Homo sapiens* zou vergaan in een denkbeeldige wereld die op wonderbaarlijke wijze zou zijn bevrijd van de druk van het mannelijke temperament en door mannen gedomineerde politieke systemen. Aan het begin van het verhaal gaan drie Amerikaanse mannen, die ergens in de wilde tropen een afgelegen rivier onderzoeken, een formidabele berg over en komen terecht in een samenleving met alleen vrouwen – in totaal zo'n drie miljoen, levend in een land zo groot als Nederland – die sinds tweeduizend jaar volledig geïsoleerd is van de rest van de wereld.[5]

Haarland was begonnen als een Europees soort samenleving vergelijkbaar met het oude Griekenland of Rome, en was georganiseerd volgens patriarchale wetten, gewoonten en instituties, met patriottische koningen, generaals en strijders die elkaar bevochten en die het seksuele recht op vrouwen via huwelijk, polygynie en slavernij onderling verdeelden. Hoewel de historische voorganger van Haarland geografisch aan drie kanten geïsoleerd was, had het wel een nauwe doorgang naar zee. Daardoor waren handel en communicatie met andere streken mogelijk, zodat het land zich zonder meer in dezelfde richting ontwikkelde als de rest van de Westerse beschaving, naar iets dat lijkt op het ongelukkige en onvolmaakte huidige Europa en diens fantasieloze spruit aan de overkant van de oceaan, Amerika. Haarland begon, kortom, als een 'Zijnland' en zou vermoedelijk geworden zijn zoals het land waaruit de drie onderzoekers afkomstig waren. Als niet die ene geologisch-historische gebeurtenis had plaatsgevonden.

Op een dag, tweeduizend jaar daarvoor, toen vrijwel alle mannen van het land klaar waren voor de slag en zich gewapend hadden opgesteld bij de zeedoorgang om hun land te beschermen tegen een invasie van vergelijkbare mannen uit een vergelijkbare samenleving, werd een groot deel van een berg door een vulkaanuitbarsting en een aardbeving opgetild en bovenop de mannen gestort, waardoor ze in één klap dood en begraven waren. De vrouwen realiseerden zich al snel dat ze, geheel omringd door bergen, volledig waren afgesloten van andere mannen. Doordat ze een wonderbaarlijke methode hadden ontdekt om de parthenogenese (ongeslachtelijke voortplanting) te bevorderen, was deze uit één sekse bestaande samenleving al die tijd blijven voortbestaan, terwijl de afwezigheid van de andere sekse opvallend bevrijdend had gewerkt.

Met het kwijtraken van mannen raakten ze hun angst kwijt. De vrouwen van Haarland merkten dat ze zonder gewelddadige, tirannieke en heersende mannen om zich heen (en de toevallige afwezigheid van wilde beesten) plotseling niets meer te vrezen hadden. Zonder gevaarlijke mannen en zonder noodzakelijke mannelijke bescherming was er voor de vrouwen van Haarland ook geen reden meer om spelletjes voor mannen te spelen, zoals te doen alsof ze zwak of incompetent waren terwijl ze sterk en bekwaam waren. En zonder de beperkingen van een patriarchale cultuur konden de vrouwen eindelijk werkelijk zichzelf worden, niet langer vrouwtjes maar vrouwelijke mensen, plotseling vrij om zich volledig te ontwikkelen volgens essentieel vrouwelijke principes, niet verstoord door de gebruikelijke mannelijke eisen en verwachtingen.[6]

Het essentieel vrouwelijke principe van dit utopia is Moederschap met een hoofdletter M. De samenleving is volledig geconstrueerd rondom het krijgen en opvoeden van kinderen als meest deugdzame daad. Natuurlijk heeft het moederschap in Haarland weinig te maken met de ideeën die de ontdekkingsreizigers hebben over wat moeders zouden behoren te doen of te zijn. Het betekent bijvoorbeeld niet dat Haarlanders thuis horen te zitten of dat hun leven wordt beknot. Zonder een strakke gedetailleerde omschrijving van hoe moederliefde en verzorging tot uitdrukking moeten komen, heeft het Haarlandprogramma ze eenvoudigweg tot essentieel vrouwelijke waarden verheven.

Een essentieel mannelijk principe laat zich niet zo makkelijk omschrijven. De drie mannen in dit boek belichamen drie verschillende reacties op de uitdaging van Haarland, maar die zijn allemaal afkomstig uit een samenleving die meer dan tweeduizend jaar hoofdzakelijk ten behoeve van mannelijke noden was georganiseerd. In het verleden was het een gewelddadige en sterk hiërarchische samenleving, die werd geleid door oorlogszuchtige en gevaarlijke mannen die waren geobsedeerd door macht en behoefte aan overheersing. We komen er snel achter dat het heden van Zijnland – post-victoriaans Amerika – veel lijkt op het verleden van Zijnland, een feit dat door de drie onderzoekers zelf wordt bevestigd door de manier waarop ze bij aankomst gretig hun geladen geweer pakken; gewapende indringers die lomp proberen de eerste de beste vrouw te grijpen die ze tegenkomen.

Ze worden snel onschadelijk gemaakt. Een goedgeorganiseerde, onbewapende maar niet bange Haarlandpolitiemacht neemt ze gevangen door ze in te sluiten en te overweldigen. De onderzoekers worden daarna behandeld als gasten en krijgen een jaar om alles over Haarland te weten te komen. En dat verandert hen... in zekere mate. Maar ten slotte – in het laatste hoofdstuk, op vrijwel de laatste bladzij – overleggen de drie mannen en bedenken ze een mogelijkheid om in stijl terug te keren naar dit utopia: het openstellen van het land voor handel met andere landen, ontsluiting van de grote bossen aan de grenzen en 'de civilisatie – of opruiming – van de gevaarlijke wilden', dat wil zeggen, de niet nader omschreven inheemse mensen die net achter Haarlands beschermende bergketens leven.

Het probleem van mannelijk geweld wordt hier dus niet volledig aangepakt. Evenals Gauguin, Melville en Mead, verwijderde Charlotte Perkins Gilman mannelijk geweld uit haar portret van een ideale samenleving door eenvoudigweg de mannen te verwijderen; bovendien kunnen we de les van het verhaal niet goed toepassen op een gewone maatschappij met beide seksen. Niettemin zet zowel de denkbeeldige menselijke samenleving van Haarland als de bestaande niet-menselijke samenleving van bonobo's ons aan het denken. In het geval van bonobo's is het evenwicht verlegd van het door mannen gedomineerde systeem van de chimpansees naar een gedeelde macht tussen mannetjes en vrouwtjes, versterkt door de vrouwelijke alliantievorming. In de menselijke wereld kennen we geen uitgekristalliseerd, functionerend voorbeeld van wat vrouwelijke macht voor een maatschappij zou kunnen betekenen.[7] Het belang van de suggestieve fantasie van Haarland is dan ook dat we, zoals bij de bonobowereld, ons een voorstelling kunnen maken van wat er mogelijk zou gebeuren als vrouwen evenveel macht als mannen kregen. Zowel de Haarlanders als de bonobo's zijn onze leidraad bij ons gemijmer over de betekenis van vrouwelijke macht, en beiden opperen het belangrijke idee dat echte vrouwelijke macht niet zonder meer een directe of omgekeerde weerspiegeling is van mannelijke macht, maar dat het iets heel anders is, in omvang én in kwaliteit. Bij bonobo's en in de fantasie van Charlotte Perkins Gilman hebben vrouwen macht en gebruiken ze die macht als verdedigingsmiddel tegen geweld. Zij zijn ongetwijfeld matriotten; maar ze zijn geen imperialisten geworden.

HET ONTWARREN VAN DE STRENGEN
Fokkers van dieren hebben probleemloos agressieve en vreedzame stammen gefokt van allerlei zoogdieren, waaronder muizen, ratten en honden. Hoewel we niet precies weten hoe een temperament genetisch wordt vastgelegd, en hoewel ook persoonlijke ervaringen invloed hebben op zijn of haar temperament, zijn er toch voldoende redenen om te denken dat bij alle zoogdieren de ontwikkeling en instandhouding van agressie in belangrijke mate wordt beïnvloed door genen, ten dele omdat agressief gedrag toeneemt door de werking van testosteron op de hersenen.[8] En zoals niet-agressieve stammen van andere zoogdieren kunnen worden gefokt via kunstmatige selectie, zou ook een vreedzame mensenstam gefokt kunnen worden. Met behulp van een of andere wereldwijde, eensgezinde actie zouden we misschien al binnen een paar generaties meetbare resultaten kunnen verkrijgen. De menselijke samenleving zou, via haar eigen voortplantingskeuzes, werkelijk een vriendelijker, goedaardiger type man kunnen voortbrengen – met een temperament dat minder lijkt op dat van een chimpansee en meer op dat van een bonobo.

Welnu, het is duidelijk dat dit niet werkt. Als je zou proberen gewelddadige mannen ervan te overtuigen dat ze de hoop op het vaderschap moeten opgeven, zou dat gevangenisbouwers zonder twijfel gelukkig maken en uiteindelijk misschien wel revolutie veroorzaken. Maar zelfs als de meest agressieve, potentieel gewelddadige mannen ertoe gebracht zouden kunnen worden een stap terug te doen ten behoeve van toekomstige generaties, hoe zit het dan met de vrouwen? De geëvolueerde strategische reacties van vrouwen in antwoord op demonische mannen, omvatten niet alleen tegenmaatregelen en opstandigheid, maar ook samenwerking. Het is althans waarschijnlijk dat er, aangezien mannen zich hebben ontwikkeld tot demonische lieden, bij vrouwen een voorkeur voor demonische (of quasi-demonische) partners is ontstaan. Een dergelijke geneigdheid is evolutionair gezien om twee redenen zinnig. Ten eerste is de gewelddadige man degene die de vrouw het beste tegen geweld van andere mannen kan beschermen en dus de veiligheid van haar en haar kroost kan garanderen. Ten tweede zal, zolang dit type mannen het succesvolst is wat de voortplanting betreft, elke vrouw die met zo'n man paart zonen krijgen die waarschijnlijk zelf ook goede voortplanters zijn.

In gewone termen zegt dit niets over individuele vrouwen en haar individuele keuzes. Het betekent niet per se dat vrouwen over het algemeen de meest gewelddadige mannen prefereren. Het betekent zeker niet dat vrouwen *verkiezen* het slachtoffer te zijn van mannelijk geweld. Het slaat alleen op het feit dat vrouwen in zekere mate geneigd zijn sommige uitingen van mannelijke gewelddadigheid aantrekkelijk te vinden. Die uitingen kunnen even lomp en kunstmatig zijn als het overdreven wapentuig van de ambitieuze Arnold Schwarzenegger, wiens karikaturale lichaamsbouw en imago van de demonische man appelleert aan de fantasieën van zowel mannen als vrouwen. Die uitingen kunnen ook even verwarrend en gevaarlijk zijn als de brallende brutaliteit van Rhett Butler in Margaret Mitchells *Gejaagd door de wind*.

De climax van dat boek wordt bereikt als Rhett – dronken, kwaad, intimiderend, jaloers op Scarletts eindeloze trouw aan Ashley Wilkes – dreigt om Scarletts hersenen 'als een walnoot' te kraken.[9] Een ogenblik later pakt hij haar op, draagt haar ruw de trap op terwijl zij schreeuwt, 'wild van angst'. Op de overloop kust Rhett haar 'zo woest en met zo'n overgave dat alles uit haar geest wordt gewist behalve de duisternis waarin zij wegzinkt met zijn lippen op de hare'. Dan neemt hij haar mee naar de slaapkamer. De volgende morgen ontwaakt Scarlett en denkt na. Ze voelt zich 'vernederd, gekwetst en op een grove manier gebruikt' – maar 'ze was er blij om'.[10] De feministische literatuurcriticus Marilyn Friedman ergerde zich aan het feit dat in deze scène verkrachting of iets dat daarbij in de buurt komt, wordt geromantiseerd. Maar Helen Taylor, auteur van *Scarlett's Women: 'Gone with the Wind' and Its Female Fans*, deed een onderzoek bij vrouwen die de film hadden gezien of het boek hadden gelezen en ontdekte dat 'verreweg de meerderheid' de trapscène niet als verkrachting zag, maar meer als 'wederzijds aangename ruwe seks', een fantasie die ze als 'erotisch opwindend, emotioneel inspirerend en zeer gedenkwaardig' hadden ervaren.[11]

Een topvoetballer wordt bewonderd, zelfs bemind als hij op het veld blijk geeft van zijn kracht en zijn in toom gehouden geweld, maar er wordt wel van hem verwacht dat hij diezelfde eigenschappen en vaardigheden bij elke andere gelegenheid juist onderdrukt. Moet het ons verbazen als een hockeykampioen een verkrachter blijkt te zijn, als een topvoetballer zijn vrouw blijkt te slaan? Of moeten we juist verbaasd zijn over het menselijk vermogen tot zelfbeheersing, tot het in goede banen leiden van opwellingen en neigingen, waardoor de meeste hockeyspelers en voetballers hun enorme vermogen tot het aanrichten van onheil kunnen beperken tot het ijs of het kunstgras? Veel vrouwen zouden het anders willen, maar in de gewone wereld worden de harde jongens bestormd door aanbidsters, terwijl hun bescheiden vriend in zijn eentje in een stille bar triest aan een glas Chablis nipt. De mannelijke en vrouwelijke individuen waaruit onze soort bestaat, zijn zeer bereidwillig veel van de demonische eigenschappen van mannen te bewonderen, lief te hebben en te belonen; en die bewondering, liefde en beloningen zorgen generatie na generatie voor de bestendiging van het demonische dat in ons zit.

Vrouwen vragen niet om verkrachting en hebben een hekel aan allerlei kenmerkende gedragingen van demonische mannen. Maar paradoxaal genoeg vinden veel vrouwen een aantal eigenschappen en gedragingen die met mannelijke geweldadigheid worden geassocieerd – zoals geslaagde agressie, dominantie en vertoon van dominantie – vaak wel aantrekkelijk. Zowel vrouwen als mannen maken actief deel uit van het systeem dat het aanhoudende succes van demonische mannen voedt, terwijl de knoop van de menselijke evolutie, met in het midden de demonische man, juist vraagt om het ontwarren van de twee strengen, de mannelijke en de vrouwelijke.

ONTSNAPPING UIT DE VAL
Friedrich Engels beschouwde de historische instelling van het huwelijk als het begin van het eind voor de mensheid: het was het begin van het burgerlijke gezin en het patriarchaat, en van klassestrijd en sociale strijd. Volgens Engels, evenals voor veel klassieke feministes, zitten vrouwen gevangen in een val die is opgezet door mannen – een val die door geweld wordt gekenmerkt en door een patriarchaat van historische en sociale oorsprong in stand wordt gehouden.

Het evolutionaire feminisme geeft ons een bredere kijk op de zaak. Het menselijk patriarchaat is begonnen in de sociale wereld van de regenwoudmensapen, een systeem dat is gebaseerd op sociale dominantie van de mannetjes en de onderdrukking van de vrouwtjes. We mogen veronderstellen dat het vervolgens, misschien in de tijd van de savannemensaap, misschien veel later, ingewikkelder werd doordat zich een seksuele gehechtheid ontwikkelde die in essentie even dynamisch was als de band tussen gorilla's: vrouwtjes bieden loyaliteit, mannetjes bieden bescherming tegen pesterijen en geweld van andere mannetjes. Uit deze pover gedefinieerde wijze van paarvorming zouden uiteindelijk zowel het huwelijk als de patriarchale regels ontstaan die voordelig waren voor getrouwde mannen. Mannen hebben, op basis van een evolutionaire logica die in het voordeel was van diegenen die de wetten maken, wettelijke systemen gecreëerd die overspel definieerden als een misdrijf in het geval van vrouwen, niet van mannen – een sociale wereld die mannen meer vrijheid biedt dan vrouwen.

Al accepteerde het klassieke feminisme het evolutionaire tijdpad, toch wilde het op dat punt de analyse stoppen en alle mannen verantwoordelijk stellen. Het evolutionaire feminisme ziet vrouwen echter als actieve deelnemers in de ontwikkeling van het patriarchaat, zij het vaak lijdzaam, als ironisch gevolg van het feit dat hun eigen belangen ermee werden gediend. De belangen van vrouwen, hun strategieën en tegenstrategieën in reactie op mannen, hebben zeker een belangrijke rol gespeeld bij de ontwikkeling van menselijke sociale systemen.

Omdat we de oorsprong wilden achterhalen van de mannelijke agressieve strategieën die zo'n enorme invloed op de samenlevingen van mensaap en mens hebben, is het in dit boek vooral over mannen gegaan. Omdat wij mannen zijn, hebben wij vermoedelijk, onopzettelijk, thema's veronachtzaamd die vrouwelijke schrijvers wel zouden hebben behandeld. Maar onze aandacht voor mannelijke agressie betekent niet dat we vrouwelijke strategieën onbelangrijk vinden. Toevallig zijn de vrouwelijke chimpansees, orang-oetans en gorilla's niet in staat geweest effectieve tegenstrategieën te ontwikkelen in reactie op hun demonische mannelijke partners, terwijl vrouwtjes met een sterke persoonlijkheid relatief bevredigende relaties met individuele mannetjes kunnen opbouwen. Maar de vrouwelijke bonobo's (pas bevrijd van ecologische beperkingen) hebben wel doeltreffend op het probleem gereageerd. Het resultaat was, zoals we hebben gesteld, in feite een algehele omwenteling in de structuur van hun samenleving: een afname van wat ooit een onplezierige vorm van patriarchaat was tot een relatief tolerante en aantrekkelijke wereld waarin de seksen gelijkwaardig zijn.

Al bestaat er geen menselijke groep waarin vrouwen een dergelijke gelijkwaardigheid hebben verkregen, toch hebben vrouwen overal ter wereld bijna evenveel mogelijkheden om het systeem te veranderen als bonobovrouwtjes. Overal ontwikkelen vrouwen sociale netwerken om elkaar te steunen. Overal oefenen vrouwen een zekere invloed uit op hun echtgenoten, zonen en andere mannen – een macht die vaak sterker is dan op het eerste gezicht lijkt. Het probleem is dat vrouwen, waar dan ook, in een val zitten. Als ze elkaar te veel steunen, lopen ze gevaar dat te verliezen wat ze willen hebben: bemoeienissen en bescherming van de meest begerenswaardige mannen. Is er concurrentie tussen vrouwen om de beste mannen, dan kan dat het ongeschreven contract tussen vrouwen verbreken.

De strijd tussen het belang van vrouwen zich te beschermen tegen brute echtgenoten enerzijds en het zoeken naar of behouden van een langdurige relatie anderzijds, is een klassiek huwelijksdrama. En maar al te vaak, ondanks de vreselijkste wantoestanden, verbreken vrouwen de relatie niet. Ze blijven omdat ze bang zijn, of omdat ze het hun partner vergeven, of omdat ze hopen op verandering. Al te vaak blijven ze omdat ze ergens het gevoel hebben dat ze, ondanks alle agressie, hun partner nodig hebben. We kunnen dit zien als een metafoor voor de onaangename plaats van vrouwen in de samenleving als geheel. Vrouwen zitten als individu gevangen in een val omdat ze een man willen hebben ter bescherming en verzorging; vrouwen als groep vinden dat hun algemene belangen worden genegeerd of gedwarsboomd omdat sommige vrouwen partij kiezen voor de mannen.

Bonobo's hebben ons laten zien dat die val kan worden opengebroken door middel van vrouwelijke allianties. Een dergelijke situatie bij mensen zou betekenen dat vrouwen altijd bij elkaar zouden blijven, dag en nacht, in groepen die zo groot en zo goedbewapend zijn dat ze altijd de vijandigheid van ruwe, agressieve mannen in bedwang zouden kunnen houden. Dit vooruitzicht lijkt te fantastisch om er nader op in te gaan. Gelukkig kunnen mensen andere mogelijkheden creëren.

Het probleem in de geschiedenis van mensen en mensapen is dat de politieke macht op lichaamskracht is gebaseerd – en lichaamskracht is uiteindelijk de macht van het geweld en van de dreiging daarvan. 'Politieke macht,' heeft Mao Tse-tung gezegd, 'komt uit de loop van een geweer.'[12] Met andere woorden, zij die de politieke macht hebben, kunnen erop rekenen dat er altijd iemand te hulp schiet – de politie, het leger, het gepeupel, familieleden of de koninklijke garde.

In traditionele menselijke samenlevingen is de politieke macht verpersoonlijkt. Dat wil zeggen dat die macht berust bij de succesvolste persoon, familie of alliantie en de afstammelingen daarvan. Telkens wanneer politieke macht verpersoonlijkt is, is dat ook het geval met de fysieke macht waarvan de politiek uiteindelijk afhankelijk is; en telkens wanneer de fysieke macht verpersoonlijkt is (niet geanalyseerd en gereguleerd door instituties, wetten en regels) zal het geweld van demonische mannen dat uiteindelijk is ontleend aan die macht, ongebreideld zijn. Dit is de brede stroom van het menselijke doen en laten, die op duizend en één plaatsen wordt tegengehouden door uitzonderlijke stagnaties en wervelingen, maar nooit wordt omgedraaid.

Het alternatief voor verpersoonlijking is institutionalisering. De Italiaanse politiek heeft, volgens Robert D. Putnam in *Making Democracy Work: Civic Traditions in Modern Italy* (1993), beide wegen gekozen na het instorten van het middeleeuwse gezag tijdens de twaalfde eeuw, waarbij het noorden de richting insloeg van het institutionalisme, terwijl het zuiden traditioneel verpersoonlijkt bleef. En wat is daar in deze eeuw het resultaat van? De politiek in het zuiden wordt nog steeds ernstig gecorrumpeerd door krachtmetingen van mannen en bezoedeld door de geheimen van Palermo.[13]

De grote revoluties in Frankrijk en Amerika aan het einde van de achttiende eeuw betekenden in die landen een historische maar onvolledige omslag van persoonlijke naar institutionele politieke macht. Toen de politieke macht eenmaal uit handen was genomen van individuele mannen (die hem uit traditie en overerving levenslang behielden) en door middel van wetten en regels was overgedragen aan tijdelijk aangewezen mannen, werd ook de fysieke macht waarmee dit tot stand was gebracht, in zekere mate gereguleerd door die wetten. De greep van mannelijke gewelddadigheid, die met menselijke aangelegenheden verbonden is via verpersoonlijkte fysieke macht, werd langzaam maar zeker losser. De omslag van het persoonlijke naar het institutionele beschrijft eigenlijk niet zozeer een enkele gebeurtenis maar een proces: een verbreding van de gezagsverdeling, uit handen genomen van individuen en intriges, naar een democratischer verspreiding. Democratie is op zichzelf een proces; en wil het slagen, dan heeft het oude gewoonten en tradities van burgerlijk engagement nodig, en niet alleen de wonderbaarlijke verschijning van goede grondwetten of verlichte wettelijke reglementen. Vrouwen in het Amerika van de negentiende eeuw verwierven, uiteraard door hun eigen strijd, een begin van politieke macht – maar ook omdat ze leefden in een systeem waarin politieke macht zodanig was geïnstitutionaliseerd dat iemand werkelijk stemmen telde.

Instituties zijn statisch noch volmaakt, ook al zijn ze zelfbewust en democratisch; en de trouw van mensen aan democratische instituties mag niet passief zijn. De grootste moderne democratie in de wereld, India, is toevallig ontstaan op een oude fundering die, in de woorden van een goedgeïnformeerde commentator 'ongetwijfeld 's werelds meest ingewikkelde en rigide syteem van sociale hiërarchie' in stand zal houden.[14] De Chipko-milieubeweging uit het Midden-Indiase Himalayagebied, waarin mannen en vrouwen uit een landelijke, traditionele dorpscultuur zich dwars door klassen en kasten heen hebben aaneengesloten als kritiek op de destructieve boomkappraktijken die door een formeel democratische regering werden gestimuleerd, lijkt op het eerste gezicht in tegenspraak met het gebruikelijke patroon; precies zoals de relatieve sociale gelijkheid van de Indiase stammensamenleving in tegenspraak lijkt met de ondergeschiktheid van vrouwen die wordt aangemoedigd door de heersende stromingen van de Indiase en de islamitische denkwereld. Maar Chipko is een protestbeweging en is niet in de regering vertegenwoordigd. Bovendien is de Indiase democratie zelf flexibel genoeg om te reageren op Chipko en op de ontelbare andere publieke bewegingen die plotseling naar boven zijn gekomen om zich te verzetten tegen de oude gewoontes.[15]

De verpersoonlijkte politieke macht staat dus positief tegenover het verschijnsel van de demonische man die zich gedraagt op een mannelijke prestatiegerichte manier. Het menselijke politieke systeem dat positief zal staan tegenover een vrouwelijke prestatiegerichte levensstijl, is zeer waarschijnlijk het systeem waarin macht door middel van stabiele instituties gedepersonaliseerd is. De meeste gedepersonaliseerde politieke instituties zijn ook de meest democratische. In geïnstitutionaliseerde democratieën zullen vrouwen dus de beste feitelijke mogelijkheden vinden voor het bereiken van politieke co-dominantie met mannen. Institutionele democratieën zijn echter allesbehalve volmaakt; ze worden dikwijls verzwakt door maatschappelijke en economische crises en zijn vaak nog sterk verpersoonlijkt en derhalve patriarchaal. Maar ze zijn ook opmerkelijk flexibel en weerbaar, terwijl een afname van het geweld tussen individuen het meest gediend is bij het geloof in de ontwikkeling van een geïnstitutionaliseerde democratie.

In echte institutionele democratieën komt de politieke macht uiteindelijk uit het stemhokje. En via het stemhokje kunnen vrouwen in de echte wereld zich zeer effectief groeperen – op de manier van de Haarlanders of de bonobovrouwtjes – om uit de val te ontsnappen die door mannelijke belangen is opgezet. De feministische commentatrice Naomi Wolf heeft ooit een opmerking gemaakt over het eigenaardige feit dat in democratieën de vrouwen, die per slot van rekening de helft van de kiezers uitmaken, niet hebben geleerd hun macht op een effectievere manier te gebruiken. Maar de tendens is er.

HET PROBLEEM VAN AGRESSIE TUSSEN GROEPEN
In de binnenstad van Oklahoma City parkeren op 19 april 1995 twee jongemannen een gehuurde vrachtwagen, beladen met een bom van twee ton, voor de deur van het Alfred P. Murrah Federal Building. Dit gebeurt tijdens kantooruren, zodat ze er zeker van kunnen zijn dat er in het gebouw ongeveer vijfhonderd doorsnee volwassenen van beide sek-

sen aanwezig zijn en in een crèche op de eerste verdieping nog een een stuk of twintig kinderen en baby's. De twee mannen steken het lont aan en wandelen weg. Om 9.02 uur ontploft de bom en produceert een lading dynamiet die krachtig genoeg is om een kant van het negen verdiepingen hoge gebouw helemaal ineen te doen storten, van boven tot beneden, met als resultaat een gigantische oranje vuurbol en een chaos van glas, beton, staal, stof, kantoormeubilair, mensen en lichaamsdelen. De springlading slaat in de crèche op de eerste verdieping in en versplintert speelgoed, blokken en prentenboeken evenals kindergezichtjes, hoofden, armen en vingers.[16]

Binnen een paar dagen wordt een belangrijke verdachte gepakt, een zekere Timothy McVeigh, een op en top Amerikaanse man die kort tevoren het Amerikaanse leger had verlaten en die een of andere onduidelijke relatie had met een informele groep die zichzelf de Michigan Militia noemde. McVeigh, onbuigzaam als een militair, blauwe ogen en een mager, afwezig gezicht, scheen zich als een held en krijgsgevangene te beschouwen, en weigerde één woord te zeggen over zichzelf, zijn ideeën, zijn motieven of zijn mogelijke bemoeienis met de bomaanslag. De Michigan Militia blijkt de creatie te zijn van een wapenhandelaar, Norman Olson geheten, die van mening is dat de Verenigde Naties klaar staan om de Verenigde Staten over te nemen en die daarom in zijn eigen staat twaalfduizend gewapende mannen heeft verzameld om weerstand te kunnen bieden. Enkele leden van de groep, die zichzelf informeel Amerikaanse patriotten noemen, hebben beweerd dat ze zwarte helikopters hebben zien overvliegen die duidelijk bezig waren met de voorbereiding voor een internationale overname. 'Gewapend conflict kan noodzakelijk zijn als het land niet van mening verandert,' stelt Olson.[17] Later geeft hij de Japanners de schuld van de explosie in Oklahoma, terwijl een andere woordvoerder van de groep, brigadedirecteur Stephen Bridges, arrogant elke relatie met de bomaanslag of de daders ontkent.

De details zijn nieuw: serieuze patriotten en dikbuikige ideologen, loyaal aan wat zij als originele Amerikaanse idealen zien, construeren met elkaar een fantasie over dreigende krachten, die even solide is als de wapens die zij dragen en die in de gedetailleerde uitwerking even fantastisch is als een bezoek uit het heelal. Het patroon is echter klassiek. David Trochmann, medeoprichter van de Militia van Montana, een andere Amerikaanse groep met een gelijke voorliefde, drukte het gedachtegoed aldus uit: 'Hoe we ertoe zijn gekomen is heel simpel. Er zijn daarginds goeie en slechte kerels. De slechte moeten worden tegengehouden.'[18]

Het geheel van denken, voelen en gedrag is wat gedrevenheid en onderliggende psychologie betreft niet anders dan van zeer veel andere, hoofdzakelijk uit mannen bestaande groepen zoals stadsbendes, motorbendes, criminele organisaties, krijgerssamenlevingen en niet te vergeten de meer geformaliseerde, door de staat gepropageerde legers (die immers nog steeds hun fundamentele gevechtseenheden organiseren op basis van pelotons). De betreffende psychologie verschilt nauwelijks van het gedrag dat tot uitdrukking komt in mannelijke teamsporten – Amerikaans voetbal en hockey, bijvoorbeeld. Dit is geen vreemd maar bekend gedrag en is een herhaling van een patroon dat even oud en even verspreid is als onze soort. Demonische mannen verenigen zich in kleine, zichzelf instandhoudende en zichzelf verheerlijkende bendes. Ze zien of bedenken een vijand 'daarginds' – over de bergketen, aan de andere kant van de grens, aan de andere kant van een taalkundige of een sociale of een politieke of een etnische of een raciale scheidslijn. De aard van de scheidslijn lijkt nauwelijks van enig belang. Wat wel van belang is, is de kans mee te mogen doen aan het grote en meeslepende drama dat bestaat uit het tot de bende behoren, het herkennen van de vijand, het op patrouille gaan, het deelnemen aan de aanval.

Een blik zonder oogkleppen in de spiegel is een zenuwslopende ervaring. Niemand van ons wil immers zijn wratten zien. Maar ook al is het aanzicht angstwekkend, het geeft wel mogelijke suggesties voor genezing. Als we aannemen dat mannen een zeer lange geschiedenis van gewelddadigheid hebben, houdt dat in dat ze van nature gevormd zijn om op een effectieve manier geweld te gebruiken en dat ze het daarom moeilijk zullen vinden om ermee te stoppen. Het is misschien schokkend de absurditeit in te zien van een systeem dat onze genen bevoordeelt in plaats van ons bewuste zelf, en dat onwillekeurig het lot van al onze afstammelingen op het spel zet. Heeft het onderzoeken van onze wratten dan enige zin? Helpt het ons bij het ondernemen van de door ons allen gewenste stap: het creëren van een wereld waarin mannen minder gewelddadig zijn dan ze vandaag de dag zijn?

Het zou uiteraard mooi zijn als het antwoord ja was, maar uit niets zou blijken dat op de lange duur het probleem van het naar buiten gerichte geweld van menselijke samenlevingen aanzienlijk zal verminderen: het Wij tegenover Zij-probleem van agressie tussen groepen. Zeker op het internationale vlak is het moeilijk voor te stellen hoe een evolutionair standpunt invloed zou kunnen hebben op de berekeningen en aspiraties van leiders die onder druk moeten werken uit naam van eigen stam, staat of rijk. Bovendien heeft de geschiedenis laten zien dat rationele analyses vrijwel geen invloed hebben gehad op het verloop van wederzijdse groepsagressie; als we kijken naar samenlevingen uit het Oude Griekenland tot en met hedendaagse staten bekijken, vinden we geen duidelijk patroon in het gemiddelde aantal doden ten gevolge van geweld tussen groepen: per jaar ligt het steeds tussen 5 en 65 personen per 100.000.[19] Elke generatie zal hopen dat de grote oorlog de laatste oorlog is, maar tot dusverre is er geen enkele aanwijzing dat het zo zal zijn. En terwijl het mannelijke temperament bij de mens verbazingwekkend stabiel blijft, heeft onze technologie in de recente geschiedenis plotseling een grote verandering gebracht in dat wat op het spel staat. Onze voorouders uit het Pleistoceen zullen zonder twijfel door hun eigen demonische mannen op de proef zijn gesteld. Maar die hadden geen automatische geweren, fragmentatiebommen, dynamiet, zenuwgas, voor radar onzichtbare bommenwerpers of kernwapens. Wij hebben die wel, en daarin schuilt het gevaar.

De tendens tot afname van het aantal gevechten biedt misschien een wat hoopvoller perspectief, maar ook hieraan kleven alarmerende aspecten. De omvang van de groepen die de gevechten voeren, is van een handjevol verwanten in de pre-landbouwtijd veranderd tot de miljoenen die in deze eeuw in allianties hebben gevochten. Hoewel George Orwell zich in *1984* drie vreedzaam naast elkaar bestaande wereldmachten voorstelde, die alledrie zo machtig waren dat ze elkaar niet konden verslaan, kennen wij geen reële voorbeelden die doen vermoeden dat een dergelijke patstelling op een stabiele manier mogelijk zou zijn (wat misschien niet eens zo erg is, gezien de zwaarmoedigheid van Orwells visie), zodat we door eenvoudige extrapolatie mogen verwachten dat de omvang van geallieerde groepen steeds groter zal worden. Als dat zo is, zou het uiteindelijke resultaat kunnen zijn dat we in de naaste toekomst één wereldregering kunnen vormen, misschien wel binnen een of twee eeuwen. Als we geluk hebben, zal dit niet door geweld maar door overeenstemming tot stand worden gebracht, en zal het tot een enorme vermindering leiden van de frequentie en de omvang van oorlogvoering.

Het vooruitzicht van een enkele wereldmacht roept het fantastische visioen op van een moderne Pax Romana, of de stabiliteit die door het Oude Egypte werd afgedwongen, of de duizendjarige vrede op het Paaseiland. Maar het waarschuwt ons evenzeer, niet alleen omdat de centrale macht moreel verderfelijk zou kunnen zijn, maar ook omdat deze ongetwijfeld bepaalde groepen mensen zou bevoordelen. De rechtse milities in de Verenigde Staten zijn in een wereld die geleid wordt door de Verenigde Naties dus even bang voor hun vrijheid als islamitische milities in het Midden-Oosten. Bijna iedereen meent dat de Verenigde Naties worden geleid door hun vijanden. Kort gezegd, zelfs als de wereld een politieke eenheid weet te bereiken, zijn er nog steeds gevechten te verwachten, waarbij demonische mannen zich op de gebruikelijke manier zullen doen gelden. Traditioneel is morele sanctie altijd de meest effectieve manier geweest om kwajongensgedrag onder de duim te houden. De bindende factor in kleinschalige primitieve samenlevingen is de verering van een voorouder, die ervoor zorgt dat de nakomelingen gemeenschappelijk de eer van die voorouder verdedigen. In grotere groepen worden gelovigen verenigd door godsdiensten die zijn gebaseerd op morele principes. Beide systemen verrichten wonderen binnen een samenleving, maar gebruiken hun gemeenschapszin helaas vaak ook tegen anderen, zodat religieuze verschillen breuklijnen worden voor naar buiten gerichte agressie. Een van de pluspunten van een evolutionair standpunt is dat het mensen als een enkele groep voorstelt die als het ware één voorouder vereert. Dat beklemtoont onze samenhang en bagatelliseert onze verschillen. Deze langetermijnvisie wordt gefrustreerd door de gedachte dat onze kleine, naar status strevende strategieën die erop zijn gericht onze individuele voortplanting na een of twee generaties te vergroten, de voortplanting van onze soort wel eens voor eeuwig zouden kunnen elimineren. Als we de spirituele gedachte tot ons zouden laten doordringen dat alle mensen – van alle kleuren, gezindten, seksen en geslachtsgebonden gedrag; allochtonen en autochtonen; overwinnaars en vluchtelingen – wij allemaal dus, afstammen van dezelfde mensapen en dat de toekomst van iedereen afhangt van het overboord zetten van het imperialisme, dan zouden we misschien op het idee kunnen komen dat statusverhoging minder belangrijk is dan het bewaken van de vrede, en zouden we vervolgens milder tegenover onze rivalen zijn. Maar dergelijke gedachten zijn onafzienbaar en onpraktisch wanneer het aankomt op het oplossen van directe, praktische problemen, gezien het feit dat het hart van de machtigste deelnemers nog te vaak brandt van verlangen om alfaman te zijn. De toename van mondiale morele systemen zal de politieke ideeën uiteindelijk even sterk beïnvloeden als lokale godsdiensten hebben gedaan, maar niet voor lang.

Op de korte termijn zullen de remedies tegen mannelijk geweld het domein van de politiek beheersen, niet van de biologische filosofie. Maar als evolutiebiologen kunnen we in elk geval wel het intellectuele slagveld afbakenen. We moeten aanvaarden dat mannelijk geweld en mannelijke dominantie over vrouwen naar alle waarschijnlijkheid al heel lang een rol in onze geschiedenis speelt. Maar vanuit een evolutionair perspectief kunnen we vastberaden de visie van pessimisten verwerpen die zeggen dat het zo zal blijven. Mannelijke gewelddadigheid is niet onvermijdelijk. Dergelijk gedrag is ook bij andere diersoorten geëvolueerd en behalve dat het in menselijke samenlevingen varieert, is het veranderd in de loop van de geschiedenis. Natuurlijke selectie maakt het onvermijdelijk dat elk individu zijn of haar eigen belangen najaagt, en dat er conflicten zullen ontstaan die moeten worden opgelost. Bij menselijke aangelegenheden zijn conflicten vrijwel altijd opgelost in het voordeel van mannen met een hoge status, omdat zij zo doeltreffend de macht onder controle wisten te houden. Maar de aard, de verdeling, de gevolgen en het gemak van de monopolisering van de macht zijn allemaal afhankelijk van toevallige omstandigheden. Voeg aan deze vergelijking enkele van de meer voor de hand liggende onbekende toe, zoals de democratisering van de wereld, drastische veranderingen in de bewapening en explosieve omwentelingen in de communicatie, en de mogelijkheden breiden zich snel in alle richtingen uit. We hebben geen enkel idee hoe ver de golfbeweging van de geschiedenis ons zal verwijderen van ons primitieve verleden.

13
Kakama's pop

Op een plank in mijn werkkamer staat een onbestemd stuk hout van de grootte van een vliegtuigkussen. Het was al halfrot voor het droog was en het draagt de kenmerkende littekens van het bosleven: gaten die door keverlarven zijn geboord, een traan van een vroegere tak, inkepingen en krassen door het stoten van langstrekkende dieren. Het is een gewoon stuk van een gewone boom, zoals je er honderden kan vinden als je een half uurtje door het Kibale-woud in Uganda loopt.

Kakama was twee jaar oud toen ik in 1987 in Kibale arriveerde. Zijn moeder werd Kabarole genoemd en Kakama was haar eerste boreling. Doordat Kabarole haar rechterhand was kwijtgeraakt in de klem van een stroper, konden we haar aan het begin van ons onderzoek altijd direct herkennen, met als resultaat dat we Kakama's kindertijd nauwkeuriger hebben kunnen volgen dan welke andere chimpansee ook.

Na Kakama's geboorte duurde het zes jaar voor zijn moeder weer wilde paren. In de twee jaar daarna wilde ze ook steeds niet zwanger worden. Maar in de eerste week van februari 1993, tijdens een vlaag van mannelijke partnerbewaking, aanvallen, worstelingen, achtervolgingen en geschreeuw, paarde Kabarole honderdtwintig keer met een tiental mannetjes, waarbij Kakama's eerste zus of broer werd verwekt. Ik was erbij, maar wie de vader was kon ik niet zeggen.

Op een dag in mei 1993 bracht ik samen met Kakama en zijn zwangere moeder een rustige ochtend door, terwijl zij van de ene naar de andere fruitboom gingen. Kakama was zoals altijd zeer levenslustig, uit de pas met de landerige Kabarole. Tweemaal probeerde de zoon mij uit de tent te lokken, toen de moeder een paar minuten pauzeerde voor ze naar de volgende boom ging. Hij stampte op de grond en deed een paar stappen in mijn richting om mij te imponeren, waarna hij tegen een boom ging slaan en zich terugtrok. Zoals gewoonlijk bleef ik zitten en vlooide de haren op mijn arm. Ik wilde saai zijn.

De tweede keer dat hij dit deed, ging hij buitelend weg en kwam tot stilstand tegen een klein houtblok. Hij lag een tijdje op zijn buik op het blok en ging toen rollend door terwijl hij het hout tegen zich aandrukte. Na nog twee koprollen stond hij op en hield het blok met zijn rechterhand vast aan een uitstekende wortel. Zijn moeder liep de helling op en neer. Kakama liep achter haar aan en sleepte het stuk hout achter

zich aan zoals Christopher Robin met Winnie de Poe. *Hobbel hobbel hobbel.*
De begroeiing werd dichter en ik verloor de chimpansees een paar minuten uit het oog. Jammer, dacht ik. *Ik had zo graag willen zien wat Kakama met dat blok deed.* Maar ik bofte. Ik hoorde ze klimmen en ik merkte al gauw dat ik onder een torenhoge *Drypetes*-boom stond waaronder vers afgevallen vruchten lagen. Het kostte me tien minuten om een gat in het gebladerte te ontdekken voor ik kon zien dat Kabarole en Kakama bovenin zaten te eten. De kleine Kakama had nog steeds zijn blok bij zich. Terwijl hij at, lag het vlak naast hem en toen hij van plaats veranderde pakte hij het op. Hij nam het steeds mee, waar hij ook naartoe ging, misschien wel tien keer. Toen was het tijd om te rusten.

Ik keek hoe eerst Kabarole haar nest maakte, maar tegen de tijd dat ik Kakama had ontdekt, was het zijne klaar en lag hij er al een paar minuten in te pitten. Ik zag alleen zijn handen en voeten. Hij lag op zijn rug met zijn benen in de lucht, maar met mijn verrekijker kon ik zien dat hij het blok op zijn buik had gelegd. Net zoals sommige moeders met hun baby doen, jongleerde en balanceerde hij met handen en voeten met het stuk hout. Toen verdwenen zijn ledematen en het blok in het nest en zag ik een tijdje geen beweging meer.

Een half uur verliet Kabarole haar nest, waarna Kakama ook het zijne verliet. Evenals ik, zal hij verwacht hebben dat Kabarole hem voor zou gaan naar de volgende boom, maar zij bleef gewoon zitten in de hoge *Drypetes* en keek over het woud uit.

Kakama bleef daarom ook nog een tijdje zitten, met zijn blok naast zich. Na een poosje nam hij het op en klom een paar meter. Het was onhandig om te klimmen met een voorwerp dat half zo lang was hij. Toen maakte hij veel sneller dan normaal, in ongeveer een halve minuut, een nieuw nest. Toen het af was, legde hij het blok erin en ging naast het nest zitten. Twee minuten later klom hij er zelf ook in en verdween uit het zicht.

Ik bleef nog twee uur in de buurt van Kakama en zijn moeder. Ze bezochten twee andere bomen, terwijl Kakama het ding steeds bij zich hield, behalve die ene keer. Dat kwam omdat het blok naar beneden viel toen Kakama op een meter hoogte in een *Chaetacme*-boom bladeren zat te eten. Hij keek hoe het op de grond viel en ging weer door met eten. 'Dat is dus afgelopen,' dacht ik. Maar toen hij achter Kabarole aan uit de boom klom, liep hij onmiddellijk de helling af om eerst zijn blok te halen voordat hij weer achter zijn moeder aan ging.

Gedurende de ochtend droeg Kakama het stuk hout op allerlei verschillende manieren. Hij wandelde rechtop met het ding achter zijn rug, sloeg zijn beide handen er omheen of hield het met een hand vast. Hij liep op drie ledematen terwijl hij het tegen zijn dij drukte of sleepte het over de grond. Ook droeg hij het op zijn nek, wat niet makkelijk was maar hij hield vol.

Na het middaguur, en nadat ze die dag de vierde voedselboom hadden bezocht, leidde Kabarole Kakama en zijn blok naar een dichtbegroeid moeras waar hun spoor moeilijk te volgen was. Ik dacht dat ik werd geholpen door hun geluiden, maar die bleken het snuffelende en dreigende geknor van een penseelzwijn te zijn. Tegen de tijd dat ik voorbij deze onraadsignalen was, waren de chimpansees plus het blok hout verdwenen.

Mijn intuïtie fluisterde mij een mogelijkheid in, die ik als beroepsmatig sceptische wetenschapper echter moeilijk kon accepteren op basis van een enkele waarneming: dat ik alleen maar een jong chimpanseemannetje had geobserveerd die, mogelijk in afwachting van het baren van zijn moeder, een pop had bedacht om mee te spelen. Een pop! Het idee was zo ongewoon dat ik het alleen maar opschreef zonder er iets tegen de anderen over te zeggen. De week daarna verliet ik Uganda.

Vier maanden later bleek toevallig dat twee veldwerkers in Kibale, Elisha Karwani en Peter Tuhairwe, ook Kabarole en Kakama volgden. Geen van beiden wist van mijn waarneming. Drie uur lang zagen zij Kakama met een blok slepen – vast niet hetzelfde als daarvoor – dat hij overal met zich meedroeg als hij ging eten. Op een gegeven moment had hij het laten liggen. Toen Karwani en Tuhairwe er zeker van waren dat Kakama was verdwenen, namen ze het mee naar het kamp en plakten er een etiket op met hun eigen interpretatie van wat het voorwerp betekende: 'Kakama's Speelgoedbaby'. Vijf weken later beviel Kabarole van een gezonde dochter, Omugu.

In beide gevallen beschouwden de waarnemers Kakama's blok als een pop alleen door de manier waarop hij het meedroeg, maar het duidelijkste teken dat hij het als een denkbeeldige baby behandelde, was die keer dat hij een nest maakte en alleen het blok erin legde. Kakama was precies het type jong waarvan te verwachten was dat het heel graag een speelkameraadje wilde hebben. Hij was enig kind, had een speelse aard en zijn moeder was weinig sociaal en bovendien zwanger. Zou hij geweten hebben dat zijn moeder zwanger was en zou hij daarom zó verlangend hebben uitgekeken naar een broertje of zusje dat hij er vast eentje in zijn geest had gemaakt?

Diegenen onder ons die de grote mensapen goed kennen, komen vaak in botsing met wetenschappelijke collega's omdat wij mentale gebeurtenissen menen te zien die niet makkelijk te bewijzen zijn. Francine Patterson gebruikte gebarentaal om Koko, de gorilla die een taaltraining had gehad, te vragen afbeeldingen te schilderen van twee emoties, liefde en haat. Patterson liet mij raden welke tekening wat voorstelde. De ene liet een spiraal van zachte rode kleuren zien. De andere stond vol scherpe hoeken die zwart waren geschilderd. Het was overduidelijk. Maar het is al moeilijk om te *bewijzen* dat Koko de instructies had begrepen, laat staan dat haar tekeningen uitdrukking gaven aan emotionele toestanden zoals mensen die ondergaan. Vele jaren later zag Cathy Hayes dat haar geadopteerde chimpansee Viki een denkbeeldig speeltje achter zich aan trok. Het denkbeeldige koord liep denkbeeldig vast toen het zich te strak om een po had gedraaid, zodat Viki Hayes' hulp nodig had om het los te maken.[1] Probeer dat eens aan een scepticus in je omgeving te verkopen; zal je dan niet alleen merken dat het lastig is een twijfelaar te overtuigen, maar ook hoe moeilijk het is bepaalde dingen over het leven van mensapen te verklaren zonder je toevlucht te moeten nemen tot de verbeeldingskracht.

Mensapen zitten gevangen tussen twee werelden, die van het menselijke en die van het niet-menselijke bewustzijn. Waarnemers van mensapen zitten gevangen tussen twee parallelle werelden, tussen het overtuigd zijn van de mentale complexiteit van mensapen en de realisatie dat dit moeilijk te bewijzen is. Voor niet-reproduceerbare verschijnselen, waarvoor blijkbaar een belachelijk aantal toevalligheden en zeldzame voorvallen nodig is om ze op een andere manier te kunnen verklaren dan als het resultaat van complexe waarneming, moeten de bewijsregels nog op papier worden gezet.[2] Ook al kunnen we beweringen over wat mensapen weten, denken en voelen niet bewijzen, toch zullen we onnodige fouten maken als we dergelijke tekenen van mentale kracht negeren in plaats van ze serieus te nemen. Daarvoor zijn er te veel intrigerende verhalen over mensapen die suggereren dat er denkende wezens in het bos leven.

In de vier miljard jaar van de geschiedenis van het leven is de complexiteit en de intelligentie van dieren langzaam maar zeker toegenomen. Een miljard jaar geleden was de slimste soort een of ander onbekend, microscopisch klein brokje slijm; honderd miljoen jaar geleden was dat misschien een vis of een vroeg zoogdier, tien miljoen jaar geleden een mensaap of een dolfijn, en een miljoen jaar geleden de vroege mens die mogelijk op het punt stond een of andere eenvoudige taal te gaan gebruiken.

In een andere wereld, waarin de klimaatveranderingen van het Plioceen wat gematigder waren, waarin het meeste recent ontstane leven niet door een meteoriet verstikte, waarin de zwaartekracht sterker was, de continenten mobieler waren en het water overvloediger was, daar zouden in welke periode ook de speciale soorten met de grootste hersenen anders zijn geweest. Maar bij de meeste afstammingslijnen zouden de hersenen in de loop van de tijd groter zijn geworden, precies zoals in ons eigen kleine levensstelsel, en niet alleen bij de menselijke lijn, maar ook bij vissen, hagedissen, vogels en vleeseters, dus zowel bij olifanten als bij dolfijnen.[3] Uiteindelijk zouden ze groot genoeg zijn geworden om een rudimentaire taal mogelijk te maken. Chimpansees en bonobo's hebben dat stadium bijna bereikt – te oordelen naar individuen als Kanzi, de beroemde bonobo die in een Amerikaans laboratorium leeft en die je zo goed begrijpt als je tegen hem praat.[4] Ook dolfijnen zijn misschien bijna zover. Honderdvijftigduizend jaar geleden waren onze voorouders zover of bijna zover. Maar zij gingen toen over de scheidslijn; de mens kwam in een nieuwe, denkende wereld waarin ideeën gedeeld, de toekomst besproken en andere soorten geminacht konden worden. Dus wat zou er gebeuren in die enigszins verschillende wereld waarin de meteorieten kleiner waren, en het centrum van de aarde kouder of het jaar korter was? De hersenomvang zou nog steeds toenemen, opgestuwd door de wapenwedloop van prooidier en prooi, of door de behoefte andere leden van je eigen soort te slim af te zijn. En zoals het in de geschiedenis van onze eigen planeet is gegaan, zo zou ook in die andere wereld een aantal verschillende soorten in de buurt van de taalbarrière zijn gekomen. Welk dier zou in dat geval het eerst over die grens zijn gegaan? Het zou weer een soort mensachtige mensaap geweest kunnen zijn, maar evengoed een aapachtige mensaap, een hyena, een duivelsrog, een papegaai of een velociraptor. Maar elke soort die als eerste de taalbarrière zou zijn gepasseerd, zou demonische mannetjes of demonische vrouwtjes of pacifisten van beide seksen of, evengoed, monogame geïsoleerde paartjes in afgelegen, vogelachtige territoria hebben gehad.

De koppeling van een groot intellectueel vermogen aan de mannelijke demonische aard lijkt op een tragische samenloop van onafhankelijke causale gebeurtenissen; die relatie betekent echter meer dan dat. Intelligente geesten zijn verantwoordelijk voor nieuwe vormen van agressie die niet van belang zijn voor dieren zonder een goed geheugen en zonder langdurige sociale relaties. En geweld binnen relaties is niet het enige resultaat van een demonische geest met grote hersenen. Politieke complexiteit creëert coalities, die zullen leiden tot een enorme verstoring van het machtsevenwicht waardoor het geweld wordt aangemoedigd. En dan is in het altijd escalerende spel van conflicten het vernuft de demon van dienst met nieuwe wapens, nieuwe tactieken en nieuwe soorten bedrog.

Voor onze soort is het grootste gevaar niet dat demonische mannen de regel zijn. Per slot van rekening worden andere soorten met demonische mannetjes ook niet bedreigd door hun eigen soortgenoten. Het werkelijke gevaar is dat onze soort demonische mannen verbindt met een grote intelligentie – en daarom met een ongekend creatief en destructief vermogen. Die grootse menselijke hersenen zijn het meest beangstigende product van de natuur.

Tegelijk zijn ze echter het beste, meest hoopgevende geschenk van de natuur. Als we behept zijn met een gewelddadig mannelijk temperament en een machiavellistisch vermogen om daar uiting aan te geven, zijn we ook gezegend met een intelligentie waarmee we, door de verwerving van wijsheid, afstand kunnen nemen van de vijf miljoen jaar oude smet van ons mensaapachtige verleden. Intelligentie is iets waarmee we even vertrouwd zijn als met een oud boek of een oude vriend. Maar wat is wijsheid? Als intelligentie het vermogen is om te spreken, is wijsheid het vermogen om te luisteren. Als intelligentie het vermogen is om te zien, is wijsheid het vermogen om in de verte te zien. Als intelligentie een oog is, is wijsheid een telescoop. Wijsheid geeft het vermogen weer ons eigen eiland te verlaten en weg te trekken over de zee. Misschien om onszelf te zien zoals anderen ons zien, of om anderen te zien binnen en buiten de eerste dimensie of context: van tijd, ruimte en existentie. Met andere woorden, wijsheid is perspectief.

Het temperament vertelt ons waar we ons over bekommeren. De intelligentie helpt ons alternatieven te ontwikkelen. Bovendien laat wijsheid ons nadenken over eventuele gevolgen in de verre toekomst voor onszelf, voor onze kinderen en voor de kinderen van onze kinderen... en misschien ook voor de denkende wezens in het bos.

Stambomen

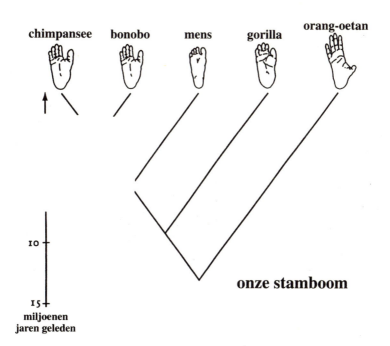

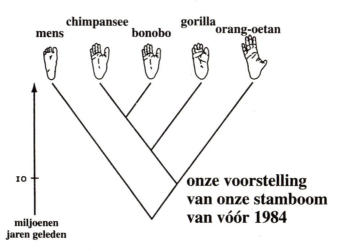

Kaarten

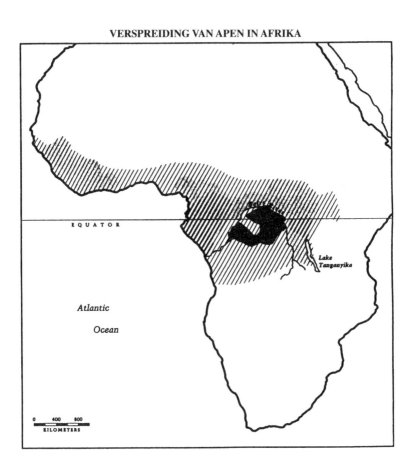

VERSPREIDING VAN APEN IN AFRIKA

- ▨ regenwoud (en overgangsgebied)
- ☐ chimpansees
- ▨ gorilla's en chimpansees
- ■ bonobo's

BELANGRIJKE AAP-ONDERZOEKSCENTRA EN ANDERE REFERENTIEPUNTEN

- ● stad of dorp
- ▲ nationaal park of beschermd woud
- ◐ hoofdstad
- ○ onderzoekscentrum

Noten

1. HET VERLOREN PARADIJS

1. Het citaat is uit Watson (1994b) p.27. Zie ook 'Burundi' (1993); Shoumatoff (1994); en Watson (1994a).
2. Wreedheden in Rwanda, zie Fritz (1994); Lang (1994).
3. Citaat van een 'verslaggever voor *Newsweek*' uit Hammer (1994) p.34. Citaat uit Ngoga Murumba: Lorch (1994) p.1.
4. Bauman (1926).
5. Zie McGrew (1992) en Wrangham e.a. (1994). Het gebruik kussens van bladeren werd onlangs beschreven door Rosalind Alp na observaties in het nationale park Outamba-Kilimi in Sierra Leone.
6. Ardrey (1966) p.222.
7. Deze en volgende discussie over de ontdekking van geweld tussen gemeenschappen in Gombe is grotendeels gebaseerd op Goodall (1986) p.503 e.v.; Goodall e.a. (1979); en Wrangham (1975).
8. Power (1991).
9. Nishida, Haraiwa-Hasegawa en Takahata (1985). In 1985 dacht men dat alle mannetjes dood waren. Later vond men echter nog één mannetje, dat in zijn eentje in het gebied leefde dat door de vroegere K-groep in bezit was genomen.
10. Brewer (1978).
11. Boesch en Boesch (1989) p.567.
12. Morell (1995).
13. Reynolds (1967).
14. Cartmill (1994); Lorenz (1966); Eibl-Eibesfeldt (1989) p.406.
15. Bigelow (1969); Tiger (1969); Tiger (1987); Alexander (1987).
16. Matsuzawa (1985).
17. Rodseth e.a. (1991); Manson en Wrangham (1991).
18. Over deze generalisatie wordt binnen de antropologie gedebatteerd. Zie Knauft (1991) versus Rodseth e.a. (1991).

2. EEN TIJDMACHINE

1. Voor het standpunt van de creationisten, zie bijvoorbeeld Gish (1978) en Parker (1980). Deze visies zijn grondig met elkaar vergeleken door Eldredge (1982).
2. Hunt (1994) geeft een analyse van de structuur en de functie van de schouders van mensachtigen.
3. Gebaseerd op gesprekken van R. Wrangham met Zaïrezen. De eerste levende chimpansees kwamen in 1640 in Europa aan, hoewel de geruchten over het bestaan van deze soort hieraan vooraf waren gegaan. Zie Peterson en Goodall (1993) pp.15-17. De eerste Europese wetenschapper die beweerde dat mensen primaten waren, was de beroemde Zweed Carolus Linnaeus die in de achttiende eeuw een indeling m,aakte van planten- en diersoorten. Hij had kennelijk een chimpansee bestudeerd, waarna hij de mens in de orde der primaten (apen, mensapen en halfapen) plaatste.

4. Darwin (1871) p.190.
5. Deze en volgende citaten van Huxley, zie Huxley (1863; 1894) p.97, p.92. Ontdekking van gorilla's: Zie Reynolds (1967). Zie ook Short (1980).
6. Gould (1995) brengt Huxley's belangstelling voor gorilla's in verband met 'het grote zeepaarden-debat' met Richard Owen.
7. Pilbeam (1996).
8. Zie Gould (1995).
9. Keirans (1984).
10. Nuttall (1904).
11. Zie Dennett (1995) pp.68-73 voor een uitwerking van deze stelling.
12. In 1933 waren er zoveel opmerkelijke overeenkomsten gevonden dat de Britse zoöloog Solly Zuckerman in zijn invloedrijke boek *Functional Affinities of Man, Monkeys and Apes*, de mens direct naast de grote mensapen durfde te plaatsen in de wetenschappelijke stamboom.
13. Enkele mogelijkheden zijn voorgesteld door: Schwarz (1984); Zihlman e.a. (1978).
14. Zuckerman (1933) p.178.
15. Goodman (1963).
16. Sibley en Ahlquist (1983).
17. Sibley en Ahlquist (1984).
18. Sibley, Comstock en Ahlquist (1990).
19. Caccone en Powell (1989). De criticus was Jonathan Marks, zie bijvoorbeeld Marks, Schmid en Sarich (1988).
20. Analyse van kern-DNA: 1) ß-globine-gen: Williams en Goodman (1989); Bailey e.a. (1992); 2) immuunglobuline-pseudogen: Ueda e.a. (1989); 3) Ribosomale gen: Gonzales e.a. (1990); 4) -1,3 galactosyltransferase-gen: Galili en Swanson (1991); 5) mitochondriaal DNA, cytochroom-oxidase II-gen: Ruvolo e.a. (1991); 6) mitochondriaal DNA voor zes eiwitten, elf transport-RNA's: Horai e.a. (1992). Toen de informatie over afzonderlijke genen zich opstapelde, bleek er een uitzondering te zijn op de regel dat chimpansees dichter dan gorilla's bij de mens staan. Die uitzondering was het involucrum-gen dat snel evolueert en dat daarom te veel veranderingen ondergaat om als kenmerk van een voorouderlijke verwantschap gebruikt te kunnen worden. Zie Djian en Green (1989). Zie voor problemen met het gebruik van het involucrum-gen: Bailey e.a. (1992). Marks (1993) is een voorstander van de oude visie.
21. Eldredge (1993).
22. Informatie over nucleotiden in het mitochondriale genoom: Horai e.a. (1995). Kern-DNA basenvolgordes: Takahata (1995);
Verscheidene miljarden nucleotiden van het hele kern-genoom: David Pilbeam, persoonlijke mededeling (1995).
23. Lewin (1993).
24. Het verhaal van de kooloo-kamba is gebaseerd op Shea (1984); en Short (1980). Citaten van Du Chaillu komen uit Shea (1984) p.2; en uit Short (1980) p.5. Het andere citaat is uit Short (1980) p.6.
25. Shea (1983). Zie p.55: 'Vergeleken met de chimpansee zijn het lage niveau van encefalisatie, de kleine omvang van de pasgeborene, de morfologie van het voorhoofdsbeen, de sterke seksuele dimorfie en algemene groeipatronen van de gorilla's ondersteuningen van de hypothese dat vooral de differentiële concentratie van vergelijkbare groeipatronen tijdens de postnatale ontwikkeling de gorilla onderscheidt van zijn vermoedelijke chimpansee-achtige voorouders.'
26. Er zijn door verscheidene anatomen voldoende overeenkomsten tussen mensen en chimpansees aangetoond om hun nauwe genetische verwantschap op morfologische gronden te verdedigen. Zie Groves (1988).

27. White, Suwa en Asfaw (1994); Wolde-Gabriel e.a. (1994). Het lichaamsgewicht van *Australopithecus ramidus* is nog niet nauwkeurig genoeg bepaald, maar deze soort was wat grootte betreft ongeveer gelijk aan *A. afarensis*, die vermoedelijk even zwaar was als een chimpansee, dat wil zeggen vrouwtjes 29 kilo en mannetjes 45 kilo (McHenry [1994]). Vrouwtjeschimpansees in Gombe wegen gemiddeld 29,8 kilo en mannetjes 39,5 kilo (Wrangham en Smuts [1980]). In Kibale en op een paar andere plaatsen in Afrika leven mannetjeschimpansees die zo'n 48 kilo wegen, en zijn ook de vrouwtjes zwaarder dan in Gombe.
28. White, Suwa en Asfaw (1995).
29. Wood (1994).
30. Darwin (1871) p.199.
31. Bewijs dat mensapen morfologisch gezien conservatief zijn, is afkomstig van schattingen over hoe lang hun ondersoorten gescheiden hebben geleefd. Het uiteengaan van bijvoorbeeld westerse en centrale ondersoorten van chimpansees (die morfologisch sterk op elkaar lijken) is op basis van genetische informatie berekend op 1,58 miljoen jaar. Dit suggereert dat er in de afgelopen 1,58 miljoen jaar zeer weinig morfologische veranderingen zijn opgetreden. Zie Morin e.a. (1994).
32. Voor een samenvatting van het bewijs voor de massale uitsterving door een meteoriet, zie Kerr (1992).

3. WORTELS

1. Voor een overzicht van de ecologische achtergronden van de evolutie van hominiden, zie Foley (1987), of de *Cambridge Encyclopedia of Human Evolution*, zie Jones, Martin en Pilbeam (1992). Het specifieke probleem van de oorsprong van hominiden is besproken door Coppens (1994). Coppens gaat, 2evenals wijzelf en de meeste onderzoekers, ervan uit dat de hominiden evolueerden als gevolg van een grote droogte. Maar we zijn het niet met Coppens eens wat de oorzaak van die droogte betreft. Zowel Kortlandt (1972) als Coppens meent dat de droge habitats zijn gevormd door het ontstaan van het grote Oost-Afrikaanse breukdal, de Rift Valley. Dit vond echter acht miljoen jaar geleden plaats, iets te vroeg dus; het zou betekenen dat er alleen australopithecinen in gebieden ten oosten van de Rift Valley was, terwijl we nu weten dat ze ook verder naar het westen voorkwamen in Tsjaad , zie Brunet e.a.(1995); het houdt ook in dat de Rift Valley een zeer belangrijke barrière zou zijn, wat niet meer dan speculatie is. Klimaatveranderingen zoals die in dit hoofdstuk worden weergegeven, kwamen veel vaker voor dan grote geologische gebeurtenissen en geven voldoende verklaring voor de manier waarop regenwoudmensapen in de opdrogende savannen geïsoleerd zouden kunnen zijn.
2. Hunt (1994).
3. De conclusie dat het lopen op twee benen heeft geleid tot het afleggen van grotere dagelijkse afstanden is afkomstig van een vergelijking tussen chimpansees en foeragerende volken. Bij de Gombe-chimpansees, bijvoorbeeld, trekken moeders dagelijks ongeveer 3,0 kilometer en mannetjes 4,9 kilometer , zie Goodall (1986). De afstanden die Kanyawara-chimpansees afleggen blijken vrijwel gelijk. Mannelijke Efé-pygmeeën wandelden 9,4 kilometer per dag, zie Bailey (1991). Het lopen op twee benen gaat ook sneller dan op knokkels, respectievelijk 3,4 kilometer per uur, zie Efé-pygmeeën, Bailey (1991) en 2,1-2,8 kilometer per uur, zie chimpansees, Hunt (1994).
4. *Agriotherium* was een beer die in Ethiopië is gezien en die goed is beschreven na waarneming in Zuid-Afrika. Hij blijkt een tropisch equivalent te zijn geweest van een ijsbeer – snel, groot en vrijwel volledig vleesetend. Zie Wolde-Gabriel e.a. (1994).
5. Moore (1992).

6. Een overzicht van de recente aanwijzingen over de verdeling en de seizoensgebonden aanwezigheid van zaden, noten en ander voedsel is te vinden bij Charles Peters en Eileen O'Brien (1994).
7. Het vleeseten is misschien begonnen als het eten van aas, zie Blumenschine en Cavallo (1992).
8. Over het algemeen komen eetbare wortels in geringe hoeveelheden in regenwouden voor. De hoogste concentraties zijn gemeten door Marcel en Annette Hladik (1990) in de Centraal-Afrikaanse Republiek, waar aan de randen van de bossen de opbrengst aan knollen wel zo'n honderd kilogram per vierkante kilometer was. Ondanks deze dichtheid was het aantal knollen niet voldoende voor de lokale bevolking, volgens Serge Bahuchet (1990), maar zelfs de hoogste regenwoudcijfers verbleken bij de schattingen van de veertigduizend kilogram per vierkante kilometer die Anne Vincent (1985) in een Tanzaniaans savannebosgebied heeft gedaan.
9. Zie Brain (1988). Susman (1988) bediscussieert het gebruik van gereedschappen door *Australopithecus robustus* en komt met bewijs dat hun handen daar goed geschikt voor waren.
10. Hatley en Kappelman (1980) hebben de overeenkomst tussen het gebit van varkens en hominiden geopperd.
11. Jarvis e.a. (1994) laten de verspreiding zien van de hoofdfamilie van de Afrikaanse blindmuizen (Bathyergidae). De andere familie uit de omgeving van de Sahara is de Rhizomyidae, die alleen op graslanden op grote hoogte kan leven. De verwantschap tussen regenwoudmensapen, hominide mensapen en blindmuizen is nog niet op grote schaal bestudeerd, maar is het onderwerp van lopend onderzoek door Greg Laden en Richard Wrangham.
12. Richard Wrangham en Peter Howard zagen daar het gebruik van mos als spons maar niet het uitgraven van wortels.
13. Wrangham (1981) beschrijft de gevolgen van watertekort voor vervetmeerkatten.
14. Terèse Hart, persoonlijke mededeling.
15. Jones, Martin en Pilbeam (1992).
16. We willen benadrukken dat het nog steeds een hypothese is. Er bestaat geen overeenstemming over het dieet van hominiden. Veelbelovende methoden voor het toetsen van hypotheses zijn gebaseerd op een direct onderzoek van fossielen door het analyseren van aanwezige mineralen, of door microscopische studie van het slijtagepatroon op het tandoppervlak. Tot nu toe zijn de resultaten erg verwarrend, hoewel ze lijken te wijzen in de richting van een gemengd dieet met wat vlees. Zie bijvoorbeeld Sillen (1992); en Walker (1981).
17. Een van de afstammingslijnen ontwikkelde een enorm groot gebit, wat doet vermoeden dat het bestemd was voor voedsel van lage kwaliteit zoals wortels. Zie Grine (1988).
18. Jones, Martin en Pilbeam (1992).
19. Het meest overtuigende voorstel waarom hersenen groter zouden zijn geworden, beroept zich op een nieuwe voedselaanpassing. Aiello en Wheeler (1995) merken op dat hersenweefsel met een enorme snelheid energie verbruikt, dat de gemiddelde stofwisselingssnelheid in soorten met grote hersenen niet hoger is dan in soorten met kleine hersenen, en dat er daarom alleen grote hersenen mogelijk zijn als er een ander orgaan is dat klein is. Zij laten zien dat het darmstelsel het enige andere orgaan is dat voldoende variabel is om grotere hersenen mogelijk te maken, en dat soorten die makkelijk verteerbaar voedsel eten de enige soorten zijn met een klein darmstelsel. Dus door het darmkanaal klein te laten, mogen door een aanpassing aan rijke, makkelijk verteerbare voedingstoffen de hersenen groter zijn. Onder de primaten hebben soorten met een relatief klein darmstelsel inderdaad relatief grotere hersenen dan de soorten met een groot darmstelsel. Bij de mens zou de sterke toename in het eten van vlees een verklaring kunnen zijn voor de toename van de hersenomvang.

4. OVERVALLEN

1. Zie Manson en Wrangham (1991); Turney-High (1949; 1991); en Otterbein (1970). Een prachtig voorbeeld van het culturele aspect van oorlogvoering komt van de Salu Mambi-koppensnellers uit het hoogland van Sulawesi (het vroegere Celebes). Tot op de dag van vandaag vindt het koppensnellen jaarlijks plaats, waarbij kleine groepjes stroomafwaarts hun traditionele expedities houden op zoek naar afgehakte hoofden die, terug in het thuisdorp, enthousiast ontvangen worden omdat ze hun velden weer vruchtbaar zouden maken en hun huishoudens voorspoed brengen. Traditioneel waren de hoofden duidelijk van belang bij de onderhandelingen die het machtsevenwicht tussen rivaliserende groepen moeten handhaven, zodat oorlog een ingewikkelde aangelegenheid is. Dat er niet per se gedood hoeft te worden, is te zien aan de moderne vorm van koppensnellen: uit achting voor de moderne tijd gaan de overvallers zonder wapens op weg en komen ze van hun expeditie niet terug met een echt hoofd, maar met een cocosnoot die ze in een naburig dorp hebben gekocht. Zie George (1991). Voor oorlog als populatieregulering, zie Harris (1979) pp. 90-92. Voor antropologische defnities van oorlogvoering in vergelijking met agressie tussen chimpanseegemeenschappen, zie Boehm (1992). Een uitstekend overzicht van algemene kwesties over de vroegste geschiedenis van oorlogen en een zeer goede, bijgewerkte verzameling van antropologisch en archeologisch bewijsmateriaal, zie Keeley (1996).
2. Howard (1983) p.7.
3. De gegevens over de Yanomamö zijn gebaseerd op Chagnon (1988; 1992).
4. Zie Albert (1989; 1990); Chagnon (1990).
5. Chagnon (1992) p.5.
6. Zie Kuper (1994) p.144.
7. Chagnon (1988) p.989.
8. Dit en volgende gedeelte is gebaseerd op Manson en Wrangham (1991).
9. Berekend uit gepubliceerde informatie van Goodall (1986) p.10. De doodsoorzaak was alleen bekend van veertien mannetjes. Vijf waren gedode Kahama-leden (Sniff, Godi, Dé, Charlie en Goliath); negen stierven aan een ziekte (David, Leakey, William, JB en McGregor), of van ouderdom (Mike, Hugo) of aan toevallige verwondingen (Rix, Huxley). De overgebleven zeven zijn waarschijnlijk bij onderling groepsgeweld doodgegaan: beide Kahama-mannetjes (Willy-Wally en Hugh, die verdwenen in de periode waarin andere Kahama-mannetjes werden aangevallen) en de Kasekela-mannetjes (Sherry, Faben, Figan en Humphrey, die verdwenen tussen 1975-1982, toen Kalande-mannetjes overvallen uitvoerden in het verspreidingsgebied van de Kasekela). De schatting van het aantal doden door agressie loopt daarom uiteen van 5 van de 21 (23,8%) tot 11 van de 21 (52,4%).
10. Morgan (1852; 1979).
11. Turney-High (1949; 1991) p.112.
12. Idem p.23
13. Idem p.112
14. Zie Manson en Wrangham (1991), noot 3; zie ook Ember (1978); en Otterbein (1970).
15. Meggitt (1977) p.1.
16. Knauft (1991).
17. Knauft (1991) p.391.
18. Ember (1978).
19. Nance (1975).
20. Headland (1992).
21. Eibl-Eibesfeldt (1989) p.409.
22. Daly en Wilson (1988).

23. Chagnon (1988) p.986; Ook Eibl-Eibesfeldt (1989) p.417.
24. Chagnon (1988) p.986.
25. Citaat uit Robarchek en Robarchek (1992) p.197. Ons hele verhaal over de Waorani berust op dit artikel.
26. Robarchek en Robarchek (1992) p.205.
27. Otterbein (1970) p.20, p.21.
28. Robarchek en Robarchek (1992) p.192.

5. HET GEDROOMDE PARADIJS

1. Zie Marx (1964), met name hoofdstuk 2, pp.34-72.
2. Gauguins brief aan zijn agent is te vinden in Guérin (1974; 1978) p.159, p.160. De schilder had zijn drie vragen alleen maar gesteld in de context van een geschreven aanval op het katholicisme, die uiteindelijk werd gepubliceerd onder de titel 'De katholieke kerk en de moderne tijd.' Zie Guérin (1974, 1978) pp.161-173.
3. Verdere informatie over Gauguin en het schilderij is afkomstig uit Cachin (1989; 1992).
4. De geciteerde opmerkingen van *Noa Noa* staan in Guérin (1974; 1978) p.83, p.84 en p.80.
5. Gauguins toespeling op het leven in de Marquises komt uit 'Scattered Notes' in Guérin (1974; 1978) p.274.
6. Zie voor nadere informatie over het succes van *Typee* en de problemen met uitgevers en potentiële uitgevers: Inleiding door George Woodcock tot Melville (1846; 1972).
7. Walter T. Herbert Jr. (1980) heeft de beste en meest complete anaylse van de Marquisianen en hun plaats in Melville's verbeelding gegeven. We hebben in dit hele stuk vertrouwd op Herberts kennis van zaken, te beginnen met de culturele en historische achtergrond die hier kort wordt besproken, tot en met de theorie dat Porter, Stewart en Melville de Marquisianen hebben bekeken door de culturele filters van Verlichtingsrationalisme, Calvinisme en Romantiek.
8. Dominee Stewart zoals geciteerd door Herbert (1980) p.63.
9. Volgens de archieven verliet Melville het schip op 9 juli en ging hij op 9 augustus aan boord van een ander schip. Om van de Nukuheva-haven naar de Typee-vallei te gaan, zal een paar dagen tot een week hebben gekost.
10. Citaat uit Melville's voorwoord: Melville (1846; 1972) p.34.
11. Wie zijn de echte wilden? Tommo's kritiek op deze kwestie staat in Melville (1846; 1972) p.180. Bijbels paradijs op p.265. Gelukkige onschuld, ongekunstelde eenvoud en goedmoedige luiheid worden op p.211, p.253 en p.236 vermeld, het ontbreken van roofdieren en muskieten op p.286 en p.285, de opmerking over verwondingen opgelopen na een strijd op p.246, en de stof over de 'nymfen' en Tayaway op pp.188-192, 133-136, en op andere plaatsen.
12. Tommo's verdediging van het kannibalisme is uit Melville (1846; 1972) p.278. Tommo's wanhopig aanvallen van de Typee-krijger wordt op p.332 vermeld.
13. Zoals aangehaald in Bowlby (1990) p.170.
14. Voor de achtergronden van het debat erfelijkheid versus omgeving hebben we ten dele gebruik gemaakt van Derek Freeman *Margaret Mead and Samoa* (1983) en Adam Kuper *The Chosen Primat* (1994); de kritiek op Meads werk in Samoa is gebaseerd op Freemans onderzoek en wat afgezwakt onder verwijzing naar Kupers discussie. De drie citaten van Galton zijn uit Freeman (1983) p.7, p.10, p.15.
15. Boas' bewering over een 'fundamentele noodzaak' in Boas (1924) p.164. Boas zal al eerder hebben bedacht dat adolescentie een ideaal onderwerp moest zijn voor een dergelijk onderzoek. Voor hij naar Columbia ging, had deze antropoloog een tijdje college gegeven aan de Clark University in Massachusetts, tot hij ontslag nam na een

bitter meningsverschil met de oprichter van de universiteit, G. Stanley Hall. Hall had in 1907 in een ambitieus boek *Adolescence: Its Psychology and Its Relations to Physiology, Anthropology, Sociology, Sex, Crime, Religion and Eduation* de theorie verdedigd, dat de stadia van elk persoonlijk leven een herhaling waren van de stadia van de menselijke cultuur: van kinderlijke wildheid tot geciviliseerde volwassenheid. De algemene strijd en extase van de adolescentie was dus gelijk aan een voorspelbaar overgangsmoment in de loop van de culturele weg omhoog, 'wijzend op een of andere oude periode van stormen en spanningen toen het oude houvast verloren ging en een hoger niveau werd bereikt.' Halls bewering bood een weg voor het onderzoeken van het erfelijkheid versus omgeving-probleem. De aanname van een algemene menselijke adolescentie, een tijd van onvermijdelijke 'stormen en spanningen' veroorzaakt door afscheidingen uit klieren of vergelijkbare biologische processen, moest wel aangevochten worden. Zie Kuper (1994) pp.180-182.
16. Meads retorische vraag is uit Mead (1928a) p.11.
17. De details van haar aankomst in Samoa en de culturele context zijn gebaseerd op Freeman (1982) p.65 e.v.
18. Meads geciteerde beweringen over nauw contact met haar proefpersonen: Mead (1928a) p.10.
19. De problemen die zij had met het leren van de taal, worden samengevat in Freeman (1982) p.65. In *Letters from the Field, 1925-1975* (1977) p.29, beschrijft Mead haar angst over het leven met de Samoanen.
20. Mead noemt het gemak waarmee 'de basale structuur van een primitieve samenleving' onder de knie is te krijgen, in Mead (1928a) p.8.
21. De vergelijkingen van de westerse en de Samoaanse adolescentie zijn uit Mead (1928a) p.234 en p.38.
22. Over het gemak van het Samoaanse leven en de seksuele vrijheid: Mead (1928a) p.198, p.201. 'Geen ruimte voor schuldgevoel': Mead (1940) p.96.
23. Opmerkelijke uitbanning van allerlei psychologische problemen, vermeld in Mead (1928a) pp. 243, 206, 106, 213, 206, 207, 215, 223. 'Vrijwel geen zelfmoord', zie Mead (1928b) p.487.
24. Haar opmerkingen over verkrachting zijn uit Mead (1928a) p.93, en Mead (1928b) p.487. Over nachtsluipers, zie Mead (1928a) p.93 e.v.
25. Ontbreken van geweld in het algemeen: Mead (1928a): 198, 199. En zoals aangehaald in Freeman (1983) p.90.
26. Zie Stocking (1989) p.246.
27. Voorwoord van Boas: Mead (1928a) p.XV.
28. Haar opmerkingen uit 1961 worden aangehaald in Freeman (1983) p.106.
29. Zie bijvoorbeeld Levy (1983) p.829; Stocking (1989) p.253, p.254.
30. Stocking (1989) p.257. Zie Stocking voor een evenwichtige analyse van de controverse die is ontstaan door Freemans aanval.
31. Kuper (1994) p.193.
32. Levy (1983). Een andere aanklacht tegen Freeman: hoewel hij veertien jaar later dan Mead naar Samoa ging, heeft hij geen rekening gehouden met belangrijke historische en culturele veranderingen die in die jaren kunnen hebben plaatsgevonden en blijkt zich dus niet bewust te zijn van 'historicisme', zie Leacock (1993) p.351. Deze kritiek is niet erg overtuigend. Feit is dat Freeman nog steeds een gezaghebbende bron is, die met zijn weloverwogen portret van de eilanden probeert rekening te houden met de hinderlijke kwestie van historische verandering.
33. Meads opmerkingen over haar 'afwijkers' en 'delinquenten' staan in Mead (1928a) p.169, p.172. Freemans schattingen komen uit Freeman (1983) p.93 en p.258.
34. Cijfers over mannen en vrouwen die voor de eerste keer zijn gestraft: Freeman (1983) p.258, p.259.

35. Maagden: Mead (1928a) p.151. Van de vijfentwintig hadden elf minstens één heteroseksuele ervaring gehad.
   Hoewel ceremoniële maagden uit aristocratische families werden gekozen en een speciale status kregen, werd maagdelijkheid bij het huwelijk vanwege de *taupou* door Samoanen van elke rang geïdealiseerd, aldus Freeman (1983) p.227.
36. Informatie over overspel, zelfmoord, verkrachting en stiekeme verkrachting komen van Freeman (1983) p.104, pp.220-222, 243-249.
37. Over oorlogvoering en de bijbehorende tradities, zie Freeman (1983) pp.157-173. Cijfers over aanranding en moord noemt hij op p.164.
38. Meads apotheose wordt veel gedetailleerder beschreven in Freeman (1983): 106, 107.
39. 'Gingrich' (1995).

6. Een kwestie van temperament

1. Vrouwelijke Dahomey-krijgers worden vermeld in Harris (1989) p.285. Voor de beste beschouwing over de Dahomey-amazones, zie Law (1993).
2. Geciteerd in law (1993) p.252.
3. Idem 258.
4. De discussie over het monopolie van mannen op het voeren van oorlog is grotendeels gebaseerd op Adams (1983); aanhalingen van p.201 en p.202. Volgens Adams is er, behalve het feit dat oorlog en jacht te veel vergen van zwangere en zogende vrouwen, weinig reden waarom vrouwen 'biologisch gezien' minder geneigd zouden zijn om oorlog te voeren. Als bewijs voor de 'culturele constructie' van oorlogvoering voert hij zijn vondst aan van de sterke correlatie tussen het geïnstitutionaliseerde huwelijk en de patronen van oorlogvoering (alle negen culturen met vrouwelijke krijgers hebben uitsluitend 'externe oorlogvoering' en/of huwen binnen de eigen stam). Hoewel het aannemelijk is, dat vrouwen in samenlevingen waar de strijd wordt uitgevochten tussen hun vaders en broers zullen worden uitgesloten van het voeren van oorlogen, gaat Adams voorbij aan de veel gebruikelijker patronen: geen enkele samenleving sluit mannen uit; geen enkele samenleving betrekt vrouwen erbij, behalve in zeldzame gevallen of aan de periferie. Hij stelt dat exogamie (huwen buiten de stam) misschien het begin is geweest van het terugdringen van primitieve vetes, aangezien de 'meeste primitieve vetes zijn ontstaan uit gevechten over vrouwen'. Maar als deze gedragingen deel uitmaken van het cultureel gevormde kaartenhuis, waarom kunnen we dan niet veronderstellen dat er een even groot aantal vetes zijn gevoerd over mannen?
5. Genoemd in Harris (1989) p.278. Zie ook Gray en Wolfe (1980) en Percival en Quinkert (1987).
6. Tuten (1982).
7. Griesse en Stites (1982) p.74.
8. Amrane (1982).
9. Bloom (1982).
10. Statistieken van het Federal Bureau of Investigation (1991).
11. Citaat uit Weil (1994); zie Wolf (1993) pp.228-232 voor een diepgaander discussie over dit onderwerp.
12. Bijvoorbeeld Pagnozzi (1994), Pierre-Pierre (1995) en MacDonald (1991).
13. Adler (1975) beweert dat de toename van het aantal geweldsmisdrijven door vrouwen zes of zeven keer sneller gaat dan de toename bij mannen; in werkelijkheid blijft de verhouding tussen mannen en vrouwen wat geweldsmisdrijven betreft gelijk. Simon (1975) concentreert zich op eigendomsmisdrijven, die verhoudingsgewijs sterk zijn toegenomen, vooral op het gebied van gewone diefstal, fraude en vandalisme, zaken waar vrouwelijke criminelen meestal mee beginnen. Feitelijk vermeldde Simon 'grote

toenames' in eigendomsmisdrijven en 'het ontbreken van toenames' in moord, aanrandingen en 'andere geweldsmisdrijven' (p.47). Zie voor een samenvatting van deze onderwerpen: Flowers (1989) pp.85-87. Zie ook Leonard (1982) p.27 voor een redelijke beoordeling: De schijnbare toename in het percentage meisjes en vrouwen dat tussen 1955 en 1970 wegens ernstige misdrijven is gearresteerd, is het gevolg van de combinatie van een geringe toename in ernstige eigendomsmisdrijven zonder een overeenkomstige toename in geweldsmisdrijven. De discussie over 'meisjesbendes' moet apart worden bekeken. De 'Lady Eights of San Antonio' zouden zijn geassocieerd met en onderworpen aan de uit mannen bestaande 'Eight Ball Posse', zie O'Malley (1993). In een ander verslag staat dat bendes, ondanks een 'gelijke kans op zinloos moorden', niettemin 'bastions van vrouwenhaters zijn. Jongens zijn statusbewakers' (Weller, 1994). Een ander rapport schrijft dat 10 procent van de bendeleden in Los Angeles vrouwen zijn: 'Meestal voegen meisjes zich bij jongensbendes of vormen ze een aparte subgroep van de jongensbende. Hoewel de meisjes hun eigen leiding hebben, krijgt die toch vooral de opdrachten van de jongens' (Sikes, 1994). Zie voor verdere informatie Bjorkqvist en Niemela (1991), Campbell (1984), Campbell (1990), Dunham (1995), Hooks en Green (1993) en Taylor (1990).

14. Gebaseerd op Table I, Daly en Wilson (1988) pp.147-148. Bij het onderzoeken van het ergste soort moorden – seriemoorden en massamoorden – wordt de bijdrage van mannen zelfs nog duidelijker. Zie Editors (1992a, 1992b) en Nash (1973). De werkelijkheid van een demonische man heeft premoderne denkers van Dante tot Dostojevski aangesproken.

15. Mannelijk geweld bestaat. Feministes zijn zich daar sterker van bewust dan welke andere groep ook. Maar om er iets aan te kunnen doen, moet je eerst begrijpen wat het is en hoe het mogelijk is dat het blijft voortduren. Waarom demonische mannen? Om te proberen die vraag te beantwoorden, hebben klassieke feministische denkers verscheidene mogelijkheden onderzocht, maar altijd hebben ze de uiteindelijke schuld neergelegd in de schoot van de cultuur.

Nancy Chodorow introduceerde de eerste volledige psychoanalytische theorie over het mannelijk temperament in haar *The Reproduction of Mothering* uit 1978 (*Waarom vrouwen moederen*, 1980). Chodorows manier van denken (waarvan de bewogenheid vrijwel gelijktijdig in antropologische termen door Sherry Ortner tot uitdrukking kwam, zie Ortner (1974), concentreert zich niet zozeer op het probleem van mannelijk geweld, maar op wat zij ziet als een algemene en algemeen schadelijke mannelijke 'overheersing'. Chodorow meent dat mannen sociaal dominant over vrouwen zijn geworden als een 'hardnekkig feit, bijna van alle tijden', omdat mannen in de publieke arena optreden terwijl vrouwen zich voelen opgesloten in het huishouden. Ze worden moeders, ze brengen niet alleen kinderen voort maar voeden die ook op. 'Het moederen van vrouwen is een van de weinige algemene en blijvende elementen in de arbeidsverdeling naar sekse,' zegt Chodorow. Mannen leven in het openbaar, vrouwen binnenshuis. Het openbare leven bepaalt het leven binnenshuis; en dus domineren mannen vrouwen.

Vrouwen werken in de huishoudelijke sfeer omdat, volgens Chodorow, de noodzaak van het baren is verward met de toevalligheid van kinderzorg. De biologie vormt vrouwen als moeders; de psychodynamiek zorgt voor het moederen – een activiteit die even goed door mannen en vrouwen kan worden gedaan, en zelfs uitwisselbaar is. In feite zijn vrouwen, en niet mannen, de voedsters van alle sociale systemen vanwege wat Chodorow ziet als een freudiaanse gordiaanse knoop: een diepliggende karaktervorming die de verschillen tussen de seksen produceert en reproduceert. Gebruikmakend van een feministische variant op het oedipusthema, beargumenteert Chodorow dat tijdens de cruciale, karaktervormende ontwikkelingsstadia, als kinderen liefdevol tegen de moederborst worden gedrukt en geleidelijk leren zichzelf te zien als psychoseksuele eilandjes in de oneindige moederlijke oceaan ('egovorming'), kleine meisjes zich gaan identificeren met de moeder, dat grote meest begeerde object, terwijl jongetjes zich steeds minder gaan identificeren. Het gevolg is dat dochters kenmerken van gehechtheid gaan ontwikkelen: empathie, een affiniteit voor verwantschap en een naar eensgezindheid strevende houding. En zonen zullen zich gaan onthechten. Ze worden competitief, individualistischer en meer geneigd te abstraheren en objectiveren. De cirkel, die is begonnen in de armen van een liefhebbende moeder, zal worden gesloten als meisjes opgroeien en merken dat ze psychologisch rijp zijn gemaakt voor elementaire zorgverlening, maar niet zijn toegerust om in de openbare sfeer mee te doen, terwijl het bij jongens andersom is gebeurd. Zo is het moederen gereproduceerd.

Ondanks de zwakke punten van de theorie liet Chodorow zien dat het mogelijk was om op een provocerende en positieve manier over sekseverschillen te praten. Ze kreeg verscheidene volgelingen, waaronder Carol Gilligan die een verschil tussen de ethische inzichten van mannen en vrouwen postuleerde (*In a Different Voice*, 1982); Deborah Tannen, die nadruk legde op verschillend taalgebruik (*You Just Don't Understand*, 1990, en *That's Not What I Meant*, 1986); en Sara Ruddick, die artikelen over geslachtsverschillen en vrede onderzocht (*Maternal Thinking*, 1990). Ook al verwierpen zij soms Chodorows psychoanalyse of vonden ze die niet ver genoeg gaan, toch ontstond er over geslachtsgebonden verschillen een interessante discussie die het tegendeel van een simplistische karikatuur was.

Stereotypering van seksisme vereist geen serieuze scholing en is evenmin moeilijk te begrijpen. Toch hebben klassieke feministen de discussies over sekseverschillen te vaak gezien als het oude seksisme in nieuwe kleren, waardoor ze de gesprekken binnen de eigen beweging hebben kortgesloten. Katha Pollitt, bijvoorbeeld, haalt in het laatste nummer van *The Nation* (1992) uit naar de 'verschillen-feministes', niet zozeer omdat ze ongelijk zouden hebben, maar omdat hun ideeën politiek ondoelmatig zijn. Dit geraffineerde, zure artikel, 'Zijn vrouwen moreel superieur aan mannen?', veegt de vloer aan met Chodorow, Gilligan, Tannen en Ruddick vanwege het 'toeschrijven van bepaalde deugden' aan vrouwen, zie Pollitt (1992).

Beginnend met de opmerking dat 'de media graag een karikatuur maken van het feminisme door het bestaan van seksuele verschillen te ontkennen', maakt Pollitt een karikatuur van de 'verschillen-feministes' ('Wij zijn verstandiger dan jullie arme misleide mannen ... dus willen jullie nu eens eindelijk naar jullie mammies luisteren?'), voordat ze zich op het glibberige pad begeeft van de vrije associatie: 'Wat betekent vrouwelijkheid. Natuur. Bloed. Melk. Gezamenlijke onderonsjes. De maan. Dekbedden.' Ze zegt verder, dat haar eigen karikatuur van de 'verschillen-feministes' precies lijkt op de seksistische karikaturen die mannen altijd hebben bedacht om vrouwen op hun plaats te houden, zoals in Aeschylus' *De Eumeniden* de viering van de wetgeving als de triomf van de mannelijke orde over de vrouwelijke chaos, of zoals Ayatollah Khomeini's weigering om vrouwen te benoemen als rechter omdat ze te aardig zijn. Geslachtsgebonden verschillen, concludeert Pollitt, horen bij een gevaarlijke manier van denken. Al vinden veel vrouwen deze nieuwe ideeën vleiend, ze zullen er zich van bewust moeten zijn dat mannen die ideeën aangenaam vinden omdat ze erdoor worden vrijgepleit.

16. We bevinden ons opnieuw in de lange schaduw van die opmerkelijke vrouw, wier ideeën en energie generaties studenten hebben geïnspireerd om de algemeen geaccepteerde kennis in twijfel te trekken en om te vechten tegen de veronderstelling dat individuele of sociale keuzes opgelegd kunnen worden door simpele genetische regels. En precies zoals zij haar ervaring in Samoa gebruikte ter ondersteuning van de hypothese dat cultuur veel belangrijker was dan biologie, keerde Mead naar de tropische Zuidzee terug, dit keer naar Nieuw-Guinea, om bij primitieve samenlevingen in

de bergen en bossen naar het antwoord te zoeken op de vraag in welke mate cultuur de rol van seksen of seksegebonden verschillen bepaalt.

Ze vertrok in 1931 naar Nieuw-Guinea vergezeld van haar tweede echtgenoot, de antropoloog Reo Fortune. Samen begonnen ze aan een moeilijke tocht over de Toricelli-bergketen naar het binnenste van Nieuw-Guinea. Ze stopten toen ze door hun dragers in de steek werden gelaten bij het dorp van een bevolkingsgroep die door Mead de Berg-Arapesh werd genoemd, en die dus haar eerste onderzoeksgroep werd. In 1932 trokken de twee antropologen door naar de rivier de Yuat, waar ze een tweede stam ontmoetten, de Mundugumor. In 1933, ten slotte, kwamen ze op de rivier de Sepik een Engelse antropoloog tegen, Gregory Bateson, die hen in contact bracht met hun derde studieobject, de Tchambuli. Mead scheidde daarna van Fortune, trouwde met Bateson en publiceerde in 1935, in *Sex and Temperament in Three Primitive Societies*, de volledige uitwerking van haar theorie waarin ze stelde dat, hoewel erfelijkheid een paar basale persoonlijkheidskenmerken veroorzaakt, cultuur daarbij de bemiddelende kracht is, die bepaalt of ze het onderscheidende kenmerk van het ene of het andere geslacht worden. 'Onze eigen samenleving,' beargumenteert ze op een redelijke manier in *Sex and Temperament*, 'wijst verschillende rolpatronen toe aan de twee seksen, omringt ze vanaf de geboorte met de verwachting van ander gedrag, speelt het hele drama van hofmaken, huwelijk en ouderschap volledig uit in termen van gedrag dat als aangeboren en dus als wenselijk wordt beschouwd voor het ene geslacht of voor het andere.' Maar natuurlijk, zo vervolgt ze, verwart onze eigen samenleving verwachting met uitdrukking; en het is oh zo makkelijk om te vinden dat je eigen 'kritische voorstellingsvermogen wordt benaeeld door de Europese culturele traditie'. Zie Mead (1935; 1963) pp.IX en X. Zie ook Mead (1949).

Omdat Mead haar conclusies over Samoa zo overtuigend had overgebracht, was ze het belangrijkste doelwit geworden voor kritiek op het extreme standpunt van het cultureel determinisme. Op dezelfde manier dwingt Mead ons, vanwege de kracht van haar conclusies over de rol van de seksen in Nieuw-Guinea, haar ook op dit tweede terrein aan te vechten. De grote lijnen en de theoretische beoordelingen over deze drie samenlevingen op Nieuw-Guinea werden in feite steeds weer herhaald – zonder kritische bestudering van haar gegevens – in populaire boeken en in handboeken voor studenten in de antropologie, psychologie en sociologie. In 1986 bleek na een speurtocht door eenenzestig psychologiehandboeken, dat Maragaret Mead de meest geciteerde antropoloog was en dat *Sex and Temperament* haar populairste boek was. En uit eenenvijftig sociologiehandboeken bleek dat zij samen met haar vriendin en collega Ruth Benedict op een gedeelde eerste plaats stond. Ze had deze bijval te danken aan haar conclusie dat het vooral de opvoeding is die, meer dan erfelijkheid, de gemiddelde gedragsverschillen tussen de seksen veroorzaakt – een hypothese die weinig mensen vreemd of uitzonderlijk zullen vinden.

Het cultureel determinisme deed Mead verwachten dat zij bij de drie afzonderlijke primitieve samenlevingen een extreme variatie zou vinden in de seksegebonden rollen. En dankzij deze theorie meende ze dat ze die variatie inderdaad had gevonden en propageerde ze dat idee vervolgens. Een aantal antropologische studies die in haar tijd en later zijn uitgevoerd in Nieuw-Guinea, suggereren dat Mead soms informatie negeerde die te veel in tegenspraak was met haar stelling. Zie bijvoorbeeld Fortune (1939), Tuzin (1976; 1980); Gerwertz (1981) en Gerwertz en Errington (1991). Maar uit haar eigen relaas, uit het bewijsmateriaal dat ze zelf opschreef, blijkt helemaal geen variatie, maar blijkt dat de drie samenlevingen opmerkelijk rigide en voorspelbaar zijn in hun verwachte geslachtsspecifiek gedrag. In plaats van in tegenspraak te zijn met de westerse stereotypische seksegebonden rollen, versterken de drie de rolverdeling in feite op een bijna karikaturale manier. Volgens Meads eigen verslag zijn vrouwen in de drie samenlevingen verantwoordelijk voor het dagelijkse eten en huishoudelijke werk, maar ook voor bijna alle verzorging van de kinderen. In alle drie worden vrouwen en meisjes wettelijk beschouwd als het eigendom van hun vader, broers of echtgenoot. Alle drie hanteren een dubbele seksuele standaard ten voordele van mannen – dat wil zeggen dat alleen mannen hun extraversie mogen laten blijken door het hebben van meer vrouwen. In alle drie wordt alleen van mannen verwacht dat ze oorlogvoeren; en alleen mannen zijn betrokken bij geweld buiten een oorlogssituatie. We krijgen voorbeelden van mannen die hun vrouwen slaan, terwijl we niets vernemen over vrouwen die hun mannen slaan – behalve die ene uitzondering onder de goedaardige en vrouwelijke Arapesh, waar een 'wild creatuur' haar man sloeg uit verdediging als reactie op zijn poging haar te slaan.

17. Porter (1986) p.232.
18. Brownmiller (1975) pp.56-63.
19. Idem pp.78-86.
20. Keegan (1993) p.24, p.25.
21. Idem p. 28.
22. Arnhart (1990); Las Casas (1542; 1992).
23. Keegan (1993) pp.106-115.
24. Idem pp.32-40.
25. Fisher (1992) p.286.
26. Holloway (1994) p.83.
27. Ongeveer 84,5% van de negentig landen. In bijna 18,8% van alle huishoudens; in tijden die zo zwaar zijn dat 46,6% doodgaat of ernstig wordt verwond. Levinson (1989) p.31. Zie ook Heise, Pitanguy en Germain (1994).
28. Holloway (1994) p.77.
29. Idem p.80.
30. Ook het taalprobleem speelt een rol. Emily Nasrallah's onderzoek naar belangrijke islamitische feministes uit de negentiende en het begin van de twintigste eeuw, *Women Pioneers* (1986), is nog niet uit het Arabisch vertaald. Zie Mernissi (1994) pp. 127-130.
31. Rahgavan, Shahriar en Qureshi (1994) p.36, p.37.
32. Fisher (1992) p.281.
33. Mead (1949) p.X. Haar discussie over de 'vergissing' van de Vaertings door een matriarchaat te beschouwen als een afspiegeling van het patriarchaat. Fisher (1992) p.283. 'Opgemerkt moet worden dat ik matriarchaat definieer als een afspiegeling van het patriarchaat. Door deze definitie te gebruiken moet ik concluderen dat er nooit een matriarchaat heeft bestaan.' Lerner (1986) p.31.
34. Geciteerd in Lerner (1986) p.22.
35. Hoewel Lerner graag een historische vooruitgang wil tonen, is zij de eerste die toegeeft hoe onvolledig het feitelijke historische bewijsmateriaal is. 'Als we ons realiseren dat we hier een historische periode beschrijven waarin zelfs nog geen formele wetsregels waren vastgelegd, kunnen we pas beoordelen hoe diep de patriarchale geslachtsdefinities zijn geworteld in de westerse beschaving.' Lerner (1986) p.75.
36. Lerner (1986) p.18. 'Er is tegenwoordig een grote hoeveelheid modern antropologisch bewijsmateriaal voorhanden, waarin relatief egalitaire sociale afspraken en ingewikkelde en gevarieerde oplossingen voor het probleem van de arbeidsverdeling worden beschreven.' Lerner (1986) p.29.
37. Lerner (1986) p.53.
38. Friedl (1975) p.42
39. Om de samenlevingen van de Australische inboorlingen egalitair te noemen, moet men zich in heel wat bochten wringen: 'De coëxistentie van egalitaire en hiërarchische tendensen komt natuurlijk algemeen voor in menselijke samenlevingen, maar aangezien in het geval van de Australische inboorlingen de balans doorslaat naar het

egalitarisme, dwingt het de waarnemer te onderscheiden wanneer, waarom en voor welke duur ongelijkheden in status en rechten zich manifesteren als tegenovergestelde neigingen'. Tonkinson (1988) p.152.
40. Turnbull (1982) p.153.
41. Turnbull (1965) p.127, p.287, p.271.
42. Sanday (1981) p.17. Is verkrachting een algemeen menselijk verschijnsel? Veel feministes houden vol dat dit niet zo is. Broude en Green (1976) zeggen dat het afwezig is in bijna een kwart van de geïndexeerde samenlevingen. Sanday (1981) bestempelt na het onderzoeken van vijfennegentig samenlevingen ongeveer de helft (vijfenveertig) als 'verkrachtingsvrij' en zeventien andere als 'verkrachtingsgeneigd'. Maar wat zegt 'verkrachtingsvrij' in deze gevallen? Soms betekent het eenvoudigweg dat gedrag dat wij als verkrachting zouden beschouwen, in die samenleving niet als zodanig wordt beschouwd. Allan R. Holmberg (1969) stelt in zijn monografie over de Siriono uit het oosten van Bolivia, dat hij 'geen gevallen van verkrachting heeft vernomen'. Maar als een man 'een zekere hoeveelheid kracht gebruikt bij het verleiden van een potentiële echtgenote ... wordt dat niet als verkrachting gezien' (p.168, p.169). Zoals Sanday duidelijk maakt in 'Rape and the Silencing of the Feminine' (1986) wanneer ze zegt dat 'verkrachtingsvrij' feitelijk betekent 'relatief verkrachtingsvrij' (p.84) – en zoals in het geval van de Minangkabau op West-Sumatra waar de politierapporten in 1981 'slechts' achtentwintig verkrachtingen vermeldden op een bevolking van drie miljoen. Het ligt voor de hand dat het aantal verkrachtingen in verschillende samenlevingen duidelijk zal verschillen; zoals het ook voor de hand ligt dat verschillende samenlevingen verschillende definities hanteren voor verkrachting of seksueel geweld, of wanneer die aan de politie gemeld moeten worden. Verkrachting wordt typerend en in allerlei culturen variabel te weinig gemeld, zodat het vergelijken van politierapporten misleidend kan zijn. Niettemin is Sanday's 'lage' aantal voor de Minangkabau (1 per 107.000) een flink stuk hoger dan het aantal in Engeland in het midden van deze eeuw (1 per 172.000 in 1947; 1 per 140.000 in 1954). Toch noemt Sanday het twintigste-eeuwse Engeland nergens 'verkrachtingsvrij'. De gerapporteerde verkrachtingscijfers in Engeland zijn sinds die tijd weliswaar snel gestegen, maar het is niet duidelijk of deze stijging een toename weergeeft van misdrijven of een verbetering in het aanmelden van misdrijven. In 1980 was het verkrachtingscijfer in Engeland ongeveer 1 per 44.000, nog steeds tweemaal zo hoog als bij de 'verkrachtingsvrije' Minangkabau. De berekeningen zijn gebaseerd op cijfers van Sanday (1986) p.84, voor Engeland op Tempkin (1986) p.20. Craig Palmer geeft in 'Is rape a Cultural Universal' een overzicht van de bewijzen die Sanday (1981) geeft over 'verkrachtingsvrije' samenlevingen en die Broude en Greene geven (1976); hij toont daarbij overtuigend aan dat deze auteurs consequent te weinig of helemaal niet vermelden hoe weinig etnografische gegevens we hebben.
43. Turnbull (1965) p.121.
44. Palmer wijst op deze tegenspraak in Palmer (1989a).
45. Shostak (1981) p.246.
46. Lee (1979) p.454.
47. Lee (1982) p.45.
48. Lee (1979) p.376.
49. Lee (1982) p.44. Zie ook Harris (1989) p.280.
50. Shostak (1981) p.228.
51. Shostak (1981) p.311.
52. Idem p.313.
53. Gowaty (1992); Hrdy (1981); Small (1991); Smuts (1992); Smuts en Smuts (1993). Zie ook Silk (1993).
54. Zie met name Smuts (1992; 1995).

7. Geweld binnen relaties

1. De Waal (1982).
2. De Waal (1986).
3. De Waal (1989) p.65.
4. Jones, Martin en Pilbeam (1992).
5. In *The Red Ape* van Jeffrey Schwartz, dat uitgebreid beargumenteerd dat eigenlijk orang-oetans, in plaats van chimpansees, de nauwste verwanten zijn van *Homo sapiens*, wordt bijvoorbeeld niet het bewijs voor verkrachting genoemd, behalve een keer in vage termen: de 'incidentele seksuele aanval op een vrouwtje door een al te agressief jong mannetje.' Schwartz (1987) p.14.
6. Sommigen voelen zich zo bezorgd over de mogelijkheid de naturalistische denkfout te maken (het idee dat iets natuurlijks moreel te verantwoorden is) dat zij bezwaar maken tegen het woord 'verkrachting' voor gedwongen copulaties onder dieren, zie bijvoorbeeld Estep en Bruce (1981). Andere bezwaren zijn dat 'verkrachting' sensationeel klinkt. Maar voor ons is van belang dat we de parallellen niet ontkennen. Zie ook Palmer (1989).
7. Mitani vond in zijn studie van 179 copulaties slechts één die werd begonnen door een vrouwtje door haar genitaliën voor het gezicht van een mannetje te houden. Alle andere werden door mannetjes begonnen, waarvan 88 procent werd afgedwongen. Heel anders dus dan bij Galdikas (1981) p.289, die vond dat proceptief gedrag (bedelen om seksuele toenadering) van vrouwtjes tot 23 van de 52 waargenomen copulaties leidde. Het gaat hier om verschillende onderzoekspopulaties in verschillende delen van Borneo. Het is mogelijk dat de grote verschillen in vrouwelijk proceptief gedrag verschillen weergeven bij de dieren, de waarnemers of bij beiden. Mitani (1985).
8. Dit komt uit Galdikas die een gemiddelde van 10,8 minuten vond. Galdikas (1981) p.287.
9. Gewichten uit Rodman en Mitani (1987).
10. Galdikas (1981) p.295.
11. Galdikas heeft gezien dat vrouwtjes roepende grote mannetjes benaderden, maar toen John Mitani lange roepen afdraaide, zag hij geen vrouwtjes op zijn bandrecorder afkomen. Het aantrekkelijke van lang geroep is dan ook nog onduidelijk.
12. Kingsley (1988).
13. Geciteerd uit MacKinnon (1974) p.10. Dit citaat, waarin een verwijzing naar Sumatraanse tijgers ontbreekt, heeft betrekking op zijn werk op Borneo en Sumatra.
14. MacKinnon (1971) p.176.
15. Galdikas (1981). Zij en haar collega's waren getuige van 52 copulaties of copulatiepogingen (p.282). Op pagina 284 schrijft ze: 'De meerderheid van de copulaties (64%) vindt in partnerschap plaats', wat hier zou neerkomen op 33 copulaties (64% van 52). Later (p.292) zegt ze dat er 15 'korte seksuele contacten' waren 'buiten een partnerschap'. Dit onderscheid in situaties is ten dele belangrijk omdat Galdikas ontdekte dat de meeste verkrachtingen buiten het partnerschap plaatsvinden: 'Bij de copulaties die buiten een partnerschap plaatsvonden waren voornamelijk bijna volwassen mannetjes betrokken (95%), waarbij de meeste copulaties (84%) afgedwongen werden' (p.293). Een veel kleiner percentage van de resterende copulaties was eveneens afgedwongen. Ergens anders verklaart Galdikas wat beknopter: 'Hoewel de meeste copulaties ... coöperatief waren, waren er soms aspecten van 'verkrachting' waar te nemen' (p.287).
16. Galdikas (1981) citaten van pp.287, 288.
17. Mitani (1985) p.396.
18. Rijksen (1978).
19. Galdikas (1995) pp.174, 175.
20. Idem p.294.

21. Palmer (1989b).
22. Thornhill (1979) p.100.
23. Andere theoretici houden met dergelijke gevallen rekening door middel van een zwakkere versie van de hypothese over bevruchtingstactieken. Deze versie (die ook is toegepast bij overwegingen over verkrachting bij mensen) zegt dat verkrachtingsgedrag niet direct door natuurlijke selectie wordt gevormd, maar dat het meer een toevallig bijproduct is van een ander proces. Verkrachting komt bij eenden veel voor omdat, volgens deze theorie, hierdoor andere belangrijke aspecten die bij de paringsstrategie optreden, worden samengebracht, zoals het makkelijk opgewonden raken van mannetjes, het willen gebruiken van geweld door mannetjes en het aantrekkelijk zijn van vrouwtjes voor mannetjes. Maar verkrachting bij eenden wordt, zowel in de krachtige als de afgezwakte theorie, door de meeste biologen eenvoudigweg nog steeds beschouwd als een bevruchtingstactiek. Donald Symons beargumenteerde dit standpunt in zijn boek uit 1979. Voor een recent overzicht hierover, zie Palmer (1991).
24. Rijksen (1978) p.264.
25. Smuts en Smuts (1993). Zie ook Clutton-Brock en Parker (1995) voor de theorie van seksuele onderdrukking.
26. Er is opmerkelijk weinig bekend over de meest voorkomende vorm van verkrachting van een onbekende, de verkrachting in oorlogstijd. Zie voor een recent overzicht, Swiss en Giller (1993). Zie Lerner (1986, hoofdstuk 4) voor een overzicht over de overweldigend grote hoeveelheid historisch bewijsmateriaal voor de onderwerping en verkrachting van vrouwelijke gevangenen.
27. Goodall (1986) p.481.
28. Idem pp.471-477.
29. Vruchtbare vrouwtjes werden in 26 procent van de partnerschappen zwanger, vergeleken met 16 procent van de paringen in groepsverband. Zie Goodall (1986).
30. Smuts en Smuts (1993). Ingrassia en Beck (1994) geven een goed maar kort overzicht van geweld binnen het menselijke gezin.
31. Du Chaillu (1861) pp.70, 71.
32. Fossey (1983) p.70.
33. Watts (1989).
34. Tigers relatie met de groep van Nunki is beschreven door Watts (1994). David Watts vertelde ons nog wat extra details.
35. In 1995 werd Roger Fouts door het televisieprogramma 20/20 naar het Laboratory for Experimental Medicine and Surgery in Primates in de staat New York gebracht voor een ontmoeting met Booee, een chimpansee die als jong geleerd had met Fouts te communiceren met behulp van tekens uit een taalprogramma. Booee waas daarna door zijn eigenaar (niet Fouts) verkocht aan een laboratorium voor hepatitis- en aidsonderzoek. Booee had sinds jaren met niemand meer gecommuniceerd en had Fouts al zeventien jaar niet meer gezien. Fouts, gekleed in een witte labjas en zijn gezicht bedekt met een beschermingsmasker, stond voor de kooi van zijn vroegere leerling en gaf een paar tekens. Booee reageerde onmiddellijk en maakte als grote verrassing een speciaal teken: Booee's zelfbedachte koosnaam voor Fouts. De gevangenis had het geheugen van de chimpansee niet afgestompt.

8. DE PRIJS VAN DE VRIJHEID

1. Kruuk (1972). Zie met name de film *Eternal Enemies*, Joubert en Joubert (1992) en het bijbehorende artikel in *National Geographic*, Joubert (1994).
2. Territoriale gevechten breken meestal uit als buren elkaar in de grensgebieden ontmoeten. Ze kunnen ook uitbreken als een clan zijn eigen territorium verlaat voor een 'pendeltrip' om te gaan jagen op trekkende kuddes gnoes. Zie Hofer en East (1993).

In andere gebieden echter verblijven clans permanent op prooirijke 'eilandjes', gescheiden van hun buren door prooiarme stukken grond. Op dergelijke plaatsen zijn de territoriale ontmoetingen zo zeldzaam dat er gedurende 517 observatiedagen geen ernstige agressie werd waargenomen. Zie Frank (1986).
3. Hans Kruuk was een van de eersten die het heeft gezien, toen hij in de Ngorongoro Krater in Tanzania was. 'September 1967, laat in de middag. Een hyena van de Mungi-clan begon een vrouwtjesgnoe op te jagen en sleepte haar, met hulp van een paar andere, ongeveer tweehonderd meter het verspreidingsgebied van de hyena's van de Scratching Rocks in, een gebied waarvan de grenzen duidelijk vastlagen. Er schoten nog meer Mungi-hyena's te hulp tot ze ongeveer met zijn twintigen waren. Maar op hetzelfde moment merkten de Scratching Rocks-hyena's dat er iets aan de hand was en kwamen van alle kanten aanrennen. Het moeten er wel zo'n veertig zijn geweest (ze waren moeilijk te tellen in het duister), die de Mungi-hyena's gingen aanvallen. De twee groepen vermengden zich onder luid geschreeuw, maar binnen een paar seconden gingen de twee partijen weer uiteen en renden de Mungi-hyena's weg, kort achterna gezeten door de Scratching Rocks-hyena's, die vervolgens terugkeerden naar het karkas. Een stuk of tien Scratching Rocks-hyena's grepen echter een van de Mungi-mannetjes en beten hem waar ze maar konden – vooral in de buik, de voeten en de oren. Het slachtoffer was volledig bedekt door zijn aanvallers, die hem ongeveer tien minuten lang toetakelden terwijl hun clangenoten de gnoe opaten. Het Mungi-mannetje werd letterlijk uit elkaar getrokken en toen ik later zijn verwondingen van nabij ging bekijken, bleken zijn oren, voeten en testikels te zijn afgebeten, was hij verlamd door een ruggengraatwond, had hij grote gaten in zijn achterpoten en buik, en onderhuidse bloedingen over zijn hele lijf... De volgende morgen trof ik een hyena aan die van het karkas at en zag ik dat er meer bij waren geweest; ongeveer een derde van zijn inwendige organen en spieren was opgegeten. Kannibalen!'
4. Voor overzichten van de betekenis van kindermoord bij verschillende soorten, zie Hausfater en Hrdy (1984); en Parmigiani en Vom Saal (1994).
5. De discussie werd kortgeleden heropend door Bartlett, Sussman en Cheverud (1993). Zie voor de recente gedachtenwisseling: Sussman, Cheverud en Bartlett (1994), met Hrdy, Janson en Van Schaik (1995).
6. De oudste fossielen zijn van een 220 miljoen jaar oude dinosaurus, de bijna twee meter hoge *Coelophysis*: een baby in zijn ribbenkast wijst op kannibalisme, en misschien op kindermoord.
7. *Queen of Beasts* was een productie van Alan Root voor Survival Anglia. Hij werd opgenomen in het Serengeti National Park en was gebaseerd op het leeuwenonderzoek van Anne Pusey en Craig Packer.
8. Packer en Pusey (1983).
9. Het idee dat kindermoord de oorzaak is van het bestaan en het vormen van sociale groepen, werd voorgesteld door Wrangham (1979), werd ondersteund wat gorilla's betreft door Watts (1989), werd toegepast op monogame primaten door Van Schaik en Dunbar (1990) en op groepen maki's door Kappeler (1993). De betekenis voor primaten in het algemeen is besproken door Smuts en Smuts (1993).
10. Nishida en Kawanaka (1985).
11. D. David Mech (persoonlijke mededeling aan RWW) deed verslag van drie gevallen waarbij wolven werden gedood toen hun troep op verboden terrein kwam, vermoedelijk door de daar verblijvende troep. Bovendien werd ook een lid van deze troep wolven gedood door de overtreders, die mogelijk op zoek waren naar voedsel en toevallig de lokale troep waren tegengekomen. Zie Mech (1977) en Harrington (1987).
12. Kruuk (1972); East en Hofer (1991).
13. *Eternal Enemies*, gefilmd in het Savutigebied van Chobe National Park in het noorden van Botswana: Joubert en Joubert (1992). Zie ook Joubert (1994).

14. De meeste ontmoetingen tussen troepen leeuwen gaan gepaard met geurmarkering, geschreeuw en terugtrekking. Incidentele dodelijke gevallen zijn echter waargenomen in Serengeti waarbij, zoals in Chobe, troepen waren betrokken die mannelijke en vrouwelijke indringers afmaakten (Schaller, 1972). Brian Bertram (1978) vermeldt de dood van een mannetje als gevolg van een beet in de ruggengraat.
15. Keegan (1993) pp.111-112.
16. Dit argument is uitgewerkt door Manson en Wrangham (1991).
17. Bartz en Hölldobler (1982); Hölldobler en Lumsden (1980); Hölldobler (1976); en Hölldobler (1981).
18. Moorehead (1960) pp.46-66.
19. Golding (1954); Shakur (1993).
20. Omvang van de clans: 54 (gemiddelde van 8 clans in Ngorongoro, Kruuk 1972), 52 (Frank 1986), 43 (Cooper 1989) en 47 (gemiddelde van 7 clans in Serengeti, Hofer en East 1993). Er is ook onderzoek gedaan bij gevlekte hyena-clans in het zuidelijke Kalahari, Kruger in Zuid-Afrika en Etosha in Namibië. Deze onderzoeksplaatsen hebben een lage prooidichtheid en kleinere clans (respectievelijk 8, 11 en 21). Zie overzicht door Hofer en East (1993a).
21. Het feit dat, in tegenstelling tot wat vaak wordt beweerd, gevlekte hyenavrouwtjes niet groter zijn dan de mannetjes, wordt besproken door Frank (1986). Frank merkt op dat vrouwtjes dezelfde lengtematen hebben maar zwaarder zijn dan de mannetjes. Dit verschil ontstaat doordat vrouwtjes vetter zijn en graag een vollere maag hebben dan mannetjes. Vrouwtjes zijn dus niet dominant omdat ze groter zijn. Integendeel, ze zijn groter omdat ze dominant zijn.
22. Onze discussie gaat ervan uit dat mannetjes meer lijden van geweld tussen gemeenschappen dan vrouwtjes, wat zonder meer het geval lijkt te zijn. Niettemin worden soms moeders en kinderen aangevallen, wat incidenteel leidt tot de dood van een vrouwtje, zie hoofdstuk 1, maar vaker tot de dood van haar kind, zie Goodall (1986) p.522. Er is te weinig bekend om deze aanvallen te verklaren, maar de meeste auteurs denken dat ze onderdeel uitmaken van een systeem dat moet zorgen voor meer nieuwe vruchtbare vrouwtjes. Geïntrigeerd door het afmaken van Madame Bee, opperden Wolf en Schulman (1984) dat mannetjes vooral grof zouden kunnen zijn tegen vrouwtjes die te oud waren om te baren. Goodall (1986) pp. 524-525, meende dat het afmaken van Madame Bee paste in een strategie van de mannetjes om adolescenten te werven door de band met de moeder te verbreken. De dodelijke aanvallen op kinderen kunnen ook worden opgevat als een geval van geweld binnen relaties, op dezelfde manier als kindermoord bij gorilla's. Volgens deze visie leert een moeder wier kind is vermoord, dat de mannetjes van haar huidige gemeenschap niet in staat zijn op te treden als haar verdedigers, zodat het vanuit haar standpunt strategisch zinvol is naar de gemeenschap van de moordenaars over te lopen, waar haar volgende kind vermoedelijk veiliger is. Zie Wrangham (1979). Zoals Goodall (1986) concludeerde: 'We zitten te springen om meer gegevens.'
23. Nishida en Kawanaka (1985). Voor een uitgebreide verhandeling over chimpansees in de Mahale Mountains, zie Nishida (1990).
24. Stanford (1995).
25. Manson en Wrangham (1991).
26. Wrangham e.a. (1992).
27. Chapman, Wrangham en Chapman (1995).
28. Janson en Goldsmith (1995). Zie ook Wrangham, Gittleman en Chapman (1993).
29. Baker en Smuts (1994).
30. Van Hooff en van Schaik (1994).
31. Keegan (1993) p.124.
32. Idem.

33. Archeologisch materiaal levert een goede maar onvolledige kijk op het primitieve verleden. Informatie van onder anderen Trinkaus (1978), die sporen beschrijft van ernstige verwondingen na kennelijk gewelddadige confrontaties – zoals het afplatten van de buitenkant van de oogkas – bij skeletten van Neanderthalers die zeventigduizend jaar geleden zijn overleden. Zie ook Anderson (1968); Dastugue en De Lumley (1976); Klein (1989) pp. 333-334; Wendorf en Schild (1986). Recente opgravingen van een Nubisch kerkhof in het huidige Soedan leverde 58 skeletten op van mannen, vrouwen en kinderen die ergens tussen 10.000 en 12.000 voor Christus waren begraven. Bijna de helft daarvan vertoonde duidelijke bewijzen van een gewelddadige dood (Wendorf, 1986). Is het in de moderne tijd beter? In *Statistics of Deadly Quarrels* berekent Lewis Richardson (1960) dat tussen 1820 en 1945 59 miljoen mensen door hun medemensen zijn gedood. Zie ook Freeman (1964) en Keeley (1996).

9. NALATENSCHAP

1. Strier (1992).
2. Wollige spinapen (*Brachyteles arachnoides*) zijn zeer uitgebreid bestudeerd door Karen Strier (1992). Waarom de mannetjes zo weinig agressief zijn, is nog niet duidelijk. Een deel van het antwoord is dat zij elkaar beconcurreren via een spermacompetitie. Maar er zijn meer soorten waarbij de mannetjes rivaliseren via een enorme overproductie van sperma, maar die toch agressief zijn, zoals chimpansees. Misschien is hun ongewone manier van voortbewegen er de oorzaak van dat mannetjes niet groter worden dan vrouwtjes, zodat vrouwtjes niet bang hoeven te zijn voor de mannetjes. De vrouwtjes kiezen de mannetjes waarmee ze willen paren, en ze zouden vermoedelijk geen mannetje kiezen dat agressief was.
3. Strier (1992) p.4.
4. Zoals in de voetnoot in hoofdstuk 6 wordt vermeld, is ons gebruik van het woord temperament gebaseerd op Clarke en Boinski (1995), maar hebben wij de oorspronkelijke, zeer specifieke betekenis verruimd.
5. De ontwikkeling van hoektanden is bij primaten, en misschien wel bij veel zoogdieren, vrij nauw gekoppeld aan de intensiteit van de agressie van man tegenover man. Zie Plavcan en Van Schaik (1992); Plavcan en Van Schaik (1994). Selectie voor agressie beïnvloedt ook de lengte van vrouwelijke hoektanden, zie Harvey, Kavanagh en Clutton-Brock (1978). Het idee dat menselijke hoektanden klein zijn omdat hominiden een alternatieve vechtstijl ontwikkelden, werd geopperd door Darwin en door vele anderen na hem overgenomen. Onze bespreking van dit idee verschilt van de meeste vorige hierin dat de overgang naar vuistgevechten ook zou kunnen zijn opgetreden zonder gebruik van handwapens. Overigens is het nog steeds onduidelijk waarom selectie zo snel kortere hoektanden veroorzaakte, toen die eenmaal niet meer nodig waren om te vechten. Een mogelijkheid is dat de hoektand werd geprest om dienst te doen als een extra snijtand, bijvoorbeeld omdat hij nodig was om voedsel te scheuren. Zie voor een overzicht, Greenfield (1992); Plavcan e.a. (1995).
6. Jarman (1989).
7. Tanner (1978); Malina en Bouchard (1991); Bribiescas (1996); Jamison (1978).
8. Wolpoff (1980) p.178.
9. Howard (1983b) p.34.
10. Howard (1983a) p.22.
11. Als ze voor het eerst moeder worden, hebben ze echter meestal eenlingen. Zie Frank, Glickman en Licht (1991).
12. Frank, Glickman en Licht (1991). De mededelingen over gevechten zijn gebaseerd op vijf nesten op de University of California in Berkeley.

13. Frank, Glickman en Licht (1991) p.704.
14. Natuurlijke selectie kan uiteraard ook vorm geven aan het gedrag en de morfologie om verdedigend op te treden. Zowel mannelijke als vrouwelijke hyena's hebben dikke kussentjes op hun rug en schouders waar laaggeplaatste dieren indrukwekkend veel verwondingen kunnen oplopen. Maar het verdedigingspatroon in zijn uiterste vorm is te zien aan het uiterlijk van de hyenavrouwtjes. Sinds de Oudheid is bekend dat hyenavrouwtjes geslachtsorganen hebben die verbazingwekkend veel lijken op die van de mannetjes. Hun clitoris is net een penis – niet alleen qua omvang en vorm, maar ook wat de plaats in de urinebuis betreft. Verder zijn de schaamlippen zo gevormd dat ze niet te onderscheiden zijn van de balzak van de mannetjes. Het meest opmerkelijke is dat deze pseudo-balzakken ook nog vettige organen bevatten die op testikels lijken. In frappante tegenstelling tot de meeste evolutionaire verklaringen wordt deze seksuele mimicry, die zo volledig en zo zeldzaam is, meestal verklaard als een toevallig resultaat van een ander proces – de selectie voor het winnen van gevechten om voedsel door de vrouwtjes.
Men is algemeen van mening dat de seksuele mimicry van hyena's het gevolg is van hoge concentraties androgenen in de omgeving van de foetus. Volgens dit idee hebben de voordelen van agressiviteit geleid tot de evolutionaire ontwikkeling van hoge androgeenniveaus bij vrouwtjes – en hebben die hoge androgeen-niveaus toevallig, als een onbetekenend bijverschijnsel, het fysieke uiterlijk van de vrouwelijke kinderen vermannelijkt. Het blijkt dat een hogere rang zeer voordelig is voor vrouwtjes: de hoogstgeplaatste hyenavrouwtjes hebben tweeënhalf maal meer kans op voortplanting dan de laagstgeplaatste. Wetenschappers hebben bovendien grondig onderzoek gedaan naar de masculiniserende effecten op de hersenen en het lichaam van de foetus, veroorzaakt door de hoge androgeenniveaus bij de moeder tijdens kritieke fases van de zwangerschap, althans bij mensen en een paar andere diersoorten – runderen, buideldieren, muizen, hamsters, beagles en apen. Bij mensen zijn de effecten onderzocht van een abnormale hormoonspiegel tijdens de zwangerschap in gevallen waarbij vrouwen, om medische redenen, synthetische en natuurlijke geslachtshormonen hadden gebruikt, en in gevallen waarbij de normale hormoonbalans door medische afwijkingen vanzelf waren veranderd. Als de foetus biologisch gezien vrouwelijk is en de moeder vertoont om een of andere reden hoge spiegels van mannelijke hormonen, kan de vrouwelijke foetus iets ontwikkelen dat lijkt op mannelijke uitwendige genitaliën – de clitoris wordt groter, de schaamlippen versmelten – naast een hele reeks traditioneel 'masculine' gedragingen als het kind opgroeit. Het resultaat is een klinisch pseudo-hermafroditisme, dat gewoonlijk operatief en met hoormoontherapie wordt behandeld. Meisjes die als foetus onder invloed van hoge androgeenspiegels hebben gestaan, laten in vergelijking met hun normale zusters, later verscheidene effecten van 'masculinisering' van gedrag zien: een significant hoger energieverbruik tijdens het spel, een voorkeur voor jongens als speelkameraadjes, meer vechtinitiatieven, minder fantasieën over het moederschap, veel minder belangstelling voor poppen, meer aversie tegen zorg voor de baby, voorkeur voor functionele boven aantrekkelijke kleding, geen belangstelling voor sierraden, opmaak of kapsels.
Het lijkt dus redelijk zinnig dat hyenamoeders, met hun abnormaal hoge spiegels van mannelijke geslachtshormonen tijdens de zwangerschap, vrouwelijke nakomelingen krijgen die er mannelijk uitzien. Maar er is misschien sprake van een tweede factor die deze vreemde situatie instandhoudt, omdat hyenavrouwtjes zo uitzonderlijk ver gaan met hun mannelijke mimicry. Afgezien van al het andere, urineren de vrouwtjes niet alleen via de clitoris, ook de bevalling volgt die weg! Deze procedure is zo moeizaam dat de clitoris bij de doorgang van de baby moet scheuren, waardoor vrouwtjes die voor de eerste keer baren grote kans hebben op een doodgeboren baby en een groot risico lopen te overlijden aan de abnormale bevalling, mogelijk meer dan achttien procent. Dit

klinkt niet als een toevallig bijverschijnsel van masculinisering, omdat selectie gezorgd zou hebben voor een reductie van deze hoge prijs. Ook copulatie wordt er moeilijk door, aangezien het mannetjes zijn penis in de clitoris van het vrouwtje moet inbrengen. (Uiteindelijk wordt het makkelijker doordat er, onder andere, een vergroting van de elasticiteit optreedt van de uitwendige penisingang.) Er is in principe geen reden waarom de androgenen van het agressieve vrouwtje de genitaliën zo sterk zouden masculiniseren: door selectie zouden deze weefsels even goed ongevoelig voor mannelijke geslachtshormonen kunnen zijn geworden. De bijna volmaakte mimicry van hyenamannetjes door de vrouwtjes lijkt eerder een kwestie van 'ontwerp' – waarmee we het onbewuste ontwerp van natuurlijke selectie bedoelen – dan op een toevallig gevolg van iets anders. Tot nu toe is er nog geen enkele onvertuigend klinkende reden naar voren gebracht voor deze verbazingwekkende seksuele mimicry. Maar laten we eens twee feiten naast elkaar zetten. Ten eerste treedt de meest perfecte mimicry in de pasgeborene op. Ten tweede vallen vrouwelijke pasgeborenen andere vrouwtjes met geweld aan – maar geen mannetjes. Voor een pasgeboren vrouwtje, alleen met een broertje of zusje in de diepe nauwe gangen van de schuilplaats, zonder moeder die kan helpen, hangt de overleving af van de verhouding met, in dit geval, het zusje. En vrouwtjes vallen vrouwtjes aan. Als dit zusje het pasgeboren vrouwtje behandelt als een mannetje, dan zijn de aanvallen misschien niet zo hevig. In de oorlog tussen baby's kan elk voordeel helpen. De perfectie van de seksuele mimicry zou daarom een aanpassing kunnen zijn voor bescherming tegen onderlinge seksuele agressie. Onze hypothese is dat het een vorm van beschermende camouflage is, waarbij het vrouwtje zichzelf verdedigt tegen andere vrouwtjes van haar eigen soort door zich te hullen in het lichaam van een mannetje. Hetzelfde principe zou ook nog kunnen werken bij nachtelijke confrontaties tussen individuen van verschillende clans die elkaar niet goed kennen. Daarom interpreteren wij de hoge prijs van het moederschap als gevolg van de gemasculiniseerde genitaliën als het resultaat van natuurlijke voor een nuttig verdedigingssyteem, en niet louter als een toevallig gevolg van verhoogde androgeenspiegels. Het instandhouden van deze ingewikkelde seksuele mimicry met een dergelijke precisie kan heel goed een onderdeel zijn van een geëvolueerde aanpassing. Tegelijkertijd wordt de mimicry duidelijk gestimuleerd door de hoge concentraties van de mannelijke hormonen, waardoor ook de agressiviteit van de vrouwtjes in stand wordt gehouden. Het feit dat deze gewelddadige vrouwtjes de mannelijke in plaats van de vrouwelijke geslachtshormonen verhogen om hun agressiviteit te doen toenemen of te verscherpen, houdt in dat zij zich op een of andere manier 'masculiniseren' voor gewelddadige doeleinden. Hun vertrouwen in mannelijke hormonen voor het stimuleren van de agressie herinnert ons eraan dat gewelddadige agressie – gemiddeld genomen – voor mannetjes een veel gewonere concurrentiestrategie is dan voor vrouwtjes. Zelfs bij een soort met demonische vrouwtjes worden mannelijke hormonen geassocieerd met agressie. Dit betreft een algemene mening: zie Frank, Weidele en Glickman (1995); Sapolsky (1994). Voordeel van een hoge plaats in de rangorde: Frank, Weidele en Glickman (1995). Masculiniserende gevolgen van een hoge androgeenspiegel bij de moeder: Ward (1978) p.4. Voor een overzicht van negentien studies naar de invloed van een abnormaal hormonmilieu tijdens de zwangerschap op een foetus, zie Reinisch, Ziemba-Davis en Sanders (1991). Klinisch pseudo-hermafroditisme: Ehrhardt en Baker (1978). Risico van het overlijden van de hyenamoeder of foetus: Frank, Weidele en Glickman (1995); Glickman e.a. (1992).
15. Goodall (1986) p.410.
16. Idem 426.
17. Damasio (1994).
18. Baker en Smuts (1994).

19. Interessant is dat een paar individuen tegen de trend ingaan. In Gombe was Jomeo bekend om het feit dat hij nooit status opeiste, ondanks dat hij een van de grootste mannetjes in de gemeenschap was. Slim, in Kibale, is het equivalent van Jomeo. De relatieve bijdrage van ervaring en genen bij de vorming van deze ongewoon timide persoonlijkheden is onbekend.
20. Howard (1983a) p.10.
21. De geschiedenis van de Peloponnesische Oorlog is beschreven door Finley (1963).
22. Howard (1983a) p.15.
23. Shakur (1993) p.56.
24. Arnhart (1995) p. 492, p.293.
25. Wolff (1995).
26. Sherif e.a. (1961).
27. Blake en Mouton (1962); Mouton (1979). Zie ook Rabbie (1992).
28. Etnocentrisme is gedefinieerd als 'de zienswijze waarin de eigen groep het centrum van alles is... Elke groep voedt zijn eigen trots en ijdelheid, beroemt zich op zijn superioriteit... en kijkt met minachting naar buitenstaanders', zie Summer(1906) p.12. Etnocentrisme werd wereldwijd aangetroffen in een onderzoek van twintig groepen door Brewer (1979).
29. Stephan en Stephan (1990) p.431.
30. Brown (1986).
31. Las Casas (1542; 1992) p.29, p.32. Brown (1970).
33. Darwin (1871).
34. Voor details over de relatie tussen gevechten tussen groepen en moraliteit, zie Alexander (1987) en Arnhart (1995).
35. Raper (1993) pp.143-144.
36. Buford (1992) p.204, p.205.
37. Simmel (1950).
38. Baron en Byrne (1977) p.586.

10. DE ZACHTAARDIGE MENSAAP

1. Kano (1990).
2. In 1984 leidde een vangst, op touw gezet door de regering, tot het verlies van tien tot twintig bonobo's. Door de slechte economische situatie van de jaren negentig nam in het Wambagebied het stropen toe, zie Thompson-Handler, Malenky en Reinharz (1995), p.29. In februari 1994 liet men Kano een hand van een bonobo zien, die kennelijk was gedood voor het vlees. De toegenomen mobiliteit in combinatie met de stagnerende economie van Zaïre zal steeds weer nieuwe bedreigingen vormen voor de bonobo's.
3. Schwarz (1929). Schwarz noemde de bonobo een ondersoort van de chimpansee, *Pan satyrus paniscus*. In 1933 plaatste Harold Coolidge hem op de tegenwoordig geaccepteerde plaats, *Pan paniscus*, een zustersoort van de chimpansee. Zie Van den Audenaerde (1984).
4. In het British Museum lag vanaf 1881 een bonoboschedel en in het Tervuren Museum lag er een vanaf 1910, zie Van den Audenaerde (1984).
5. Bonobo's werden eerst dwergchimpansees genoemd. Voor sommige mensen is *dwergchimpansee* een aantrekkelijke naam die gebruikt zou moeten worden omdat het de oudste naam is. Maar er zitten een paar nadelen aan. Los van het feit dat het een overtrokken beeld geeft over hoe klein ze zijn, zet het mensen aan de term *gewone chimpansee* te gaan gebruiken voor *Pan troglodytes*. Dit ondermijnt pogingen tot bescherming van de soort. Helaas is geen enkel alternatief voor *dwergchimpansee* per-

fect, maar *bonobo* – voorgesteld door Tratz en Heck (1954) – is populair geworden. Tratz en Heck beweerden dat het een inheemse naam was, maar dat is vermoedelijk onjuist. Adriaan Kortlandt suggereert dat op de krat die hun arme aap vanuit het wild naar Duitsland bracht, de naam van de stad Bolobo fout was geschreven, zie Kortlandt (1993). Kano (1992) p.42, noemt *elya*, meervoud *bilya* als een inheemse (Mongo) naam, die in groot deel van het gebied voor deze soort wordt gebruikt.
6. Yerkes Regional Primate Research Center, in Atlanta (Georgia).
7. Coolidge (1984).
8. Yerkes (1925) hoofdstuk 13.
9. De visie op de bonobo als een soort die is geëvolueerd vanuit een chimpansee-achtige voorouder wordt bediscussieerd door Wrangham, McGrew en De Waal (1994). Een alternatieve visie stelt dat bonobo's sterker dan chimpansees op hun gemeenschappelijke voorouder met de mens lijken. Deze visie is hoofdzakelijk gebaseerd op de overeenkomsten in de ledemaatverhoudingen van bonobo's en australopithecinen, zie Zihlman e.a (1978). Voor ons, echter, is de sterke gelijkheid van de groeipatronen van chimpansees en gorilla's, in combinatie met het feit dat veel bonobokenmerken een jongere versie zijn van die van de chimpansee, een duidelijk bewijs dat chimpansees de conservatievere soort van de twee is.
10. Kano's ontmoeting vond plaats op 28 oktober 1973, uitzonderlijk laat voor het begin van een onthulling van het leven van een zo nauwe verwant, zie Kano (1979) p.130. Voor een gedetailleerde beschrijving van de stemverschillen tussen chimpansees en bonobo's, zie De Waal (1988) p.203. Het hoge loeien van bonobo's heeft een piekfrequentie van 2,3 kHz in de laagste tonen, tegen 1 kHz bij chimpansees (Clark-Arcadi, nog te verschijnen). De gemiddelde duur van de bonoboloei is 0,3 (tot maximaal 0.7) seconden, vergeleken met een gemiddelde van 0,8 voor het chimpansee-equivalent (de climax van hijgend geloei).
11. Kano (1992).
12. Kano (1992) pp.183-184.
13. Furuichi en Ihobe (1994). Levenslange band tussen moeder en zoon komt zelden voor bij dieren. De griend en de orka zijn de twee enige soorten waarbij de levenslange band tussen moeder en zoon even belangrijk lijkt te zijn.
14. Kano (1992) p.189.
15. Idem p.185 (tabel 23).
16. Hohmann en Fruth (1993).
17. Parish (1993).
18. Idani (1991b). Zie ook Furuichi (1989); Kano (1992).
19. Dit proces lijkt sterk op een van de manieren waarop een mannetjesbaviaan zich invoegt in een nieuwe troep, door de aandacht te trekken van een vrouwtje, haar respect te tonen, te wachten tot zij signalen geeft dat hij haar mag benaderen, om vervolgens een speciale vriendschap met haar te ontwikkelen (Smuts, 1985).
20. De conclusie dat *hoka-hoka* orgastisch is, wordt ondersteund door experimenten met gewone apen. Goldfoot e.a. (1980) hebben laten zien dat wanneer beermakaken seksueel gestimuleerd worden, ze wat hun gedrag betreft een climax bereiken (vergelijkbaar met het gedrag van bonobovrouwtjes), wat vergezeld gaat met een fysiologische climax die een vergelijkbaar patroon heeft als bij vrouwen (baarmoedercontracties en verhoogde bloedtoevoer). Beide vormen van climax treden bij vrouwen op als ze een orgasme hebben. Bonobo's en andere primaten die deze climaxen vertonen, hebben waarschijnlijk ook orgastische gevoelens. In elk geval maken ze de indruk seks enorm prettig te vinden.
21. Kano (1992) p.176, tabel 23. Van de 259 agressieve interacties onder volwassenen, waarbij beide seksen in ongeveer gelijke aantallen betrokken waren, vond 3,5% tussen vrouwtjes plaats en 62,9% tussen mannetjes. De rest was agressie van mannetjes

tegen vrouwtjes (31,7%) of vrouwtjes tegen mannetjes (1,9%). De frequentie van de interacties was uitzonderlijk hoog, omdat ze elkaar bij een voedingsplaats ontmoetten.
22. Op een vergelijkbare manier is een andere primaat gevonden (rode franjeaap) waarbij de kracht van de vrouwtjes de onderlinge band tussen mannetjes heeft verminderd. Starin (1994).
23. Furuichi en Ihobe (1994).
24. Idem. Indices voor het in elkaars nabijheid zijn werden berekend als de tijd doorgebracht op een afstand van minder dan drie meter gedeeld door de totale waarnemingstijd van beide leden van het tweetal. De gemiddelde nabijheidsindex voor tweetallen was voor beide soorten 0,3-0,4.
25. Furuichi en Ihobe (1994). Indices voor het elkaar vlooien zijn het aantal waarnemingen waarin het centrale mannetje met een ander mannetje vlooide, gedeeld door de totale tijd waarin beide leden van een tweetal werden geobserveerd. De gemiddelde vlooi-index was voor beide soorten ongeveer 0,1.
26. Goodall (1991).
27. Furuichi en Ihobe (1994).
28. Iden; Muroyama en Sugiyama (19914).
29. Nishida e.a. (1991).
30. Furuichi en Ihobe (1994) p.220. Bijvoorbeeld twee van de negentig strijdlustige interacties hadden betrekking op copulaties, terwijl die dagelijks plaatsvinden. Een vergelijking met chimpansees is lastig omdat zij minder vaak copuleren.
31. Evenals chimpansees, hebben bonobovrouwtjes geslachtelijke zwellingen die onder invloed van vrouwelijke hormonen groter en duidelijk zichtbaar worden. Mannetjes kunnen vrouwtjes met zwellingen onderscheiden van degenen zonder zwelling; en omdat ze vaker paren als de zwelling groter is, lijkt het alsof de bonobomannetjes weten in welke fase van de cyclus het vrouwtje verkeert. Bij chimpansees verdwijnen de zwellingen een dag na de ovulatie, kort nadat de paringsconcurrentie tussen de mannetjes een hoogtepunt heeft bereikt. Bij bonobo's blijft de zwelling bestaan en is er geen aanwijzing dat mannetjes speciale belangstelling hebben op een bepaalde dag. Furuichi (1987). Zie ook Furuichi (1992).
32. Wrangham (1993).
33. *Humanae vitae*, zoals geciteerd door Wickler (1967).
34. De Waal (1990).
35. Mannetjes zijn minder agressief dan gemiddeld (bij zoogdieren) terwijl de vrouwtjes seksueel aantrekkelijker zijn. Een dergelijke combinatie is ook bij andere soorten te zien. De meest opvallende is de wollige spinaap, die onder de Zuid-Amerikaanse apen wat gedrag betreft het dichtst bij de bonobo komt. Deze spinapen leven, net als bonobo's, met hun mannelijke verwanten en verdedigen een verspreidingsgebied. Net als bonobo's zijn bij wollige spinapen de vrouwtjes co-dominant met de mannetjes en paren ze frequent. En net als bonobo's vechten de mannetjesspinapen niet om te kunnen paren; integendeel, ze vinden het goed dat andere mannetjes vlak voor hun neus paren. Wollige spinapen leveren een ondersteunend bewijs voor het idee dat vrouwelijke kracht voordelig is voor ontspannen, openlijke seks die geen bevruchting tot doel heeft. Strier (1994).
36. Idani (1991a).
37. De E-groep was een van de eerste gemeenschappen die Kano en zijn team observeerden. Deze splitste zich later in twee onafhankelijke gemeenschappen, E1 en E2. De hier beschreven vriendelijke interacties tussen de twee groepen ging over de E1-groep, in de tekst afgekort tot E-groep.
38. Het Lomako-veldonderzoek, gestart door Noel en Alison Badrian, voortgezet door een team van Stony Brook en nu geleid door Barbara Fruth en Gotfried Hohmann,

heeft resultaten verkregen die lijken op die in Wamba. Zie, bijvoorbeeld, White (1992).
39. Beschrijvingen van Boesch en Boesch (1989). Verklaringen voor coöperatieve jacht zijn besproken door Boesch (1994).
40. Wrangham en Riss (1990). Stanford e.a. (1994).
41. Zie voor Gombe en Taï, artikelen van Stanford en Boesch. Voor Mahale, Uehara e.a. (1992). De Kibale-gegevens zijn nog niet in detail gepubliceerd. Rode franjeapen en guereza-franjeapen worden regelmatig door chimpansees gedood.
42. Badrian en Malenkyu (1984). Zie ook Hohmann en Fruth (1993), die melding maken van vijf gedode dieren, de grootste geschat op 8010 kilo. De antilopen waren jonge duikers (*Cephalophus nigrifrons* en *C. dorsalis*).
43. Vliegende eekhoorns *Uromastyx* zijn gemeld als prooidieren in Wamba; zie Kano (1992) p.106; zie ook Ihobe (1992); zie voor Lilungu, Sabater Pi e.a. (1993). Lilungubonobo's zijn waargenomen tijdens het eten van een vliegende hond.
44. Sabater Pi e.a. (1993).
45. Robert C. Bailey (persoonlijke mededeling). Zie Bailey (1991).
46. Ihobe (1990).
47. In Kibale wijken rode franjeapen vaak van hun route af om chimpansees te benaderen en aan te vallen. Ik heb eens drie volwassen mannetjes gezien die acht chimpanseemannetjes uit de kroon van een boom wegjoegen.
48. In Lomako zijn geen rode franjeapen, maar wel veel andere apen, waaronder soorten die elders door chimpansees worden gegeten. Zie Hohmann en Fruth (1993).
49. Dart (1953).
50. Lorenz (1963; 1966). Zie Huntingford (1976) voor een evenwichtige visie, waarin hij stelt dat Lorenz' onderscheid tussen predatie en agressie misschien niet zo duidelijk is als hij beweerde.

11. EEN BOODSCHAP UIT DE ZUIDELIJKE REGENWOUDEN

1. Yerkes (1925) pp.246-248.
2. Kuroda (1979); Kano (1982).
3. Wrangham (1986).
4. Chapman, White en Wrangham (1994).
5. Badrian en Badrian (1984).
6. Kano (1979).
7. Malenky en Wrangham (1994); Malenky e.a. (1994).
8. Chapman, White en Wrangham (1994).
9. Wrangham e.a. (1996).
10. Wrangham (1986).
11. Kinzey (1984).
12. Colyn e.a. (1991).
13. In het westen zijn bergketens in Kameroen en Gabon; in het oosten in Uganda, Rwanda en Zaïre. Sommige van de huidige bergen zijn van recente oorsprong, maar zo'n drie miljoen jaar geleden waren er bergachtige gebieden in deze streken die toevluchtsoorden voor chimpansees geweest moeten zijn.
14. Wolfheim (1983) p.686.
15. Sygiyama (1988).
16. Baker en Smuts (1994).
17. Goodall (1990) pp.76-80. Kindermoord door vrouwtjes kan gunstig zijn voor de moordenaarsters doordat het rivaliserende moeders aanzet elders te gaan eten, waardoor de voedselconcurrentie vermindert.

18. Dit wordt regelmatig waargenomen in het wild. Zie Goodall (1990) pp.166-167. Het wordt echter het duidelijkst gezien bij stabiele groepen in gevangenschap. Zie De Waal (1982); Baker en Smuts (1994).
19. De technische betekenis van sociale bindingen varieert enigszins in de studies. Wij bedoelen een binding die blijk geeft van een statistisch significante matrixcorrelatie tussen twee onafhankelijke typen genegenheidsinteracties. Bijvoorbeeld, als er een correlatie bestaat tussen de frequentie van het vlooien van twee vrouwtjes (in relatie tot de hoeveelheid tijd die ze samen doorbrengen) en de frequentie van de wederzijdse steunverlening binnen een gegeven aantal individuen, dan zien we dit als een bewijs voor een binding. Zie Smuts (1985) voor een uitwerking van de principes; zie voor een specifiek voorbeeld van binding tussen chimpanseemannetjes, Wrangham, Clark en Isabirye-Basuta (1992).
20. De Waal (1982). Zie ook Baker en Smuts (1994).
21. Chapman, White en Wrangham (1994).
22. Chapman en White (1994).
23. Furuichi (1989) heeft laten zien dat bonobovrouwtjes geneigd zijn in het centrum van een groep te zitten. Gegevens over sekseverschillen in ruimtelijke opstelling van chimpansees zijn nog niet systematisch verzameld, maar uit eigen waarneming blijkt duidelijk dat chimpanseevrouwtjes in Gombe en Kibale gewoonlijk aan de buitenkant van een groep blijven.
24. De gorillavoedsel-hypothese voor het verklaren van stabiele bonobogroepjes wordt nog getoetst aan de hand van gegevens van bonobo's, chimpansees en gorilla's. Zolang de kosten-van-groepsvorming niet direct gemeten kunnen worden, zullen we niet weten of er andere factoren nodig zijn om het verschil tussen bonobo- en chimpanseegroepen te verklaren. Het is mogelijk dat de verschillende manier waarop de twee soorten trekken (waarbij bonobo's vaker via de bomen gaan dan chimpansees) meer van invloed is dan wij hier hebben gesuggereerd. Zie Wrangham e.a. (1996).
25. Het idee dat de evolutie van australopithecinen naar de vroege mens gestuurd werd door klimaatveranderingen, werd geopperd door Vrba (1988). De klimaatgegevens zijn echter nog te ruw voor nauwkeurige toetsingen. Het idee wordt wel ondersteund door de hoge uitstervingscijfers voor antilopen en knaagdieren die waren aangepast aan het woud, en door een toename in het aantal soorten dat zich aanpaste aan de savannen, ongeveer 2,4-2,5 miljoen jaar geleden. Zie Stanley (1992).
26. De Milankovitch-cycli die veranderingen beschrijven in de omwenteling van de aarde, omvatten ook veranderingen in de helling van de rotatieas en het jaargetijde wanneer de aarde het dichtst bij de zon staat. Zie Terborgh (1992); Jones, Martin en Pilbeam (1992).

12. Het bedwingen van de demon

1. Manson en Wrangham (1991).
2. Betzig (1992) beschrijft de Romeinse polygynie. De details over het Chinese haremsysteem zijn van Van Gulik (1974). Zie ook Dickemann (1979) voor de gevolgen van extreme macht voor huwelijksovereenkomsten. Voor een historisch overzicht van polygynie binnen de joodse traditie, zie Rubenstein (1974). Zie Brodie (1946) voor een beschrijving van een relatief moderne poging polygynie te formaliseren in het geval van machtige mannen; zie Fotheringham (1991) voor een reactie op een informele poging tot polygynie op zeer grote schaal; zie ook 'Ricki Lake' (1995). Prostitutie vertegenwoordigt, uiteraard, een andere uiting van de neiging tot polygynie binnen (en soms buiten) officieel monogame samenlevingen, aangezien prostitutie steevast voldoet aan een mannelijke (zowel homo- als heteroseksuele) behoefte. Zie bijvoor-

beeld Bullough en Bullough (1964); Hornblower (1993); Perkins en Bennett (1985). Pornografie geeft hetzelfde patroon weer (Stauffer en Frost, 1976).
3. Betzig (1991).
4. Lerner (1986).
5. De roman is in 1915 geschreven, als serie verschenen in het feministische maandblad *The Forerunner*, ten slotte herontdekt, hergewaardeerd en opnieuw uitgegeven in 1979.
6. 'Tegenwoordig zijn we eraan gewend vrouwen niet als vrouwtjes te zien maar als mensen, allerlei typen mensen, die alle soorten werk doen.' Gilman (1915; 1979) p.136.
7. De beste vergelijkingen tussen sociaal-politieke systemen die gunstig zijn voor beide seksen, zijn vermoedelijk te vinden in studies over niet-gemengde instituties. De vergelijkingen zullen zeker onvolmaakt zijn omdat zowel mannen- als vrouweninstituties opereren binnen een machtssfeer die als geheel patriarchaal is. Katholieke conventies, bijvoorbeeld, worden ook als mannen niets te zeggen hebben over de dagelijkse zaken, georganiseerd in opdracht van priesters en uiteindelijk de paus. Niettemin leveren studies over niet-gemengde instituties een aantal fascinerende vergelijkingen op. Thomas W. Foster beweert dat vrouwen in gevangenissen 'schijnfamilies' creëren, terwijl mannen in gevangenissen hiërarchieën creëren gebaseerd op macht. Zie Foster (1979); Giallombardo (1966); Klare (1979); Kruttchnitt (1981); Wilson (1980); en Wilson (1986).
8. Het belangrijkste bewijs hier is dat castratie vrijwel altijd agressie bij mannen vermindert. Zie Wingfield e.a. (1994).
9. Mitchell (1936) p.663.
10. Idem p.665.
11. Geciteerd in Kunz (1995).
12. In een toespraak op 6 november 1938.
13. Onze terminologie is noodzakelijkerwijs abstract en theoretisch. Men zou bijvoorbeeld kunnen beweren dat het politieke systeem in het Zuiden van Italië heeft geleid tot een institutionele monarchie, door Frederik II in 1231 ingesteld met een grondwet die de macht van de koning en zijn adel formaliseerde. Men zou ook kunnen opmerken dat het beslissende systeem van het Noorden, het stedelijke republikanisme dat in de twaalfde eeuw door instellingen voor onderlinge hulp was ingesteld, gekenmerkt werd door een verpersoonlijkt soort burgerlijk engagement. Putnam concentreert zich inderdaad op de gewoonten en tradities van de maatschappelijk betrokken burgers in het Noorden en de ongebondenheid in het Zuiden. Soms omschrijft hij de tegengestelde systemen van machtsverdeling als horizontaal (in het noorden) en verticaal (in het zuiden). Toch berustte het noordelijke stadsrepublikanisme volledig op institutionele afspraken ter beperking van de individuele macht, het maken van 'gedetailleerde wettelijke regels ... om machtsmisbruik door de hoogstgeplaatsten te voorkomen.' De 'instituties' van het noorden liepen uiteen van plechtige eden waarbij wederzijdse hulp werd beloofd, via ingewikkelde regeringsambtenarijen, tot de uitvinding van kredieten als een manier om rijkdom te consolideren. De papieren macht – nodig om de institutionele relaties vast te leggen – was zodanig dat alleen al de stad Bologna, met een bevolking van ongeveer vijftigduizend, zo'n twintigduizend notarissen nodig had. Intussen werd in het zuiden door Frederiks grondwet op eenvoudige wijze een al bestaand gezag, gebaseerd op familie en persoonlijke overerving, versterkt. De regering was verpersoonlijkt, in onze betekenis van de term, en als gevolg van het ontbreken van een gedeeld, niet-verpersoonlijkt systeem van institutioneel gezag, bloeiden al die tijd de op familie gebaseerde miniregeringen zoals de maffia. In 1876 noteerde een waarnemer in Sicilië: 'Natuurlijk werd er een punt bereikt waarop iedereen, dankzij het instinct voor zelfbehoud, zich verzekerde van de hulp van iemand die sterker was; aangezien er feitelijk geen legitiem gezag bestond, moest het cliëntelisme de kracht leveren om de

samenleving bijeen te houden... Een uiterst ongelijke verdeling van rijkdom; een totale afwezigheid van het idee van gelijkheid voor de wet; een heerschappij van individuele macht; het uitsluitend persoonlijke karakter van alle sociale relaties; dit alles [ging] (onvermijdelijk) vergezeld van de bitterste wrok, van een passie voor wraak, van het idee dat diegene die niet in staat was zichzelf recht te verschaffen, geen eergevoel had.' Zie Putnam (1993) p.125, p.146.
14. Berreman (1993) p.366.
15. Sociale gelijkheid van Indiase stammen, zie Berreman (1993) p.386; Chipko, zie Berreman (1993) pp.378-382.
16. Gebaseerd op Beck (1995); Gleick (1995); Leland e.a. (1995); Morganthau e.a. (1995); Weiss (1995).
17. Geciteerd door Shabad (1995).
18. Geciteerd in 'Ready' (1995).
19. Sorokin (1962) pp. 295-341 geeft sterftecijfers van internationale oorlogen, gemiddeld per eeuw, voor Griekenland (vijfde tot tweede eeuw voor Christus), Rome (vierde eeuw voor Christus tot de derde eeuw na Christus) en voor Europa in de zeventiende en achttiende eeuw. Small en Singer (1983) p.118, p.252) geven jaarlijkse sterftecijfers na oorlogen van 176 staten tussen 1816 en 1980.

13. KAKAMA'S POP

1. Hayes (1951) pp. 80-85.
2. Het is mogelijk, hoewel moeilijk, conclusies uit mentale processen te trekken. Heyes (1995) geeft duidelijk weer hoe voorzichtig experimenten en waarnemingen ontworpen moeten worden.
3. 'Hersenomvang' wil hier zeggen 'in verhouding met lichaamsgrootte'. De relatie tussen hersenen en lichaamsgrootte is ingewikkeld, zodat het nog steeds niet helemaal duidelijk is in welke mate het fossielenbestand het idee ondersteunt van een gestage toename in de relatieve hersenomvang. Over het geheel genomen blijken de meeste diersoorten gedurende lange tijd dezelfde relatieve hersenomvang te houden. Zie Deacon (1990).
4. Savage-Rumbaugh en Lewin (1994).

Bibliografie

Adams, David B. 1983. "Why There Are So Few Women Warriors." *Behavior Science Research* 18 (3): 196–212.
Adler, Freda. 1975. *Sisters in Crime: The Rise of the New Female Criminal*. New York: McGraw-Hill.
Aiello, Leslie C., and Peter Wheeler. 1995. "The Expensive-tissue Hypothesis: The Brain and the Digestive System in Human and Primate Evolution." *Current Anthropology* 36: 199–221.
Albert, Bruce. 1989. "Yanomami 'Violence': Inclusive Fitness or Ethnographer's Representation?" *Current Anthropology* 30: 637–640.
——— 1990. "On Yanomami Warfare: A Rejoinder." *Current Anthropology* 31: 558–563.
Alexander, Richard D. 1987. *The Biology of Moral Systems*. Hawthorne, N.Y.: Aldine de Gruyter.
Amrane, Djamila. 1982. "Algeria: Anticolonial War." Translated by Richard Stites. In *Female Soldiers — Combatants or Noncombatants? Historical and Contemporary Perspectives*. Edited by Nancy Loring Goldman. Westport, Conn.: Greenwood Press: 123–135.
Anderson, J. E. 1968. "Late Paleolithic Skeletal Remains from Nubia." In *The Prehistory of Nubia*, vol. 2. Edited by Fred Wendorf. Dallas: Southern Methodist University Press: 996–1040.
Archer, John. 1988. *The Behavioral Biology of Aggression*. Cambridge: Cambridge University Press.
——— 1994. *Male Violence*. London: Routledge.
Ardrey, Robert. 1966. *The Territorial Imperative*. New York: Atheneum.
Arnhart, Larry. 1990. "Aristotle, Chimpanzees and Other Political Animals." *Biology and Social Life* 29 (3): 477–557.
——— 1995. "The New Darwinian Naturalism in Political Theory." *American Political Science Review* 89: 389–400.
Audenaerde, Thys van den. 1984. "The Tervuren Museum and the Pygmy Chimpanzee." In *The Pygmy Chimpanzee: Evolutionary Biology and Behavior*. Edited by Randall Susman. New York: Plenum Press: 3–12.
Badrian, Alison, and Noel Badrian. 1984. "Social Organization of *Pan paniscus* in the Lomako Forest, Zaïre." In *The Pygmy Chimpanzee: Evolutionary Biology and Behavior*. Edited by R. L. Susman. New York: Plenum Press: 325–346.
Badrian, Noel, and Richard Malenky. 1984. "Feeding Ecology of *Pan paniscus* in the Lomako Forest, Zaïre." In *The Pygmy Chimpanzee: Evolutionary Biology and Behavior*. Edited by R. L. Susman. New York: Plenum Press: 275–299.
Bahuchet, Serge. 1990. "The Aka Pygmies: Hunting and Gathering in the Lobaye Forest." In *Food and Nutrition in the African Rain Forest*. Edited by C. Marcel Hladik, Serge Bahuchet, and Igor de Garine. Paris: UNESCO: 19–23.
Bailey, Robert C. 1991. *The Behavioral Ecology of Efé Pygmy Men in the Ituri Forest, Zaïre*. Ann Arbor: University of Michigan Press.
Bailey, Wendy J., and others. 1992. "Reexamination of the African Hominoid Trichotomy with Additional Sequences from the Primate b-Globin Gene Cluster." *Molecular Phyogenetics and Evolution* 1: 97–135.

Baker, Kate C., and Barbara B. Smuts. 1994. "Social Relationships of Female Chimpanzees: Diversity Between Captive Social Groups." In *Chimpanzee Cultures.* Edited by Richard W. Wrangham and others. Cambridge, Mass.: Harvard University Press: 227–242.

Barlow, Nora, ed. 1958. *The Autobiography of Charles Darwin, 1809–1882.* New York: Harcourt, Brace.

Baron, Robert A., and Donn Bryne. 1977. *Social Psychology: Understanding Human Interaction.* Boston: Allyn and Bacon.

Bartlett, Thad Q., Robert W. Sussman, and James M. Cheverud. 1993. "Infant Killing in Primates: A Review of Observed Cases with Specific Reference to the Sexual Selection Hypothesis." *American Anthropologist* 95: 958–990.

Bartz, Stephan R., and Bert Hölldobler. 1982. "Colony Founding in *Myrmecocystus mimicus* Wheeler (Hymenoptera: Formicidae) and the Evolution of Foundress Associations." *Behavioral Ecology and Sociobiology* 10: 137–147.

Beck, Melinda. 1995. "Get Me Out of Here." *Newsweek* (May 1): 40–47.

Belenky, Mary Field, and others. 1986. *Women's Ways of Knowing: The Development of Self, Voice, and Mind.* New York: Basic Books.

Berreman, David D. 1993. "Sanskritization as Female Oppression in India." In *Sex and Gender Hierarchies.* Edited by Barbara Diane Miller. Cambridge: Cambridge University Press: 366–392.

Bertram, Brian. 1978. *Pride of Lions.* London: John Dent and Sons.

Betzig, Laura. 1992. "Roman Polygyny." *Ethology and Sociobiology* 13: 309–349.

Bigelow, Robert. 1969. *The Dawn Warriors: Man's Evolution Towards Peace.* Boston: Little, Brown.

Bjorkqvist, Kaj, and Pirkko Niemela. 1992. *Of Mice and Women: Aspects of Female Aggression.* Boston: Academic Press.

Blake, R. R., and J. S. Mouton. 1962. "The Intergroup Dynamics of Win-Lose Conflict and Problem-solving Collaboration in Union-Management Relations." In *Intergroup Relations and Leadership: Approaches and Research in Industrial, Ethnic, Cultural, and Political Areas.* Edited by Muzafer Sherif. New York: Wiley.

——— 1979. "Intergroup Problem Solving in Organizations: From Theory to Practice." In *The Social Psychology of Intergroup Relations.* Edited by W. G. Austin and S. Worchel. Monterey, Calif.: Brooks/ Cole: 19–32.

Bloom, Anne R. 1982. "Israel: The Longest War." In *Female Soldiers — Combatants or Noncombatants? Historical and Contemporary Perspectives.* Edited by Nancy Loring Goldman. Westport, Conn.: Greenwood Press: 137–162.

Blumenschine, Robert J., and John A. Cavallo. 1992. "Scavenging and Human Evolution." *Scientific American* (October): 90–96.

Boas, Franz. 1924. "The Question of Racial Purity." *The American Mercury* 3: 163–169.

Boehm, Christopher. 1992. "Segmentary 'Warfare' and the Management of Conflict: Comparison of East African Chimpanzees and Patrilineal-patrilocal Humans." In *Coalitions and Alliances in Humans and Other Animals.* Edited by A. H. Harcourt and Frans B. M. de Waal. Oxford: Oxford University Press: 137–173.

Boesch, Christophe. 1994. "Cooperative Hunting in Wild Chimpanzees." *Animal Behaviour* 48: 653–667.

Boesch, Christophe, and Hedwige Boesch. 1989. "Hunting Behavior of Wild Chimpanzees in the Taï National Park." *American Journal of Physical Anthropology* 78: 547–573.

Bowlby, John. 1990. *Charles Darwin: A New Life.* New York: W. W. Norton.

Brain, Charles K. 1988. "New Information from the Swartkrans Cave of Relevance to 'Robust' Australopithecines." In *Evolutionary History of the "Robust" Australopithecines.* Edited by F. E. Grine. Hawthorne, N.Y.: Aldine de Gruyter: 311–324.

Brewer, M. B. 1979. "The Role of Ethnocentrism in Intergroup Conflict." In *The Social Psychology of Intergroup Relations.* Edited by W. G. Austin and S. Worchel. Monterey, Calif.: Brooks/Cole: 71–84.

Brewer, Stella. 1978. *The Forest Dwellers.* London: Collins.

Bribiescas, Richard G. 1996. "Salivary Testosterone Levels Among Aché Hunter-Gatherer Men and a Functional Interpretation of Population Variation in Testosterone Among Adult Males." *Human Nature* (in press).

Brodie, Fawn. 1946. *No Man Knows My History: The Life of Joseph Smith, the Mormon Prophet.* New York: Alfred A. Knopf.

Brown, Dee. 1970. *Bury My Heart at Wounded Knee: An Indian History of the American West.* New York: Henry Holt and Company.

Brown, Roger. 1986. *Social Psychology,* 2nd ed. New York: The Free Press.

Brownmiller, Susan. 1975. *Against Our Will: Men, Women and Rape.* New York: Fawcett Columbine.

Broude, G., and S. Greene. 1976. "Cross-Cultural Codes on Twenty Sexual Attitudes and Practices." *Ethnology* 15: 409–429.

Brunet, Michel, and others. 1995. "The First Australopithecine 2,500 Kilometres West of the Rift Valley, Chad." *Nature* 378: 273–275.

Buford, Bill. 1992. *Among the Thugs.* New York: W. W. Norton.

Bullough, Vern L., and Bonnie L. Bullough. 1964. *The History of Prostitution.* New Hyde Park: University Books.

Burkhart, Kathryn Watterson. 1973. *Women in Prison.* Garden City, N.Y.: Doubleday.

"Burundi: The Terror Behind the Putsch." 1993. *Africa Confidential* 34 (December 17): 6, 7.

Caccone, Adalgisa, and Jeffrey R. Powell. 1989. "DNA Divergence Among Hominoids." *Evolution* 43: 925–942.

Cachin, Françoise. 1989; 1992. *Gauguin: The Quest for Paradise.* New York: Harry N. Abrams.

Campbell, Anne. 1984. *The Girls in the Gang.* New York: Basil Blackwell.

——— 1990. "Female Participation in Gangs." In *Gangs in America.* Edited by C. Ronald Huff. Newbury Park, Calif.: Sage Publications.

Cartmill, Matt. 1994. *A View to a Death in the Morning: Hunting and Nature Through History.* Cambridge, Mass.: Harvard University Press.

Chagnon, Napoleon A. 1988. "Life Histories, Blood Revenge, and Warfare in a Tribal Population." *Science* 239 (February 20): 985–992.

——— 1990. "On Yanomamö Violence: Reply to Albert." *Current Anthropology* 31: 49–53.

——— 1992. *Yanomamö: The Last Days of Eden.* New York: Harcourt Brace Jovanovich.

Chaillu, Paul B. du 1861. *Explorations and Adventures in Equatorial Africa: With Accounts of the Manners and Customs of the People and of the Chace of the Gorilla, Crocodile, Leopard, Elephant, Hippopotamus, and Other Animals.* London: John Murray.

Chapman, Colin A., and Frances J. White. 1994. "Nearest Neighbor Distances in Chimpanzees and Bonobos." *Folia Primatologica* 63: 181–191.

Chapman, Colin A., Frances J. White, and Richard W. Wrangham. 1994. "Party Size in Chimpanzees and Bonobos: A Reevaluation of Theory Based on Two Similarly Forested Sites." In *Chimpanzee Cultures.* Edited by Richard W. Wrangham and others. Cambridge, Mass.: Harvard University Press: 41–58.

Chapman, Colin A., Richard W. Wrangham, and Lauren J. Chapman. 1995. "Ecological Constraints on Group Size: An Analysis of Spider Monkey and Chimpanzee Subgroups." *Behavioral Ecology and Sociobiology* 36: 59–70.

Chodorow, Nancy. 1978. *The Reproduction of Mothering: Psychoanalysis and the Sociology of Gender.* Berkeley: University of California Press.

Clarke, A. Susan, and Sue Boinski. 1995. "Temperament in Nonhuman Primates." *American Journal of Primatology* 37: 103–125.

Clutton-Brock, Timothy H., James C. Deutsch, and R. J. C. Nefdt. 1993. "The Evolution of Ungulate Leks." *Animal Behaviour* 46: 1121–1138.
Clutton-Brock, Timothy H., and Geoffrey A. Parker. 1995. "Sexual Coercion in Animal Societies." *Animal Behaviour* 49: 1345–1365.
Colson, Elizabeth. 1993. "A Note on the Discussions at Mijas." In *Sex and Gender Hierarchies*. Edited by Barbara Diane Miller. Cambridge: Cambridge University Press: xv–xix.
Colyn, Marc, and others. 1991. "A Re-appraisal of Palaeoenvironmental History in Central Africa: Evidence for a Major Fluvial Refuge in the Zaïre Basin." *Journal of Biogeography* 18: 403–407.
"'Comfort Women' Reparations Urged." 1994. *Boston Globe* (November 22): 14.
Coolidge, Harold J. 1984. "Historical Remarks Bearing on the Discovery of *Pan paniscus*." In *The Pygmy Chimpanzee: Evolutionary Biology and Behavior*. New York: Plenum Press: ix–xiii.
Cooper, S. M. 1989. "Clan Sizes of Spotted Hyaenas in the Savuti Region of the Chobe National Park, Botswana." *Botswana Notes and Records* 21: 121–133.
Coppens, Yves. 1994. "East Side Story: The Origin of Humankind." *Scientific American* (May): 88–95.
Crespi, Bernard J. 1986. "Size Assessment and Alternative Fighting Tactics in *Elaphrothrips tuberculatus* (Insecta: Thysanoptera)." *Animal Behaviour* 34: 1324–35.
Daly, Martin, and Margo Wilson. 1988. *Homicide*. New York: Aldine de Gruyter.
Damasio, Antonio R. 1994. *Descartes' Error: Emotion, Reason, and the Human Brain*. New York: Grosset/Putnam.
Dart, Raymond A. 1953. "The Predatory Transition from Ape to Man." *International Anthropological and Linguistic Review* 1 (4): 201–218.
Darwin, Charles. 1839; 1972. *The Voyage of the Beagle*. New York: New American Library.
——— 1871. *The Descent of Man and Selection in Relation to Sex*, vol. 1. London: John Murray.
Dastugue, J., and M.-A. de Lumley. 1976. "Les Maladies des Hommes Préhistoriques du Paleolithique et du Mésolithique." In *La Préhistoire Française*, vol 1. Edited by H. de Lumley. Paris: Centre National de la Recherche Scientifique: 612–622.
Deacon, Terrence W. 1990. "Rethinking Mammalian Brain Evolution." *American Zoologist* 30: 629–705.
Dennett, Daniel C. 1995. *Darwin's Dangerous Idea: Evolution and the Meaning of Life*. New York: Simon and Schuster.
Dickemann, Mildred. 1979. "The Ecology of Mating Systems in Hypergynous Dowry Societies." *Social Science Information* 18: 163–195.
Djian, P., and Howard Green. 1989. "Vectorial Expansion of the Involucrin Gene and the Relatedness of Hominoids." *Proceedings of the National Academy of Sciences* 86: 8447–8451.
Doggett, Maeve E. 1993. *Marriage, Wife-Beating, and the Law in Victorian England*. Columbia, S.C.: University of South Carolina Press.
Dunham, Elizabeth. 1995. "Bad Girls." *'Teen* (August): 52 ff.
Dworkin, Andrea. 1987. *Intercourse*. New York: The Free Press.
East, Marion L., and Heribert Hofer. 1991. "Loud-calling in a Female Dominated Mammalian Society. II. Behavioral Contexts and Functions of Whooping of Spotted Hyaenas, *Crocuta crocuta*." *Animal Behaviour* 42: 651–669.
Editors of Time-Life. 1992a. *Mass Murderers*. Alexandria, Va.: Time-Life Books.
——— 1992b. *Serial Killers*. Alexandria, Va.: Time-Life Books.
Ehrhardt, Anke A., and Susan W. Baker. 1978. "Fetal Androgens, Human Central Nervous System Differentiation, and Behavior Sex Differences." In *Sex Differences in Behavior*. Edited by Richard C. Friedman, Ralph M. Richart, and Raymond L. Vande Wiele. Huntington, N.Y.: Robert E. Krieger: 33–51.

Eibl-Eibesfeldt, Irenäus. 1989. *Human Ethology.* New York: Aldine de Gruyter.
Eldredge, Niles. 1982. *The Monkey Business: A Scientist Looks at Creationism.* New York: Washington Square.
Ember, Carol R. 1978. "Myths About Hunter-Gatherers." *Ethnology* 27: 239–448.
Esposito, John L. 1991. *Islam: The Straight Path.* Oxford: Oxford University Press.
Estep, Daniel Q., and Katherine E. M. Bruce. 1981. "The Concept of Rape in Animals: A Critique." *Animal Behaviour* 29: 1272–1273.
Evans, Robert R. 1969. *Readings in Collective Behavior.* Chicago: Rand McNally.
Ewald, Paul W. 1985. "Influence of Asymmetries in Resource Quality and Age on Aggression and Dominance in Black-chinned Hummingbirds." *Animal Behaviour* 33: 705–19.
Federal Bureau of Investigation. 1991. *Crime in the United States: Uniform Crime Reports.* Washington, D.C.: U.S. Government Printing Office.
"Femme Fatale." 1991. *New York Times* (February 2): 22.
Finley, Moses I. 1963. *The Ancient Greeks.* Harmondsworth, Middlesex, England: Penguin Books.
Fisher, Helen. 1992. *Anatomy of Love: The Natural History of Monogamy, Adultery, and Divorce.* New York: W. W. Norton.
Flowers, Ronald Barri. 1989. *Demographics and Criminality: The Characteristics of Crime in America.* New York: Greenwood Press.
Foley, Robert. 1987. *Another Unique Species: Patterns in Human Evolutionary Ecology.* Harlow, England: Longman.
Fortune, Reo F. 1939. "Arapesh Warfare." *American Anthropologist* 41: 22–41.
Fossey, Dian. 1983. *Gorillas in the Mist.* Boston: Houghton Mifflin.
Foster, Thomas W. 1975. "Make-Believe Families: A Response of Women and Girls to the Deprivations of Prison." *International Journal of Penology* 3: 71–78.
Fotheringham, Allan. 1991. "Can Wilt Really Count That High?" *MacLean's* (November 18): 84.
Frank, Laurence G. 1986. "Social Organization of the Spotted Hyaena *(Crocuta crocuta).* I. Demography." *Animal Behaviour* 35: 1500–1509.
Frank, Laurence G., Stephen E. Glickman, and Paul Licht. 1991. "Fatal Sibling Aggression, Precocial Development, and Androgens in Neonatal Spotted Hyenas." *Science* 252: 702–704.
Frank, Laurence G., Mary L. Weidele, and Stephen E. Glickman. 1995. "Masculinization Costs in Hyaenas." *Nature* 377: 584–585.
Freeman, Derek. 1964. "Human Aggression in Anthropological Perspective." In *The Natural History of Aggression.* Edited by J. D. Carthy and F. J. Ebling. New York: Academic Press: 109–119.
———. 1983. *Margaret Mead and Samoa: The Making and Unmaking of an Anthropological Myth.* Cambridge, Mass.: Harvard University Press.
Friedl, Ernestine. 1975. *Women and Men: An Anthropologist's View.* New York: Holt, Rinehart and Winston.
Fritz, Mark. 1994. "Confessions from a Massacre." *Boston Globe* (May 16): 1.
Furuichi, Takeshi. 1987. "Sexual Swelling, Receptivity, and Grouping of Wild Pygmy Chimpanzee Females at Wamba, Zaïre." *Primates* 28: 309–318.
———. 1989. "Social Interactions and the Life History of Female *Pan paniscus* in Wamba, Zaïre." *International Journal of Primatology* 10: 173–197.
———. 1992. "The Prolonged Estrus of Females and Factors Influencing Mating in a Wild Group of Bonobos *(Pan paniscus)* in Wamba, Zaïre." In *Topics in Primatology, vol. 2: Behavior, Ecology and Conservation.* Tokyo: University of Tokyo Press: 179–190.
Furuichi, Takeshi, and Hiroshi Ihobe. 1994. "Variation in Male Relationships in Bonobos and Chimpanzees." *Behaviour* 130: 211–228.

Galdikas, Biruté M. F. 1981. "Orangutan Reproduction in the Wild." In *Reproductive Biology of the Great Apes.* Edited by C. E. Graham. New York: Academic Press: 281–299.

——— 1995. *Reflections of Eden: My Years with the Orangutans of Borneo.* New York: Little, Brown.

Galili, U., and K. Swanson. 1991. "Gene Sequences Suggest Inactivation of alpha-1,3-galactosyltransferase in Catarrhines After the Divergence of Apes from Monkeys." *Proceedings of the National Academy of Sciences* 88: 7401–7404.

Garrett, Stephanie. 1987. *Gender.* London: Tavistock.

George, Kenneth M. 1991. "Headhunting, History and Exchange in Upland Sulawesi." *Journal of Asian Studies* 50: 536–564.

Gewertz, Deborah B. 1981. "A Historical Reconsideration of Female Dominance Among the Cambri of Papua New Guinea." *American Ethnologist* 8: 94–106.

Gewertz, Deborah B., and Frederick K. Errington. 1991. *Twisted Histories, Altered Contexts: Representing the Chambri in a World System.* Cambridge: Cambridge University Press.

Giallombardo, Rose. 1966. *Society of Women: A Study of a Women's Prison.* New York: Wiley.

Gibbs, Nancy R. 1995. "The Blood of Innocents." *Time* (May 1): 57–64.

Gilligan, Carol. 1982. *In a Different Voice: Psychological Theory and Women's Development.* Cambridge, Mass.: Harvard University Press.

Gilman, Charlotte Perkins. 1915; 1979. *Herland.* Introduced by Ann J. Lane. New York: Pantheon Books.

"Gingrich Calls Crimes 'Artifacts of Bad Policy.'" 1995. *Boston Globe* (May 20): 5.

Gish, Duane T. 1978. *Evolution: The Fossils Say No!* El Cajona, Calif.: Creation Life.

Gleick, Elizabeth. 1995. "Who Are They?" *Time* (May 1): 44–51.

Glickman, Stephen E., and others. 1992. "Sexual Differentiation of the Female Spotted Hyaena: One of Nature's Experiments." *Annals of the New York Academy of Sciences* 662: 135–159.

Goldfoot, D. A., and others. 1980. "Behavioral and Physiological Evidence of Sexual Climax in the Female Stump-tailed Macaque (*Macaca arctoides*)." *Science* 208: 1477–1479.

Golding, William. 1954. *Lord of the Flies.* New York: Putnam.

Goldman, Nancy Loring, editor. 1982. *Female Soldiers — Combatants or Noncombatants? Historical and Contemporary Perspectives.* Westport, Conn.: Greenwood Press.

Gonzales, I. L., and others. 1990. "Ribosomal RNA Sequences and Hominoid Phylogeny." *Molecular Biology and Evolution* 7: 203–219.

Goodall, Jane. 1986. *The Chimpanzees of Gombe: Patterns of Behavior.* Cambridge, Mass.: Harvard University Press.

——— 1990. *Through a Window.* Boston: Houghton Mifflin.

——— 1991. "Unusual Violence in the Overthrow of an Alpha Male Chimpanzee at Gombe." In *Topics in Primatology, Vol. 1: Human Origins.* Edited by Toshisada Nishida and others. Tokyo: University of Tokyo Press: 131–142.

Goodman, Morris. 1963. "Man's Place in the Phylogeny of the Primates as Reflected by Serum Proteins." In *Classification and Human Evolution.* Edited by S. L. Washburn. Chicago: Aldine: 204–235.

Gora, JoAnn Gennaro. 1982. *The New Female Criminal: Empirical Reality or Social Myth?* New York: Praeger.

Gould, Stephen Jay. 1995. "A Sea Horse for All Races." *Natural History* (November): 10–15, 72–75.

Gowaty, Patricia Adair. 1992. "Evolutionary Biology and Feminism." *Human Nature* 3 (3): 217–249.

Gray, Patrick, and Linda Wolfe. 1980. "Height and Sexual Dimorphism and Stature Among Human Societies." *American Journal of Physical Anthropology* 53: 441–456.
Greenfield, Les O. 1992. "Origin of the Human Canine." *Yearbook of Physical Anthropology* 35: 153–185.
Griesse, Anne Eliot, and Richard Stites. 1982. "Russia: Revolution and War." In *Female Soldiers — Combatants or Noncombatants? Historical and Contemporary Perspectives*. Edited by Nancy Loring Goldman. Westport, Conn.: Greenwood Press: 61–84.
Griffin, Susan. 1981. *Pornography and Silence: Culture's Revenge Against Nature*. New York: Harper and Row.
Grine, F. E., ed. 1988. *Robust Australopithecines*. Hawthorne, N.Y.: Aldine de Gruyter.
Gross, Daniel R. 1975. "Protein Capture and Cultural Development in the Amazon Basin." *American Anthropologist* 77 (3): 526–549.
Guérin, Daniel, ed. 1974; 1978. *The Writings of a Savage: Paul Gauguin*. Introduced by Wayne Anderson. New York: Viking.
Gulik, Robert H. van. 1974. *Sexual Life in Ancient China*. London: E. J. Brill.
Hammer, Joshua. 1994. "Escape from Hell." *Newsweek* (May 16): 34, 35.
Harrington, Fred. 1987. "The Man Who Cries Wolf." *Natural History* (February): 22–26.
Harris, Marvin. 1974. *Cows, Pigs, Wars and Witches: The Riddles of Culture*. New York: Random House.
——— 1979a. *Cultural Materialism: The Struggle for a Science of Culture*. New York: Random House.
——— 1979b. "The Yanomamö and the Causes of War in Band and Village Societies." In *Brazil: Anthropological Perspectives*. Edited by M. L. Margolis and W. E. Carter. New York: Columbia University Press: 121–133.
——— 1989. *Our Kind*. New York: Harper Collins.
Harvey, Paul H., Michael Kavanagh, and Timothy H. Clutton-Brock. 1978. "Canine Tooth Size in Female Primates." *Nature* 276: 817.
Hatley, Tom, and John Kappelman. 1980. "Bears, Pigs, and Plio-Pleistocene Hominids: A Case for the Exploitation of Belowground Food Resources." *Human Ecology* 8: 371–387.
Hausfater, Glenn, and Sarah Blaffer Hrdy, eds. 1984. *Infanticide: Comparative and Evolutionary Perspectives*. Hawthorne, N.Y.: Aldine de Gruyter.
Hayes, Cathy. 1951. *The Ape in Our House*. New York: Harper and Brothers.
Headland, Thomas N. 1992. *The Tasaday Controversy: Assessing the Evidence*. Washington, D.C.: American Anthropological Association.
Heise, Lori L., Jacqueline Pitanguy, and Adrienne Germain. 1994. *Violence Against Women: The Hidden Health Burden*. (World Bank Discussion Paper No. 255.) Washington, D.C.: The World Bank.
Herbert, T. Walter, Jr. 1980. *Marquesan Encounters: Melville and the Meaning of Civilization*. Cambridge, Mass.: Harvard University Press.
Heyes, C. 1995. "Self-recognition in Primates: Further Reflections Create a Hall of Mirrors." *Animal Behaviour* 50: 1533–1542.
Hitchens, Christopher. 1993. "Call of the Wilding." *Vanity Fair* (July): 30–35.
Hladik, C. Marcel, and Annette Hladik. 1990. "Food Resources of the Rain Forest." In *Food and Nutrition in the African Rain Forest*. Edited by C. M. Hladik, S. Bahuchet, and I. de Garine. Paris: UNESCO: 14–18.
Hofer, Heribert, and Marion L. East. 1993. "The Commuting System of Serengeti Spotted Hyaenas: How a Predator Copes with Migratory Prey. II. Intrusion Pressure and Commuters' Space Use." *Animal Behaviour* 46: 559–574.
Hohmann, Gotfried, and Barbara Fruth. 1993. "Field Observations on Meat Sharing Among Bonobos *(Pan paniscus)*." *Folia Primatologica* 60: 225–229.
Hölldobler, Bert. 1976. "Tournaments and Slavery in a Desert Ant." *Science* 192: 912–914.
——— 1981. "Foraging and Spatiotemporal Territories in the Honey Ant *Myrmecocystus*

mimicus Wheeler (Hymenoptera: Formicidae)." *Behavioral Ecology and Sociobiology* 9: 301–314.

Hölldobler, Bert, and Charles J. Lumsden. 1980. "Territorial Strategies in Ants." *Science* 210: 732–739.

Holloway, Marguerite. 1994. "Trends in Women's Health: A Global View." *Scientific American* (August): 77–83.

Holmberg, Allan R. 1969. *Nomads of the Long Bow: The Siriono of Eastern Bolivia.* Garden City, N.Y.: Natural History Press.

Hooff, Jan A. R. A. M. van, and Carel P. van Schaik. 1994. "Male Bonds: Affiliative Relationships Among Nonhuman Primate Males." *Behaviour* 130: 309–337.

Hooks, Bonnie L., and Penny A. Green. 1993. "Cultivating Male Allies: A Focus on Primate Females, Including Homo sapiens." *Human Nature* 4 (1).

Horai, Satoshi, and others. 1992. "Man's Place in Hominoidea Revealed by Mitochondrial DNA Geneaology." *Journal of Molecular Evolution* 35: 32–43.

——— 1995. "Recent African Origin of Modern Humans Revealed by Complete Sequences of Hominoid Mitochondrial DNAs." *Proceedings of the National Academy of Sciences* 92: 532–536.

Hornblower, Margot. 1993. "The Skin Trade." *Time* (June 21): 45–51.

Howard, Michael. 1983a. "The Causes of War." In *The Causes of War and Other Essays.* London: Unwin Paper: 7–22.

——— 1983b. *Clausewitz.* Oxford: Oxford University Press.

Hrdy, Sarah Blaffer. 1981. *The Woman that Never Evolved.* Cambridge, Mass.: Harvard University Press.

Hrdy, Sarah Blaffer, Charles Janson, and Carel van Schaik. 1995. "Infanticide: Let's Not Throw Out the Baby with the Bathwater." *Evolutionary Anthropology* 3: 151–154.

Hunt, Kevin D. 1989. "Positional Behavior in *Pan troglodytes* at the Mahale Mountains and the Gombe Stream National Parks, Tanzania." Ph.D. dissertation: University of Michigan, Ann Arbor.

——— 1994. "The Evolution of Human Bipedality: Ecology and Functional Morphology." *Journal of Human Evolution* 26: 183–202.

Huntingford, Felicity A. 1976. "The Relationship between Intra- and Inter-Specific Aggression." *Animal Behaviour* 24: 485–497.

Huxley, Thomas H. 1863; 1894. *Man's Place in Nature.* New York: D. Appleton.

Idani, Gen'ichi. 1991a. "Cases of Inter-unit Group Encounters in Pygmy Chimpanzees at Wamba, Zaïre." In *Primatology Today: Proceedings of the XIIIth Congress of the International Primatological Society.* Edited by Akiyoshi Ehara and others. Amsterdam: Elsevier: 235–238.

——— 1991b. "Social Relationships Between Immigrant and Resident Bonobo *(Pan paniscus)* Females at Wamba." *Folia Primatologica* 57: 83–95.

Ihobe, Hiroshi. 1990. "Interspecific Interactions Between Wild Pygmy Chimpanzees *(Pan paniscus)* and Red Colobus *(Colobus badius)*." *Primates* 31: 109–112.

——— 1992. "Observations on the Meat-eating Behavior of Wild Bonobos *(Pan paniscus)* at Wamba, Republic of Zaïre." *Primates* 33: 247–250.

Ingrassia, Michele, and Melinda Beck. 1994. "Patterns of Abuse." *Newsweek* (July 4): 26–33.

Jamison, Paul L. 1978. "Anthropometric Variation." In *Eskimos of Northwestern Alaska.* Edited by P. L. Jamison, S. L. Zegura, and F. A. Milan. Stroudsberg, Penn.: Dowden, Hutchinson, and Ross: 40–78.

Janson, Charles H., and Michele L. Goldsmith. 1995. "Predicting Group Size in Primates: Foraging Costs and Predation Risks." *Behavioral Ecology* 6 (3): 326–336.

Jarman, Peter J. 1989. "Sexual Dimorphism in Macropodoidea." In *Kangaroos, Wallabies and Rat-kangaroos.* Edited by G. Grigg, Peter Jarman, and Ian Hume. New South Wales, Australia: Surrey Beatty and Sons: 433–447.

Jarvis, Jennifer U. M. 1994. "Mammalian Eusociality: A Family Affair." *Trends in Ecology and Evolution* 9: 47–51.
Jones, Steve, Robert Martin, and David Pilbeam. 1992. *The Cambridge Encyclopaedia of Human Evolution.* Cambridge: Cambridge University Press.
Jones, Steven. 1994. *The Language of Genes: Solving the Mysteries of Our Genetic Past, Present and Future.* New York: Anchor Books.
Joubert, Dereck. 1994. "Lions of Darkness." *National Geographic* 186: 35–53.
Joubert, Dereck, and Beverly Joubert. 1992. *Eternal Enemies.* A film produced by Wildlife Films Botswana.
Kano, Takayoshi. 1979. "A Pilot Study on the Ecology of Pygmy Chimpanzees *Pan paniscus.*" In *The Great Apes.* Edited by D. A. Hamburg and E. R. McCrown. Menlo Park, Calif.: Benjamin/Cummings: 123–136.
――― 1982. "The Social Group of Pygmy Chimpanzees *(Pan paniscus)* of Wamba." *Primates* 23: 171–188.
――― 1990. "The Bonobo's Peaceable Kingdom." *Natural History* (November): 62–71.
――― 1992. *The Last Ape: Pygmy Chimpanzee Behavior and Ecology.* Translated by Evelyn Ono Vineberg. Stanford, Calif.: Stanford University Press.
Karl, Pierre. 1991. *Animal and Human Aggression.* New York: Oxford University Press.
Keegan, John. 1993. *A History of Warfare.* New York: Alfred A. Knopf.
Keeley, Lawrence H. 1996. *War Before Civilization: The Myth of the Peaceful Savage.* Oxford: Oxford University Press.
Keirans, J. E. 1984. *George Henry Falkiner Nuttall and the Nuttall Tick Catalogue.* Washington, D.C.: U.S. Government Printing Office.
Kingsley, Susan. 1988. "Physiological Development of Male Orang-utans and Gorillas." In *Orang-utan Biology.* Edited by Jeffrey H. Schwartz. Oxford: Oxford University Press: 123–131.
Kinzey, W. G. 1984. "The Dentition of the Pygmy Chimpanzee, *Pan paniscus.*" In *The Pygmy Chimpanzee: Evolutionary Biology and Behavior.* Edited by R. L. Susman. New York: Plenum: 65–88.
Klare, Hugh J. 1979. *Anatomy of Prison.* Westport, Conn.: Greenwood Press.
Klein, Richard G. 1989. *The Human Career: Human Biological and Cultural Origins.* Chicago: University of Chicago Press.
Knauft, Bruce M. 1987. "Reconsidering Violence in Simple Human Societies: Homicide Among the Gebusi of New Guinea." *Current Anthropology* 28: 457–500
――― 1991. "Violence and Sociality in Human Evolution." *Current Anthropology* 32 (4) (August–October): 391–409.
Kortlandt, Adriaan. 1972. *New Perspectives on Ape and Human Evolution.* Amsterdam: Stichting voor Psychobiologie.
――― 1993. "The Discovery of the Pygmy Chimpanzee: In 1913!" *Bulletin of the American Society of Primatologists* 17 (1).
Kruttschnitt, Candace. 1981. "Prison Codes, Inmate Solidarity, and Women: A Reexamination." In *Comparing Female and Male Offenders.* Edited by Marguerite Q. Warren. Beverly Hills, Calif.: Sage Publications: 123–144.
Kruuk, Hans. 1972. *The Spotted Hyena: A Study of Predation and Social Behavior.* Chicago: University of Chicago Press.
Kuntz, Tom. 1995. "Rhett and Scarlett: Rough Sex or Rape? Feminists Give a Damn." *New York Times* (February 19): E7.
Kuper, Adam. 1994. *The Chosen Primate: Human Nature and Cultural Diversity.* Cambridge, Mass.: Harvard University Press.
Kuroda, Suehisa. 1979. "Grouping of the Pygmy Chimpanzees." *Primates* 20: 161–183.
Lang, Gretchen. 1994. "Rwandan Mission Provides No Refuge." *Boston Globe* (June 1): 2.

Las Casas, Bartolomé de. 1542; 1992. *The Devastation of the Indies: A Brief Account.* Translated by H. Briffault. Baltimore, Md.: Johns Hopkins University Press.
Law, Robin. 1993. "The 'Amazons' of Dahomey." *Paideuma* 39: 246–260.
Leacock, Eleanor. 1993. "Women in Samoan History: A Further Critique of Derek Freeman." In *Sex and Gender Hierarchies.* Edited by Barbara Diane Miller. Cambridge: Cambridge University Press: 351–365.
Lee, Richard B. 1979. *The !Kung San: Men, Women, and Work in a Foraging Society.* Cambridge: Cambridge University Press.
——— 1982. "Politics, Sexual and Non-sexual, in an Egalitarian Society." In *Politics and History in Band Societies.* Edited by Eleanor Leacock and Richard Lee. Cambridge: Cambridge University Press: 37–59.
Leland, John, and others. 1995. "Why the Children?" *Newsweek* (May 1): 48–53.
Leonard, Eileen B. 1982. *Women, Crime, and Society: A Critique of Theoretical Criminology.* New York: Longman.
Lerner, Gerda. 1986. *The Creation of Patriarchy.* New York: Oxford University Press.
Levinson, David. 1989. *Family Violence in Cross-Cultural Perspective.* Newbury Park, Calif.: Sage Publications.
Levy, Robert I. 1983. "The Attack on Mead." *Science* (May 20): 829–832.
Lewin, Roger. 1993. *Human Evolution: An Illustrated Introduction.* Oxford: Blackwell Scientific.
Lorch, Donatella. 1994. "Bodies from Rwanda Cast a Pall on Lakeside Villages in Uganda." *New York Times* (May 28): 1, 5.
Lorenz, Konrad. 1963; 1966. *On Aggression.* Translated by Marjorie Latzke. London: Methuen.
MacDonald, Eileen. 1991. "Female Terrorists." *Marie Claire* (July): 47 ff.
MacKinnon, John. 1971. "The Orang-utan in Sabah Today." *Oryx* 11 (May): 141–91.
——— 1974. "The Behaviour and Ecology of Wild Orang-utans *(Pongo pygmaeus)*." *Animal Behaviour* 22: 3–74.
Malenky, Richard K., and others. 1994. "The Significance of Terrestrial Herbaceous Foods for Bonobos, Chimpanzees and Gorillas." In *Chimpanzee Cultures.* Edited by Richard W. Wrangham and others. Cambridge, Mass.: Harvard University Press: 59–75.
Malenky, Richard K., and Richard W. Wrangham. 1994. "A Quantitative Comparison of Terrestrial Herbaceous Food Consumption by *Pan paniscus* in the Lomako Forest, Zaïre, and *Pan troglodytes* in the Kibale Forest, Uganda." *American Journal of Primatology* 32: 1–12.
Malina, R. M., and C. Bouchard. 1991. *Growth, Maturation and Physical Activity.* Champaign-Urbana: Human Kinetics Books.
Mallia, Joseph. 1995. "Militia Is Fighting Mad." *Boston Herald* (April 30): 3.
Manson, Joseph H., and Richard W. Wrangham. 1991. "Intergroup Aggression in Chimpanzees and Humans." *Current Anthropology* 32 (4): 369–390.
Marks, Jonathan. 1993. "Hominoid Heterochromatin: Terminal C-Bands as a Complex Genetic Trait Linking Chimpanzee and Gorilla." *American Journal of Physical Anthropology* 90: 237–249.
Marks, Jonathan, Carl W. Schmid, and Vincent M. Sarich. 1988. "DNA Hybridization as a Guide to Phylogeny: Relationships of the Hominoidea." *Journal of Human Evolution* 17: 769–786.
Marx, Leo. 1964. *The Machine in the Garden: Technology and the Pastoral Ideal in America.* Oxford: Oxford University Press.
McHenry, Henry M. 1994. "Behavioral Ecological Implications of Early Hominid Body Size." *Journal of Human Evolution* 27: 77–87.
Mead, Margaret. 1928a. *Coming of Age in Samoa: A Psychological Study of Primitive Youth for Western Civilization.* New York: William Morrow.

———— 1928b. "The Rôle of the Individual in Samoan Culture." *Journal of the Royal Anthropological Institute* 58: 487.

———— 1935; 1963. *Sex and Temperament in Three Primitive Societies.* New York: William Morrow.

———— 1940. "Social Change and Cultural Surrogates." *Journal of Educational Sociology* 14 (2) (October): 92–109.

———— 1949. *Male and Female: A Study of the Sexes in a Changing World.* New York: William Morrow.

———— 1972. *Blackberry Winter: My Earlier Years.* New York: William Morrow.

———— 1977. *Letters from the Field, 1925–1975.* New York: Harper and Row.

Mech, L. David. 1977. "Productivity, Mortality and Population Density of Wolves in Northeastern Minnesota." *Journal of Mammology* 58: 559–574.

Meggitt, Mervyn. 1977. *Blood Is Their Argument: Warfare Among the Mae Enga Tribesmen of the New Guinea Highlands.* Palo Alto, Calif.: Mayfield Publishing.

Melville, Herman. 1846; 1972. *Typee: A Peep at Polynesian Life.* Edited by George Woodcock. London: Penguin.

Mernissi, Fatima. 1994. *Dreams of Trespass: Tales of a Harem Girlhood.* Reading, Mass.: Addison-Wesley.

Mesquita, Bruce Bueno de. 1981. *The War Trap.* New Haven: Yale University Press.

Minderhout, D. T. 1986. "Introductory Texts and Social Sciences Stereotypes." *Anthropology Newsletter* 27 (3): 14–15.

Mitani, John. 1985. "Mating Behaviour of Male Orangutans in the Kutai Game Reserve, Indonesia." *Animal Behaviour* 33: 392–402.

Mitchell, Margaret. 1936. *Gone with the Wind.* New York: Macmillan.

Moore, Jim. 1992. "'Savanna' Chimpanzees." In *Topics in Primatology, vol. 1: Human Origins.* Edited by Toshisada Nishida and others. Tokyo: University of Tokyo Press: 99–118.

Moorehead, Alan. 1960. *The White Nile.* New York: Harper and Row.

———— 1969. *Darwin and the Beagle.* New York: Harper and Row.

Morell, Virginia. 1995. "Chimpanzee Outbreak Heats Up Search for Ebola Origin." *Science* 268: 974, 975.

Morgan, John. 1852; 1979. *The Life and Adventures of William Buckley: Thirty-Two Years a Wanderer Amongst the Aborigines.* Canberra: Australia National University Press.

Morin, Phillip A., and others. 1994. "Kin Selection, Social Structure, Gene Flow, and the Evolution of Chimpanzee." *Science* 265: 1193–1201.

Morganthau, Tom, and others. 1995. "The View from the Far Right." *Newsweek* (May 1): 36–39.

Muroyama, Y., and Y. Sugiyama. 1994. "Grooming Relationships in Two Species of Chimpanzees." In *Chimpanzee Cultures.* Edited by Richard W. Wrangham and others. Cambridge, Mass.: Harvard University Press: 169–180.

Murray, Martyn G., and Russell Gerrard. 1984. "Conflicts in the Neighbourhood: Models Where Close Relatives Are in Direct Competition." *Journal of Theoretical Biology* 111: 237–46.

Nance, John. 1975. *The Gentle Tasaday: A Stone Age People in the Philippine Rain Forest.* New York: Harcourt Brace Jovanovich.

Nash, Robert Jay. 1973. *Bloodletters and Badmen: A Narrative Encyclopedia of American Criminals from the Pilgrims to the Present.* New York: M. Evans.

Nishida, Toshisada, ed. 1990. *The Chimpanzees of the Mahale Mountains: Sexual and Life History Strategies.* Tokyo: University of Tokyo Press.

Nishida, Toshisada, Mariko Haraiwa-Hasegawa, and Yuko Takahata. 1985. "Group Extinction and Female Transfer in Wild Chimpanzees in the Mahale National Park, Tanzania." *Zeitschrift für Tierpsychologie* 67: 284–301.

Nishida, Toshisada, and Kenji Kawanaka. 1985. "Within-Group Cannibalism by Adult Male Chimpanzees." *Primates* 26: 274–284.

Nishida, Toshisada, and others. 1991. "Meat-Sharing as a Coalition Strategy by an Alpha Male Chimpanzee?" In *Topics in Primatology, vol. 1: Human Origins*. Edited by Toshisada Nishida and others. Tokyo: University of Tokyo Press: 159–176.

Nuttall, George H. F. 1904. *Blood Immunity and Blood Relationship: A Demonstration of Certain Blood-relationships Amongst Animals by Means of the Precipitin Test for Blood.* Cambridge: Cambridge University Press.

O'Malley, Suzanne. 1993. "Girlz 'n the Hood." *Harper's Bazaar* (October): 238 ff.

Ortner, Sherry B. 1974. "Is Female to Male as Nature Is to Culture?" In *Woman, Culture and Society*. Edited by Michelle Z. Rosaldo and Louise Lamphere. Stanford, Calif.: Stanford University Press: 67–87.

Otterbein, Keith F. 1970. *The Evolution of War*. New Haven: HRAF Press.

Packer, Craig, and Anne Pusey. 1983. "Adaptations of Female Lions to Infanticide by Incoming Males." *American Naturalist* 121: 716–728.

Pagnozzi, Amy. 1994. "Killer Girls." *Elle* (May): 122–126.

Palmer, Craig T. 1989a. "Is Rape a Cultural Universal?: A Re-examination of the Ethnograhic Data." *Ethnology* 28: 1–16.

——— 1989b. "Rape in Nonhuman Animal Species: Definitions, Evidence, and Implications." *Journal of Sex Research* 26 (3): 355–374.

——— 1991. "Human Rape: Adaptation or By-product?" *Journal of Sex Research* 28 (3): 365–386.

Parish, A. R. 1993. "Sex and Food Control in the 'Uncommon Chimpanzee': How Bonobo Females Overcome a Phylogenetic Legacy of Male Dominance." *Ethology and Sociobiology* 15 (3): 157–179.

Parker, Geoffrey A. 1974. "Assessment Strategy and the Evolution of Fighting Behavior." *Journal of Theoretical Biology* 47: 223–243.

Parker, Gary. 1980. *Creation: The Facts of Life*. El Cajon, Calif.: Creation Life.

Parmigiani, Stefano, and Frederick S. vom Saal, eds. 1994. *Infanticide and Parental Care*. London: Ettore Majorana Life Sciences Series, Harwood Academic.

Percival, L., and K. Quinkert. 1987. "Anthropometric Factors." In *Sex Differences in Human Performance*. Edited by Mary Baker. New York: John Wiley and Sons: 121–139.

Perkins, Roberta, and Garry Bennett. 1985. *Being a Prostitute: Prostitute Women and Prostitute Men*. London: George Allen and Unwin.

Peters, Charles, and Eileen O'Brien. 1994. "Potential Hominid Plant Foods from Woody Species in Semi-arid Versus Sub-humid Sub-tropical Africa." In *The Digestive System in Mammals: Food and Function*. Edited by D. J. Chivers and P. Langer. Cambridge: Cambridge University Press: 166–192.

Peterson, Dale, and Jane Goodall. 1993. *Visions of Caliban: On Chimpanzees and People*. Boston: Houghton Mifflin.

Pierre-Pierre, Garry. 1995. "Two Women Charged with Series of Armed Robberies in Brooklyn." *New York Times* (January 26): B1, B3.

Pilbeam, David. 1995. "Genetic and Morphological Records of the Hominoidea and Hominid Origins: A Synthesis." *Molecular Phylogenetics and Evolution* (in press).

Plavcan, J. Michael, and others. 1995. *Journal of Human Evolution* 28: 245–276.

Plavcan, J. Michael, and Carel P. van Schaik. 1992. "Intrasexual Competition and Canine Dimorphism in Anthropoid Primates." *American Journal of Physical Anthropology* 87: 461–477.

——— 1994. "Canine Dimorphism." *Evolutionary Anthropology* 2: 208–214.

Pollitt, Katha. 1992. "Are Women Morally Superior to Men?" *The Nation* (December 28): 799–807.

Pollock-Byrne, Jocelyn M. 1990. *Women, Prison, and Crime*. Pacific Grove, Calif.: Brooks/Cole.
Popp, Joseph, and Irven De Vore. 1979. "Aggressive Competition and Social Dominance Theory." In *The Great Apes*. Edited by D. A. Hamburg and E. R. McCrown. Menlo Park, Calif.: Benjamin/Cummings: 317–338.
Porter, Roy. 1986. "Rape — Does It Have a Historical Meaning?" In *Rape*. Edited by Sylvana Tomaselli and Roy Porter. Oxford: Basil Blackwell: 216–236.
Power, Margaret. 1991. *The Egalitarians, Human and Chimpanzee: An Anthropological View of Social Organization*. Cambridge: Cambridge University Press.
Putnam, Robert. 1993. *Making Democracy Work: Civic Traditions in Modern Italy*. Princeton: Princeton University Press.
Rabbie, Jacob M. 1992. "The Effects of Intragroup Cooperation and Intergroup Competition on In-group Cohesion and Out-group Hostility." In *Coalitions and Alliances in Humans and Other Animals*. Edited by Alexander H. Harcourt and Frans B. M. de Waal. Oxford: Oxford University Press: 175–205.
Raghavan, Sudarsan, Hassan Shahriar, and Fazal Qureshi. 1994. "Warriors of God." *Newsweek* (August 15): 36, 37.
Raper, A. F. 1933. *The Tragedy of Lynching*. Durham: University of North Carolina Press.
"Ready for War: Inside the World of the Paranoid." 1995. *New York Times* (April 30): 1, E5.
Reichert, Susan E. 1978. "Games Spiders Play: Behavioral Variability in Territorial Disputes." *Behavioral Ecology and Sociobiology* 3: 135–162.
Reinisch, June Machover, Mary Ziemba-Davis, and Stephanie A. Sanders. 1991. "Hormonal Contributions to Sexual Dimorphic Behavioral Development in Humans." *Psychoneuroendocrinology* 16 (1–3): 213–278.
Reynolds, Vernon. 1967. *The Apes*. New York: Harper Colophon.
Richardson, Lewis F. 1960. *The Statistics of Deadly Quarrels*. Pittsburgh: Boxwood.
"Ricki Lake on Line Two, Mr. Z." 1995. *Time* (July 3): 61.
Rijksen, Herman D. 1978. *A Field Study of Sumatran Orangutans*. Wageningen, Netherlands: H. Veenman and B. V. Zonen.
———. 1974. "Social Structure in a Wild Orang-utan Population in Sumatra." In *Contemporary Primatology*. Edited by S. Kondo and others. Basel: S. Karger: 373–379.
Robarchek, Clayton A., and Carole J. Robarchek. 1992. "Cultures of War and Peace: A Comparative Study of Waorani and Semai." In *Aggression and Peacefulness in Humans and Other Primates*. Edited by James Silverberg and J. Patrick Gray. New York: Oxford University Press: 189–213.
Rodseth, Lars, and others. 1991. "The Human Community as a Primate Society." *Current Anthropology* 32 (3) (June): 221–254.
Rodman, Peter, and John Mitani. 1987. "Orangutans: Sexual Dimorphism in a Solitary Species." In *Primate Societies*. Edited by Barbara B. Smuts and others. Chicago: Chicago University Press: 146–154.
Rubenstein, Charles A. 1974. "Polygamy." In *Universal Jewish Encyclopedia*, vol. 8. New York: UJE: 584, 585.
Ruddick, Sara. 1990. *Maternal Thinking: Toward a Politics of Peace*. New York: Ballantine.
Ruvolo, Maryellen, and others. 1991. "Resolution of the African Hominoid Trichotomy by Use of a Mitochondrial Gene Sequence." *Proceedings of the National Academy of Sciences* 88: 1570–1574.
———. 1994. "Gene Trees and Hominoid Phylogeny." *Proceedings of the National Academy of Sciences* 91: 8900–8904.
Sabater Pi, Jorge, and others. 1993. "Behavior of Bonobos *(Pan paniscus)* Following Their Capture of Monkeys in Zaïre." *International Journal of Primatology* 14: 797–804.
Sanday, Peggy Reeves. 1981. "A Socio-Cultural Context of Rape: A Cross-Cultural Study." *Journal of Social Issues* 37: 5–27.

―――― 1986. "Rape and the Silencing of the Feminine." In *Rape*. Edited by Sylvana Tomaselli and Roy Porter. New York: Basil Blackwell: 84–101.
Sapolsky, Robert M. 1994. *Why Zebras Don't Get Ulcers: A Guide to Stress, Stress-related Diseases, and Coping*. New York: W. H. Freeman.
Savage, Robert J. G. 1988. "Extinction and the Fossil Mammal Record." In *Extinction and Survival in the Fossil Record*. Edited by G. P. Larwood. Oxford: Clarendon: 319–334.
Savage-Rumbaugh, Sue, and Roger Lewin. 1994. *Kanzi: The Ape at the Brink of the Human Mind*. New York: Wiley.
Schaik, Carel van, and Robin Dunbar. 1990. "The Evolution of Monogamy in Large Primates: A New Hypothesis and Some Crucial Tests." *Behaviour* 115: 30–61.
Schaik, Carel van, and Peter Kappeler. 1993. "Life History, Activity Period and Lemur Social Systems." In *Lemur Social Systems and Their Ecological Basis*. Edited by Peter Kappeler and Jorge Ganzhorn. New York: Plenum Press: 241–260.
Schaller, George. 1972. *The Serengeti Lion: A Study of Predator-Prey Relations*. Chicago: University of Chicago Press.
Schwartz, Jeffrey H. 1984. "The Evolutionary Relationships of Man and the Orangutans." *Nature* 308: 501–505.
―――― 1987. *The Red Ape: Orang-utans and Human Origins*. Boston: Houghton Mifflin.
Schwarz, Ernst. 1929. "Das Vorkommen des Schimpansen auf den Linken Congo-Ufer." *Revue de Zoologie et de Botanique Africaines* 16 (4): 425–426.
Shabad, Steven. 1995. "Beyond the Fringe." *Newsweek* (May 1): 38.
Shakur, Sanyika. 1993. *Monster: The Autobiography of an L.A. Gang Member*. New York: Atlantic Monthly Press.
Shea, Brian T. 1983. "Phyletic Size Change and Brain/Body Allometry: A Consideration Based on the African Pongids and Other Primates." *International Journal of Primatology* 4: 33–62.
―――― 1984. "Between the Gorilla and the Chimpanzee: A History of Debate Concerning the Existence of the *Kooloo-Kamba* or Gorilla-like Chimpanzee." *Journal of Ethnobiology* 4: 1–13.
―――― 1985. "Ontogenetic Allometry and Scaling: A Discussion Based on Growth and Form of the Skull in African Apes." In *Size and Scaling in Primate Biology*. Edited by William L. Jungers. New York: Plenum: 175–205.
Sherif, Muzafer, and others. 1961. *Intergroup Conflict and Cooperation: The Robber's Cave Experiment*. Norman, Okla.: University of Oklahoma Book Exchange.
Short, R. V. 1980. "The Great Apes of Africa." *Journal of Reproductive Fertility*, Supplement 28: 3–11.
Shostak, Marjorie. 1981. *Nisa: The Life and Words of a !Kung Woman*. Cambridge, Mass.: Harvard University Press.
Shoumatoff, Alex. 1994. "Flight from Death." *The New Yorker* (June 20): 44–55.
Sibley, Charles G., and Jon E. Ahlquist. 1983. "The Phylogeny and Classification of Birds Cased on the Data of DNA-DNA Hybridization." In *Current Ornithology*, vol 1. Edited by R. F. Johnston. New York: Plenum: 245–292.
―――― 1984. "The Phylogeny of the Hominid Primates, as Indicated by DNA-DNA Hybridization." *Journal of Molecular Evolution* 20: 2–15.
Sibley, Charles G., J. A. Comstock, and Jon E. Ahlquist. 1990. "DNA Hybridization Evidence of Hominoid Phylogeny: A Reanalysis of the Data." *Journal of Molecular Evolution* 30: 202–236.
Sikes, Gini. 1994. "Girls in the 'Hood." *Scholastic Update* (February 11): 20 ff.
Silk, Joan B. 1993. "Primatological Perspectives on Gender Hierarchies." In *Sex and Gender Hierarchies*. Edited by Barbara Diane Miller. Cambridge: Cambridge University Press: 212–235.

Sillen, Andrew. 1992. "Strontium-calcium Ratios (Sr/Ca) of *Australopithecus robustus* and Associated Fauna from Swartkrans." *Journal of Human Evolution* 23: 495-516.
Simmel, Georg. 1969. "The Individual and the Mass." In *Readings in Collective Behavior*, 1st ed. Edited by Robert R. Evans. Chicago: Rand McNally: 39–45.
Simon, Rita James. 1975. *Women and Crime*. Lexington, Mass.: Lexington Books.
Small, Melvin, and J. David Singer. 1983. *Resort to Arms: International and Civil Wars, 1816–1980*. Beverly Hills, Calif.: Sage Publications.
Small, Meredith. 1993. *Female Choices: Sexual Behavior of Female Primates*. Ithaca, N.Y.: Cornell University Press.
Smith, Robert L. 1984. "Human Sperm Competition." In *Sperm Competition and the Evolution of Animal Mating Systems*. Edited by Robert L. Smith. New York: Academic Press: 601–659.
Smuts, Barbara B. 1985. *Sex and Friendship in Baboons*. New York: Aldine de Gruyter.
——— 1992. "Male Aggression Against Women: An Evolutionary Perspective." *Human Nature* 3: 1–44.
——— 1995. "The Evolutionary Origins of Patriarchy." *Human Nature*, 1: 1–32.
Smuts, Barbara B., and Robert W. Smuts. 1993. "Male Aggression and Sexual Coercion of Females in Nonhuman Primates and Other Animals: Evidence and Theoretical Implications." *Advances in the Study of Behavior* 22: 1–63.
Sorokin, Pitirim A. 1962. *Social and Cultural Dynamics*, vol. 3. New York: Bedminster Press.
Spaeth, Anthony. 1995. "Engineer of Doom." *Time* (June 12): 57.
Stanford, Craig B., and others. 1994. "Patterns of Predation by Chimpanzees on Red Colobus Monkeys in Gombe National Park, 1982–1991." *American Journal of Physical Anthropology* 94: 213–228.
Stanley, Steven M. 1992. "An Ecological Theory for the Origin of Homo." *Paleobiology* 18: 237–257.
Starin, E. Dawn. 1994. "Philopatry and Affiliation Among Red Colobus." *Behaviour* 130: 253–269.
Stauffer, John, and Richard Frost. 1976. "Male and Female Interest in Sexually-Oriented Magazines." *Journal of Communication* 26 (Winter): 25–30.
Stephan, C. W., and W. G. Stephan. 1990. *Two Social Psychologies*, 2nd ed. Belmont, Calif.: Wadsworth.
Stocking, George W., Jr. 1989. "The Ethnographic Sensibility of the 1920s and the Dualism of the Anthropological Tradition." In *Romantic Motives: Essays on Anthropological Sensibility. History of Anthropology*, vol. 6. Edited by George W. Stocking, Jr. Madison, Wis.: University of Wisconsin Press: 208–276.
Strier, Karen B. 1992. *Faces in the Forest: The Endangered Muriqui Monkeys of Brazil*. Oxford: Oxford University Press.
——— 1994. "Brotherhoods Among Atelins: Kinship, Affiliation and Competition." *Behaviour* 130: 151–167.
Sugiyama, Yukimaru. 1988. "Grooming Interactions Among Adult Chimpanzees at Bossou, Guinea, with Special Reference to Social Structure." *International Journal of Primatology* 9: 393–407.
Sumner, W. G. 1906. *Folkways*. Boston: Ginn.
Susman, Randall L. 1988. "Hand of *Paranthropus robustus* from Member 1, Swartkrans: Fossil Evidence for Tool Behavior." *Science* 240: 781–784.
Sussman, Robert W., James M. Cheverud, and Thad Q. Bartlett. 1994. "Infant Killing as an Evolutionary Strategy: Reality or Myth?" *Evolutionary Anthropology*, vol. 3, no. 5: 149–151.
Swiss, Shana, and Joan E. Giller. 1993. "Rape as a Crime of War: A Medical Perspective." *Journal of the American Medical Association* 270: 612–615.

Symons, Donald. 1979. *The Evolution of Human Sexuality.* Oxford: Oxford University Press.
Takahata, Naoyuki. 1995. "A Genetic Perspective on the Origin of Man and His History." *Annual Review of Ecology and Systematics* (in press).
Tannen, Deborah. 1986. *That's Not What I Meant: How Conversational Style Makes or Breaks Relationships.* New York: William Morrow.
——— 1990. *You Just Don't Understand: Men and Women in Conversation.* New York: William Morrow.
Tanner, James M. 1978. *Fetus into Man: Physical Growth from Conception to Maturity.* Cambridge, Mass.: Harvard University Press.
Taylor, Carl S. 1990. *Dangerous Society.* East Lansing, Mich.: Michigan State University Press.
Tempkin, Jennifer. 1986. "Women, Rape and Law Reform." In *Rape.* Edited by Sylvana Tomaselli and Roy Porter. New York: Basil Blackwell: 16–40.
Terborgh, John. 1992. *Diversity and the Tropical Rain Forest.* New York: W. H. Freeman.
Thomas, Evan, and others. 1995. "Cleverness — And Luck." *Newsweek* (May 1): 35.
Thompson-Handler, Nancy, Richard Malenky, and Gay Reinharz. 1995. *Action Plan for Pan paniscus: Report on Free Ranging Populations and Proposals for Their Preservation.* Milwaukee, Wis.: The Zoological Society of Milwaukee County.
Thornhill, Randy. 1979. "Male and Female Sexual Selection and the Evolution of Mating Strategies in Insects." In *Sexual Selection and Reproductive Competition in Insects.* Edited by Murray S. Blum and Nancy A. Blum. New York: Academic Press: 81–121.
——— 1980. "Rape in *Panorpa* Scorpionflies and a General Rape Hypothesis." *Animal Behaviour* 28: 52–59.
Thornhill, Randy, and Nancy W. Thornhill. 1992. "The Evolutionary Psychology of Men's Coercive Sexuality." *Behavior and Brain Sciences* 15: 363–421.
Thornhill, Randy, Nancy W. Thornhill, and Gerard A. Dizinno. 1986. "The Biology of Rape." In *Rape.* Edited by Sylvana Tomaselli and Roy Porter. New York: Basil Blackwell: 102–121.
Tiger, Lionel. 1969. *Men in Groups.* New York: Random House.
——— 1987. *The Manufacture of Evil: Ethics, Evolution and the Industrial System.* New York: Harper and Row.
Tonkinson, Robert. 1988. "Ideology and Domination in Aboriginal Australia: A Western Desert Test Case." In *Hunters and Gatherers 2: Property, Power and Ideology.* Edited by Tim Gold, Davis Riches, and James Woodburn. New York: St. Martin's Press.
Tratz, E., and H. Heck. 1954. "Der Afrikanische Anthropoide 'Bonobo,' eine neue Menschenaffengattung." *Säugetierkundliche Mitteilungen* 2: 97–101.
Trinkaus, Erik. 1978. "Hard Times Among the Neanderthals." *Natural History* 87 (10): 58–63.
Turnbull, Colin M. 1965. *Wayward Servants: The Two Worlds of African Pygmies.* Garden City, N.Y.: Natural History Press.
——— 1982. "The Ritualization of Potential Conflict Between the Sexes Among the Mbuti." In *Politics and History in Band Societies.* Edited by Eleanor Leacock and Richard Lee. Cambridge: Cambridge University Press: 133–155.
Turney-High, Harry H. 1949; 1991. *Primitive War: Its Practice and Concepts.* Columbia, S.C.: University of South Carolina Press.
Tuten, Jeff M. 1982. "Germany and the World Wars." In *Female Soldiers — Combatants or Noncombatants? Historical and Contemporary Perspectives.* Edited by Nancy Loring Goldman. Westport, Conn.: Greenwood Press: 47–60.
Tuzin, Donald. 1976. *The Ilahita Arapesh: Dimensions of Unity.* Berkeley: University of California Press.
——— 1980. *The Voice of the Tambarian: Truth and Illusion in Ilahita Arapesh Religion.* Berkeley: University of California Press.

Ueda, S., and others. 1989. "Nucleotide Sequences of Immunoglobulin-Epsilon Pseudogenes in Man and Apes and Their Phylogenetic Relationships." *Journal of Molecular Biology* 205: 85–90.
Uehara, Shigeo, and others. 1992. "Characteristics of Predation by the Chimpanzees in the Mahale Mountains National Park, Tanzania." In *Topics in Primatology, Vol. 1: Human Origins.* Tokyo: University of Tokyo Press: 143–158.
Vincent, Anne. 1985. "Plant Foods in Savanna Environments: A Preliminary Report of Tubers Eaten by the Hadza of Northern Tanzania." *World Archaeology* 17: 131–148.
Vrba, Elisabeth S. 1988. "Late Pliocene Climatic Events and Hominid Evolution." In *Evolutionary History of the Robust Australopithecines.* Edited by Frederick E. Grine. New York: Aldine de Gruyter: 405–426.
Waal, Frans B.M. de 1982. *Chimpanzee Politics: Power and Sex Among the Apes.* New York: Harper and Row.
——— 1986. "The Brutal Elimination of a Rival Among Captive Male Chimpanzees." *Ethology and Sociobiology* 7: 237–251.
——— 1988. "The Communicative Repertoire of Captive Bonobos *(Pan paniscus)*, Compared to that of Chimpanzees." *Behaviour* 106: 183–251.
——— 1989. *Peacemaking Among Primates.* Cambridge, Mass.: Harvard University Press.
——— 1990. "Sociosexual Behavior Used for Tension Regulation in All Age and Sex Combinations Among Bonobos." In *Pedophilia: Biosocial Dimensions.* Edited by J. R. Feierman. New York: Springer: 378–393.
Walker, Alan. 1981. "Diet and Teeth: Dietary Hypotheses and Human Evolution." *Philosophical Transactions of the Royal Society* 292: 57–64.
Ward, Ingebord L. 1978. "Sexual Behavioral Differentiation: Prenatal Hormonal and Environmental Control." In *Sex Differences in Behavior.* Edited by Richard C. Friedman, Ralph M. Richart, and Raymond L. Vande Wiele. Huntington, N.Y.: Robert E. Krieger: 3–17.
Watson, Catherine. 1994a. "Cry Havoc." *The Independent Magazine* (January 15): 16–20.
——— 1994b. "The Death of Democracy." *Africa Report* (January/February): 26–31.
Watts, David P. 1989. "Infanticide in Mountain Gorillas: New Cases and a Reconsideration of the Evidence." *Ethology* 81: 1–18.
——— 1994. "The Influence of Male Mating Tactics on Habitat Use in Mountain Gorillas *(Gorilla gorilla beringei).*" *Primates* 35:35–48.
——— 1996. "Comparative Socioecology of Gorillas." In *Great Ape Societies.* Edited by William C. McGrew, Toshisada Nishida, and Linda Marchant. Cambridge: Cambridge University Press.
Weil, Liz. 1994. "Revenge of the Girl Next Door." *Boston Magazine* (November): 59ff.
Weiss, Philip. 1995. "Outcasts Digging in for the Apocalypse." *Time* (May 1): 48, 49.
Weller, Sheila. 1994. "Girls in the Gang: A Nineties Nightmare." *Cosmopolitan* (August): 166 ff.
Wendorf, Fred. 1968. "Site 117: A Nubian Paleolithic Graveyard near Jebel Sahara, Sudan." In *The Prehistory of Nubia,* vol. 2. Edited by Fred Wendorf. Dallas: Southern Methodist University Press: 954–995.
Wendorf, Fred, and Romuald Schild. 1986. *The Wadi Kubbaniya Skeleton: A Late Paleolithic Burial from Southern Egypt. The Prehistory of Wadi Kubbaniya,* vol. 1. Edited by Angela E. Close. Dallas: Southern Methodist University Press.
White, Frances J. 1992. "Pygmy Chimpanzee Social Organization: Variation with Party Size and Between Study Sites." *American Journal of Primatology* 26: 203–214.
White, Tim D., Gen Suwa, and Berhane Asfaw. 1994. "*Australopithecus ramidus,* a New Species of Early Hominid from Aramis, Ethiopia." *Nature* 371: 306–312.
——— 1995. "Corrigendum to *Australopithecus ramidus,* a New Species of Early Hominid from Aramis, Ethiopia." *Nature* 375: 88.

Wickler, Wolfgang. 1967. *The Sexual Code: The Social Behavior of Animals and Men.* London: Weidenfeld and Nicolson.

Williams, S. A., and Morris Goodman. 1989. "A Statistical Test that Supports a Human/Chimpanzee Clade Based on Noncoding DNA Sequence Data." *Molecular Biology and Evolution* 6: 325–330.

Wilson, Nanci Koser. 1980. "Styles of Doing Time in a Coed Prison: Masculine and Feminine Alternatives." In *Coed Prison.* Edited by John O. Smykla. New York: Human Sciences: 150–171.

Wilson, T. W. 1986. "Gender Differences in the Inmate Code." *Canadian Journal of Criminology* 28: 297–405.

Wingfield, John C., Carol S. Whaling, and Peter Marler. 1994. "Communication in Vertebrate Aggression and Reproduction: The Role of Hormones." In *The Physiology of Reproduction,* 2nd ed. Edited by E. Knobil and J. D. Neill. New York: Raven: 303–342.

Wolde-Gabriel, Giday, and others. 1994. "Ecological and Temporal Placement of Early Pliocene Hominids at Aramis, Ethiopia." *Nature* 371: 330–333.

Wolf, Katherine, and Steve R. Schulman. 1984. "Male Response to 'Stranger' Females as a Function of Female Reproductive Value Among Chimpanzees." *American Naturalist* 123: 163–174.

Wolf, Naomi. 1991. *The Beauty Myth: How Images of Beauty Are Used Against Women.* New York: Doubleday.

———. 1993. *Fire with Fire: The New Female Power and How It Will Change the 21st Century.* New York: Random House.

Wolff, A. 1995. "An Unrivaled Rivalry." *Sports Illustrated* (March 6): 74–84.

Wolfheim, Jaclyn H. 1983. *Primates of the World: Distribution, Abundance, and Conservation.* Seattle: University of Washington Press.

Wolpoff, Milford H. 1980. *Paleoanthropology.* New York: Alfred A. Knopf.

Wood, Bernard. 1994. "The Oldest Hominid Yet." *Nature* 371: 280–281.

Wrangham, Richard W. 1975. *Behavioral Ecology of Chimpanzees in Gombe National Park, Tanzania.* Cambridge: Cambridge University Ph.D. thesis.

———. 1979. "On the Evolution of Ape Social Systems." *Social Science Information* 18: 335–368.

———. 1981. "Drinking Competition in Vervet Monkeys." *Animal Behaviour* 29: 904–910.

———. 1982. "Ecology and Social Relationships in Two Species of Chimpanzee." In *Ecological Aspects of Social Evolution: Birds and Mammals.* Edited by D. I. Rubenstein and Richard W. Wrangham. Princeton: Princeton University Press: 352–378.

———. 1993. "The Evolution of Sexuality in Chimpanzees and Bonobos." *Human Nature* 4: 47–79.

Wrangham, Richard W., Adam P. Clark, and Gilbert Isabirye-Basuta. 1992. "Female Social Relationships and Social Organization of the Kibale Forest Chimpanzees." In *Topics in Primatology, Vol. 1: Human Origins.* Edited by Toshisada Nishida and others. Tokyo: University of Tokyo Press: 81–98.

Wrangham, Richard W., John L. Gittleman, and Colin A. Chapman. 1993. "Constraints on Group Size in Primates and Carnivores: Population Density and Day-range as Assays of Exploitation Competition." *Behavioral Ecology and Sociobiology* 32: 199–209.

Wrangham, Richard W., William C. McGrew, and Frans B. M. de Waal. 1994. "The Challenge of Behavioral Diversity." In *Chimpanzee Cultures.* Edited by Richard W. Wrangham and others. Cambridge, Mass.: Harvard University Press: 1–18.

Wrangham, Richard W., and others. 1996. "Social Ecology of Kanyawara Chimpanzees: Implications for the THV Hypothesis." In *Great Ape Societies.* Edited by William C.

McGrew, Linda F. Marchant, and Toshisada Nishida. Cambridge: Cambridge University Press.

Wrangham, Richard W., and Emily van Zinnicq Bergmann Riss. 1990. "Rates of Predation on Mammals by Gombe Chimpanzees, 1972–1975." *Primates* 31: 157–170.

Wrangham, Richard W., and Barbara B. Smuts. 1980. "Sex Differences in the Behavioural Ecology of Chimpanzees in the Gombe National Park, Tanzania." *Journal of Reproduction and Fertility,* Supplement 28: 13–31.

Wright, Robert. 1994. "Feminists, Meet Mr. Darwin." *The New Republic* (November 28): 34–46.

Yerkes, Robert M. 1925. *Almost Human.* London: Jonathan Cape.

Zihlman, Adriene L., and others. 1978. "Pygmy Chimpanzees as a Possible Prototype for the Common Ancestor of Humans, Chimpanzees and Gorillas." *Nature* (London) 275: 744–746.

Zuckerman, Solly. 1933. *Functional Affinities of Man, Monkeys, and Apes: A Study of the Bearings of Physiology and Behaviour on the Taxonomy and Phylogeny of Lemurs, Monkeys, Apes, and Man.* London: Kegan Paul.

Nederlandse literatuur

Chodorow, Nancy. 1980. *Waarom vrouwen moederen*, Amsterdam.
Darwin, Charles. z.j. *De afstamming van de mens en de seksuele teeltkeus*, Arnhem/Nijmegen.
Fossey, Dian. 1984. *Gorilla's in de mist*, Utrecht.
Galdikas, Biruté M.F. 1996. *De spiegel van het paradijs*, Atlas, Amsterdam.
Goodall, Jane. 1991. *Oog in oog met chimpansees*, Amsterdam (Vertaling van: "Through a Window").
Tannen, Deborah. 1991. *Je begrijpt me gewoon niet*, Amsterdam (Vertaling van: "You just don't understand").
Tannen, Deborah. 1994. *Dat bedoelde ik niet; hoe taal relaties maakt of breekt*, Amsterdam: Ooievaar (Vertaling van: "That's not what I meant").
Waal, Frans B.M. de. 1982. *Chimpansee-politiek: Macht en seks bij mensapen*, Amsterdam.
Waal, Frans B.M. de. 1988. *Verzoening: vredestichten onder apen en mensapen*, Utrecht.

Dankwoord

Het meest opwindende deel van ons onderzoek was misschien wel onze tocht naar Zaïre om bonobo's te zien. We zijn verscheidene mensen dankbaar voor de hulp tijdens die reis, met name Takayoshi Kano, die ons een volmaakte gastvrijheid heeft geboden. Wij mochten deelnemen aan zijn onderzoek en hij heeft openlijk zijn observaties en conclusies met ons besproken. We hebben verschillende plezierige avonden met hem en mevrouw Kano doorgebracht in Wamba, terwijl Chie Hashimoto en Evelyn Ono Vineberg zich hadden vrijgemaakt uit hun eigen drukke werkzaamheden om ons in de bossen te begeleiden. Ook Norbert Likombe Batwafe en Ikenge Justin Lokati besteedden, vertrouwelijk en professioneel, veel tijd en energie aan ons. Karl Ammann was op ontelbare manieren genereus en behulpzaam.

Wat Uganda betreft zijn we vooral dank verschuldigd aan Linda en Oskar Rothen, Peter Howard, John Kasenene, Lysa Leland, Tom Struhsaker; in de bossen: Joseph Basigara, Bart Beerlage, Anja Berle, Joseph Byaruhanga, Lauren Chapman, Nancy Lou Conklin, Kiiza Clement, wijlen Godfrey Etot, Barbara Gault, Jennifer Gradowski, wijlen George Kagaba, Christopher Katongole, Elisha Karwani, Samuel Mugume, Francis Mugurusi, Christopher Muruuli, wijlen Joseph Obua en Peter Tuhairwe.

Weer thuis, waren het de leden van cursus 'Demonic Males' in Harvard die ons in het najaar van 1993 hielpen om op een originele manier over ons onderwerp na te denken; Nancy Fresco gaf een nieuwe visie op meisjesbendes, terwijl Leah Gardner en Lynnette Simons waardevol onderzoek en dito technische hulp leverden.

Voor inspiratie op de intellectuele tocht gaat RWW's dank uit naar Adam Clark Arcadi, Gilbert Isabirye-Basuta, Rick Bribiescas, Colin Chapman, Richard Connor, Terry Deacon, Peter Ellison, Jane Goodall, David Hamburg, Robert Hinde, Sarah Blaffer Hrdy, Kevin Hunt, Doug Jones, Annette Lanjouw, Mark Leighton, Joseph Manson, Joe Marcus, Jessica Mikszewski, John Mitani, Peggy Novelli, Dan Rubenstein, Maryellen Ruvolo, Barbara Smuts, Shana Swiss en David Watts. Verder bedanken we voor het leveren van commentaar op het boek in wording: Irven DeVore, John Dickson, Tony Goldberg, David Gossman, Nancy Thompson-Handler, Marc Hauser, Alison Jolly, Wyn Kelley, Cheryl

Knott, Greg Laden, Anne McGuir, David Pilbeam, Lars Rodseth, Elizabeth Ross, Meredith Small en Rachtel Smolker.

Voor begeleiding bij onze expeditie in het land van de uitgevers danken we in het bijzonder Harry Foster, Lisa Sacks en Peter Matson. En voor het verwezenlijken van het onderzoek aan de Kibale-chimpansees is RWW, zoals altijd, buitengewoon erkentelijk jegens de Getty Foundation, L.S.B. Leakey Foundation, MacArthur Foundation, National Geographic Society en National Science Foundation; eveneens het Department of Zoology van de Makerere University en de Regering van Uganda, met name de Ugandan National Research Council, Forestry Department en de National Parks Board voor de toestemming om in het Kibale National Park te werken.

Index

Agressie, sociale 181, 184
Ahlquist, Jon 45, 49
   DNA-analyse 34
   DNA-hybridisatie 43
Apen
   afgescheiden van mens en mensaap 38
Ardipithecus ramidus
   savannenmensapen-soort 48
Ardrey, Robert 18
Aristoteles 33
Australopithecinen 35, 36
   habitats van 35

Bachofen, Johann Jakob
   patriarchaat 113
Beagle 90
Boas, Franz 97
   biologisch determinisme 93
   campagne 93
Boesch, Christophe en Hedwige
   Taï Forest in Ivoorkust 25
Bonobo's
   dwergchimpansee 188
   evolutie van 205, 209
   favoriete voedsel van 207
   gebit 208
   groepsomvang 206
   hypothese onderdrukken van agressie 204
   kenmerken 189
   overeenkomsten met chimpansees 196
   seks 198
   sociaal gedrag bij 194
   spelen met de apen 201
   verschillen met chimpansees 32, 191, 196
Booee (chimpansee) 258
Brewer, Stella
   Niokola-Koba National Park in Senegal 25
Buckley, William 70
Bukavu 9
Burundi 9, 10

Chagnon, Napoleon 64, 68
Chaillu, Paul du 37, 46, 138
Chim (mensaap) 189
Chimpanseemannetje
   adolescentie 135
Chimpansees
   afsplitsing, Kahama 19
   agressie 175, 178
   doden door mannen 147
   en dodelijk geweld 26
   en doelbewust geweld 14, 22, 69
   en gewoontes 15
   en seksueel geweld 14
   en seksuele onderdrukking 136
   gevechten, territoriale 26
   groepsomvang 206
   in het Burgers Dierenpark 121
   in het Gombe National Park 12
   in het Mahale Mountains National Park 25
   in Kasekela 18
   jacht op gewone apen 201
   Kahama-gemeenschap 12, 23
   Kasekela 19, 22, 23
   mishandeling 138
   overeenkomsten met mensen 34
   partnerschap 137
   Tongo 58
   verkrachting 134
   verschillen met bonobo's 190
   verwantschap met mensen 28, 30, 31, 44
   watertekort in Tongo 59
   winnen en verliezen van territorium 157
Chipko-milieubeweging 227
Chodorow, Nancy 252
Convergentie 38, 40

Dahomey
   elitegarde 104
   vrouwelijke krijgers 104
Damasio, Antonio 176, 177

Dart, Raymond
  ontdekker van Australopithecus 203
Darwin, Charles 36, 184
  over de oorsprong der soorten 90, 91
Dawkins, Richard 28
Debat 91
Democratie 227
Determinisme, cultureel 101
Djolu 187
DNA-structuur 42

Eigen groep eerst-neiging 183, 184
Eiwitstructuren
  genetische relaties 41
Engels, Friedrich 113
Evolutieboom 41
Evolutiefeministes 118
Evolutietheorie
  verkrachting 131

Factoren, erfelijke 91
Feminisme, evolutionaire
  verschillen met klassieke feminisme 224
Feministes, traditionele
  seksebepaald gedrag 109
Fossey, Dian
  Gorilla's in de mist 140
Franjeapen, rode 17
  gebruikelijkste prooi van chimpansees 202
Freeman, Derek
  kritische analyse van Meads werk 98
Friedl, Ernestine
  Eskimo's in Noord-Alaska 114
Friedman, Marilyn 223

Galdikas, Biruté
  orang-oetans in het Tanjung Putingreservaat 129
Galton, Francis 91
  eugenetica 92
Gauguin, Paul 82
  Marquises 84
  Tahiti 83
Gevechten, territoriale 124, 146, 153, 155, 157
Gevechtstactiek
  bavianen 170
  chimpansees 170, 171
  gorilla's 171

Homo erectus 173
kangoeroes 172
mensen 172
savannenmensapen 171
Geweld
  doelbewust 152
  verklaring van Sevilla over 168
Goodall, Jane 14, 18, 175
  en uitdelen van bananen 18
Gorilla's
  en het genetische belang van kindermoord 140
  en kindermoord 140, 143
  leefwijze 139

Haarland 219, 220
Harems 217
Hayes, Cathy 238
Hersenbeschadiging 177
Hölldobler, Bert 154
Hominiden 52
Homo 122
Hutu's 9, 10
Huxley, Thomas 37
  vergelijking tussen mens en mensaap 37
Hyena's, gevlekte
  broeder- of zustermoord 174
  doden door vrouwtjes 147
  gebit 174
  samenleving 146

Isabirye-Basuta, Gilbert
  Kibale Forest in West-Uganda 26
Ituri-woud 56

Kabarole 235
Kakama 235
Kakba 56
Kannibalisme 89
Kano, Takayoshi 188, 190, 200
Kanzi (bonobo) 239
Karwani, Elisha
  veldwerker in Kibale 237
Kindermoord 148, 150
  kenmerkend gedrag van dieren 148
Koko (gorilla) 238
Koppensnellers 248
Kosten-van-groepsvorming 160, 161, 268
Kosten-van-groepsvorming, theorie van de 159

getoetst door Charles Janson en Michele Goldsmith 159
!Kung 116
!Kung San 75, 115

Lanjouw, Annette 59, 60
Las Casas, Bartolomé de 111
Leeuwen
   doden door mannetjes 147
   en kindermoord 148
   in het Chobe National Park 151
   in het Serengeti National Park 148
Lerner, Gerda
   patriarchaat 114
Linnaeus, Carolus 244
Lorenz, Konrad 27

Macht, politieke 226
MacKinnon, John
   studie van orang-oetans 128
Mae Enga
   Nieuw-Guinea 72
   oorlogsvoering 72
Matriottisme 216
McVeigh, Timothy 229
Mead, Margaret
   Coming of Age 96
   Coming of Age in Samoa 100
   generalisaties Samoaanse samenleving 100
   Nieuw-Guinea 100
   over de Samoaanse cultuur 95
   Samoa 93
Meisjesbendes 252
Melville, Herman 86
   Marquises 84
   Tahiti 84
   Typee 87
Mens-mensaap-verwantschappen 44
Mensapen, Afrikaanse
   afscheiding van de orang-oetan 45
   grote 9, 33, 49
   mens evolutionair verwant aan 42
   verkrachting 135
Mensen
   anatomische verschillen met mensapen 40
   doden door mannen 147
Militia
   van Michigan 229
   van Montana 229
Mimicry, seksuele 262, 263

Misdaadstatistieken 108
Misdrijven, gewelddadige 108
   geslachts-afhankelijke patroon 107
Misdrijven, niet-gewelddadige
   sekse 107
Mitani, John
   orang-oetans in het Kutai Game-reservaat 129
Moeder-zoonrelaties 192
Mongandu 188

Nishida, Toshisada 25
Nuttall, George 40
   bloedonderzoek 39

Omgevingsfactoren 91
Oorlog, Peloponnesische 180
Orang-oetans 125
   analogie 133
   grote mannetjes 126
   kleine mannetjes 126
   minst sociale mensapen 126
   verkrachting 134
Orwell, George 231

Palmer, Craig 130
Parthenogenese 220
Patriarchaat
   als onderdeel van de menselijke biologie 117
Patriarchaattheorie 109, 110
Patriottisme 215
Patterson, Francine 238
Perkins Gilman, Charlotte 219
Peterson, Dale 9
Primaten 123
   bavianen 169
   chimpansees 169
   gebit 169
   gevechten binnen de sociale groep 124
   hoektanden 261
   verdediging van territoria 123
Pygmeeën 56
   Ituri-woud 56
Regenwoudmensapen 46
   gemeenschappelijke voorvader van de mens 46
   grootte 48
Rift, Valley 246
Robarchek, Clayton en Carole 77
Rwanda 9, 11, 12

Samenlevingen, geïndustraliseerde
    vrouwen in militaire organisaties 105
Savannenmensapen
    evolutie naar de mens 61, 211
    gebitskenmerken 54
    gebitten 57
    oudste fossielen 45
    voedsel 54, 55
Schwarz, Ernst 188
Selectie, seksuele 165, 186
    vechtgedrag 172
    voortplantingssucces 218
Semai Senoi 79
Shostak, Marjorie
    autobiografie van een !Kungvrouw 116
Sibley, Charles 45, 49
    DNA-analyse 34
    DNA-hybridisatie 43
Smuts, Barbara en Robert 138
    alternatief 133
Soorten, bendenvormende 155, 160
    agressie 219
Sperma-competitie 167
Spinaap, wollige 166
    meest pacifistische primaat 165

T'ang-dynastie 217
Tasaday
    Filipijnen 74
Territoriale gevechten 20, 124, 258
Territorium
    definitie 20

Tuhairwe, Peter
    veldwerker in Kibale 237
Turnbull, Colin
    Mbuti 115
Turney-High, Harry
    Primitive War 71
Tutsi's 9-11

Uganda 11

Verkrachting 125, 130, 256
    als een bevruchtingstactiek 133
    eenden 132
    mensen 133
    orang-oetans 132
    schorpioenvlieg 131
Viki (chimpansee) 238
Voorraadmieren 153, 154
Vrouwen
    strategische reacties 222

Wamba 188
Waorani 76-78
Wereldregering 231

Yanomamö 63, 67, 70, 75
    doelbewust geweld 65
    gevechtsstijlen 65
    oorlogvoering 64
Yerkes, Robert 189

Zaïre 9, 12